NONGCUN SHIYONG FALÜ ZHISHI

农村实用法律知识

李旭东　汪　力　主编

西南师范大学出版社

国家一级出版社　全国百佳图书出版单位

图书在版编目(CIP)数据

农村实用法律知识 / 李旭东，汪力主编. —重庆：
西南师范大学出版社，2015.4
ISBN 978-7-5621-7376-2

Ⅰ.①农… Ⅱ.①李… ②汪… Ⅲ.①法律—基本知
识—中国 Ⅳ.①D920.5

中国版本图书馆 CIP 数据核字(2015)第 065865 号

农村实用法律知识

主　编:李旭东　汪　力
责任编辑:李　玲
封面设计:戴永曦
排　版:重庆大雅数码印刷有限公司
出版发行:西南师范大学出版社
地　址:重庆市北碚区天生路 2 号　邮编:400715
　　　市场营销部电话:023-68868624
网　址:www.xscbs.com
印　刷:重庆大雅数码印刷有限公司
开　本:787mm×1092mm　1/32
印　张:13.75
字　数:343 千字
版　次:2017 年 5 月　第 1 版
印　次:2019 年 6 月　第 3 次印刷
书　号:ISBN 978-7-5621-7376-2
定　价:35.00 元

前　言

　　"增强全民法治观念，推进法治社会建设"是十八届四中全会《中共中央关于全面推进依法治国若干重大问题的决定》的重要内容。依法治国要求推进多层次多领域依法治理，支持各类社会主体自我约束、自我管理；推进覆盖城乡居民的公共法律服务体系建设，加强民生领域法律服务；完善法律援助制度，扩大法律援助范围，健全司法救助体系，保证人民群众在遇到法律问题或者权利受到侵害时获得及时、有效的法律帮助；发展律师、公证等法律服务业，统筹城乡、区域法律服务资源，发展涉外法律服务业。在我国，法治"三农"建设是多领域依法治国的具体体现，但在农村法律援助体系尚不完善的背景之下，农村法律援助最便捷的方式则是农民自我懂法，自我管理。为了使读者更准确地理解法律、更有效地运用法律武器维护权益，笔者通过以案说法，把与农村法律问题相关的理论和实务经验相结合，采用"一问一答"的方式梳理农村基本法律问题，内容简单、语言通俗易懂，满足农民学法用法的需要，以期成为农民"贴身"的法律顾问。

　　本书是在原"普法精要丛书"的基础上，结合最新法律法规修改而成的。它由三部分组成。第一部分"如何用法律保护自己"，对农村基层组织、农村民事法律和农民工劳动、农村经济、农村刑事等农村实体和程序法律问题进行解答。第二部分"怎样处理房屋土地纠纷"，回答了农村房屋与宅基地、农村建设用地、农村农业用地以及农村其他土地等方面的法律问题。第三部分"如何处理婚姻家庭纠纷"，主要包括婚姻、继承、收养、人口与计划生育等方面法律问题。

本书的特色主要有：

一、内容实用、通俗易懂。本书为读者提供了常见的、实用的、广泛的农村法律信息，书中通过选取简短案例与部分条款相关的法律规定和条文适用性解释相结合，使专业性强而又不易被理解和适用的纯粹的法律文件变得通俗易懂，随用随学、适用方便。

二、主体特定、针对性强。本书致力于解决农民法律服务的迫切需求，农村法律援助制度不完善等问题，综合农村用法群体和用法范围，适用主体主要是农民，适用范围主要在农村。

三、体系完整、结构科学。本书实体性和程序性法律规定并重，注意编排体例的统一性和逻辑性；考虑到农村法律问题中的民事法律与刑事法律衔接关系，避免内容遗漏。

四、简明扼要、重点突出。本书采用"一问一答"的方式，以简短案例引出问题，列举具体法律规定作为解答，从内容上来说，生动、通俗，从形式上来看，重点突出，一目了然。

限于笔者的水平、关注视角等方面因素，本书不足之处在所难免，恳请各位专家、学者不吝批评指正，以便不断完善。同时，也借此机会向原"普法精要丛书"的作者刘作勋、田阡、廖本明、许莹竹、李杰、黎娜娜、胡杰、罗懿、李高峰、龚玉华、张旮旯、谢小丽、韩德亮、潘建兴、谭子良、朱锡春以及西南师范大学出版社表示衷心感谢！

目 录

上篇　如何用法律保护自己

三、农村经济法律问题/049

中篇　怎样处理房屋土地纠纷

三、农村农业用地法律问题 /179

五、征收征用及拆迁补偿法律问题/247

下篇　如何处理婚姻家庭纠纷

一、婚姻法律问题/273

三、收养、人口与计划生育法律问题/383

上篇　如何用法律保护自己

一、农村基层组织法律问题

1.村民自治中村民享有哪些权利?

今年张家村村民委员会选举新的成员,李敏和同村的张三参加了选举。李敏是张家村的村民,今年16岁,曾在镇里的高中读过一年书;张三是村里的养殖专业户,文盲,今年30岁。村民委员会的主任是李敏的舅舅赵光,因为村民文化水平普遍偏低,为了提升村民委员会的整体文化素养,赵光以李敏上过高中、文化程度高为名吸收李敏为村民委员会成员。召开村民会议,60岁以上的老人被禁止参加,赵光道:"老人年纪大,腿脚不利索,耳朵不好使,来了也没用。"村民们颇为疑惑,村民自治中,究竟自己有权利做什么,没有权利做什么?

所谓村民自治,就是指村民依照法律的规定,在农村特定的区域范围内,按照民主选举、民主决策、民主管理、民主监督的方式,进行自我教育、自我管理、自我服务,依法办理自己的事情。村民自治制度是宪法确认和保障的农村基层群众治理制度。自治权利属于村民。村民依法享有选举权和被选举权、参加村民会议和表决权、监督和罢免权、知情权和举报反映权。村民委员会、村民会议(村民代表会议)是村民行使自治权利的基本组织形式。行使村民自治权利的主体主要有:村民、村民委员会、村民会议(村民代表会议)。村民自治权利的内容主要包括:自我教育、自我管理、自我服务,民主选举、民主决策、民主管理、民主监督。

我国《村民委员会组织法》第13条规定:"年满18周岁的村民不

分民族、种族、性别、职业、家庭出身、宗教信仰、教育程度、财产状况、居住期限,都有选举权和被选举权;但是,依照法律被剥夺政治权利的人除外。"我国《村民委员会组织法》第22条规定:"召开村民会议,应当有本村18周岁以上村民的过半数,或者本村2/3以上的户的代表参加,村民会议所作决定应当经到会人员的过半数通过……根据需要可以邀请驻本村的企业、事业单位和群众组织派代表列席。"

李敏未满18周岁,即使文化水平超过同村人也不能参加选举。60岁以上的老人不应被禁止参加选举,因为这是他们作为村民享有的权利,除非他们主动放弃权利,否则,任何人都没有资格剥夺法律赋予他们的权利。

2. 村民委员会的议事规则和表决程序是怎样的?

月亮村召开村民委员会会议,主要内容是讨论村里校舍、公路的修建等。村民委员会成员李善提出:"我们召开这个会议,是否应该请村民代表到会一起参加,共同讨论。"副主任江中道:"没有必要,村民委员会开会是内部的事情,我们商讨的事情对村民有益,等讨论完毕后再通告全村也不迟。"会议到最后表决阶段,以委员会主任的意见为准做出了决定。因村民委员会的决定中分摊到每户的费用过高,村民强烈表示不满,要求村民委员会给予充分说明,村民委员会并不理会村民的意见,强制执行。于是村民集体上访控告村民委员会的不当做法。

我国《村民委员会议事规则(条例)》方案第11条规定:"由村民委员会向与会的村民代表和村民详细公布拟办公益事业的项目,说明要讨论的内容。"第12条规定:"村民委员会充分听取村民代表和村民的意见,并指定人员作详细记录。对村民代表和村民提出的问题要作耐心、细致的解释。"第13条规定:"讨论结束后进行表决,采取少数服从多数的原则,参加人员超过 2/3 同意为通过。"第 14 条规定:"参加人员应超过全体村民的 2/3 为合法;同意的人数为超过到会村民代表和村民的 1/2 为有效。"第 15 条规定:"召开村民大会,同一户为两口人以上,可以派 1 人参加,代表家庭所有的成年人。"第 16 条规定:"村民应该是长期居住在本村,有长住户口的满 18 岁以上公民。"

案例中的月亮村的村民委员会的议事规则和表决程序不符合我国《村民委员会议事规则(条例)》方案,所作决议没有效力,应该按照合法的议事规则和表决程序重新开会讨论。

3.法律对村民委员会的成员组成有什么规定?

李家村的村民委员会由主任和委员 5 个人组成,一直缺少副主任。李亚是村养殖专业户,对于村委会副主任这个职位垂涎已久。通过给村主任送红包、结亲家等手段,李亚由村主任指定当上了副主任,并且村主任还擅自做主撤换了几个女性委员的职务,指定了几个关系亲近的男性任职。

我国《村民委员会组织法》第 6 条规定:"村民委员会由主任、副主任和委员共 3 至 7 人组成。村民委员会成员中,应当有妇女成员,多民族村民居住的村应当有人数较少的民族的成员。对村民委员会成员,根据工作情况,给予适当补贴。"第 11 条规定:"村民委员会主任、副主任和委员,由村民直接选举产生。任何组织或者个人不得指定、委派或者撤换村民委员会成员。"

案例中村主任的行为严重违法,首先,他没有资格撤换女性委员,而且法律明确规定村民委员会成员中妇女委员应当有适当的名额;其次,村主任直接指定李亚为副主任的行为也违法,法律明文规定,村民委员会主任、副主任和委员由村民直接选举,任何组织和个人不得指定,这种指定是无效的。

4.哪些人享有村民委员会的选举和被选举的权利?

龙须村要选举新的村民委员会成员,现有以下人选待选:李红,男,17岁,职高毕业生,上个月与人打架摔断右腿;张芳,女,26岁,年前由邻村嫁进龙须村,小学文化程度;杜斯,男,38岁,文盲,养鸡专业户;陈梅,女,30岁,性格大方泼辣,但因常与村里年轻男子开玩笑被视为作风不好;郭冬,男,小学教师,32岁,白族。村民议论纷纷,这几个人中,谁有资格成为村民委员会成员呢?

我国《村民委员会组织法》第13条规定:"年满18周岁的村民不分民族、种族、性别、职业、家庭出身、宗教信仰、教育程度、财产状况、居住期限,都有选举权和被选举权;但是,依照法律被剥夺政治权利的人除外。"

根据法律规定,可以得知,李红未满18周岁,没有资格参加选举。其他几个人均年满18周岁,且未被剥夺政治权利,因此,他们都有资格参加村民委员会的选举,享有选举权和被选举权。

5.村民委员会换届选举的流程是什么?

根据法律法规的规定,村民委员会换届选举的具体流程如下:

第一步,成立村民选举委员会。根据我国《村民委员会选举办法》的规定,村民委员会的选举,应当成立村民选举委员会,由村民选举委员会领导、组织和主持村民委员会的换届选举工作。村民选举委员会由5~9人数组成,其成员由村民会议、村民代表会议或者各村民小组推选产生。具体采用何种方式由乡镇街道指导各村结合实际进行选择。

第二步,选民登记。村民选举委员会要依据有关法律法规,确定选民资格的认定标准,对一些特殊情况下的村民是否认定为选民,要按照我国《村民委员会选举办法》的有关规定提交村民会议或村民代表会议讨论决定。年满 18 周岁,具有选民资格的村民都应进行登记(被法律剥夺政治权利的人除外)。

　　第三步,提名候选人。首先,应做好提名大会前的准备工作。村民选举委员会根据我国《村民委员会选举办法》对候选人条件的有关规定,结合本村的实际情况,拟订村委会成员候选人的具体条件,提请村民会议或者村民代表会议讨论通过,并向全体村民公布。会前 3 天,村民选举委员会将提名大会的时间、地点和要求通知全体选民。要做好提名大会前的准备,包括对选举工作人员进行培训,准备票箱和提名选票,布置选举大会会场等工作。其次,召开村民会议进行提名。会前应向选民讲清候选人条件、提名表的填写要求和计票方法。之后,每个选民凭选民证领取 1 张提名表,采取秘密写票、无记名投票的方法进行(提名可以按照村民委员会主任、副主任、委员职位数等额一次性提名;也可以不按具体职务,按照职数的多少,等额一次性提名,按得票多少确定候选人)。提名结束,当场公开唱票、计票,当场公布提名结果。第三,公布候选人名单。村民选举委员在选举日 7 日前,以公告形式,按提名人数的多少顺序张榜公布提名结果。第四,确定正式候选人。

　　第四步,正式选举。村中全体选民的过半数参加投票(包括委托投票),选举方能有效。候选人获得参加选举的选民过半数的选票,即取得当选资格,但这种资格并不是任职资格,能否任职要根据票数做进一步筛选。

6. 什么情况下构成违法选举?

　　张三是李家庄的村民,初中毕业就在外打工,这几年生意做得越来越大,赚了不少钱,于是想在家乡威风威风。恰逢村民委员会选举新的成员,张三一心想当上村民委员会主任。于是,张三挨家挨户给每个村民承诺,只要投他的票,每家可以得 2 万元现金,先预支 1 万元,等选举成功,他当上村委会主任后,再支付余下的 1 万元。村民们纷纷踊跃支持,拿了钱的村民都投了张三的票。张三的竞争对手李四对此非常不满,决定上告张三。张三得知此事后,带人闯进李四的家,砸了李四家的电视和家具,叫嚣着:"你去告,你敢去告,我让你在村里活不出来。"

我国《村民委员会组织法》第 17 条规定:"以暴力、威胁、欺骗、贿赂、伪造选票、虚报选举票数等不正当手段当选村民委员会成员的,当选无效。对以暴力、威胁、欺骗、贿赂、伪造选票、虚报选举票数等不正当手段,妨害村民行使选举权、被选举权,破坏村民委员会选举的行为,村民有权向乡、民族乡、镇的人民代表大会和人民政府或者县级人民代表大会常务委员会和人民政府及其有关主管部门举报,由乡级或者县级人民政府负责调查并依法处理。"

张三以金钱换取选票的方法操控村民的选举权,以不正当的手段妨害了村民李四行使被选举权,已经违反了我国《村民委员会组织法》的规定,其选举无效。李四有权向乡、民族乡、镇的人民代表大会和人民政府或者县级人民代表大会常务委员会和人民政府及其有关主管部门举报,有关部门应当负责调查并依法处理。

7. 如何罢免村民委员会成员?

渔人村村民周强自当选为村民委员会成员后,既不代表村民利益,联系群众,倾听村民意见,也不热心为村民服务,办事不公道,还时常利用职权为自己牟私利。村民对此非常反感和愤怒,因此决定集体上告,撤销周强的职务。

我国《村民委员会组织法》第 16 条规定:"本村 1/5 以上有选举

权的村民或者 1/3 以上的村民代表联名,可以提出罢免村民委员会成员的要求,并说明要求罢免的理由。被提出罢免的村民委员会成员有权提出申辩意见。罢免村民委员会成员,须有登记参加选举的村民过半数投票,并须经投票的村民过半数通过。"

由此规定我们可以知道,村民想罢免不称职的村民委员会成员,需联名本村有 1/5 以上有选举权的村民,有选举权的村民是指年满 18 周岁且未被法律剥夺政治权利的村民。

8. 村务公开的内容是什么?

我国《村民委员会组织法》第 30 条规定:

"村民委员会实行村务公开制度。村民委员会应当及时公布下列事项,接受村民的监督:

(一)本法第 23、24 条规定的由村民会议、村民代表会议讨论决定的事项及其实施情况;

(二)国家计划生育政策的落实方案;

(三)政府拨付和接受社会捐赠的救灾救助、补贴补助等资金、物资的管理使用情况;

(四)村民委员会协助人民政府开展工作的情况;

(五)涉及本村村民利益,村民普遍关心的其他事项。

前款规定事项中,一般事项至少每季度公布一次;集体财务往来较多的,财务收支情况应当每月公布一次;涉及村民利益的重大事项应当随时公布。

村民委员会应当保证所公布事项的真实性,并接受村民的查询。"

第 31 条规定:

"村民委员会不及时公布应当公布的事项或者公布的事项不真实的,村民有权向乡、民族乡、镇的人民政府或者县级人民政府及其有关主管部门反映,有关人民政府或者主管部门应当负责调查核实,责令依法公布;经查证确有违法行为的,有关人员应当依法承担责任。"

《村民委员会组织法》第24条包括的内容如下:

涉及村民利益的下列事项,经村民会议讨论决定方可办理。

(一)本村享受误工补贴的人员及补贴标准;

(二)从村集体经济所得收益的使用;

(三)本村公益事业的兴办和筹资筹劳方案及建设承包方案;

(四)土地承包经营方案;

(五)村集体经济项目的立项、承包方案;

(六)宅基地的使用方案;

(七)征地补偿费的使用、分配方案;

(八)以借贷、租赁或其他方式处分村集体财产;

(九)村民会议认为应当由村民会议讨论决定的涉及村民利益的其他事项。村民会议可以授权村民代表会议讨论决定前款规定的事项。法律对讨论决定村集体经济组织财产和成员权益的事项另有规定的,依照其规定。

9. 农村集体经济组织财务公开的内容是什么?

我国《农村集体经济组织财务公开暂行规定》第5条规定:

"村集体经济组织财务公开的内容包括:

(一)财务计划:1.财务收支计划;2.固定资产购建计划;3.农业基本建设计划;4.公益事业建设及"一事一议"筹资筹劳计划;5.集体资产经营与处置、资源开发利用、对外投资等计划;6.收益分配计划;7.经村集体经济组织成员会议或成员代表会议讨论确定的其他财务计划。

（二）各项收入：1. 产品销售收入、租赁收入、服务收入等集体经营收入；2. 发包及上交收入；3. 投资收入；4. "一事一议"筹资及以资代劳款项；5. 村级组织运转经费财政补助款项；6. 上级专项补助款项；7. 征占土地补偿款项；8. 救济扶贫款项；9. 社会捐赠款项；10. 资产处置收入；11. 其他收入。

（三）各项支出：1. 集体经营支出；2. 村组（社）干部报酬；3. 报刊费支出；4. 办公费、差旅费、会议费、卫生费、治安费等管理费支出；5. 集体公益福利支出；6. 固定资产购建支出；7. 征占土地补偿支出；8. 救济扶贫专项支出；9. 社会捐赠支出；10. 其他支出。

（四）各项资产：1. 现金及银行存款；2. 产品物资；3. 固定资产；4. 农业资产；5. 对外投资；6. 其他资产。

（五）各类资源。包括集体所有的耕地、林地、草地、园地、滩涂、水面、"四荒地"、集体建设用地等。

（六）债权债务：1. 应收单位和个人欠款；2. 银行（信用社）贷款；3. 欠单位和个人款；4. 其他债权债务。

（七）收益分配：1. 收益总额；2. 提取公积公益金数额；3. 提取福利费数额；4. 外来投资分利数额；5. 成员分配数额；6. 其他分配数额。

（八）其他需要公开的事项。

二、农村民事法律和农民工劳动法律问题

1.儿子在学校被打伤谁负责?

小民(13岁)是村民郭梅的儿子,在镇上的中学念初一。一天在学校,儿子小民被同学小强打伤,郭梅十分气愤,找到学校讨要说法,学校不置可否,学校是否该承担责任呢?

我国《侵权责任法》第40条规定:"无民事行为能力人或者限制民事行为能力人在幼儿园、学校或者其他教育机构学习、生活期间,受到幼儿园、学校或者其他教育机构以外的人员人身损害的,由侵权人承担侵权责任;幼儿园、学校或者其他教育机构未尽到管理职责的,承担相应的补充责任。"

案例中小民被同学小强打伤,小强的父母应当承担赔偿责任,有过错的学校承担相应的赔偿责任,因为13岁属于未成年人的范畴,并且学校的责任也是就其过错承担的终局性责任,之后不得向小强的父母追偿。

2.见义勇为受伤能否获得赔偿?

村民赵某是村办的猪肉加工厂的工人,某日下班回家,经过油菜地时发现歹徒甲、乙欺侮同村的女青年田某,赵某前去解救,与甲、乙发生搏斗,田某趁机得以逃脱,但赵某被甲、乙砍了几刀,身负重伤。甲、乙迅速逃离现场,公安机关一直未能将两人抓获。赵某花去医药费1万元,可否获得赔偿?向谁要求呢?

我国《民法通则》第109条规定:"因防止、制止国家的、集体的财产或者他人的财产、人身遭受侵害而使自己受到损害的,由侵害人承担赔

偿责任,受益人也可以给予适当的补偿。"最高人民法院《关于贯彻执行〈中华人民共和国民法通则〉若干问题的意见(试行)》(以下简称《民法通则意见》)第142条规定:"为了维护国家、集体或者他人合法权益而使自己受到损害,在侵害人无力赔偿或者没有侵害人的情况下,如果受害人提出请求的,人民法院可以根据受益人受益的多少及其经济状况,责令受益人给予适当补偿。"最高人民法院《关于审理人身损害赔偿案件适用法律若干问题的解释》第15条规定:"为维护国家、集体或者他人的合法权益而使自己受到人身损害,因没有侵权人、不能确定侵权人或者侵权人没有赔偿能力,赔偿权利人请求受益人在受益范围内予以适当补偿的,人民法院应予支持。"我国《侵权责任法》第23条规定:"因防止、制止他人民事权益被侵害而使自己受到损害的,由侵权人承担责任。侵权人逃逸或者无力承担责任,被侵权人请求补偿的,受益人应当给予适当补偿。"

案例中赵某为了维护田某的合法权益而使自己受到人身损害,因侵权人逃跑,不能确定侵权人,根据法律的规定,赔偿权利人赵某可以请求受益人田某在受益的范围内予以适当补偿。

3.狗咬伤人,其主人一定要赔偿吗?

田七是蔡家村的村民,养了一只大狼狗看家护院。孙三在外闲逛,看到邻居田七的狗横卧在大门口,一时兴起,捡了一块石头砸狗,狗跳起追孙三,孙三躲至路人王吉身后,结果狗咬伤了王吉。狗的主人田七需要对王吉进行赔偿吗?

我国《民法通则》第127条规定:"饲养的动物造成他人损害的,动物饲养人或者管理人应当承担民事责任;由于受害人的过错造成损失的,动物饲养人或者管理人不承担民事责任;由于第三人的过错造成损失的,第三人应当承担民事责任。"我国《侵权责任法》第78条规定:"饲养的动物造成他人损害的,动物饲养人或者管理人应当承担侵权责任,但能够证明损害是因被侵权人故意或者重大过失造成的,可以不承担或者减轻责任。"

案例中孙三故意用石头砸狗激怒它,而后又躲在王吉的身后,使得王吉被狗咬伤,根据法律的规定,狗的主人田七免除民事责任,由孙三承担民事责任。

4.房屋上的落石伤人谁负责任?

村民李庆早年外出打工发了财,回村修建了1幢5楼的小洋房。一天中午,一块石头突然从李庆的房顶滚下,砸伤了经过此处的王二,王二共花费了1000元的医疗费。此费用应由谁承担呢?

我国《民法通则》第126条规定:"建筑物或者其他设施以及建筑物上的搁置物、悬挂物发生倒塌、脱落、坠落造成他人损害的,它的所有人或者管理人应当承担民事责任,但能够证明自己没有过错的除外。"我国《侵权责任法》第85条规定:"建筑物、构筑物或者其他设施及其搁置物、悬挂物发生脱落、坠落造成他人损害,所有人、管理人或者使用人不能证明自己没有过错的,应当承担侵权责任。所有人、管理人或者使用人赔偿后,有其他责任人的,有权向其他责任人追偿。"

案例中,李庆修建了小洋楼,是小洋楼的所有人,落石从房顶滚下砸伤了王二,依据法律的规定,李庆应当承担民事责任,赔偿王二医药费用,除非李庆能证明自己没有过错。

5.照片被擅自用做广告,可以要求赔偿吗?

村民胡艳在镇照相馆拍了一组照片,相馆老板觉得拍摄得很好,于是未经胡艳同意擅自摆放在橱窗。一狐臭产品广告商路经此地,觉得这组照片可以用作自己的商品宣传照片,于是低价买下这组照片,将其用在自己的商品广告上。广告贴在了胡艳村里的显眼处,受到了大家的讥笑,胡艳又羞又气,不知道如何是好。

我国《民法通则》第 100 条规定:"公民享有肖像权,未经本人同意,不得以营利为目的使用公民的肖像。"最高人民法院《关于贯彻执行〈中华人民共和国民法通则〉若干问题的意见(试行)》第 139 条规定:"以营利为目的,未经公民同意利用其肖像做广告、商标、装饰橱窗等,应当认定为侵犯公民肖像权的行为。"

案例中相馆的老板和广告商都侵犯了胡艳的肖像权,因为他们都以营利为目的使用胡艳的照片,根据法律的规定,胡艳可以要求相馆老板和广告商对其进行赔偿。

6.自愿为他人修理房屋,受益人应偿付相关的费用吗?

村民李三和王五是邻居,关系甚好。在王五生病住院期间,一天村广播站播放天气预报,报道第二天将有暴风雨,李三突然想起王五家的屋梁坏了,狂风肯定要把房屋吹垮。于是他赶紧上集市买来材料和工具帮王五修理房屋,花费了 500 元。第二天,暴风雨果然来了,但因为维修后房屋很坚固,所以房屋并没有受损害。王五回家知道后,对李三表示感谢。李三的老婆催李三向王五要修理费,但李三不知道能否索要修理费,迟迟没有开口。

《民法总则》对其有修改:第 121 条没有法定的或者约定的义务,为避免他人利益受损失而进行管理的人,有权请求受益人偿还由此支出的必要费用。

根据法律的规定,案例中的李三有权要求受益人王五偿付维修房屋的费用。

7.酒醉后摔成植物人,劝酒者应承担责任吗?

杨某与路某均系固始县泉河铺乡三官村农民。2009 年 1 月 1

日,杨某请岳某到其家书写对联。当日中午,杨某为表示感谢,力劝岳某喝酒,致岳某酒醉。当日下午3时许,岳某骑摩托车返家途中摔伤,后送医院抢救治疗,脱离生命危险,但其大脑受到严重损伤,成为植物人,生活无法自理。岳某的妻子路某将邀请人杨某告上了法庭。

法院审理认为,岳某受伤前作为完全民事行为能力人,应当预料饮酒带来的危害却过度饮酒,导致自己摔成植物人,应承担主要责任。但岳某是应被告杨某之邀为其书写对联,故杨某系受益人;因杨某劝酒致岳某饮酒过量,二者有一定因果关系;岳某在酒醉状态下骑车返家,杨某未加以阻止,未尽善良注意义务。

综上所述,杨某应承担一定的赔偿责任。经法院主持调解,被告杨某赔偿原告路某及其两个子女经济损失17 000元。

8.施工过程中造成他人的损失由谁赔偿?

某镇村民曹春为同村的王洪建造房屋。王洪租用了张华的吊车吊装楼板。为了吊车的稳定,他们在安装好的吊车的东北角、西北角和正南3个方向分别拉了一条钢丝绳用以固定吊车,其中,正南方向的一条固定钢丝绳横穿王洪门前的东西道路路面,钢丝绳最低处距离路面70厘米到80厘米。当晚20时左右,村民王克骑自行车经王洪门前道路从东向西而行,经过施工现场时,被用于固定吊车的钢丝拉线绊倒,致使王克头部受伤,左耳出血。住院治疗45天,花费医疗费11 320.15元。后王克以王洪仅支付部分医疗费,未能赔偿全部经济损失为由,向人民法院提起诉讼,要求张华、曹春、王洪赔偿其医疗费、误工费、护理费等经济损失。

我国《民法通则》第125条规定:"在公共场所、道旁或者通道上挖坑、修缮安装地下设施等,没有设置明显标志和采取安全措施造成损害的,施工人应当承担民事责任。"我国《侵权责任法》第91条规定："在公共场所或者道路上挖坑、修缮安装地下设施等,没有设置明显标志和采取安全措施造成他人损害的,施工人应当承担侵权责任。"首先,本案中,张华在施工过程中,作为施工人员,又是吊车的所有人,对用于稳定吊车的横穿道路的固定拉线应设置安全标志而没有设置,也没有采取任何安全措施,轻信对过往行人的人身安全不能构成威胁,导致王克生命健康权受到侵害,张华对王克的人身伤害事故应承担主要责任。其次,曹春作为施工组织的负责人,应对安全设施的配置问题负责。在吊车安装时,曹春对横穿道路拉固定吊车钢丝绳没有引起足够的注意,轻信施工时间短,且有施工工人在现场,不会造成损害结果的发生,就未设置标志,也未采取任何安全防范措施,还未对张华设置拉线行为尽提醒义务,造成王克人身受到损害。因此,曹春不能证明自己无过错,应该对王克的人身伤害承担次要责任。再次,王洪自己建造房屋,在租用的施工机械设备的安装、使用中,发现存在不安全因素,应当提出建议或者采取必要的安全防范措施,但王洪轻信在其家门前施工不能发生意外事故,也未尽到提醒义务,致使损害结果的发生。因此,王洪也应对王克的人身伤害事故承担次要责任。

《民法总则》第176条规定:"民事主体依照法律规定和当事人约定,履行民事义务,承担民事责任。"第177条规定:"二人以上依法承担按份责任,能够确定责任大小的,各自承担相应的责任,难以确定责任大小的,平均承担责任。"

9.装修队的工人在施工时受伤,被装修的单位有责任赔偿吗?

百货公司为筹备庆祝活动,聘请一家乡镇建筑装修队承包装修公司。在施工过程中,1名装修工人在进行外墙贴补马赛克作业时不慎从4楼脚手架上跌落到地面,造成大腿及手臂等多处严重损伤。治愈后,经当地劳动鉴定机构鉴定为劳动能力完全丧失。在处理该事故过程中,装修队领导认为,这名工人在百货公司工地工作时发生工伤事故,百货公司也应承担部分责任。这名工人据此会集家属连续几天在百货公司本部要求负责人出面解决赔偿费问题,妨碍了百货公司的工作。百货公司应当承担部分赔偿责任吗?

百货公司应否承担责任需要看百货公司是否存在过错。第一,受伤者是装修队的职工,装修队与受伤者之间有劳动关系。劳动者发生工伤事故应由劳动者所在的用人单位(建筑装修队)按照我国《劳动法》有关工伤保险的法律规定依法妥善处理,工伤者依法有权从其用人单位获得工伤保险待遇。第二,工伤者与百货公司没有劳动关系。虽然工作地点在百货公司,但这只不过是劳动过程发生地的问题,建筑行业的性质决定了劳动者根据用人单位指派在工程项目所在地工作,百货公司在本案例中与建筑装修队之间的工程承包关系是一种合同关系,与工伤者之间没有直接的法律上的关系。所以装修队的领导的说法、工伤者的做法是没有法律依据的,工伤者要求百货公司解决"赔偿费"的行为无效。当然,百货公司出于对工伤者的同情而支付"抚慰金"也是可以的。这一案例说明,当事人(工伤者与百货公司)之间没有劳动者与用人单位之间的劳动关系,不属于《劳动法》的调整对象。

10.什么是工伤保险?农民工受伤在哪些情况下可以认定为工伤或视同工伤?

2013年12月26日晚10点左右,某商场保卫部的刘某下班回家从市计划和发展委员会大楼经过时,发现有两个人鬼鬼祟祟地正从大楼里往外走。出于职业的敏感,老刘判断这两个人不是大楼里的工作人员,因此就向他们走去。那两个人一见有人走来撒腿就跑,老刘在后面紧追不舍。在追赶和搏斗过程中,老刘身上多处受伤。后民警赶到将那两个人擒获,经查证,被擒获的两人是专门偷盗单位电脑配件的窃贼。老刘抓小偷被打伤能不能认定为工伤呢?

工伤保险是指为在工作中遭受事故伤害和患职业病以及因工伤致残的劳动者或患有职业病而死亡的职工遗属提供的医疗救治、职业康复和经济补偿的一项社会保障制度。工伤保险的标准有法律强制规定。

国务院颁布的《工伤保险条例》第 14 条规定:"职工有下列情形之一的应当认定为工伤:(1)在工作时间和工作场所内,因工作原因受到事故伤害的;(2)工作时间前后在工作场所内,从事与工作有关的预备性或者收尾性工作受到事故伤害的;(3)在工作时间和工作场所内,因履行工作职责受到暴力等意外伤害的;(4)患职业病的;(5)因工外出期间,由于工作原因受到伤害或者发生事故下落不明的;(6)在上下班途中,受到非本人主要责任的交通事故或者城市轨道交通、客运轮渡、火车事故伤害的;(7)法律、行政法规规定的应当认定为工伤的其他情形。"

上述案件中,老刘抓小偷被打伤应当视同工伤处理。老刘的受伤虽然不属于《工伤保险条例》第 14 条规定的工伤情况,但《工伤保险条例》第 15 条规定:"职工有下列情形之一的,视同工伤:(1)在工作时间和工作岗位,突发疾病死亡或者在 48 小时之内经抢救无效死亡的。(2)在抢险救灾等维护国家利益、公共利益活动中受到伤害的。(3)职工原在军队服役,因战、因公负伤致残,已取得革命伤残军人证,到用人单位后旧病复发的。职工有前款第(1)、第(2)项情形的,按照本条例的有关规定享受工伤保险待遇;职工有前款第(3)项情形的,按照本条例的有关规定享受除一次性伤残补助金以外的工伤保险待遇。"老刘受伤的情况属于在维护国家利益、公共利益活动中受到伤害,因此,依法应当视同工伤对待。

此外,《工伤保险条例》第 16 条规定:"劳动者有下列情形之一的,不得认定为工伤或者视同工伤:(1)故意犯罪的。(2)酗酒或者吸毒的。(3)自残或者自杀的。"

11.工伤应当如何认定? 工伤人员的劳动能力应当如何鉴定?

赵某于 1999 年到某化工厂打工,2007 年 12 月 29 日他被该化工厂所在的市人民医院诊断为联苯胺所致膀胱癌,后经该市卫生行政部门鉴定,赵某所患的联苯胺所致膀胱癌属于职业病。现在赵某所在的化工厂想对赵某进行工伤认定,需要怎样认定呢?

杨某是某汽车修理厂的修理工。2008 年 10 月,杨某在进行修理作业时,被车间顶部掉落下的一块混凝土砸伤头部,随即被送往医院住院进行治疗,后依法被认定为工伤。出院后,杨某发现自己的双眼视力严重下降,经常出现头昏脑涨的现象。因此,杨某想对自己工伤后的劳动能力进行鉴定。工伤后劳动者的劳动能力应当怎样进行鉴定?

首先,提出工伤认定申请应当提交下列材料:(1)工伤认定申请表;(2)与用人单位存在劳动关系(包括事实劳动关系)的证明材料;(3)医疗诊断证明或者职业病诊断证明书(或者职业病诊断鉴定书)。

其次,社会保险行政部门受理工伤认定申请后,根据审核需要可以对事故伤害进行调查核实,用人单位、职工、工会组织、医疗机构以及有关部门应当予以协助。职业病诊断和诊断争议的鉴定,依照《职业病防治法》的有关规定执行。对依法取得职业病诊断证明书或者职业病诊断鉴定书的,社会保险行政部门不再进行调查核实。

最后,社会保险行政部门应当自受理工伤认定申请之日起 60 日内作出工伤认定的决定,并书面通知申请工伤认定的职工或者其直系亲属和该职工所在单位。

劳动能力鉴定是指劳动功能障碍程度和生活自理障碍程度的等级鉴定。职工发生工伤,经治疗伤情相对稳定后存在残疾、影响劳动能力的,应当进行劳动能力鉴定。劳动功能障碍分为 10 个伤残等级,最重的为一级,最轻的为十级。生活自理障碍分为 3 个等级:生活完全不能自理、生活大部分不能自理和生活部分不能自理。劳动能力鉴定标准由国务院社会保险行政部门会同国务院卫生行政部门等部门制定。劳动能力鉴定由用人单位、工伤职工或者其直系亲属向设区的市级劳动能力鉴定委员会提出申请,并提供工伤认定决定和职工工伤医疗的有关资料。

省、自治区、直辖市劳动能力鉴定委员会和设区的市级劳动能力鉴定委员会分别由省、自治区、直辖市和设区的市级劳动保障行政部门、人事行政部门、卫生行政部门、工会组织、经办机构代表以及用人单位代表组成。

劳动能力鉴定委员会建立医疗卫生专家库。列入专家库的医疗卫生专业技术人员应当具备下列条件:(1)具有医疗卫生高级专业技术职务任职资格;(2)掌握劳动能力鉴定的相关知识;(3)具有良好的职业品德。

设区的市级劳动能力鉴定委员会收到劳动能力鉴定申请后,应当从其建立的医疗卫生专家库中随机抽取 3 名或者 5 名专家组成专家组,由专家组提出鉴定意见。设区的市级劳动能力鉴定委员会根据专家组的鉴定意见作出工伤职工劳动能力鉴定结论,必要时,可以委托具备资格的医疗机构协助进行有关的诊断。

12.职工工伤治疗期间享受哪些待遇?

陈某是某酒厂的职工,在一次锅炉爆炸事故中造成全身 56% 的深三度烫伤,现在在医院接受治疗。根据国家的有关规定,陈某在治疗期间能够享受哪些待遇呢?

劳动者在医疗期间有权利依法享有相应的医疗待遇和工资待遇。首先,劳动者享有及时接受治疗的权利。职工发生工伤时,用人单位应当采取措施使工伤职工得到及时救治。职工治疗工伤应当在签订服务协议的医疗机构就医,情况紧急时可以先到就近的医疗机构急救。其次,劳动者具有依法享有医疗待遇的权利。职工因工作遭受事故伤害或者患职业病进行治疗,享受工伤医疗待遇。治疗所需费用符合工伤保险诊疗项目目录、工伤保险药品目录、工伤保险住院服务标准的,由工伤保险基金支付。工伤保险诊疗项目目录、工伤保险药品目录、工伤保险住院服务标准,由国务院社会保险行政部门会同国务院卫生行政部门、食品药品监督管理部门等部门规定。职工住院治疗工伤的伙食补助费,以及经医疗机构出具体证明,报经办机构同意,工伤职工到统筹地区以外就医所需的交通、食宿费用从工伤保险基金支付,基金支付的具体标准由统筹地区人民政府规定。工伤职工治疗非工伤引发的疾病,不享受工伤医疗待遇,按照基本医疗保险办法处理。最后,劳动者享有按照原标准享有工资福利的权利。职工因工作遭受事故伤害或者患职业病需要暂停工作接受工伤医疗的,在停工留薪期内,原工资福利待遇不变,由所在单位按月支付。停工留薪期一般不超过 12 个月,伤情严重或者情况特殊,经设区的市级劳动能力鉴定委员会确认,可以适当延长,但延长不得超过12 个月。工伤职工评定伤残等级后,停发原待遇,按照本章的有关规定享受伤残待遇。工伤职工在停工留薪期满后仍需要治疗的,继续享受工伤医疗待遇。生活不能自理的工伤职工在停工留薪期需要护理的,由所在单位负责。另外,根据我国《工伤保险条例》第 38 条的规定:"工伤职工工伤复发,确认需要治疗的,享受本案例第 30 条、

第 32 条和第 33 第规定的工伤待遇。"

13.什么是职业病？得了职业病怎么办？

张某长期在一家以甲醛为原料的化工厂打工,从事化工成品的分装工作。该厂规模很小,相关生产设备比较落后,并且没有适当的安全保护措施,整个生产车间只有一个很小的窗户,通风性很差。因此,大部分职工在干了一段时间之后就坚持不下去了。2014 年下半年,张某感到眼部不适,视力急剧下降。后经医院检查,张某的眼睛因长期受到甲醛熏染导致视网膜及视神经病变,并最终导致了视神经萎缩。张某怀疑自己的眼病是由于长期在化工厂打工造成的,因此,张某想知道,什么是法律规定的职业病？职业病有哪些种类？得了职业病该怎么办？

职业病是指企业、事业单位和个体经济组织的劳动者在职业活动中,因接触粉尘、放射性物质和其他有毒有害物质等原因而引起的疾病。根据《职业病分类和目录》,职业病分为 10 类:(1)职业性尘肺病及其他呼吸系统疾病;(2)职业性皮肤病;(3)职业性眼病;(4)职业性耳鼻喉口腔疾病;(5)职业性化学中毒;(6)物理因素所致职业病;(7)职业性放射性疾病;(8)职业性传染病;(9)职业性肿瘤;(10)其他职业病。劳动者在生产环境中,由于受工业毒物、不良气候条件、生物因素、不合理的劳动组织以及一般卫生条件的恶劣等职业因素的影响,可能会引起各种职业病。制止职业病是保护劳动者健康的重要方面。

劳动者如果怀疑所得的疾病为职业病,应当及时到当地卫生部门批准的职业病诊断机构进行职业病诊断。对诊断结论有异议的,可以在 30 日内到市级卫生行政部门申请职业病诊断鉴定,鉴定后仍有异议的,可以在 15 日内到省级卫生行政部门申请再鉴定。职业病诊断和鉴定按照《职业病诊断与鉴定管理办法》执行。诊断为职业病的,应到当地劳动保障部门申请伤残等级,并与所在单位联系,依法享有职业病治疗、康复以及赔偿等待遇。用人单位不履行赔偿义务的,劳动者可以到当地劳动保障部门投诉,也可以向人民法院起诉。

劳动者依法享有保持自己身体健康的权利,因此,对于是否选择从事存在职业病危害的工作,应当由劳动者依照其自己的意愿决定。我国《职业病防治法》第 33 条规定:"用人单位与劳动者订立劳动合同(含聘用合同,下同)时,应当将工作过程中可能产生的职业病危害及其后果、职业病防护措施和待遇等如实告知劳动者,并在劳动合同中写明,不得隐瞒或者欺骗。劳动者在已订立劳动合同期间因工作岗位或者工作内容变更,从事与所订立劳动合同中未告知的存在职业病危害的作业时,用人单位应当依照前款规定,向劳动者履行如实告知的义务,并协商变更原劳动合同相关条款。"如果用人单位没有将工作过程中可能产生的职业病危害及其后果、职业病防护措施和待遇等如实告知劳动者,并未在劳动合同中写明,那么劳动者就有权利拒绝从事存在职业病危害的作业,并且用人单位不得因劳动者拒绝从事该作业而解除或者终止劳动合同。

14.劳动者有权拒绝从事用人单位安排的危险作业吗?

夏先生是某煤矿的职工,长年从事运煤工作。由于近段时间本地区连降大雨,运煤所经道路遭到严重损坏。夏先生认为路况不好,会出事故,于是向负责人请示等过几天路况相对较好时再运煤。但负责人认为大量煤不运出会妨碍生产顺利进行,叫夏先生多加小心继续工作。夏先生可否拒绝从事用人单位安排的危险作业?作为劳动者,他享有哪些保障自身安全的权利?

根据我国《中华人民共和国劳动法》第 3 条、第 54 条的规定,劳动者享有获得劳动安全卫生保护的权利,用人单位必须为劳动者提供符合国家规定的劳动卫生安全条件和必要的劳动防护用品,对从事有职业危险作业的劳动者应当定期进行健康检查,劳动者对用人单位管理人员违章指挥、强令冒险作业的要求,有权利拒绝执行;对用人单位危害劳动者生命安全和身体健康的行为,有权利提出批评、检举和控告。

根据我国《安全生产法》第 6 条规定,生产经营单位的从业人员有依法获得安全生产保障的权利。第 50 条、第 51 条和第 52 条规定:生产经营单位的从业人员有权了解其作业场所和工作岗位存在的危险因素、防范措施及事故应急措施,有权对本单位的安全生产工作提出建议。从业人员有权对本单位安全生产工作提出批评、检举、控告;有权拒绝违章指挥和强令冒险作业。生产经营单位不得因从业人员对本单位安全生产提出批评、检举、控告或者拒绝违章指挥、强令冒险作业而降低其工资、福利等待遇或者解除与其订立的劳动合同。在发现直接危及人身安全的紧急情况时,从业人员有权停止作业或者采取可能的应急措施后撤离作业场所。生产经营单位不得因从业人员在前款紧急情况下停止作业或者采取紧急撤离措施而降低其工资、福利等待遇或者解除与其订立的劳动合同。因此夏先生有权依照《劳动法》和《安全生产法》的规定拒绝老板继续运输的要求。煤矿老板也不得因夏先生拒绝其命令而降低夏先生的工资、福利等待遇或者解除与他订立的劳动合同。

15.在非法成立的公司打工发生伤亡怎么获得赔偿?

刘某在一家石料加工厂打工,刚上班3个月,刘某在工作时就被一块飞起的石头击中,经医院抢救无效死亡。经查,该石料厂是由郊区的3个农民合伙开办的,没有经过工商登记。刘某的家属应当怎样获得赔偿?

《非法用工单位伤亡人员一次性赔偿办法》第3条规定:"一次性赔偿包括受到事故伤害或患职业病的职工或童工在治疗期间的费用和一次性赔偿金,一次性赔偿数额应当在受到事故伤害或患职业病的职工或童工死亡或者经劳动能力鉴定后确定。劳动能力鉴定按属地原则由单位所在地设区的市级劳动能力鉴定委员会办理。劳动能力鉴定费用由伤亡职工或者童工所在单位支付。"根据该《办法》第5条、第6条和第7条的规定,在具体赔付标准方面,一级伤残的为单位所在地工伤保险统筹地区上年度职工平均工资的16倍,二级伤残的为单位所在地工伤保险统筹地区上年度职工平均工资的14倍,三级伤残为12倍,四级伤残为10倍,五级伤残为8倍,六级伤残为6倍,七级伤残为4倍,八级伤残为3倍,九级伤残为2倍,十级伤残为1倍。受到事故伤害或者患职业病造成死亡的,按照上一年度全国城镇居民人均可支配收入的20倍支付一次性赔偿金,并按照上一年度全国城镇居民人均可支配收入的10倍一次性支付丧葬补助等其他赔偿金。

另外,根据我国《工伤保险条例》第66条的规定:"无营业执照或者未经依法登记、备案的单位以及被依法吊销营业执照或者撤销登记、备案的单位的职工受到事故伤害或患职业病的,由该单位向伤残职工或者死亡职工的近亲属给予一次性赔偿,赔偿标准不得低于我国本条例规定的工伤保险待遇。"

刘某属于非法用工单位伤亡人员。非法用工单位伤亡人员是指在没有营业执照或者没有依法登记、备案的单位以及被依法吊销了营业执照或者撤销了登记、备案的单位受到事故伤害或者患职业病的职工,或者用人单位使用童工造成的伤残、死亡童工。因此,在发生了非法用工伤亡事故时,没有营业执照或者没有经依法登记、备案的单位以及被依法吊销了营业执照或者撤销了登记、备案的单位必须按照《非法用工单位伤亡人员一次性赔偿办法》的规定和《工伤保险条例》的规定向伤残职工或死亡职工的直系亲属、伤残童工或者死亡童工的直系亲属给予一次性赔偿。

16.法定休假日加班可以要求单位加倍支付工资吗?

"5·12"汶川地震之后,灾后重建工作如火如荼,建筑原材料需求猛增。老刘在砖厂工作。因砖的需求量太大,老板要求职工在法定节假日正常上班,并承诺每加班1天将对加班人员增发1天的工资。老刘觉得法定节假日加班,应当与平时的加班有所不同。那么,单位安排职工节假日加班应当怎样支付工资呢?

为了保障劳动者的休息权利,我国法律对劳动者的劳动时间和休息时间都做了明确的规定。根据我国《劳动法》以及《全国年节及纪念日放假办法(修正)》的规定,国家法定节假日包括:元旦、春节、清明节、国际劳动节、端午节、国庆节以及法律、法规规定的其他休假节日。对全体公民放假的假日,如果适逢星期六、星期日,应当在工作日补假。对部分公民放假的假日,如果适逢星期六、星期日,则不补假。

对于前述法定的节假日,除非特殊情况,用人单位都应当安排劳动者休息。如果由于特殊原因需要加班,则需要依法向职工发放加班工资。具体的发放标准为：用人单位依法安排劳动者在法定休假节日工作的，按照不低于劳动合同规定的劳动者本人日或者小时工作标准的300%支付劳动者工资；对于实行计件工资的劳动者，在完成计件定额任务后，由用人单位安排延长工作时间的，应按照不低于其本人法定工作时间计件单价的300%支付其工资；对于实行计时工资制的劳动者的日工资，按其本人月工资标准除平均每月法定工作天数（实行每周40小时工作制的为21.16天，实行每周44小时工作制的为23.33天）进行计算。

因此本案中，老刘的老板承诺法定休假日加班1天将给每个加班人员增发1天的工资是不符合法律规定的，老刘可以要求老板依照国家规定的标准发放法定节假日加班的工资。

17.工厂效益不好，可以用发产品代替发工资吗？

马大姐和丈夫大春都在某食品加工厂工作，单位的主要产品就是方便面和汤圆。近两年，由于单位生产的方便面销路不好，新任厂领导就想出了一个"改革"的法子：用发方便面代替发工资，厂里按照每个职工应当得到的工资数额，折算成一定量的方便面发给职工。理由是这样可以促进职工的销售积极性，从而改变厂里产品销路不好的局面，而且职工把领到的方便面拿出去销售既是职工爱厂敬业的表现，也是在厂里暂时困难时职工对厂里应当承担的义务。厂领导的这些说法正确吗？在经济状况不佳时，用人单位可不可以用发放产品或者其他实物的方式代替工资？

我国《劳动法》第50条规定："工资应当以货币形式按月支付给劳动者本人。不得克扣或者无故拖欠劳动者的工资。"劳动部《关于贯彻执行我国劳动法若干问题的意见》第53条规定："劳动法中的

'工资'是指用人单位依据国家有关规定或者劳动合同的约定,以货币形式直接支付给本单位劳动者的劳动报酬。"《工资支付暂行规定》第5条更是明确规定:"工资应当以法定货币支付,不得以实物及有价证券代替货币支付。"

因此,根据上述规定,用人单位给劳动者发放的工资只能是符合法律要求的货币,而不能以货币以外的其他任何物品或者国库券、股票、企业债券等方式代替,更不能以打欠条、打白条等方式来代替发工资。马大姐所在用人单位的做法是错误的。

18.他人代领工资后携款出走,损失应该由谁负责?

某建筑公司是一个职工超过 2 000 人的大型建筑公司。2007年,该建筑公司在成都承包了一个大型建筑工程,同时投入了 600 人参与该项目的建设。为了管理上的方便,公司将参与该项目的工作人员分为 5 个项目组,每个项目组 100 多人,在发工资时,由各个项目组的负责人代替本项目全体人员从公司财务处统一领取工资,然后再由项目组负责人向本组工作人员发放。2008 年 2 月,其中一个项目组的负责人在代领工资后携款出走,带走了本组 120 多人的工资共 65 万元。该公司由项目组长代领工资的做法是否合法?该损失应当由谁承担?

我国《劳动法》第 50 条规定:"工资应当以货币形式按月支付给劳动者本人。"《工资支付暂行规定》第 6 条规定:"用人单位应将工资支付给劳动者本人。劳动者本人因故不能领取工资时,可由其亲属或委托他人代领。用人单位可委托银行代发工资。用人单位必须书面记录支付劳动者工资的数额、时间、领取者的姓名以及签字,并保存两年以上备查。用人单位在支付工资时应向劳动者提供 1 份其个人的工资清单。"

根据前述规定,用人单位在向劳动者发放工资时,必须做到以下几点:一是工资必须是向劳动者本人支付,而不能向其他人支付;二是在劳动者本人因故不能领取工资时,可由亲属或委托他人代领,但代领人必须是经过了劳动者本人的同意或者是接受了劳动者本人的委托;三是用人单位发放工资时必须书面记录支付劳动者工资的数额、时间、领取者的姓名以及签字。只有在劳动者本人或者其委托人签字后才可以视为单位已给劳动者发放了工资。

根据《民法总则》161条、162条、165条的规定,民事主体可以通过代理人实施民事法律行为,委托代理授权采用书面形式的,授权委托书应当载明代理人的姓名或者名称、代理事项、权限和期间,并由被代理人签名或者盖章。代理人在代理权限内,以被代理人名义实施的民事法律行为,对被代理人发生效力。在本案中,建筑公司违反法律规定,不直接将工资发放给职工本人,而强制规定由各个项目组的负责人代领本项目组的工资,这种做法本身就违反了相关劳动法律、法规的规定。更为重要的是,这些项目组负责人并不是根据职工的意思接受职工委托的职工代理人,而是接受建筑公司委托代表该公司向职工发放工资的代理人。只有这些项目负责人将职工的工资发放到职工手里之后,才能视为建筑公司向职工支付了工资,否则就应当视为建筑公司还没有向职工支付工资。因此,本案中的损失应当由建筑公司承担,而不应当由职工承担。但是,在单位向劳动者发放工资时,如果劳动者本人因故不能领取工资而委托他人代领,对于经劳动者授权或者委托的人在代领工资时造成的损失,单位则不承担责任,而应当由劳动者以及其授权委托人根据各自的过错来承担。

19.患病请假期间单位有权停发工资吗？

小刘从 2005 年起在某服装厂打工，并与公司签订了为期 5 年的劳动合同。工资计算方法为基本工资外加订单完成量的计件工资。2007 年 2 月，小刘因为肝炎住院治疗了 3 个月。在住院期间，单位以小刘没有正常工作为由停发了小刘的全部工资。单位是否可以在职工患病治疗期间停发其工资呢？

根据《企业职工患病或非因工负伤医疗期规定》第 2 条和第 3 条规定，职工患病的医疗期是指企业职工因患病或者非因工负伤停止工作治病休息不得解除劳动合同的时限。企业职工因患病或非因工负伤，需要停止工作医疗时，根据本人实际参加工作年限和在本单位工作年限，给予 3 个月到 24 个月的医疗期。

《关于贯彻执行我国劳动法若干问题的意见》第 59 条规定："职工患病或非因工负伤治疗期间，在规定的医疗期间内由企业按有关规定支付其病假工资或疾病救济费，病假工资或疾病救济费可以低于当地最低工资标准支付，但不能低于最低工资标准的 80％。"

因此，职工生病时，单位除了应当依法给予医疗期以外，还应当支付职工在医疗期内的工资。具体标准可以低于患病职工的正常工资，也可以低于当地的最低工资标准，但不得低于最低工资标准的80％，否则就是违反了国家的规定。本案中，服装厂至少应当给小刘发放工作中的基本工资部分，扣除计件工资部分，而不能全部扣除。

20.企业破产了，职工破产前应当领取的工资由谁支付？

某县酒厂由于管理不善产品又缺乏市场竞争力，连年亏损，后经债权人申请进入了破产程序。在进入破产程序之前，该厂已经拖欠了职工两个月的工资。职工还有权利要求发工资吗？

企业因经营管理不善造成严重亏损，不能清偿到期债务时，就有可能被依法宣告破产。在企业进入破产程序后，如果其拖欠职工的工资，那么职工就成为企业的债权人，就可以作为债权人参与企业破产财产的分配。

职工因企业拖欠工资而作为债权人参与破产财产的分配时，依法享有一定的优先权，根据《工资支付暂行规定》第14条的规定："用人单位依法破产时，劳动者有权获得其工资。在破产清偿中用人单位应按《中华人民共和国企业破产法》规定的清偿顺序，首先支付欠付本单位劳动者的工资。"根据我国《企业破产法》第113条的规定，在进行破产财产分配时，破产财产在优先拨付破产费用和共益债务后，应当按照下列顺序清偿：首先是破产人所欠职工的工资和医疗、伤残补助、抚恤费用，所欠的应当划入职工个人账户的基本养老保险、基本医疗保险费用，以及法律、行政法规规定应当支付给职工的补偿金。其次是破产人欠缴的除前项规定以外的社会保险费用和破产人所欠税款，最后还有剩余，才是普通破产债权。

21.建筑企业将农民工的工资发给"包工头"是否违法？

2007年10月，老陈随包工头康某来到上海某建筑工程公司承包的市政工程工地上打工。从2007年9月到2008年1月，老陈辛辛苦苦地在工地上干了将近5个月，本指望拿到工钱回家过年，没想到到建筑工程公司领工资时才知道自己的工资被带他来的包工头康某领走了，而包工头康某早已逃得无影无踪。老陈不知道该怎么办，他有没有权利向建筑工程公司要回自己的工钱？

根据我国《劳动法》第 50 条和《工资支付暂行规定》第 6 条的规定,劳动者的工资应当由用人单位以货币形式按月支付给劳动者本人,在劳动者本人因故不能领取工资时,可由其亲属或者劳动者委托的人代领。《建设领域农民工工资支付管理暂行办法》第 7 条也明确规定:"企业应将工资直接发放给农民工本人,严禁发放给'包工头'或其他不具备用工主体资格的组织和个人。"

因此对于农民工的工资,用人单位应当直接向农民工本人发放。本案中,建筑工程公司作为用人单位本应当将老陈的工资发给老陈本人,但该公司却违反法律、法规、规章的规定,在没有老陈授权或者委托的情况下,将老陈的工资发放给了包工头康某。对于因该公司违法向包工头发放工资造成的损失应当由该公司自行承担。由于老陈为该公司提供了劳务而该公司却没有依法向其发放工资,因此,老陈仍然有权利要求某建筑工程公司向其支付工资。

22.非全日制劳动者的工资应当如何发放?

张女士 2004 年从某纺纱厂下岗后专门从事卫生清洁工作,并于 2006 年 12 月与某投资公司通过订立口头劳动合同建立非全日制劳动关系,约定张女士每日为该投资公司工作的时间不超过 5 个小时,累计每周工作时间不超过 30 个小时。对于张女士这种非全日制的劳动者工资的发放国家是否有相关规定呢?

非全日制劳动者由于人数较少,在劳动形式上不同于全日制劳动者,而且其与用人单位的关系也不像全日制劳动者那样紧密,因此,非全日制劳动者的权益经常受到忽视和侵犯。为了保障非全日制劳动者的合法权益,劳动和社会保障部制定了《关于非全日制用工若干问题的意见》。根据该意见,对于非全日制劳动者,其工资发放应当遵守以下规定：

(1)用人单位应当按时足额支付非全日制劳动者的工资,并且用人单位支付非全日制劳动者的小时工资不得低于当地政府颁布的小时最低工资标准。

(2)非全日制用工的小时最低工资标准由省、自治区、直辖市规定,并报劳动保障部备案。确定和调整小时最低工资标准应当综合参考以下因素:当地政府颁布的月最低工资标准;单位应缴纳的基本养老保险费和基本医疗保险费(当地政府颁布的月最低工资标准未包含个人缴纳社会保险费因素的,还应考虑个人应缴纳的社会保险费);非全日制劳动者在工作稳定性、劳动条件和劳动强度、福利等方面与全日制就业人员之间的差异。

(3)非全日制用工的工资支付可以按小时、日、周或月为单位结算。

23.用人单位有权强迫职工加班吗?

某县纺纱厂最近接了一笔国外的大订单,为了尽早完成生产任务,该厂领导研究决定延长职工每周工作时间,日工作时间从 8 个小时增加至 12 个小时,每天延长 4 个小时。在加班时间内,职工的工资按照国家规定发放。但是因夏季天气炎热,小芳感觉自己的身体欠佳,不适合加班,于是就拒绝了厂里提出的加班要求。但厂领导不同意,并威胁说任何不按照厂里要求加班的职工将被扣发当月工资。

用人单位要求职工加班必须与职工协商,而不能强制要求职工加班。我国《劳动法》第 41 条规定:"用人单位由于生产经营需要,经与工会和劳动者协商后可以延长工作时间,一般每日不超过 1 小时;因特殊原因需要延长工作时间的,在保障劳动者身体健康条件下延长工作时间每日不得超过 3 小时,但是每月不超过 36 小时。"同时,为了防止用人单位非法强迫职工加班侵犯职工的合法权益,我国《劳动法》第 96 条规定:"用人单位有下列行为之一,由公安机关对责任人员以十五日以下拘留、罚款或者警告;构成犯罪的,对责任人员依法追究刑事责任:(一)以暴力、威胁或者非法限制人身自由的手段强迫劳动的"。我国《刑法》第 244 条也规定:"以暴力、威胁或者限制人身自由的方法强迫他人劳动的,处 3 年以下有期徒刑或者拘役,并处罚金;情节严重的,处 3 年以上 10 年以下有期徒刑,并处罚金。"

具体到本案,小芳所在单位以不加班将被扣发当月工资要挟职工加班,实质上已经是一种威胁行为了。对于单位的强制加班的要求,小芳有权拒绝。

24.因受骗而签订的劳动合同有效吗?

小张、小刘和小赵在老家都会缝纫技术,她们结伴到省城打工。看到一家服装厂招聘广告,她们 3 人联系了该招聘广告上的联系人。该联系人介绍说他们是一个职工人数上百,设施完备,且订单业务很多的大规模服装厂,厂里福利丰厚,并为外来职工提供很好的食宿条件。3 人商量后与该服装厂签订了合同,约定每月工资 800 元,干得好再另发奖金,合同期限为 5 年,任何一方违约应支付 12 000 元的违约金。但是到了工厂,她们发现工厂只是一个位于城郊很偏远的小作坊,工作环境完全不是签订合同时对方所叙述的那样。对方所承诺的提供住宿,也只是一个阴暗潮湿的小屋。小张、小刘和小赵发现自己上当了,因此决定到别处另找工作。但该厂招聘人员说她们违约,要求她们缴纳合同约定的违约金 12 000 元。

根据我国《劳动法》第 18 条的规定,当事人采取欺诈手段订立的劳动合同依法应属无效,从订立的时候起就没有法律约束力。我国《劳动合同法》26 条规定："以欺诈、胁迫的手段或者乘人之危,使对方在违背真实意思的情况下订立或者变更劳动合同的"属于无效劳动合同。这里所谓的"欺诈"是指一方当事人故意捏造、编造虚假情况,或者故意歪曲、掩盖、隐瞒真实情况,因而使相对人陷入错误认识,并由此做出不符合其真实的意思表示。但劳动合同的无效不能由当事人中的哪一方说了算,必须由劳动争议仲裁委员会或者人民法院确认。

具体到本案中,服装厂招聘人员不但向小张、小刘和小赵隐瞒了该厂是小规模作坊的事实,而且还故意谎称会提供较好住宿,这些明显具有欺诈性。根据我国《劳动法》第 18 条规定以及《劳动合同法》第 26 条的规定,双方签订的劳动合同应属无效的劳动合同。小张、小刘和小赵可以向劳动争议仲裁委员会提起仲裁,要求确认该合同无效。

25.劳动合同中的"生死条款"有法律效力吗?

近年来,一些用人单位在与农民工签订合同时,为了降低劳动成本,转嫁劳动风险,常常在劳动合同中附加"施工中如发生意外,导致伤残、死亡的,其后果一律由其本人承担,本施工队与此无关"等推卸责任的条款。鉴于劳动力市场供大于求,竞争激烈,一些劳动者尽管觉得不合理,也只好带着侥幸心理,违心答应。这种情况比较集中在建筑行业以及其他高空危险作业中,一旦发生工伤事故,用人单位就以和劳动者已约定免责条款为由进行抗辩。那么在劳动合同中约定的如"工伤概不负责"的免责条款是否有效呢?

首先,这样的条款是违法条款。我国《劳动法》第 3 条规定:"劳动者有平等就业和选择职业的权利、取得劳动报酬的权利、休息休假的权利、获得安全卫生保护的权利、接受职业技能培训的权利、享受社会保险和福利的权利、提请劳动争议处理的权利以及法律规定的其他劳动权利。"第73条规定:"劳动者在退休、患病、负伤;因工伤残或者患职业病;失业;生育的情形下,依法享受社会保险待遇。"因此,"生死条款"与法律相违背。其次,"生死条款"不具有法律效力。"我国《劳动法》第18条规定:"违反法律、行政法规的劳动合同无效。"我国《劳动合同法》26条规定"用人单位免除自己的法定责任、排除劳动者权利的"劳动合同无效。无效的劳动合同从订立的时候起,就没有法律约束力。确认劳动合同部分无效的,如果不影响其余部分的效力,其余部分仍然有效。"如果劳动合同中订有生死条款,这一条款是无法律效力的,因此,这种违法行为不可避免地要承担工伤赔偿责任的后果。正确的做法应当是:依法参加工伤保险,到当地社会保险机构为职工缴纳工伤保险费,这样发生工伤事故的风险就可以由社会承担,职工在工作中遭受事故伤害后就能获得医疗救治、经济补偿,职业康复的权利也有了切实的保障。

26.妇女在劳动关系中享有哪些权益?

小丽于2005年4月进入某家电经销公司工作,双方签订了为期3年的劳动合同。2007年12月小丽结婚了,并于次年3月怀孕。单位发现小丽怀孕后,就拒绝与小丽续签劳动合同。2008年4月双方合同到期后,该家电经销公司以双方合同到期为由终止了与小丽的劳动关系。

该公司的做法是错误的,小丽可以要求公司将双方的劳动合同延续至其哺乳期满。结婚生子几乎是每个女职工都要经过的阶段,因此,生育待遇的问题也是每个女职工最为关心的问题之一。综合我国《劳动法》、《劳动部关于劳动法若干条文的说明》、《女职工劳动保护规定》以及《关于女职工生育待遇若干问题的通知》的有关规定，女职工怀孕和生育时依法应当享受以下劳动保护和待遇：

（1）依据我国《劳动合同法》第 42 条、《劳动法》第 29 条、《女职工劳动保护特别规定》的规定，女职工在孕期、产期、哺乳期内的，用人单位不得解除劳动合同；女职工怀孕不满 4 个月流产时，应当根据医务部门的意见，给予 15 天至 30 天的产假；怀孕满 4 个月以上流产时，给予 42 天产假。产假期间，工资照发。

（2）女职工生产的，应当依法给予产假。女职工产假为 90 天，其中产前休息 5 天，难产的增加产假 5 天。多胞胎生育的，每多生育 1 个婴儿，增加产假 15 天。女职工产假期满，因身体原因仍不能工作的，经过医务部门证明后，其超过产假期间的待遇，按照职工患病的有关规定处理。

（3）女职工生育的检查费、接生费、手术费、住院费和药费由生育保险基金支付。超出规定的医疗服务费和药费（含自费药品和营养药品的费用）由职工个人负担，女职工生育出院后，因生育引起疾病的医药费，由生育保险基金支付；其他疾病的医疗费，按照医疗保险待遇的规定办理。

（4）有不满 1 周岁婴儿的女职工，其所在单位应当在每班劳动时间内给予其两次哺乳时间（含人工喂养），每次 30 分钟。多胞胎生育的，每多哺乳一个婴儿，每次哺乳时间增加 30 分钟。女职工每班劳动时间内的两次哺乳时间可以合并使用。哺乳时间和在本单位内哺乳往返途中的时间，算作劳动时间。

（5）女职工生育按照法律、法规的规定享受产假。产假期间的生育津贴按照本企业上年度职工平均工资计发，由生育保险基金支付。

27.未成年工的特殊保护主要内容有哪些?

近几年来,由于我国基础建设的快速发展,建筑用砖的需求量不断增大。刘先生看准了这个机会,就在自己的村子里开办了一家烧砖场。由于本村的大部分成年男劳动力都到城市打工去了,刘先生只好招用了一批刚刚初中毕业的未成年男子。刘先生不知道这是否合法。

刘先生招用的是一批未成年工。未成年工是指被用人单位录用的,在法定最低就业年龄以上的未成年人。在我国,未成年工是指年龄已满 16 周岁但未满 18 周岁的劳动者。未成年工与童工是不同的:未成年工的年龄在法定最低就业年龄以上,其就业为法律所允许,只是用人单位在使用时应给予一定的特殊保护;童工的年龄则是在法定最低就业年龄以下,其就业是为法律所禁止的,特殊职业确需招用童工的,必须经法定的机关批准。

未成年工特殊保护的主要内容包括以下几个方面:

(1)最低就业年龄的限制。这是区分未成年工和童工界限的依据,也是保护未成年工的一项重要内容。(2)工作时间与休息、休假的特殊保护。对未成年工要缩短工作日,实行比成年工要长一些的休假期限。(3)禁止安排未成年工从事其禁忌的劳动。(4)定期进行体格检查。由于未成年工正处于身体发育期间,定期的身体检查可以及时了解未成年工的身体状况,保障其健康成长。

28.未签订劳动合同的劳动者可否就劳动争议向人民法院起诉?

周某于 2006 年进入某家电修理门市部从事维修工作,但双方没有签订劳动合同。2008 年 6 月,周某与该家电维修门市部因社会保险的缴纳问题产生争议。经县劳动争议仲裁委员会裁决后,周某对仲裁裁决不服,想向人民法院起诉,但不知像他这样没有和用人单位签订劳动合同的劳动者可否向人民法院起诉?

没有与用人单位之间订立书面劳动合同但已形成事实劳动关系的劳动者可以就双方的劳动争议向人民法院提起诉讼。根据《最高人民法院关于审理劳动争议案件适用法律若干问题的解释》第1条规定,劳动者与用人单位之间发生的下列纠纷,属于我国《劳动法》第2条规定的劳动争议,当事人不服劳动争议仲裁委员会作出的裁决,依法向人民法院起诉的,人民法院应当受理:(1)劳动者与用人单位在履行劳动合同过程中发生的纠纷;(2)劳动者与用人单位之间没有订立书面劳动合同,但已形成劳动关系后发生的纠纷;(3)劳动者退休后,与尚未参加社会保险统筹的原用人单位因追索养老金、医疗费、工伤保险待遇和其他社会保险费而发生的纠纷。

从本案的情况来看,周某可以就双方的劳动争议向人民法院提起诉讼。

29.农民外出打工需要具备哪些条件?

同村的很多年轻人都外出到大城市打工,小梅一直在家乡务农,她也想出去打工挣钱。小梅想了解,农民工外出打工需要具备哪些条件及应办理哪些手续?

根据我国《劳动法》和相关劳动法律、法规、行政规章的规定,农民工进城务工应具备以下条件:(1)达到法定就业年龄。通常应是年满16周岁以上、身体健康的公民;(2)具备一定的职业技术能力。因为城市需要的不仅仅是简单的体力劳动,需要更多的是具有一定专业技术的劳动者;(3)具有劳动能力。即依法能够以自己的行为行使劳动权利和履行劳动义务的资格;(4)符合各省、自治区、直辖市劳动保障行政部门规定的其他就业条件。

　　此外,农民工在进城务工前,必须持本人身份证和其他必要的证明,到户籍所在地的劳动就业管理部门进行登记并办理外出人员就业登记卡;被用人单位聘用后,须凭外出人员就业登记卡领取当地劳动保障部门办理的外来人员就业证,作为流动就业的有效凭证。根据规定,还必须办理计划生育证明;到达就业所在地后,应当到当地公安机关办理流动人员暂住证。总之,农民工外出前,要带好必备的证件、证明和相关的资料:身份证、学历证、外出人员就业登记卡、计划生育证明、健康证、照片等,如果有职业技术培训证、职业资格证等,记住一定带上。

30.遭遇"歪职介"怎么办?

　　住重庆垫江县的农民杨伟,因家里的担子很重,他放弃了学业,独自一人踏上了进城打工之路。在重庆沙坪坝区陈家湾,一位中年妇女拉住他主动要给他介绍工作,杨伟便跟着她到了渝华职介所。职介所给他介绍了1份送货员的工作,月薪800元,收了他20元的登记费后,职介所罗经理给他写了一封到泰行百货公司报到的介绍信,然后又收了他150元的中介服务费,这些收费都没有开任何的收据和发票。杨伟拿着介绍信赶到泰行百货公司,一位姓张的经理简单地问了他一些情况后,收了他130元工本费,并叫他3天后再来这里签合同。3天后,杨伟如约来到泰行百货公司,张经理拿出1份劳动协议书,又收了杨伟200元违约金,并叫他回家好好把公司的员工制度背熟,上班以后抽背,对什么时候让杨伟上班却只字未提。之后,两个打工的朋友得知杨伟的求职经历后,便提醒他谨防上当,还把他们被"歪中介"骗的经过讲给他听。杨伟觉得不对劲,就立刻给泰行百货公司打电话,对方回答说让他放心,但就是不提什么时候上班。杨伟知道自己也上了当,连忙按照报纸登出的投诉电话打给劳动监察部门,却怎么也拨不通。杨伟不知道该怎么办?

部分农民工进城后,由于缺乏必要的求职常识,使得个别职业介绍机构和个人利用务工者对职业介绍机构的信任,设圈行骗,骗取钱财。务工者不仅损失了钱财,没有找到工作,而且身心也受到伤害。因此农民工外出不仅要熟悉找工作的方法和技巧,还要了解国家有关职业介绍、求职招聘的法律法规,注意自我保护,不让"歪职介"的欺骗行为得逞,避免上当受骗,增强依法维权意识。如果在求职中被"歪职介"欺骗,或发现职业介绍所有其他违法行为,农民工可以向当地的劳动保障行政部门投诉,劳动保障行政部门会及时调查并根据情况进行处理。对职业介绍机构在职业介绍活动中违反国家法律或者政策,或随意扩大业务范围、提高收费标准等行为,一经查实,劳动保障行政部门要进行批评并限期改正;给用人单位和劳动者造成经济等方面损失的,要责令赔偿并给予相应的处罚;情节严重的,由劳动保障行政部门吊销其职业介绍许可证,工商部门同时注销登记;构成犯罪的,还将依法追究责任人的刑事责任。

31.《劳动合同法》对试用期是怎么规定的?

小黄从职业技术学校毕业后,先后找了3份工作,每次都在试用期被企业解雇。小黄知道大多数企业都要求新职工有一段时间的试用期,这是正常的,是劳动法律、法规许可的。但有些公司却不签劳动合同先试用,等到试用期满后,一句"不符合录用条件"就将劳动者辞退,实质上就是把试用期的劳动者变成了他们的廉价劳动力。小黄觉得自己就是这样屡次被当作廉价劳动力的。

试用期是指用人单位对新招收的合同制职工进行思想品德、劳动态度、实际工作能力、身体健康状况等进行进一步考察的时间期限。在劳动合同中规定试用期,一方面可以维护用人单位的利益,给企业考察劳动者是否与录用要求相一致的时间,避免用人单位遭受不必要的损失。另一方面,可以维护新招收职工的利益,使被录用的职工有时间考察了解用人单位的工作内容、劳动条件、劳动报酬等是否符合劳动合同的规定。在劳动合同中规定试用期,既是订立劳动合同双方当事人的权利与义务,同时也为劳动合同其他条款的履行提供了保障。为了更好地履行劳动合同,订立劳动合同的双方当事人在订立劳动合同之前,应当如实地介绍各自的情况,回答对方提出的询问。如果在规定的试用期内,当事人双方发现实际情况与对方介绍的情况不相符,有权在试用期内随时解除劳动合同。我国《劳动合同法》第 19、20、21 规定:

(1)劳动合同期限 3 个月以上不满 1 年的,试用期不得超过 1 个月;劳动合同期限 1 年以上不满 3 年的,试用期不得超过 2 个月;3 年以上固定期限和无固定期限的劳动合同,试用期不得超过 6 个月。同一用人单位与同一劳动者只能约定 1 次试用期。以完成一定工作任务为期限的劳动合同或者劳动合同期限不满 3 个月的,不得约定试用期。试用期包含在劳动合同期限内。劳动合同仅约定试用期的,试用期不成立,该期限为劳动合同期限。

(2)劳动者在试用期的工资不得低于本单位相同岗位最低档工资或者劳动合同约定工资的 80%,并不得低于用人单位所在地的最低工资标准。

(3)在试用期中,除劳动者有本法第 39 条和第 40 条第 1 项、第 2 项规定的情形外,用人单位不得解除劳动合同。用人单位在试用期解除劳动合同的,应当向劳动者说明理由。

32.患者的医疗权利有哪些?

小黄与恋爱两年的男友未婚同居不久后发现自己怀孕了。由于暂时没有经济基础举办婚礼并抚养小孩,因此小黄决定到附近的医院做人工流产手术。但是小黄又怕自己未婚先孕的事情被医院泄露出去,被单位同事知道后引起非议。小黄想知道,作为患者有没有权利要求医务人员保守医疗秘密?

所谓患者的医疗权,是指公民一旦患病就享有的获得医疗的权利,这是得到国际普遍公认的基本人权。1948年联合国通过的《世界人权宣言》中宣称:"每个人都有权使生活达到一定的水准,保证他自己及家庭的健康和幸福,包括食物、衣着、居住、医疗和必要的社会服务。"

在我国,患者的医疗权利,主要体现在以下6个方面:

1. 任何患者都享有接受医疗的权利。不论医院或医务人员处于任何目的或借任何理由而无视患者的正当医疗权利,随意拒绝患者于医院门外,延误救治,造成患者疾病加重、残疾甚至死亡,都是对患者正当医疗权利的侵害和践踏。

2. 患者享有的医疗权利应是平等的。不论其地位、职业、收入高低,都享有平等的权利,在患病时也有得到平等医疗的权利。医院和医务人员对待所有患者都应在当时当地条件的许可范围内,尽最大的努力进行救治。

3. 患者有权监督自己医疗权的实现,只要不是处于意识障碍或昏迷状态,在通常情况下,患者都有能力监督自己医疗权利的实现。患者有权从医务人员那里获知自己疾病的有关情况,如疾病的性质、严重程度、治疗方案和可能发生的情况。

4. 患者有权拒绝参加医学实验。医院进行以人为实验对象的科学实验,包括药物试验,是允许的,也是必不可少的,但是在挑选和确定受试者时必须按照"同意和知情"的基本原则进行,只有在征得患者同意后方可进行试验。

5. 患者有权要求医务人员保守医疗秘密。患者的这一医疗权利源于公民的隐私权。医院和医务人员要严格保守患者的隐私秘密,不得以任何借口予以泄露。泄露患者的隐私,给患者造成严重后果的,要承担法律责任。

6. 患者有权要求了解医疗费用等情况。在世界各国,这是患者的一项不言而喻的权利,患者有义务向医院支付医疗费用,也有权了解费用支出的情况。医院有责任对患者提出的任何质疑作出明确和满意的答复。

33.不是医疗事故可以获得赔偿吗?

2014 年某日中午,石某突然感觉身体不适,于是在家人的陪同下,到甲医院看病,下午 3 点多,甲医院诊断石某急性下壁心肌梗死,次日上午石某表示心前区不舒服,甲医院认为内科保守治疗不能控制病情恶化,需要做冠脉搭桥或支架置入,经家属同意,11 点整将石某送往乙医院,1 小时后,经抢救无效宣布死亡。事发之后,石某的家人认为,石某被送到甲、乙两家医院并交纳了相关的诊疗费用后,即与医院构成医疗消费服务合同。医院违反约定,未全面履行义务导致石某死亡,应当对石某的死亡负责。而两家医院都认为,他们对石某的治疗符合医院规程,石某的死亡是自身疾病导致的必然结果。法院听取了双方当事人的意见,又委托市医学会对该病例进行医疗事故鉴定。经鉴定,专家们的意见是,医院诊断明确,对患者的诊治虽然不够积极有力,但明显无过失。患者转到乙医院时已无生命体征,途中乙医院进行了积极的救治,因此,石某的死亡与乙医院没有因果关系。最后鉴定组作出了不属于医疗事故的鉴定结论。原告在收到这份鉴定结论之后很不满意。于是,就有关问题向专家进行了书面询问:甲医院和乙医院在诊治过程中究竟有无过错? 甲医院的诊治不够积极有力是否属于过错？甲医院对于患有心肌梗死的危重病人没有安排观察室进行特别护理、诊疗过程中医务人员脱岗现象严重以及转院的时候没有派熟悉的医生随行等等算不算过错？

对于原告的质疑，专家的回答为：这起医疗事件不属于医疗事故，至于医院在诊治过程中是否存在过错，不属于鉴定的职责范围。转院问题与患者死亡无直接因果关系。但是，患者住院后，医院没有安排观察室、给予特别护理是医疗不够积极有力的具体表现。同时，医务人员脱岗，转院的时候没有派熟悉病情的诊治医生随行也是医疗不够积极有力的例证。法院在参考了两次鉴定结论的基础上，进行了充分的调查。最后，法院认为甲医院收治石某以后，诊断明确，治疗措施没有违反相关规章制度，故不构成医疗事故。原告支付的治疗疾病以及丧葬费用属于正常发生的费用，由原告自己负担。但是，由于甲医院没有安排特别护理，医务人员脱岗，救治不够积极有力，给患者家属造成了一定的精神痛苦，所以，应当支付一定的精神抚慰金。同时，由于石某在转入乙医院时已经死亡，所以乙医院无须承担法律责任。

我国《侵权责任法》第54条规定："患者在诊疗活动中受到损害，医疗机构及其医务人员有过错的，由医疗机构承担赔偿责任。"但前提是医院在诊治过程中存在过错。如果医院没有任何过错，也就谈不到赔偿问题了。

34.医疗事故中患方应注意收集哪些证据材料？

某医院在抢救1外伤大失血患者丁某时，输入了300毫升A型血。输血过程中，丁某出现面部潮红、恶心、呕吐、寒战、高热、血压下降症状，后经医院抢救无效死亡。丁某的家属认为输血反应是由于医院将血型搞错所致，应属于医疗事故，遂要求医院承担赔偿责任，否则起诉至法院。但是丁某家属不知道应该收集哪些证据材料。

　　在医疗诉讼中举证责任倒置后,患者并不是什么证据都不需要提供。在医疗侵权案件中,要涉及4大要件:侵权行为、被告方过错、医疗行为与损害结果之间的因果关系及损害后果。举证责任倒置后,医院要就医疗行为与损害结果之间不存在因果关系及不存在医疗过错方面提出证据,患者要就侵权行为和损害后果提出证据,患者要证明自己确实在那家医院就诊或手术过,而医院对自己权益造成了损害。随着诉讼的进行,会不断进行举证责任转换,如医院提供了充分的证据证明自己清白,而此时就要求患者提供反驳的证据,拿不出证据的就可能败诉。所以在与医院打官司之前当事人先要把有关的司法解释了解清楚,同时也要积极主动寻找证据。主要收集以下证据,以便在日后的诉讼中处于主动地位:

　　(1)尽早复制客观性病历材料,封存主观性病历材料。(2)及时要求进行尸检,以查明患者死因。(3)注意收集证人证言。发生医疗事故争议后,病人和医疗单位常常就医疗单位是否实施了或未实施某一行为产生争议,医疗单位往往提出病人的叙述不真实,与病历记载不一致。(4)注意其他证据的收集。患者可要求封存与医疗事故争议有关的实物,如药品、器具等,以便过后检验。

35.在医疗事故中患者可以要求哪些赔偿?

　　某甲因感冒到医院就诊,医生诊断后开出口服感冒药并注射"青霉素"的处方。皮试后,某甲注射了青霉素,但随即出现严重的过敏反应,经抢救无效死亡。后经尸检分析,某甲的死亡原因为青霉素注射过敏性休克导致的循环呼吸衰竭。某甲家属以医院处理不当导致某甲死亡构成医疗事故为由,向法院起诉要求赔偿。

　　我国《医疗事故处理条例》第50条对医疗事故赔偿的项目和标

准计算做了明确的规定,条例规定了11项医疗事故赔偿项目,每项中规定了具体的计算标准。主要包括以下几个部分:(1)医疗费,可以包括住院费、检查费、治疗费、(中西)药费、医疗机构的护理费等。医疗费是医疗事故对患者造成人身损害后,患者进行治疗所发生的医疗费用。这里的医疗费不包括患者发生原发病的医疗费用,也就是不包括患者发生医疗事故以前支付的医疗费用。(2)误工费,指患者因医疗事故就医而造成耽误工作而减少的工资、奖金等合法收入。有固定收入的,按照本人因误工减少的固定收入计算。没有固定收入的,误工费按照医疗事故发生地上一年度职工平均工资计算。(3)住院伙食补助费。(4)陪护费,指患者因医疗事故在住院治疗中,因缺乏生活自理能力而需要雇佣专人进行生活护理的费用。(5)残疾生活补助费。只有被鉴定为残疾等级的,才能享有残疾生活补助费。根据伤残的等级确定具体的赔偿年限,残疾程度严重的赔偿年限多。(6)残疾用具费,指患者因医疗事故造成的残疾,因残疾需要配置补偿功能器具而发生的费用,如假肢、义眼、助听器等。(7)丧葬费,包括存尸费、尸体转运费、尸体整容费、火化费、寿衣费等。(8)被扶养人生活费,指患者发生医疗事故前,为实际抚养的未成年子女或者没有劳动能力的人提供的必要的生活费。(9)交通费。(10)住宿费。(11)精神损害抚慰金,是患者及近亲属因医疗事故受到精神损害而给予的物质上的抚慰。

三、农村经济法律问题

1.什么是商标？商标为什么要注册？

"沙田莲藕"是冯志平等人花了几年时间打造的本土农产品品牌，出产的莲藕目前占据了香港整个市场的 50％，最高时曾占 70％。但是 2007 年 12 月 6 日东莞籍人王晓玲申请的"沙田莲藕"商标就开始进入为期 3 个月的公示期，其间如无人提出异议，"沙田莲藕"将不再属于沙田，也就是说沙田人冯志平等人出售沙田本土产的莲藕时，不能再使用"沙田莲藕"这个商标，否则将是侵权行为。为此，沙田农办负责人说，他们会向国家商标总局提出异议，努力"要回"本该属于自己的品牌[*]。

我国《商标法》规定，经过商标局核准注册的商标是注册商标，包括商品商标、服务商标、集体商标和证明商标 4 种。

商品商标，是指商品的生产者或经营者为了区别自己生产或经营的商品和他人生产或经营的商品而使用的文字、图形或文字和图形的组合标志。

服务商标，是指提供服务的经营者为了区别自己提供的服务和他人提供的服务而使用的文字、图形或文字和图形的组合标志。服务标志也叫作劳务标志。

集体商标，是指以团体、协会或其他组织的名义注册，专门由该组织成员在商事活动中使用，用来表明使用者在该组织中的成员资格的标志。

---

[*]　**案例来源**：新浪网，链接：http://news.sina.com.cn/c/2007-10-31/160712820654s.shtml

证明商标,是指由对某种商品或服务具有检测和监督能力的组织所控制,而由这个组织以外的商品或服务的生产者或经营者使用在商品或服务上,用来证明商品或服务的产地、原料、制造方法、质量、精确度或其他特定品质的商标。例如"绿色食品"标志等。

除人用药品、烟草制品必须注册以外,其他商品实行的是自愿注册原则,但注册商标可以创立品牌,占领市场。同时,商标还是办理质检、卫检、条码等的必须具备的条件,地方各级工商局也可以通过对商标的管理来监督商品和服务的质量。注册商标也是商标注册人取得商标专用权的前提,只有注册商标才能够受到法律保护,没有注册的商标不仅不能受到法律保护,还有可能被商标所有权人追究侵权责任。

2.农产品使用商标有什么好处? 怎样申请农产品商标注册?

"新坝"牌商标系连云港市第一枚集体商标,在工商和农业部门的帮助下,海州区新坝镇瓜菜协会从 2004 年下半年就开始申请注册"新坝"牌集体商标,历经 3 年时间获准注册。注册后的"新坝"商标核定使用的商品包括新鲜草莓、西瓜、梨、桃、苹果、新鲜蔬菜、食用植物根和鲜食用菌等,范围几乎包括了该镇所有特色的农副产品。海州"新坝"集体商标注册成功后,给当地农民带来了显著的收益,推动了集体商标注册的发展。该镇大穆村的西瓜,自从贴上了"新坝"的商标后,受到广大消费者的热捧,价格也从原先的每斤两元左右上涨到 3 元多,如今大穆村仅种植西瓜的农户就有 10 多户,1 户年收入最高 30 多万元。仅此 1 项,1 年就将全村村民的人均年收入提高了 1 000 多元。新坝镇魏口村印老汉种蘑菇已经有 6 年多了,以往到了销售季节,他只能自己把蘑菇运到市场,寻找买家。自从"新坝"集体商标注册成功后,许多批发商都主动找上门来,印老汉的蘑菇供不应求。现在新坝镇 16 个村的村民种植的新鲜草莓、西瓜、梨、桃、苹果、新鲜蔬菜、食用植物根和鲜食用菌等都可以使用"新坝"集体商标。有了这样一个品牌以后,新坝镇所有农产品的资源得到了有效整合,产品的竞争力也大大提高了。经过品牌"包装"后的农产品成了热销产品,上海、南京等外客商慕名而来,到新坝镇田间地头抢购*。

我国《商标法》规定,自然人、法人或者其他组织可以申请商标注册。因此,农村承包经营户、个体工商户都可以用自己的名义申请商标注册。申请注册的商标应当具有显著性,不得违反我国《商标法》的规定,并且不得与他人已经申请的商标所有权冲突。办理商标注册申请需要提交的资料有:企业申请商标注册需要提供营业执照复印件 1 份,个人申请商标注册需要提供个人身份证复印件 1 份;另外还需商标图样黑白稿 12 份,图样大小在 10 厘米×10 厘米到 5 厘米×5 厘米之间。如果委托代理机构,还需要提供代理委托书。

农副产品与其他商品不一样,同种商品的上市时间比较接近,质量也都差不多,市场竞争非常激烈,有个响亮的品牌比较容易引起消费者的注意。农产品使用商标容易打开农产品市场,增加农民收入。消费者购买的时候可以通过商标清楚地了解农产品的产地和特色,使选购变得更方便,既扩大了知名度,又提高了市场占有率。农产品使用商标还可以维护农产品在消费者心中的信誉,商标注册后还可以受到法律的保护。

---

* 案例来源:新浪网,链接:http://finance.sina.com.cn/roll/20090608/10542881308.shtml

3.什么是地理标志？地理标志包括哪些产品？怎样申请地理标志注册？

江苏高邮鸭农在他们的农产品"高邮鸭蛋"上使用了地理标志，不仅提高了经济效益，促进了蛋品产业规模的迅速扩张，为农民提供了就业机会，而且带动了相关产业的发展。鸭绒是鸭业发展带来的重要副产品，目前高邮市有 600 家羽绒服装企业，近 6 万名产业工人从事服装制造，年加工各类服装超过 6 000 万件，年加工产值 60 多亿元*。

我国《商标法》规定，地理标志是指标示某商品来源于某地区，该商品的特定质量、信誉或者其他特征，主要由该地区的自然因素或者人文因素所决定的标志。地理标志产品包括：(1)来自本地区的种植、养殖产品；(2)原材料全部来自本地区或部分来自其他地区，并在本地区按照特定工艺生产和加工的产品。

我国《地理标志产品保护规定》中规定，申请地理标志注册，需要由当地县级以上人民政府指定的地理标志产品保护申请机构或人民政府认定的协会和企业（以下简称申请人）提出，并征求相关部门意见。申请保护的产品在县域范围内的，由县级人民政府提出产地范围的建议；跨县域范围的，由地市级人民政府提出产地范围的建议；跨地市范围的，由省级人民政府提出产地范围的建议。

申请人需要提交的资料有：(1)有关地方政府关于划定地理标志产品产地范围的建议；(2)有关地方政府成立申请机构或认定协会、企业作为申请人的文件；(3)地理标志产品的证明材料，包括：地理标志产品保护申请书；产品名称、类别、产地范围及地理特征的说明；产

---

* 案例来源：新华网，链接：http://news.xinhuanet.com/fortune/2009-06-03/content_11481919.htm

品的理化、感官等质量特色及其与产地的自然因素和人文因素之间关系的说明;产品生产技术规范(包括产品加工工艺、安全卫生要求、加工设备的技术要求等);产品的知名度,产品生产、销售情况以及历史渊源的说明;(4)准备申请的地理标志产品的技术标准。

出口企业的地理标志产品的保护申请向本辖区内出入境检验检疫部门提出;按地域提出的地理标志产品的保护申请和其他地理标志产品的保护申请向当地(县级或县级以上)质量技术监督部门提出。

我国《地理标志产品保护规定》还规定,地理标志产品产地范围内的生产者使用地理标志产品专用标志,应向当地质量技术监督局或出入境检验检疫局提出申请,并提交以下资料:(1)地理标志产品专用标志使用申请书;(2)由当地政府主管部门出具的产品产自特定地域的证明;(3)有关产品质量检验机构出具的检验报告。

农产品地理标志产品能直接给农民创造更高的经济价值,增加农民的收入,可以促进和带动其他行业的发展。保护地理标志的最好方式就是将其注册为证明商标或者集体商标。

4.商标或者地理标志被侵权时怎么办?

某钢铁集团总公司(以下简称总公司)投诉某钢铁有限公司(以下简称有限公司)商标侵权。经查,总公司与有限公司于 2013 年 12 月份签订协议,总公司同意有限公司使用其商号,使用期限为 5 年,同月有限公司在工商部门办了名称变更手续。2014 年 7 月,有限公司设计并委托他人印制了带有和总公司注册商标近似的商标标识——标牌。总公司发现后向当地工商部门投诉。执法人员到达有限公司轧钢车间时,见成品钢筋按照固定数目用铁片绑成捆,在每捆的侧部焊制有标牌 1 个。由于现场涉嫌侵权成品过多,同时执法人员也考虑到有限公司是正常使用总公司的商号,所以当时并没有采取将涉嫌侵权商品查封或扣留的措施,只是在现场录像、拍照和做现场检查笔录进行取证,并将剩余标牌扣留。同时,执法人员还对有限公司在办公楼楼顶上设置的涉嫌侵权的标志进行了拍照取证 *。

我国《商标法》第 57 条规定:"有下列行为之一的,均属侵犯注册商标专用权:

(一)未经商标注册人的许可,在同一种商品上使用与其注册商标相同的商标的;

(二)未经商标注册人的许可,在同一种商品上使用与其注册商标近似的商标,或者在类似商品上使用与其注册商标相同或者近似的商标,容易导致混淆的;

(三)销售侵犯注册商标专用权的商品的;

(四)伪造、擅自制造他人注册商标标识或者销售伪造、擅自制造的注册商标标识的;

(五)未经商标注册人同意,更换其注册商标并将该更换商标的商品又投入市场的;

(六)故意为侵犯他人商标专用权行为提供便利条件,帮助他人实施侵犯商标专用权行为的;

(七)给他人的注册商标专用权造成其他损害的。"

"有本法第 57 条所列侵犯注册商标专用权行为之一,引起纠纷的,由当事人协商解决;不愿协商或者协商不成的,商标注册人或者利害关系人可以向人民法院起诉,也可以请求工商行政管理部门处理。工商行政管理部门处理时,认定侵权行为成立的,责令立即停止侵权行为,没收、销毁侵权商品和主要用于制造侵权商品、伪造注册商标标识的工具,违法经营额 50 000 元以上的,可以处违法经营额 5

* 案例来源:百度空间,链接:http://hi.baidu.com/958628lzq/blog/item/66cc2f18bc8c9cb04bedbcb5.html

倍以下的罚款,没有违法经营额或者违法经营额不足 50 000 元的,可以处 250 000 元以下的罚款。对 5 年内实施 2 次以上商标侵权行为或者有其他严重情节的,应当从重处罚。销售不知道是侵犯注册商标专用权的商品,能证明该商品是自己合法取得并说明提供者的,由工商行政管理部门责令停止销售。对侵犯商标专用权的赔偿数额的争议,当事人可以请求进行处理的工商行政管理部门调解,也可以依照《中华人民共和国民事诉讼法》向人民法院起诉。经工商行政管理部门调解,当事人未达成协议或者调解书生效后不履行的,当事人可以依照《中华人民共和国民事诉讼法》向人民法院起诉。"

该有限公司虽然获得总公司允许,可以使用总公司的商号,但该有限公司使用了和总公司商标相似的标牌,这就构成了商标侵权。总公司可以直接要求有限公司停止使用该标牌,对已经使用该标牌销售出去的钢筋,总公司有权要求有限公司为自己消除影响、恢复名誉以及赔偿损失;总公司也可以向工商管理部门投诉,或者向人民法院起诉。

5.乡村工业贷款的对象和条件是什么?

某镇经主管部门批准成立了一个运输公司,向外界聘请了几名懂得经营管理的人员对该公司进行管理,经过两年的经营,公司制度逐渐完善。2008 年初,该公司为了扩大规模,在当地农业银行开立了账户,准备申请贷款。

《中国农业银行乡村工业贷款暂行办法》第 5 条规定:"乡村工业贷款对象包括:乡(镇)办工业、村办工业和联户办的合作工业;乡(镇)村办建筑业、交通运输业;乡(镇)村联办及其与国营工业、外资、其他经济组织联办的工业;为乡村工业服务的供销企业。"第 6 条规定:"借款企业必须具备的条件:(1)有经主管部门批准,有工商行政管理部门依法注册发给的营业执照或筹建许可证;(2)实行独立核算,有健全的财务制度、账目和报表;(3)有符合规定比例的自有资金,有利润分配制度,能按规定补充流动资金,企业亏损有弥补来源;(4)有会经营、懂技术,又较稳定的管理人员;(5)有可靠的财产抵押或经济单位担保,并参加财产保险;(6)各种形式的联营企业,要有各自主管部门批准的协议(合同)书;(7)必须在农业银行开立账户,并按规定报送有关资料。"

该运输公司属于规定的贷款对象,可以向中国农业银行申请乡村工业贷款。在申请贷款的时候,该公司需要向当地农业银行证明其符合规定的乡村工业贷款条件,并按照规定报送相关材料。

6.农户贷款必须具备哪些条件?

某镇农户王某开办了一个养猪场,由于资金不足,一直没能获得很好的发展。为了扩大养猪场规模,2006 年 10 月,王某在镇上的农村商业银行申请了 5 万元的贷款。经过两年多的发展,王某的养猪场发展形势良好,王某也及时地归还了贷款。2009 年 3 月,王某打算再次向镇上的农村商业银行申请贷款。这一次,银行给予了他更高的信用度,贷给他 20 万元。王某因此顺利地实现了规模扩展。

《农村信用合作社农户小额信用贷款管理指导意见》第 5 条规定:"申请小额信用贷款的农户应具备以下条件:(1)居住在信用社的营业区域之内;(2)具有完全民事行为能力,资信良好;(3)从事土地耕作或其他符合国家产业政策的生产经营活动,并有合法、可靠的经济来源;(4)具备清偿贷款本息的能力。"

《农村信用合作社农户联保贷款管理指导意见》第 4 条规定:"借款人应具备下列条件:(1)需要生产资金;(2)具有完全民事行为能力;(3)遵守联保协议;(4)从事符合国家政策规定的经营活动;(5)借

款人在得到贷款前,应在信用社存入不低于借款额5％的活期存款。"

王某符合农户小额贷款的条件,向农村商业银行正常申请到了第一笔贷款资金5万元。在养猪场开办起来以后,王某及时地归还了贷款,提高了自己的信用等级,因此第二次向银行申请贷款的时候能够获得更多的资金支持。

7.农产品标识应该遵守哪些规定?

老张开办了一个从事蔬菜收购的企业,打算向镇上的农户收购新鲜蔬菜,经过加工包装之后销售到市内的几个超市。某超市的负责人告诉老张,加工包装之后要在包装物上面加注标识。老张因此向有关部门咨询有关标识的规定。

我国《农产品包装和标识管理办法》第10条规定:"农产品生产企业、农民专业合作经济组织以及从事农产品收购的单位或者个人包装销售的农产品,应当在包装物上标注或者附加标识标明品名、产地、生产者或者销售者名称、生产日期。有分级标准或者使用添加剂的,还应当标明产品质量等级或者添加剂名称。未包装的农产品,应当采取附加标签、标识牌、标识带、说明书等形式标明农产品的品名、生产地、生产者或者销售者名称等内容。"

第11条规定:"农产品标识所用文字应当使用规范的中文。标识标注的内容应当准确、清晰、显著。"

第12条规定:"销售获得无公害农产品、绿色食品、有机农产品等质量标志使用权的农产品,应当标注相应标志和发证机构。禁止冒用无公害农产品、绿色食品、有机农产品等质量标志。"

第13条规定:"畜禽及其产品、属于农业转基因生物的农产品,还应当按照有关规定进行标识。"

老张通过咨询了解到,加工包装后的包装物上面应该标注或者添加标识,应该写明产品的主要信息,主要包括名称、产地、生产者或者销售者、生产日期等,这样可以让自己的产品容易被识别,一方面可以建立"品牌",另一方面也可以让消费者放心购买。

8.乡镇集体和个体办矿需要具备哪些条件?

某镇勘测出一个石膏矿脉,镇政府允许个人在镇上开采石膏矿。何某筹集资金买来了设备,又向外界招收了一批有开采石膏矿经验的技术人员和管理人员,制定了较为详细的安全管理制度和环境保护措施,正式办起石膏矿场。但是不久之后何某被告知,他的石膏矿场不符合开办条件。

我国《矿产资源法实施细则》第 12 条规定:"申请开办集体所有制矿山企业、私营矿山企业及个体采矿的审查批准、采矿登记,按照省、自治区、直辖市的有关规定办理。"

第 13 条规定:"申请开办集体所有制矿山企业或者私营矿山企业,除应当具备有关法律、法规规定的条件外,并应当具备下列条件:(一)有供矿山建设使用的与开采规模相适应的矿产勘查资料;(二)有经过批准的无争议的开采范围;(三)有与所建矿山规模相适应的资金、设备和技术人员;(四)有与所建矿山规模相适应的,符合国家产业政策和技术规范的可行性研究报告、矿山设计或者开采方案;(五)矿长具有矿山生产、安全管理和环境保护的基本知识。"

第 14 条规定:"申请个体采矿应当具备下列条件:(一)有经过批准的无争议的开采范围;(二)有与采矿规模相适应的资金、设备和技术人员;(三)有相应的矿产勘查资料和经批准的开采方案;(四)有必要的安全生产条件和环境保护措施。"

何某虽然筹集资金购买了设备,招聘了技术人员,但是何某没有提出完整的开采方案,也没有经过相关部门审查批准,因此不符合个体办矿的条件。另外,何某还需要向当地政府以及负责矿产资源管理的部门申请,获得批准之后才可以开办石膏矿场。

9.乡镇集体办矿造成环境污染,应该承担什么法律责任?

杭州市中泰乡岑岭村因石矿开采、村口三碴拌和场而造成的粉尘污染十分严重,周边环境遭到严重破坏,周边道路、居民房屋受到不同程度损伤。雨天,到处是泥浆;晴天,粉尘把整个岑岭村罩得严严实实的,树木、蔬菜、居民房屋室内等等都被厚厚的一层粉层所覆盖。唯一的一条主干道,因长期受超载石料车的碾压,柏油路面到处破损。受开山放炮、超载车辆振动等影响破坏,公路沿途的民房墙面开裂等现象十分严重*。

我国《环境保护法》第30条规定:"开发利用自然资源,应当合理开发,保护生物多样性,保障生态安全,依法制定有关生态保护和恢复治理方案并予以实施。引进外来物种以及研究、开发和利用生物技术,应当采取措施,防止对生物多样性的破坏。"

我国《环境保护法》第57条规定:"公民、法人和其他组织发现任何单位和个人有污染环境和破坏生态行为的,有权向环境保护主管部门或者其他负有环境保护监督管理职责的部门举报。公民、法人和其他组织发现地方各级人民政府、县级以上人民政府环境保护主管部门和其他负有环境保护监督管理职责的部门不依法履行职责的,有权向其上级机关或者监察机关举报。接受举报的机关应当对举报人的相关信息予以保密,保护举报人的合法权益。"

第58条规定:"对污染环境、破坏生态,损害社会公共利益的行

---

* 案例来源:杭州余杭政府门户网站,链接:http://www.yuhang.gov.cn/files/templet/Interactive/correspondenceshow.aspx? classid=1773&id=31870

为,符合下列条件的社会组织可以向人民法院提起诉讼:

(一)依法在设区的市级以上人民政府民政部门登记;

(二)专门从事环境保护公益活动连续五年以上且无违法记录。符合前款规定的社会组织向人民法院提起诉讼,人民法院应当依法受理。提起诉讼的社会组织不得通过诉讼牟取经济利益。"

赔偿责任和赔偿金额的纠纷,可以根据当事人的请求,由环境保护行政主管部门或者其他依照法律规定行使环境监督管理权的部门处理,当事人对处理决定不服的,可以向人民法院起诉。当事人也可以直接向人民法院起诉。

完全由于不可抗拒的自然灾害,并经及时采取合理措施,仍然不能避免造成环境污染损害的,免于承担责任。

岑岭石矿场应做好日常的防护工作,防止粉尘污染,合理调度运输车辆,并对周围受影响的居民依法进行赔偿。

10.村民小组长带头砍树对吗? 农民可以自由采伐哪些林木?

某镇河西村搞建设需要一批木材,该村村民小组组长雷某决定带领该村一部分村民到附近林场砍一些树木。他们在林场砍伐树木时,被该林场的护林员发现,及时制止了他们私自砍伐林木的行为。

我国《森林法》第32条规定:"采伐林木必须申请采伐许可证,按许可证的规定进行采伐;农村居民采伐自留地和房前屋后个人所有的零星林木除外。国有林业企业事业单位、机关、团体、部队、学校和其他国有企业事业单位采伐林木,由所在地县级以上林业主管部门依照有关规定审核发放采伐许可证。铁路、公路的护路林和城镇林木的更新采伐,由有关主管部门依照有关规定审核发放采伐许可证。农村集体经济组织采伐林木,由县级林业主管部门依照有关规定审核发放采伐许可证。农村居民采伐自留山和个人承包集体的林木，由县级林业主管部门或者其委托的乡、镇人民政府依照有关规定审核发放采伐许可证。采伐以生产竹材为主要目的的竹林，适用以上各款规定。"

对林木采伐许可证权限的核发，我国《森林法实施条例》第32条第2款规定："省、自治区、直辖市和设区的市、自治州所属的国有林业企业事业单位、其他国有企事业单位，由所在地的省、自治区、直辖市人民政府林业主管部门核发。"

除了村民自留地和房前屋后个人所有的零星林木以外，要砍伐其他的树木都需要向主管部门进行申请。雷某需要向当地县级林业主管部门或者当地乡、镇人民政府申请采伐许可证，获得许可后再组织村民砍树。

11.私自买卖林木采伐许可证应该负什么责任？

蒋某需要一批木材，想进山砍伐。于是他按照相关规定向当地林业局申请林木采伐许可证。但林业局始终没有答复，蒋某着急了。蒋某听说沈某有林木采伐许可证，于是他找到沈某，两人达成协议，沈某以1 000元的价格将林木采伐许可证转让给蒋某。蒋某购得沈某的林木采伐许可证后，就进山砍伐了一批木材。

我国《森林法》第42条第1款规定："违反本法规定，买卖林木采伐许可证、木材运输证件、批准出口文件、允许进出口证明书的，由林业主管部门没收违法买卖的证件、文件和违法所得，并处违法买卖证件、文件的价款1倍以上3倍以下的罚款；构成犯罪的，依法追究刑事责任。"

第39条规定："盗伐森林或者其他林木的，依法赔偿损失；由林业主管部门责令补种盗伐株数十倍的树木，没收盗伐的林木或者变卖所得,并处盗伐林木价值3倍以上10倍以下的罚款。滥伐森林或者其他林木,由林业主管部门责令补种滥伐株数5倍的树木,并处滥伐林木价值2倍以上5倍以下的罚款。拒不补种树木或者补种不符合国家有关规定的,由林业主管部门代为补种,所需费用由违法者支付。盗伐、滥伐森林或者其他林木,构成犯罪的,依法追究刑事责任。"

沈某和蒋某未经许可私自买卖林木采伐许可证,对此当地林业主管部门应该没收蒋某从沈某手中购得的林木采伐许可证,没收沈某私自卖出林木采伐许可证所得的1 000元,同时对沈某处以买卖许可证价款1倍以上3倍以下的罚款;对蒋某则应根据他私自砍伐的林木数量来进行处罚。情节严重的话,依法追究刑事责任。

12.村干部收缴盗伐林木的罚款不出具收据对吗?

小王因为家里要修房子,晚上到村里的林场砍了几棵树木准备运回家,结果被村干部老李发现。老李说:"你偷砍林场树木,要罚款500元!"小王只好交了罚款,但老李没有开具收缴罚款的收据。

我国《森林法》第39条规定:"盗伐森林或者其他林木的,依法赔偿损失;由林业主管部门责令补种盗伐株数十倍的树木,没收盗伐的林木或者变卖所得,并处盗伐林木价值3倍以上10倍以下的罚款。滥伐森林或者其他林木,由林业主管部门责令补种滥伐株数五倍的树木,并处滥伐林木价值2倍以上5倍以下的罚款。拒不补种树木或者补种不符合国家有关规定的,由林业主管部门代为补种,所需费用由违法者支付。盗伐、滥伐森林或者其他林木,构成犯罪的,依法追究刑事责任。"

我国《行政处罚法》第49条规定:"行政机关及其执法人员当场收缴罚款的,必须向当事人出具省、自治区、直辖市财政部门统一制发的罚款收据;不出具财政部门统一制发的罚款收据的,当事人有权拒绝缴纳罚款。"

小王偷砍林场树木,应该先没收他偷砍的树木,再进行罚款。罚款的数额根据规定应该是小王偷砍树木价值的3倍以上10倍以下。根据规定,老李在当场收缴罚款的同时,应该给小王出具由省、自治区、直辖市财政部门统一制发的罚款收据。老李不出具收据,那么小王可以拒绝缴纳罚款。

13.对炸鱼、毒鱼等违法行为要追究哪些法律责任?

张春明、陆正荣是文成县黄坦镇黄羊村农民,两人发现珊溪水库中经常有鱼群游动,想发点横财,于是两人带着雷管、炸药和导火索以及捞鱼网具,在珊溪水库临近文成县黄坦镇的水域中炸鱼。结果被在库区进行治安巡逻的百丈口派出所的民警发现,当场缴获了未用完的雷管1只、炸药1筒、导火索2根以及捞鱼网具与作为运输工具的轻便摩托车1辆*。

我国《渔业法》第38条规定:"使用炸鱼、毒鱼、电鱼等破坏渔业资源方法进行捕捞的,违反关于禁渔区、禁渔期的规定进行捕捞的,或者使用禁用的渔具、捕捞方法和小于最小网目尺寸的网具进行捕捞或者渔获物中幼鱼超过规定比例的,没收渔获物和违法所得,处5万元以下的罚款;情节严重的,没收渔具,吊销捕捞许可证;情节特别严重的,可以没收渔船;构成犯罪的,依法追究刑事责任。在禁渔区或者禁渔期内销售非法捕捞的渔获物的,县级以上地方人民政府渔业行政主管部门应当及时进行调查处理。制造、销售禁用的渔具的,没收非法制造、销售的渔具和违法所得,并处1万元以下的罚款。"

珊溪水库的水不仅用于发电、灌溉,而且是温州市数百万群众饮

＊　案件来源:《中国海洋报》法制文化,链接:http://www.coi.gov.cn/oceannews/2001/hyb983/43.htm

用水的主要水源,为了保持水质清洁,市水产主管部门科学放养了数百万尾淡水鱼苗种,进行生物净化,不允许随意捕鱼。张春明、陆正荣两人违反规定,非法炸鱼,公安局对他们两人进行了行政拘留10天,并罚款100元的处理。

14.对偷捕、抢夺他人养殖产品,破坏他人养殖水体和设施的行为要追究哪些法律责任?

2008年4月24日早晨5点,淳安县渔政渔港监督管理局西北湖区5名渔政执法人员从千岛湖出发,一路巡查到了西北湖区威坪一带,当巡逻至南赋乡联群村头时发现高某等人驾驶的三轮摩托车装满了偷捕的鲢鱼、鳙鱼,5名渔政执法人员当场将高某一伙抓获*。

我国《渔业法》第39条规定:"偷捕、抢夺他人养殖的水产品的,或者破坏他人养殖水体、养殖设施的,责令改正,可以处2万元以下的罚款;造成他人损失的,依法承担赔偿责任;构成犯罪的,依法追究刑事责任。"

高某等人所偷捕的鲢鱼和鳙鱼应该被全部收缴,同时还应该对高某等人进行罚款。当地渔政执法人员根据规定对高某等人做出了渔政罚款8 000元,并没收其全部非法渔获物的处罚。

15. 买到问题食品怎么办?

某市市场上出现了一批价格为9元/千克的蜂蜜,比价格为30元/千克的蜂蜜便宜了许多,众多市民争相抢购。患有糖尿病的陈某花90元购买了10千克这种蜂蜜。没想到吃了蜂蜜后,陈某糖尿病病情加重。于是陈某将蜂蜜拿去鉴定,结果得知自己买的是假蜂蜜。

---

* 案件来源:杭州龙网,链接:http://www.hzagro.com/news/2008/05/04/185090.shtml

我国《食品安全法》第 147 条规定："违反本法规定,造成人身、财产或者其他损害的,依法承担赔偿责任。"第 148 条规定："生产不符合食品安全标准的食品或者销售明知是不符合食品安全标准的食品,消费者除要求赔偿损失外,还可以向生产者或者销售者要求支付价款 10 倍或者损失 3 倍的赔偿金。"

陈某买到的蜂蜜就属于"问题食品"。根据规定,从 2009 年 6 月 1 日起,像陈某这样买到"问题食品",在食用后造成了损害的,除了可以向销售或者制造这种食品的商家要求赔偿损失以外,还可以要求他们支付这些商品价款 10 倍的赔偿金。

16.哪些农产品必须包装？哪些农产品不得销售？

老李开办了一家农产品收购、加工、销售一条龙的公司,公司从乡镇农户那里购买农产品进行加工包装之后销售到外地。在收购加工的过程中,老李的公司没有对收购的农产品进行检验,结果导致部分不符合《农产品质量安全法》规定的农产品被销往外地。

我国《农产品包装和标识管理办法》第 7 条规定："农产品生产企业、农民专业合作经济组织以及从事农产品收购的单位或者个人,用于销售的下列农产品必须包装:(1)获得无公害农产品、绿色食品、有机农产品等认证的农产品,但鲜活畜、禽、水产品除外;(2)省级以上人民政府农业行政主管部门规定的其他需要包装销售的农产品。"

我国《农产品质量安全法》第 33 条规定："有下列情形之一的农产品,不得销售:(1)含有国家禁止使用的农药、兽药或者其他化学物质的;(2)农药、兽药等化学物质残留或者含有的重金属等有毒有害物质不符合农产品质量安全标准的;(3)含有的致病性寄生虫、微生物或者生物毒素不符合农产品质量安全标准的;(4)使用的保鲜剂、防腐剂、添加剂等材料不符合国家有关强制性的技术规范的;(5)其他不符合农产品质量安全标准的。"

不符合我国《农产品质量安全法》规定的农产品是不能销售的。老李的公司销往外地的不符合规定的农产品如果给消费者造成了人身、财产或者其他权利损害的,老李的公司要对其承担赔偿责任。

17.农民在种植业中使用了禁用高毒农药,应受到何种处罚?

2007年4月,老周为了省钱,在种植春小麦的过程中使用了2006年10月购买的甲胺磷。老周的这一行为被当地农业局发现后,农业局给予老周警告的行政处罚。

从2007年1月1日起,我国禁止在种植业中使用的5种高毒农药包括:甲胺磷、久效磷、甲基对硫磷、对硫磷、硫胺。

我国《农药管理条例》第27条规定:"使用农药应当遵守国家有关农药安全、合理使用的规定,按照规定的用药量、用药次数、用药方法和安全间隔期施药,防止污染农副产品。剧毒、高毒农药不得用于防治卫生害虫,不得用于蔬菜、瓜果、茶叶和中草药材。"第40条第4款规定:"不按照国家有关农药安全使用的规定使用农药的,根据所造成的危害后果,给予警告,可以并处3万元以下的罚款。"

老周违法使用了国家禁止的5种高毒农药,当地农业局应该对老周给予警告。老周的行为还没有造成损害,所以可以不对老周进行罚款。

18.生猪养殖中使用禁用药物盐酸克仑特罗(俗称瘦肉精)应受到何种处罚?

胡某为了让自己养猪场里的猪多长"瘦肉",在饲料中大量添加瘦肉精。2009年6月30日,胡某的养猪场出售了第一批食用了瘦肉精的猪肉,收入了 8 000 元,胡某十分高兴。没过多久,市场上开始对使用了瘦肉精的猪肉进行调查,并迅速查到胡某头上。

我国《食品安全法》第 123 条规定:"违反本法规定,有下列情形之一的尚不构成犯罪的,由县级以上人民政府食品药品监督管理部门,没收违法所得、违法生产经营的食品并可以没收用于违法生产经营的工具、设备、原料等物品;违法生产经营的食品货值金额不足 1 万元的,并处 100 000 元以上 150 000 元以下罚款;货值金额 1 万元以上的,并处货值金额 15 倍以上 30 倍以下罚款;情节严重的,吊销许可证并可以由公安机关对其直接负责的主管人员和其他直接责任人员处五日以上十五日以下拘留:(1)用非食品原料生产食品或者在食品中添加食品添加剂以外的化学物质和其他可能危害人体健康的物质,或者用回收食品作为原料生产食品或者经营上述食品;(2)生产经营营养成分不符合食品安全标准的专供婴幼儿和其他特定人群的主辅食品;(3)经营病死、毒死或者死因不明的禽、畜、兽、水产动物肉类,或者生产经营其制品;(4)经营未按规定进行检疫或者检疫不合格的肉类,或者生产经营未经检验或者检验不合格的肉类制品;(5)生产经营国家为防病等特殊需要明令禁止生产经营的食品;(6)生产经营添加药品的食品。"

食用喂了瘦肉精的猪肉容易引起食物中毒,出现肌肉颤抖、头晕、呕吐、心悸等症状。胡某应该被吊销养猪场营业执照,可以没收所有用于违法生产瘦肉精猪肉的工具、设备等,没收他出售喂了瘦肉精的猪肉所得的 8 000 元,并对他进行罚款。

19.经营兽药需要许可证吗?

孙某居住的小镇上没有卖兽药的商店。随着该镇的畜牧业逐渐发展,孙某意识到,在小镇上经营兽药应该能发财,于是私自开办了1家兽药店。没多久,孙某的兽药店就被当地兽医行政管理部门和工商局查处。

我国《兽药管理条例》第22条规定:"经营兽药的企业,应当具备下列条件:(1)与所经营的兽药相适应的兽药技术人员;(2)与所经营的兽药相适应的营业场所、设备、仓库设施;(3)与所经营的兽药相适应的质量管理机构或者人员;(4)兽药经营质量管理规范规定的其他经营条件。

符合前款规定条件的,申请人方可向市、县人民政府兽医行政管理部门提出申请,并附具符合前款规定条件的证明材料;经营兽用生物制品的,应当向省、自治区、直辖市人民政府兽医行政管理部门提出申请,并附具符合前款规定条件的证明材料。

县级以上地方人民政府兽医行政管理部门,应当自收到申请之日起30个工作日内完成审查。审查合格的,发给兽药经营许可证;不合格的,应当书面通知申请人。

经营兽药首先需要符合规定的4项条件,然后向兽医行政管理部门提出申请,获得兽药经营许可证之后才可以进行工商手续登记。

20.生态养殖场对动物使用人用药品是否违法?

2007年10月23日,市农业行政执法人员在执法行动中,发现绍兴市利翔生态养殖场在养殖生猪过程中有涉嫌使用人用药品的行为。与兽用药品相比,人用药品成分含量更高,人如果食用使用过人用药品的畜禽产品,将会导致人对药品敏感性的下降,并产生抗药性,因此《兽药管理条例》规定禁止将人用药品用于动物。经查,该养殖场仓库有盐酸林可霉素注射液400盒、维生素$B_1$230盒、地塞米松磷酸钠注射液 400 盒、硫酸卡那霉素注射液 117 盒、硫酸庆大霉素注射液 70 盒、青霉素钠 347 瓶、头孢唑啉钠 3 盒、替硝唑 10 瓶,均为人用药品,当事人也承认在养殖中使用了人用药品*。

我国《兽药管理条例》第 41 条第 4 款规定:"禁止将人用药品用于动物。"第 68 条规定:"违反本条例规定,在饲料和动物饮用水中添加激素类药品和国务院兽医行政管理部门规定的其他禁用药品,依照《饲料和饲料添加剂管理条例》的有关规定处罚;直接将原料药添加到饲料及动物饮用水中,或者饲喂动物的,责令其立即改正,并处 1 万元以上 3 万元以下罚款;给他人造成损失的,依法承担赔偿责任。"

绍兴市利翔生态养殖场的行为违反了《兽药管理条例》相关规定,绍兴市农业执法部门应该责令该养殖场立即改正,并处以罚款。

21.农民在不知情的情况下购买了假农药引起农产品质量安全事故,需要承担责任吗?

某村农民常某在县里的农药厂购买了一批农药用于自家农田。常某的农产品销售出去以后,引起了农产品质量安全事故。经过调查发现,原来常某所使用的农药有假,导致农产品含有有毒物质,引起质量安全问题。

我国《农药管理条例》第 43 条规定:"生产、经营假农药、劣质农药的,依照刑法关于生产、销售伪劣产品罪或者生产、销售伪劣农药罪的规定,依法追究刑事责任;尚不够刑事处罚的,由农业行政主管部门或者法律、行政法规规定的其他有关部门没收假农药、劣质农药

---

 * 案例来源:绍兴网,链接:http://www.shaoxingdaily.com.cn/news/content/2007-11-21/content_100282.htm

和违法所得,并处违法所得1倍以上10倍以下的罚款;没有违法所得的,并处10万元以下的罚款;情节严重的,由农业行政主管部门吊销农药登记证或者农药临时登记证,由工业产品许可管理部门吊销农药生产许可证或者农药生产批准文件。"

我国《民法通则》第122条规定:"因产品质量不合格造成他人财产、人身损害的,产品制造者、销售者应当依法承担民事责任。"

常某生产的农产品引起了质量安全事故,购买常某的农产品的消费者可以向常某要求损害赔偿,常某需要承担赔偿责任。常某在不知情的情况下购买了假农药,从而导致了自己的农产品出现质量安全事故,他可以向该县农药厂要求赔偿自己的损失,常某向农产品购买者所赔偿的部分也可以要求该县农药厂赔偿。同时,常某应该向该县农业行政主管部门反映,由该县农业行政主管部门对该县农药厂进行处罚。

22.农村社会养老保险制度模式的主要特点是什么?

某村村民李某想给自己购买养老保险。通过咨询,李某了解到农村社会养老保险比较适合自己。农村社会养老保险有些什么特点呢?

按照党的十八大精神和十八届三中全会关于整合城乡居民基本养老保险制度的要求,依据《中华人民共和国社会保险法》有关规定,在总结新型农村社会养老保险(以下简称新农保)和城镇居民社会养老保险(以下简称城居保)试点经验的基础上,国务院决定,将新农保和城居保两项制度合并实施,在全国范围内建立统一的城乡居民基本养老保险(以下简称城乡居民养老保险)制度。

农村社会养老保险制度模式主要有以下几个特点:一是基金筹集以个人缴费为主、集体补助为辅、国家政策扶持,明确了个人、集体和国家三者的责任,突出自我保障为主的原则,不给政府背包袱。二是实行储备积累,建立个人账户,农民个人缴费和集体补助全部记在个人名下,属于个人所有。个人领取养老金的多少取决于个人缴费的多少和积累时间的长短。三是农村务农、经商等各类从业人员实行统一的社会养老保险制度,便于农村劳动力的流动。四是采取政府组织引导和农民自愿相结合的工作方法。这是我国农村经济发展很不平衡所决定的过渡时期的工作方法,随着农村经济的发展,在有条件的地区将逐步加大政府推动的力度,以体现社会保险的特性。

23.农村社会养老保险缴费标准是什么?

某村村民老赵觉得购买农村社会养老保险是个不错的选择,但是他又担心自己缴不起保险费,于是找到相关部门询问农村社会养老保险的缴费标准。

根据《国务院关于开展新型农村社会养老保险试点的指导意见》,参加新农保的农村居民应当按规定缴纳养老保险费。缴费标准目前设为每年100元、200元、300元、400元、500元5个档次,地方可以根据实际情况增设缴费档次。参保人自主选择档次缴费,多缴多得。国家依据农村居民人均纯收入增长等情况适时调整缴费档次。

24.怎样办理农村社会养老保险关系转移手续?

西山村村民老陈的老伴已经去世,女儿嫁到邻县东河村。为了方便照顾老陈,老陈的女儿将他接到自己家里一起生活。于是,老陈想把自己在西山村办理的农村社会养老保险的保险关系转移到现在居住的东河村。

《国务院办公厅转发民政部关于进一步做好农村社会养老保险

工作的意见的通知》(国办发〔1995〕51号)中,明确规定开展农村社会养老保险的基本条件是:"农民群众温饱问题基本解决,基层组织比较健全的地区。"

农村社会养老保险在缴费期间,保险对象因户口迁移等原因需要转移保险关系的,经农保管理部门的同意,并按规定办理相关手续,保险关系是可以随人转移的,保险关系不会因户口的迁移而中断。

保险关系的转移有3种情况,一是迁出,二是迁入,三是本县(市、区)内转移。(1)迁出。保险对象因户口迁居外县要求转移保险关系户的,应持有关证明材料到乡(镇)农保管理机构办理迁出手续。有关材料应包括转移申请书、户口转移证明等。乡(镇)农保管理机构查验后,应在申请书上签署意见,将申请者的缴费证、户口转移证明材料、申请书及缴费记录卡上交到县级管理机构。县级管理机构在收到上述材料后,要确认其转移资格,进而对缴费记录卡进行核实,并向迁入县(市)发要求转入保险对象的函件。待迁入县(市)复函同意办理转移手续后,要及时将转移者的保险金本息,按规定的计算标准进行核算,转入迁入的县级农保管理机构。转移者的个人基本情况登记表及缴费记录卡也要随之转到保险对象将迁入的缴费单位。(2)迁入。在收到迁出县(市)要求转移的函件后,迁入县的管理机构要及时复函。待对方的保险金转移过来后,要会同财会部门对保险金进行审核,确认无误后,要向迁入县的农保机构发出由财会部门和县级管理机构分别审核后的保险金收讫回执。对迁入者的缴费记录卡和缴费证要审核,钱账要一致。(3)本县(市、区)内转移。保险关系在本县(市)、区内转移,实际上就是缴费单位的变化。乡管理机构要在转移者的缴费证及缴费记录卡上的相应栏目内记录本次转移情况,然后将缴费记录卡和个人基本情况登记表转入新的乡镇,继续使用。其保险金不迁移,其保险编号也不做变动。

25.农村社会养老保险给付工作规程有哪些内容?

某镇白杨村的村民们听说了农村社会养老保险的好处,都表示愿意购买农村社会养老保险,但是他们想知道农村社会养老保险什么时候才能领取? 怎样领取?

我国《县级农村社会养老保险基本方案(试行)》第 2 部分第 2 条规定:"交纳保险年龄不分性别、职业为 20 周岁至 60 周岁。领取养老保险金的年龄一般在 60 周岁以后。"所以保险对象一般的领取年龄为 60 周岁开始直到死亡。

农村社会养老保险给付工作以县(市)、乡(镇)两级管理机构负责制为基础。给付阶段的基本操作流程和标准单证,是对县乡两级保险管理机构最基本的工作要求和规定。

缴费单位申报领取养老金时,需乡(镇)保险管理机构填写"领取养老金申报名单",由乡镇保险管理机构进行资格审查。符合领取条件的,将"领取养老金申报名单"、"缴费证"、"个人缴费记录卡"上报给县级保险管理机构审核。县(市)级农保机构收到乡镇上报的材料后,应予审核,以确定上报的申领人员是否具备了领取资格。对符合条件的申请,应根据"缴费记录卡"记录的缴费金额和缴费积累时间,计算积累总额,确定其领取标准,并将其领取标准、领取金额等填入领取证,编制"养老金发放汇总表"。"养老金发放汇总表"必须经主管领导审核,交财务部门复核,待财务部门将养老金拨款后,下发给乡镇管理机构。县级农保机构财务部门应根据"养老金发放汇总表",通过银行向各乡镇农保管理机构拨付养老金,并履行相应的财务手续。

26.农村社会养老保险编号的主要内容是什么?

某村的村民们都购买了农村社会养老保险,村民们在第一次缴费的时候都得知自己获得了一个编号。村民们想知道这个编号是干什么的,有什么作用?

农保管理机构对农保业务档案实行编号管理,于 1993 年 1 月颁发了我国《农村社会养老保险编号办法》。这套办法包括 3 个方面的内容:一是个人保险编号办法,二是缴费单位编号办法,三是县及其以上单位保险编号办法。个人保险编号办法是针对保险对象个人的,缴费单位编号办法是针对具有收缴保险费职能的单位的,县及其以上单位保险编号办法是针对县级农保管理经办机构的。3 个方面内容针对的对象不同,其意义和所起作用也不同。

缴费单位编号是指对负有收取本单位保险费责任的单位而编的一套代码,编号采用 6 位阿拉伯数字表示。从左到右的编号含义如下:1～2 位,01～98 表示单位所在乡镇,99 表示县办企业事业单位;3～4 位,01～98表示单位所在村,00 表示县办企业,99 表示乡镇办企事业单位;5～6 位表示缴费单位序号,00 为行政村的尾数,01～99 为企事业单位的尾数。缴费单位编号的作用是表明缴费收取单位、缴费单位所在村镇、所属企事业单位等。

个人保险编号是《农村社会养老保险编号办法》中针对保险对象个人而编的一套编号办法,称为个人保险编号,其根本意义是起区别保险对象的作用,进行系统化管理。这套办法由 10 位阿拉伯数字构成,从第 1 位到第 10 位代码的含义依次为:1～2 位代表乡镇或县办企事业单位;3～5 位代表行政村和县、乡镇企事业单位,其中将"000"分配给县办企事业单位,"001～099"分配给行政村,"101～999"分配给乡镇办企事业单位;6～7 位代表保险对象个人出生的年份,在这里只取年份的后两位数,与个人身份证号码中的 7～8 位相同;8～10 位代表同一年出生的保险对象的序号。

其实,编号管理是各行各业普遍实行的一种管理办法,比如,大到各种牌照管理、户籍管理、图书管理、电话号码管理,小到楼层房间管理、学校班级管理等。各种行业实行编号管理,其目的都是为了区别管理对象,这是实行编号管理的共同特点。

27.农村社会养老保险对象有什么权益?

某村村民孙某,58 岁时不幸去世。孙某生前一直按规定缴纳农村社会养老保险。孙某的儿子找到当地农保管理机关,想了解孙某的农村社会养老保险该怎么处理。

我国《县级农村社会养老保险基本方案(试行)》规定,"参加农村社会养老保险的对象是非城镇户口、不由国家供应商品粮的农村人口。一般以村为单位确认(包括村办企业职工、私营企业、个体户、外出人员等)组织投保。乡镇企业职工、民办教师、乡镇招聘干部、职工等,可以由乡镇企业或事业单位确认,组织投保。交纳保险年龄一般为 20 周岁至 60 周岁。领取养老金的年龄一般为 60 周岁。"

我国《县级农村社会养老保险基本方案(试行)》还规定,保险对象的权益有:(1)投保人在交费期间身亡者,个人交纳全部本息,退给其法定继承人或指定受益人;(2)投保人领取养老金,保证期为 10年。领取养老金不足 10 年身亡者,保证期内的养老金余额可以继承。无继承人或指定受益人者,按农村社会养老保险管理机构的有关规定支付丧葬费用。领取者超过 10 年长寿者,支付养老金直至身亡为止;(3)保险对象从本县(市)迁往外地。若迁入地尚未建立农村社会养老保险制度,可将其个人交纳全部本息退给本人;(4)投保人招工、提干、考学等农转非,可将保险关系(含资金)转入新的保险轨道,或将个人交纳全部本息退还本人。

28.买了假种子引起争议,可以通过哪些途径来解决?

2008年4月,农民赵某在种子公司花了450元购买了22.5千克稻种,5月2日,经育苗试验发现稻种发芽不正常,于是赵某找到种子公司,要求赔偿,但双方多次协商不成。*。

我国《种子管理条例农作物种子实施细则》第73条规定:"销售不符合质量标准种子,掺杂使假,以次充好的,种子检验员有权制止其经营活动和扣押种子。"

我国《消费者权益保护法》第39条规定:"消费者和经营者发生消费者权益争议的,可以通过下列途径解决:(1)与经营者协商和解;(2)请求消费者协会或者依法成立的其他调解组织调解;(3)向有关行政部门投诉;(4)根据与经营者达成的仲裁协议提请仲裁机构仲裁;(5)向人民法院提起诉讼。"

赵某可以同该种子公司协商和解,要求种子公司赔偿自己的经济损失;也可以向当地消费者协会投诉,要求消费者协会出面调解;还可以向当地种子管理机构投诉,由当地种子管理机构会同技术监督部门、当地工商行政管理部门对该种子公司进行处罚,扣押或者没收该种子公司其他种子,并没收所有违法销售不合格种子所得。如果赵某与该种子公司达成了仲裁协议,那么可以提请仲裁机构仲裁。如果前面的解决途径都不能获得有效解决,赵某还可以向人民法院提起诉讼请求赔偿。

---

* 案例来源:维普资讯,链接:http://www.cqvip.com/qk/85402A/200701/23888442.html

29.商店标出"打折商品,不退不换"字样是否有效?

某商场为了清理积压的存货,于是对商品进行 5 折处理,并标出"打折商品,不退不换"的字样。商场顾客对此表示不满。

新《消费者权益保护法》第 26 条第二款规定:"经营者不得以格式条款、通知、声明、店堂告示等方式作出排除或者限制消费者权利、减轻或免除经营者责任加重消费者责任等对消费者不公平、不合理的规定,不得利用格式条款并借助技术手段强制交易。格式条款、通知、声明、店堂告示等含有前款所列内容的,其内容无效。"

该商场并没有向顾客说明商场所清理的存货属于残品、次品,或者销售商品有质量问题。商场单方面的打折行为,不能减轻、免除损害消费者合法权益之后应该承担的民事责任。所以该商场标出的"打折商品,不退不换"的字样是无效的,顾客购买该商场的商品之后,如果发现有质量问题,顾客仍然有权向商场要求退换;如果因为这些商品导致顾客人身、财产或者其他权利受到损害,顾客同样可以要求该商场赔偿。

30.在超市买东西时被怀疑偷东西,保安能否强行搜身?

王女士刚满 8 周岁的儿子捷仔独自到石岐某商场购买商品,捷仔在商场里逛了一圈,没有考虑好买什么,就从商场走了出来。走到商场门口时他被商场保安拦住,因商场保安怀疑他偷东西,并把他带到商场办公室强行搜身,保安人员没有在捷仔身上搜到任何商品。保安看捷仔年纪尚小,便吓唬他必须签字承认偷东西。小捷仔被吓呆了,哭着签了字,按了手印,然后保安才把他放走。回到家后,捷仔向妈妈哭诉了自己的遭遇*。

我国《消费者权益保护法》第 14 条规定："消费者在购买、使用商品和接受服务时，享有其人格尊严、民族风俗习惯得到尊重的权利享有个人信息依法得到保护的权利。"第 27 条规定："经营者不得对消费者进行侮辱、诽谤，不得搜查消费者的身体及其携带的物品，不得侵犯消费者的人身自由。"

捷仔虽然只有 8 岁，但是在商场仍然享有消费者的权利，商场经营者不得对捷仔进行搜身，不得侵犯捷仔的人身自由。为此，王女士向消费者协会投诉，向该商场要求赔偿。在当地消费者协会的调解下，商场向捷仔赔礼道歉，并赔偿了 3 000 元精神损失费。

31.在饭店吃饭，因店内地面湿滑摔倒受伤，可否要求饭店赔偿？

张家村村民黄某和一起外出打工的同村老乡在贵阳市花溪区益绿种养业有限责任公司所经营的"天绿山庄"聚会。当天晚上 9 点钟左右，黄某和同乡在该山庄聚餐时，由于地面湿滑摔倒在地上的碎酒瓶上，经医院检查诊断其左股颈骨折，骨折端明显移位**。

我国《消费者权益保护法》第 7 条规定："消费者在购买、使用商品和接受服务时享有人身、财产安全不受损害的权利。消费者有权要求经营者提供的商品和服务符合保障人身、财产安全的要求。"《消费者权益保护法》第 18 条规定："经营者应当保证其提供的商品或者服务符合保障人身、财产安全的要求。对可能危及人身、财产安全的商品和服务，应当向消费者作出真实的说明和明确的警示，并说明和

---

* 案例来源：《中山商报》电子版，链接：http://www.zsnews.cn/ZSED/showcontent.
asp? id=659683

** 案例来源：搜狐网，链接：http://news.sohu.com/20070603/n250367115.shtml

标明正确使用商品或者接受服务的方法以及防止危害发生的方法。宾馆、商场、餐馆、银行、机场、车站、港口、影剧院等经营场所的经营者,应当对消费者尽到安全保障义务。"第49条规定:"经营者提供商品或者服务,造成消费者或者其他受害人人身伤害的,应当赔偿医疗费、护理费、交通费等为治疗和康复支出的合理费用,以及因误工减少的收入。造成残疾的,还应当赔偿残疾生活辅助具费和残疾赔偿金。造成死亡的,还应当赔偿丧葬费和死亡赔偿金。"

黄某摔倒是因为"天绿山庄"的经营场所的地面湿滑造成的,"天绿山庄"提供的服务有过错,给黄某造成了人身伤害,黄某有权要求"天绿山庄"赔偿。黄某可以先到当地消费者协会投诉,由当地消费者协会组织黄某和"天绿山庄"进行调解。如果不服消费者协会的调解,黄某可以向当地人民法院提起诉讼,请求赔偿。

32.听信保健品广告,用后毫无效果,可否要求赔偿?

张家村村民林山,某天在逛街时看见某药店在大力宣传某保健药品,说该药品可以快速解决便秘、口臭、青春痘、色斑、皱纹增多等多种问题。林某正在为自己的便秘问题烦恼,于是就向该药店购买了1个疗程的该保健药品,花了400元。但是林某服用了该保健药品后发现没有任何效果。

我国《广告法》第56条规定:"违反本法规定,发布虚假广告,欺骗和误导消费者,使购买商品或者接受服务的消费者的合法权益受到损害的,由广告主依法承担民事责任。广告经营者、广告发布者不能提供广告主的真实名称、地址和有效联系方式的,消费者可以要求广告经营者、广告发布者先行赔偿。关系消费者生命健康的商品或者服务的虚假广告,造成消费损害的,其广告经营者、广告发布者、广告代言人应当与广告主承担连带责任。前款规定以外的商品或者服务的虚假广告,造成消费者损害的,其广告经营者、广告发布者、广告代言人,明知或者应知广告虚假仍设计、制作、代理、发布或者作推荐、证明的,应当与广告主承担连带责任。

该药店发布虚假广告误导了林某,使林某听信了该广告,花400元购买了没有任何作用的"保健药品",给林某造成了损失。林某可以向消费者协会投诉,也可以直接向该药店要求赔偿。

四、农村刑事法律问题

1.家庭成员受虐待时应该怎么办？虐待家庭成员会受到怎样的法律处罚？

王某与赵某为同一村村民,2000年两人结婚。婚后,夫妻感情尚可,后因一直未能生育,经检查确认赵某没有生育能力,于是王某逐渐嫌弃赵某,经常对其冷淡不理、讥笑。赵某一直忍气吞声,但王某变本加厉,不仅辱骂赵某,而且动不动对赵某进行殴打,使赵某经常伤痕累累。赵某忍无可忍,向村民委员会反映,村民委员会的领导多次对王某进行劝阻,调解,但是王某毫不收敛,认为这是自己家内部的事情,不用外人来插手。2008年1月,王某因为赵某饭没有做熟,用扫把对赵某进行殴打,赵某呼喊救命,邻居拨打110报警,派出所民警赶到,制止了王某对妻子的暴力行为。赵某以长期遭受丈夫歧视、虐待为由,请公安机关对王某的不法行为进行处罚。

我国《婚姻法》第43条规定:"实施家庭暴力或虐待家庭成员,受害人有权提出请求,居民委员会、村民委员会以及所在单位应当予以劝阻、调解。对正在实施的家庭暴力,受害人有权提出请求,居民委员会、村民委员会应当予以劝阻;公安机关应当予以制止。实施家庭暴力或虐待家庭成员,受害人提出请求的,公安机关应当依照治安管理处罚的法律规定予以行政处罚。"第45条规定:"对重婚的,对实施家庭暴力或虐待、遗弃家庭成员构成犯罪的,依法追究刑事责任。受害人可以依照刑事诉讼法的有关规定,向人民法院自诉;公安机关应当依法侦查,人民检察院应当依法提起公诉。"我国《刑法》第260条规定:"虐待家庭成员,情节恶劣的,处2年以下有期徒刑、拘役或者管制。犯前款罪,致使被害人重伤、死亡的,处 2 年以上 7 年以下有期徒刑。第 1 款罪,告诉的才处理。"但被害人没有能力告诉,或者因受到强制,威吓无法告诉的除外。实施虐待家庭成员的人,受害人提出请求的,公安机关应当依照治安管理处罚的法律规定对他予以行政处罚。如果虐待家庭成员,情节恶劣的,构成犯罪,处 2 年以下有期徒刑、拘役或者管制。若在实施虐待家庭成员时致使被害人重伤、死亡的,处 2 年以上 7 年以下有期徒刑。

王某对赵某实施虐待,因为并没有达到情节恶劣,所以经赵某请求后,公安机关应当依照治安管理处罚的法律规定对他予以行政处罚。赵某受到虐待,有权提出请求,村民委员会应当予以劝阻、调解,或者向公安机关以长期遭受丈夫歧视、虐待为由提出请求,公安机关应当依照治安管理处罚的法律规定对王某予以行政处罚。

2.母亲抛弃幼儿出走、子女拒绝赡养父母是违法行为吗? 会构成犯罪吗?

案例一:陈某与丁某结婚,于 2006 年 1 月生育 1 女。陈某因重男轻女的思想严重,平时对女儿不加以爱护。2008 年因与同村的张某相好,陈某抛下年幼的女儿出走,与张某一起到南方打工。

案例二:张老汉只有张某 1 个儿子,对其疼爱有加。2006 年张老汉因中风瘫痪。张某夫妻嫌张老汉是累赘,拒绝赡养瘫痪的父亲张老汉。村民委员会多次教导张某与其妻子王某,他们却屡教不改。张老汉既生气又伤心,最后将自己的儿子和儿媳告上法庭。

我国《婚姻法》第 44 条规定:"对遗弃家庭成员,受害人有权提出请求,居民委员会、村民委员会以及所在单位应当予以劝阻、调解。对遗弃家庭成员,受害人提出请求的,人民法院应当依法作出支付扶养费、抚养费、赡养费的判决。"第 45 条规定:"对重婚的,对实施家庭暴力或虐待、遗弃家庭成员构成犯罪的,依法追究刑事责任。受害人可以依照刑事诉讼法的有关规定,向人民法院自诉;公安机关应当依法侦查,人民检察院应当依法提起公诉。"我国《刑法》第261条规定:"对于年老、年幼、患病或者其他没有独立生活能力的人,负有扶养义务而拒绝扶养,情节恶劣的,处5年以下有期徒刑或者管制。"

案例一中的丁某可以请求村民委员会对陈某予以劝阻、调解,也可以向人民法院提起诉讼,人民法院应当依法对陈某作出支付扶养费、抚养费、赡养费的判决。该案例中,母亲抛弃幼儿出走是违法行为,但尚未构成犯罪。案例二中,张某与其妻子王某拒绝赡养其父张老汉,村民委员会多次对张某与其妻子王某教导,却屡教不改,这不仅是违法行为,而且情节恶劣,已构成遗弃罪。

3.父母用暴力干涉子女婚姻是否构成犯罪?

陈某与邻村小伙子王某自由恋爱,打算2007年10月结婚,但是陈某的父母嫌王某家穷,坚决反对这门婚事。陈某与王某不顾家人反对,约定2007年10月1日偷偷去登记结婚。陈某的父母得知后将陈某关在卧室内不让其离开家,并告知她除非打消与王某结婚的念头,否则要关她一辈子。直到11月7日陈某假称放弃与王某结婚,其父母才将陈某放出来,并且警告她若再与王某来往就再把她关起来。为此,陈某将其父母告上法庭。

我国《刑法》第257条规定:"以暴力干涉他人婚姻自由的,处2年以下有期徒刑或者拘役。犯前款罪,致使被害人死亡的,处2年以上7年以下有期徒刑。第1款罪,告诉的才处理。"所谓暴力干涉婚姻自由罪,就是指以暴力方法干涉婚姻自由的行为。父母用暴力阻止子女婚姻也构成犯罪。犯暴力干涉婚姻自由罪需要告诉才处理。

陈某的父母为了阻止陈某与王某结婚,将陈某关在卧室内不让其离开家长达 1 个多月,陈某父母的行为构成了暴力干涉婚姻自由罪。犯暴力干涉婚姻自由罪需要告诉才处理,本案中陈某将其父母告上了法庭,法院就可以对其进行处理了。

4.花钱买媳妇、买小孩也是犯罪吗?

王某是某村一农民,因得小儿麻痹症双腿残疾,一直娶不到老婆。邻村的张某是人贩子,2006 年 5 月王某向张某买了被拐来的赵某做老婆。赵某不从,王某就将她关在房中不让她出来,并告诉赵某除非愿意做他老婆,不然就不准出来。

我国《刑法》第 241 条规定:"收买被拐卖的妇女、儿童的,处 3 年以下有期徒刑、拘役或者管制。收买被拐卖的妇女,强行与其发生性关系的,依照本法第 236 条的规定定罪处罚。收买被拐卖的妇女、儿童,非法剥夺、限制其人身自由或者有伤害、侮辱等犯罪行为的,依照本法的有关规定定罪处罚。收买被拐卖的妇女、儿童,并有第 2 款、第 3 款规定的犯罪行为的,依照数罪并罚的规定处罚。收买被拐卖的妇女、儿童又出卖的,依照本法第 240 条的规定定罪处罚。收买被拐卖的妇女、儿童,对被买儿童没有虐待行为,不阻碍对其进行解救的,可以从轻处罚;按照被买妇女的意愿,不阻碍其返回原居住地的,可以从轻或减轻处罚。收买被拐卖的妇女、儿童是犯罪,构成收买被拐卖的妇女、儿童罪。收买被拐卖的妇女,强行与其发生性关系的;收买被拐卖的妇女、儿童,非法剥夺、限制其人身自由或者有伤害、侮辱等犯罪行为的,依照我国《刑法》的有关规定定罪处罚并与收买被拐卖的妇女、儿童罪数罪并罚。

王某买了被拐来的赵某做老婆是收买被拐卖的妇女的行为,构成了收买被拐卖的妇女罪,并且王某将赵某长期关在房中不让她出来,构成非法拘禁罪。王某同时构成收买被拐卖的妇女罪和非法拘禁罪,应当对王某数罪并罚。

5.侮辱诽谤他人的行为会受到怎样的处罚?

丁某与邻居王某素来不和,经常因一些生活小事吵架,有时甚至大打出手。2007 年 9 月 1 日因一点小事两人又大吵起来,引来数人围观。丁某骂王某是婊子,不要脸,不知与多少男人睡过觉等,严重侮辱王某的人格,王某觉得十分丢人,跑回家喝农药被毒死了。

我国《刑法》第 246 条第一、二款规定:“以暴力或者其他方法公然侮辱他人或者捏造事实诽谤他人,情节严重的,处 3 年以下有期徒刑、拘役、管制或者剥夺政治权利。前款罪,告诉的才处理,但是严重危害社会秩序和国家利益的除外。”以暴力或者其他方法公然侮辱他人,情节严重的,构成侮辱罪;捏造事实诽谤他人,情节严重的,构成诽谤罪。这两个罪都要求情节严重为犯罪要件,换句话讲,即使以暴力或者其他方法公然侮辱他人或者捏造事实诽谤他人,但是情节不严重的,也不构成这两个罪。情节不严重的,只能以民事侵权要求行为人负民事责任。

丁某公然骂王某是婊子,不要脸,不知与多少男人睡过觉等,严重侮辱王某的人格,属于《刑法》规定的以其他方法公然侮辱他人的行为,致使王某觉得十分丢人,跑回家喝农药被毒死了,情节严重,因此丁某的行为构成侮辱罪。

6.殴打他人,造成轻微伤害是违反治安管理的行为吗?

丁某与王某在一饭店因一琐事引起争吵,后来两人开始抓扯,抓扯中丁某将王某打伤,造成了轻微伤。

我国《刑法》第 234 条规定:“故意伤害他人身体的,处 3 年以下有期徒刑、拘役或者管制。犯前款罪,致人重伤的,处3年以上10年以下有期徒刑;致人死亡或者以特别残忍手段致人重伤造成严重残疾的,处10年以上有期徒刑、无期徒刑或者死刑。本法另有规定的,依照规定。"

丁某将王某打伤,造成了轻微伤害,不构成故意伤害罪,应依据我国《治安管理处罚法》处罚。

7.杀人是否一定要偿命?

赵某与张某是同村的农民,从小在一起玩耍,两人关系一直很好。2008年9月8日两人在一起商量卖粮的事,张某想到一个很好的卖粮的主意,于是告诉了赵某,赵某一高兴,猛打了张某一下,张某应声倒地,不省人事。赵某赶紧打120,医生赶到现场,诊断张某已死亡。后来得知张某最近心脏不好,血压高,而赵某不知,猛打一下引起张某猝死。

我国《刑法》第232条规定:"故意杀人的,处死刑、无期徒刑或者10年以上有期徒刑;情节较轻的,处3年以上10年以下有期徒刑。"第233条规定:"过失致人死亡的,处3年以上7年以下有期徒刑;情节较轻的,处3年以下有期徒刑。本法另有规定的,依照规定。"故意非法剥夺他人生命的行为构成故意杀人罪,应处死刑、无期徒刑或者10年以上有期徒刑;情节较轻的,处3年以上10年以下有期徒刑。因过失致他人死亡的行为,构成过失致人死亡罪,应处3年以上7年以下有期徒刑;情节较轻的,处3年以下有期徒刑。过失致人死亡罪,没有处以死刑的法定刑罚,因此过失致人死亡的,不会判处死刑。若因意外事件或不可抗力致人死亡的不负刑事责任。因此,杀了人不一定要偿命,要认真分析案件的性质。

赵某与张某向来关系很好。赵某不知张某最近心脏不好,血压高,更不知猛打一下会引起张某的死亡,因此是意外事件,赵某不负刑事责任,但应当承担一定的民事责任。

8.利用封建迷信活动骗取钱财的行为违反我国《治安管理处罚法》吗?

薛某整天装神弄鬼,经常假装"大仙"或利用"跳大神"等各类封建迷信活动来骗取钱财。2008年11月12日薛某得知赵某家最近发生了几件祸事,并得知赵某很迷信,于是他假装"大仙"要赵某交2 000元钱,他保证为赵家驱邪。赵某信以为真,于是就将2 000元钱交给了薛某。

我国《刑法》第266条规定:"诈骗公私财物,数额较大的,处3年以下有期徒刑、拘役或者管制,并处或者单处罚金;数额巨大或者有其他严重情节的,处3年以上10年以下有期徒刑,并处罚金;数额特别巨大或者有其他特别严重情节的,处10年以上有期徒刑或者无期徒刑,并处罚金或者没收财产。本法另有规定的,依照规定。"假装"大仙"、利用"跳大神"等各类封建迷信活动骗取钱财的是违反我国《治安管理处罚法》的行为。诈骗公私财物,数额较大的能够构成诈骗罪。

薛某假装"大仙"要赵某交2 000元,保证为赵家驱邪,是虚构事实,薛某想非法占有他人财产,因此构成诈骗罪。

9.盗窃自己家里的东西构成犯罪吗?

丁某是某村一高中生,现年17岁,经常逃学,迷恋网游。2013年11月12日丁某趁家里没人,偷偷地将父亲打算买化肥的1 000元偷走。丁某的父亲发现家中的钱没了,以为被小偷偷了,就报了案。公安机关通过侦查查出钱是丁某偷的。最后丁某也承认了。

《刑法》第 264 条规定："盗窃公私财物,数额较大的,或者多次盗窃、入户盗窃、携带凶器盗窃、扒窃的,处三年以下有期徒刑、拘役或者管制,并处 或者单处罚金;数额巨大或者有其他严重情节的,处三年以上十年以下有期徒刑,并处罚金;数额特别巨大或者有其他特别严重情节的,处十年以上有期徒刑或者无 期徒刑,并处罚金或者没收财产。"所谓盗窃罪,就是指以非法占有为目的,秘密窃取公私财物,数额较大的或多次盗窃公私财物的行为。2006 年 1 月 11 日最高人民法院《关于审理未成年人的刑事案件具体应用法律若干问题的解释》规定:"已满 16 周岁不满 18 周岁的人盗窃自己家庭或者近亲属财物,或者盗窃其他亲属财物但其他亲属要求不予追究的,可不按犯罪处罚。"

丁某 17 岁,属于已满 16 周岁不满 18 周岁的未成年人,他盗窃自己家里的 1 000 元,可不按犯罪处罚。

10.盗窃电线、电缆或通信线路是什么行为?

陈某与张某为同一村村民,整天游手好闲,不务正业。2009 年 1 月 20 日,陈某和张某偷了 200 余米变压线路的电线,造成了附近整个工业区断电,损失严重。2 月 3 日,公安机关通过侦查破获了这起犯罪案件。

我国《刑法》第 118 条规定:"破坏电力、燃气或者其他易燃易爆设备,危害公共安全,尚未造成严重后果的,处 3 年以上 10 年以下有期徒刑。"第 124 条规定:"破坏广播电视设施、公用电信设施,危害公共安全的,处 3 年以上 7 年以下有期徒刑;造成严重后果的,处 7 年以上有期徒刑。过失犯前款罪的,处 3 年以上 7 年以下有期徒刑;情节较轻的,处 3 年以下有期徒刑或者拘役。"故意破坏正在使用的电力设备,足以造成或已经造成严重后果,危害公共安全的行为,构成破坏电力设备罪。故意破坏正在使用的广播电视设备、公共电信设施,危害公共安全的行为构成破坏广播电视设备、公共电信设施罪。若盗窃电力设备或者盗窃广播电视设备、公共电信设施价值数额不大,但是构成破坏电力设备罪或破坏广播电视设备、公共电信设施罪,以所犯之罪处罚。若盗窃数额较大又构成盗窃罪那么应以处罚较重的罪处罚。如果盗窃电线、电缆或通信线路价值数额不大,又没有构成破坏电力设备罪或破坏广播电视设备、公共电信设施罪,那么就以我国《治安管理处罚法》进行处罚。

陈某与张某盗窃正在使用的变压线路的电线,造成了附近整个工业区断电,损失严重,并且所盗窃的电线达 200 余米,因此两人同时构成了盗窃罪和破坏电力设备罪,应以处罚较重的罪处罚。

11.什么是窝藏、包庇罪?

王某是一旅店的负责人,与张某是好朋友,张某在王某的旅店经常组织卖淫。2008 年 5 月 5 日,公安机关查处黄色服务场所,王某得知后为张某通风报信,使其躲避了检查。后来公安机关在一次行动中,通过侦查将张某抓获,最后也将王某抓获。

我国《刑法》第 310 条规定:"明知是犯罪的人而为其提供隐藏处所、财物,帮助其逃匿或者作假证明包庇的,处 3 年以下有期徒刑、拘役或者管制;情节严重的,处 3 年以上 10 年以下有期徒刑。犯前款罪,事前通谋的,以共同犯罪论处。"所谓窝藏、包庇罪是指明知是犯罪的人,而为其提供隐藏处所、财物,帮助其逃匿或者作假证明包庇的行为。注意本罪与共同犯罪的区别,事前通谋的,事后窝藏、包庇的,以共同犯罪论处。

王某在明知张某有犯罪行为的情况下,为张某通风报信,使其躲避公安机关检查,这是窝藏行为,已经构成窝藏罪。

12.明知是赃物仍收购,是否构成犯罪?

张某是某村的村民,在村边开了一个修理铺,修理自行车、农用车等。2008年6月他了解到李某有一批偷盗来的自行车,价钱很便宜。张某于是将这些自行车买了下来,在修理铺里卖。2009年1月公安机关将李某抓获。根据李某的交代,张某也被抓获归案。

我国《刑法》第312条规定:"明知是犯罪所得及其产生的收益而予以窝藏、转移、收购、代为销售或者以其他方法掩饰、隐瞒的,处3年以下有期徒刑、拘役或者管制,并处或者单处罚金;情节严重的,处3年以上7年以下有期徒刑,并处罚金。"明知是犯罪所得及其产生的收益而予以窝藏、转移、收购、代为销售或者以其他方法掩饰、隐瞒的行为构成掩饰、隐瞒犯罪所得受益罪。

张某明知这批自行车是偷盗来的赃物,但是他还是将这些自行车买下来了,因此张某构成掩饰、隐瞒犯罪所得受益罪。

13. 盗窃罪在什么情况下会转化成抢劫罪?

李某整天游手好闲,好吃懒做,2008年12月他得知邻村张某家的苹果刚从树上摘下来存放在张某家门前的地窖里,遂起歹意。12月28日凌晨3点左右,李某偷走张某家大约500斤苹果后,打算回来再偷,但觉得苹果不值钱。于是他翻入张某家内见到1只价值大约3 000元的羊,想将其偷走,在牵羊时,恰好张某听到动静,发现有人偷羊,于是大喊抓贼,李某顿时慌张,想跑但被张某拉扯住,李某顺手拿起身旁的木棍猛打张某。闻讯赶来的邻居将李某制服,并将其扭送至公安机关。

我国《刑法》第269条规定:"犯盗窃、诈骗、抢夺罪,为窝藏赃物、抗拒抓捕或者毁灭罪证而当场使用暴力或者以暴力相威胁的,依照本法第 263 条的规定定罪处罚。"第 263 条规定:"以暴力、胁迫或者其他方法抢劫公私财物的,处 3 年以上 10 年以下有期徒刑,并处罚金;有下列情形之一的,处 10 年以上有期徒刑、无期徒刑或者死刑,并处罚金或者没收财产:(1)入户抢劫的;(2)在公共交通工具上抢劫的;(3)抢劫银行或者其他金融机构的;(4)多次抢劫或者抢劫数额巨大的;(5)抢劫致人重伤、死亡的;(6)冒充军警人员抢劫的;(7)持枪抢劫的;(8)抢劫军用物资或者抢险、救灾、救济物资的。"犯盗窃、诈骗、抢夺罪的行为,为窝藏赃物、抗拒抓捕或者毁灭罪证而当场使用暴力或者以暴力相威胁时,就将犯罪行为转化为抢劫罪。其成立的条件有 3 个:(1)实施了盗窃、诈骗、抢夺犯罪行为;(2)为了窝藏赃物、抗拒抓捕或者毁灭罪证;(3)当场使用暴力或者以暴力相威胁。

李某偷苹果、羊的行为是盗窃行为,但为了抗拒抓捕,李某顺手拿起身旁的木棍猛打张某,使用了暴力,因此转化成抢劫罪。

14.趁车辆出事故之际,哄抢车上货物是违反《治安管理处罚法》的行为吗?

2008 年 11 月 11 日中午,一辆汽车因事故翻倒靠在公路边,车上载满了百货商品,并有部分散落出来。张某见很多人上前哄抢,于是也前去抢拿。闻讯赶来的公安人员将其抓获。

我国《刑法》第 268 条规定:"聚众哄抢公私财物,数额较大或者有其他严重情节的,对首要分子和积极参加的,处 3 年以下有期徒刑、拘役或者管制,并处罚金;数额巨大或者有其他特别严重情节的,处 3 年以上 10 年以下有期徒刑,并处罚金。"聚众哄抢财物罪只有首要分子和积极参加的人才构成此罪。其他哄抢人员,应依据我国《治安管理处罚法》予以处罚。

张某虽有哄抢的事实,但不是首要分子和积极参加的人,因此不构成聚众哄抢财物罪。对其应依据我国《治安管理处罚法》予以处罚。

15.故意毁坏公私财物,情节轻微的是违法行为吗?

张某于2008年9月1日因其心情不好到公园散心。他拐弯时不小心碰到了垃圾桶,张某想连垃圾桶都欺负自己,于是拿起旁边的砖将其砸坏,并连续砸坏了5个垃圾桶。公园的保安报警将其抓走。

我国《刑法》第275条规定:"故意毁坏公私财物,数额较大或者有其他严重情节,处3年以下有期徒刑、拘役或者罚金;数额巨大或者有其他特别严重情节的,处3年以上7年以下有期徒刑。"故意毁坏公私财物,数额较大或者有其他严重情节的行为构成故意毁坏财物罪。如果尚不够刑事处罚的,应依据我国《治安管理处罚法》予以处罚。

张某连续砸坏了5个公园的垃圾桶,但尚未达到数额较大或者有其他严重情节,不构成故意毁坏财物罪,应依据我国《治安管理处罚法》予以处罚。

16.明知是珍贵、濒危野生动物还予以捕杀,构成何罪? 什么是非法狩猎罪?

王某平常喜欢上山打猎。一次打猎时,他发现一只麋鹿,王某想这可是国家保护动物,若是逮着了,肯定能卖好多钱。于是他跟踪这只麋鹿,趁其不备,将麋鹿逮住,并将其杀死。后来经人告发,公安机关将其抓获。

我国《刑法》第341条规定:"非法猎捕、杀害国家重点保护的珍贵、濒危野生动物的,或者非法收购、运输、出售国家重点保护的珍贵、濒危野生动物及其制品的,处5年以下有期徒刑或者拘役,并处罚金;情节严重的,处5年以上10年以下有期徒刑,并处罚金;情节特别严重的,处 10 年以上有期徒刑,并处罚金或者没收财产。违反狩猎法规,在禁猎区、禁猎期或者使用禁用的工具、方法进行狩猎,破坏野生动物资源,情节严重的,处 3 年以下有期徒刑、拘役、管制或者罚金。"非法捕杀、杀害珍贵、濒危野生动物罪是指非法猎捕、杀害国家重点保护的珍贵、濒危野生动物的,或者非法收购、运输、出售国家重点保护的珍贵、濒危野生动物及其制品的行为。非法狩猎罪是指违反狩猎法规,在禁猎区、禁猎期或者使用禁用的工具、方法进行狩猎,破坏野生动物资源,情节严重的行为。

王某明知麋鹿是国家重点保护的珍贵、濒危的野生动物,还予以捕杀,构成了非法捕杀、杀害珍贵、濒危野生动物罪。

17.在相互斗殴中,后动手的是否属于正当防卫?

王某与同村的张某发生纠纷,王某故意挑衅张某:"你有什么本事全亮出来呀!你打我呀!"张某经不住挑衅,于是动手打王某,王某早就准备好了,只是想后动手是正当防卫,打张某再严重也不负责任。张某动手后,王某就趁其不备拿起地上的棍子狠打张某,致张某重伤。后来公安机关将王某抓获,王某一直辩称自己是后动手的,属于正当防卫。

我国《刑法》第 20 条第 1 款规定:"为了国家、公共利益、本人或者他人的人身、财产和其他权利免受正在进行的不法侵害,而采取的制止不法侵害的行为,对不法侵害人造成损害的,属于正当防卫,不负刑事责任。"正当防卫是有条件的,是为了保护合法利益,对正在进行非法侵害的人实施制止行为,这个行为若有明显超过必要限度并造成严重后果则是防卫过当。如果以侵害他人为目的,即使对方先侵害,也不是正当防卫。

王某故意挑衅张某先动手,并且想利用张某先动手再狠打张某,不能构成正当防卫。王某的行为构成故意伤害罪。

18.村民在家赌博是否会受到处罚?

村民陈某、王某、丁某及薛某4人闲来无事,在家中赌博。后被人告发,公安机关将4人当场抓获。

随着2013年11月15日公布的《中共中央关于全面深化改革若干重大问题的决定》提出,劳动教养制度被正式废止。依照《治安管理处罚法》第70条:"以营利为目的,为赌博提供条件的,或者参与赌博赌资较大的,处5日以下拘留或者500元以下罚款;情节严重的,处10日以上15日以下拘留,并处500元以上3 000元以下罚款。"构成犯罪的,依照《刑法》有关规定进行处罚。

19.弟失手打死兄,应如何判处?

陈大和陈二是兄弟,平常感情很好。2008年6月7日因一些琐事,两人发生争吵,后来动起手来。陈大对陈二大打出手,陈二躲避时,甩动胳膊,本想将陈大挡开,不料拳头打中陈大的太阳穴,陈大应声倒地。陈二赶紧打"120",急救车赶到时,陈大已死亡。

我国《刑法》第233条规定:"过失致人死亡的,处3年以上7年以下有期徒刑;情节较轻的,处3年以下有期徒刑。本法另有规定的,依照规定。"因为过失即过于自信或疏忽大意而致人死亡的行为,为过失致人死亡罪。

陈二由于甩动胳膊,想将陈大挡开,不料拳头打中陈大的太阳穴,致其死亡。陈二应当预见到在打斗中自己的行为有可能会打死陈二,而因疏忽大意没有预见到,且致使陈大死亡,因此,陈二构成过失致人死亡罪。

20.事前共谋实施犯罪,因故未能参与的是否构成共同犯罪?

张某、赵某和陈某为同村村民,3人经常在一起做一些偷鸡摸狗的事。得知附近的一家工厂刚进了一批价值10万元的钢筋,于是3人共谋偷盗钢筋。他们约定2008年6月3日凌晨3点开始行动,当天由于张某患急性肠胃炎未能赶去,赵某与陈某按原计划进厂偷了钢筋。6月5日公安机关将3人抓获归案。

我国《刑法》第25条规定:"共同犯罪是指2人以上共同故意犯罪。2人以上共同过失犯罪,不以共同犯罪论处;应当负刑事责任的,按照他们所犯的罪分别处罚。"共同犯罪中各个犯罪人的形态不一定相同,有的中止,有的未遂,但是只要有一个既遂,那么全体则构成既遂。

张某虽然因患急性肠胃炎未能实施偷盗行为,但是他参与了事前共谋实施盗窃行为,并且赵某与陈某已经既遂。因此,此3人是共同犯罪,均构成盗窃罪。

21.在自家地里烧杂草,引起火灾应如何处罚?

2008年8月正值盛夏,王某用火烧杂草的方法给自己的承包地除草,因气候干燥,火势迅速蔓延,引发了森林火灾,致使森林失火面积达426.6亩,造成重大经济损失。

我国《刑法》第115条规定:"放火、决水、爆炸以及投放毒害性、放射性、传染病病原体等物质或者以其他危险方法致人重伤、死亡或者使公私财产遭受重大损失的,处10年以上有期徒刑、无期徒刑或者死刑。过失犯前款罪的,处3年以上7年以下有期徒刑;情节较轻的,处3年以下有期徒刑或者拘役。"放火罪、决水罪、爆炸罪、投放危险物质罪或者以其他危险方法危害公共安全罪,要求行为人主观上是故意的;而主观为过失的话则构成失火罪、过失决水罪、过失爆炸罪、过失投放危险物质罪或者过失以其他危险方法危害公共安全罪。

王某并没有烧毁山林的本意,但他应当预见到在夏天烧草可能引发火灾,其行为构成了失火罪。

22.对介绍或容留卖淫、嫖娼如何处理?

薛某在镇上开了1家旅店。薛某为了增加收入容留陈某、郭某在其店里卖淫。2009年3月公安机关依法将薛某抓获。

我国《刑法》第359条规定:"引诱、容留、介绍他人卖淫的,处5年以下有期徒刑、拘役或者管制,并处罚金;情节严重的,处5年以上有期徒刑,并处罚金。引诱不满14周岁的幼女卖淫的,处5年以上有期徒刑,并处罚金。"第361条规定:"旅馆业、饮食服务业、文化娱乐业、出租汽车业等单位的人员,利用本单位的条件,组织、强迫、引诱、容留、介绍他人卖淫的,依照本法第358条、第359条的规定定罪处罚。前款所列单位的主要负责人,犯前款罪的,从重处罚。"引诱、容留、介绍他人卖淫的,构成引诱、容留、介绍卖淫罪;引诱不满14周岁的幼女卖淫的,构成引诱幼女卖淫罪。

薛某容留陈某、郭某在其店里卖淫,构成了容留卖淫罪。陈某、郭某卖淫,应依据我国《治安管理处罚法》对其进行处罚。

23.在突发公共卫生事件发生时,如果不配合国家有关人员的安排,会受到处罚吗?

2009年5月全球爆发甲型流感,张某感染上甲型流感后不配合国家有关人员的安排,从美国回国时逃避国境卫生检查,并且回国后屡次到公众场所活动。

　　我国《刑法》第 332 条规定:"违反国境卫生检疫规定,引起检疫传染病传播或者有传播严重危险的,处 3 年以下有期徒刑或者拘役,并处或者单处罚金。单位犯前款罪的,对单位判处罚金,并对其直接负责的主管人员和其他直接责任人员,依照前款的规定处罚。"在突发公共卫生事件发生时,如果不配合国家有关人员的安排,会受到处罚。如果违反国境卫生检疫规定,引起检疫传染病传播或者有传播严重危险的,则构成妨害国境卫生检疫罪。

　　患甲型流感的张某逃避国境卫生检查,并且回国后屡次到公众场所活动,他的行为构成了妨害国境卫生检疫罪。

24.在重大动物疫情发生时,不向当地动物防疫监控机构报告情况的,会受到什么处罚?

　　2013 年 8 月,全国爆发猪高热病重大疫情,张某不向当地动物防疫监控机构报告动物群体发病及死亡情况。

　　《刑法》337 条规定:"违反有关动植物防疫、检疫的国家规定,引起重大动植物疫情的,或者有引起重大动植物疫情危险,情节严重的,处三年以下有期徒刑或者拘役,并处或者单处罚金。单位犯前款罪的,对单位判处罚金,并对其直接负责的主管人员和其他直接责任人员,依照前款的规定处罚。"我国《动物防疫法》第 26 条规定:"从事动物疫情监测、检验检疫、疫病研究与诊疗以及动物饲养、屠宰、经营、隔离、运输等活动的单位和个人,发现动物染疫或者疑似染疫的,应当立即向当地兽医主管部门、动物卫生监督机构或者动物疫病预防控制机构报告,并采取隔离等控制措施,防止动物疫情扩散。其他单位和个人发现动物染疫或者疑似染疫的,应当及时报告。接到动物疫情报告的单位,应当及时采取必要的控制处理措施,并按照国家规定的程序上报。"

张某如果作为从事动物疫情监测、检验检疫、疫病研究与诊疗以及动物饲养、屠宰、经营、隔离、运输等活动的个人，则有义务报告。如果不报告，引起了重大动植物疫情或者重大动植物疫情危险，则应该依照《刑法》第 337 条进行处罚。

25.煽动群众闹事，干扰机关工作秩序，是一种什么行为？是否应受到处罚？

张某整天游手好闲，惹是生非，因不满镇政府对他的惩罚，煽动群众，聚众围攻镇政府，将镇政府通道堵塞，致使政府工作人员无法正常工作，造成了严重损失。

我国《刑法》第 290 条第 2 款规定："聚众冲击国家机关，致使国家机关工作无法进行，造成严重损失的，对首要分子，处 5 年以上 10 年以下有期徒刑；对其他积极参加的，处 5 年以下有期徒刑、拘役、管制或者剥夺政治权利。"聚众冲击国家机关，致使国家机关工作无法进行，造成严重损失的行为构成冲击国家机关罪。冲击国家机关罪只有聚众的首要分子才构成犯罪。

张某聚众围攻镇政府，将镇政府通道堵塞，致使政府工作无法正常进行，造成了严重损失，其行为已构成冲击国家机关罪，应依法对其进行处罚。

26.拨打"119""110"谎报火警、匪警等行为是否违法？应受到何种处罚？

王某整天好吃懒做，游手好闲。2008 年 12 月 12 日，王某拨打"119"谎称村里失火，消防员接到报警电话赶到失火现场时，才发现有人谎报了火警，经调查发现是王某所为。

在没有火警、匪警等险情的情况下，拨打"119""110"的行为是一种违法行为。应依据我国《治安管理处罚法》对王某进行治安处罚。

27.传销违法吗？打击传销的意义何在？

赵某与陈某是同村人,他们都在城里打工。由于打工赚钱不多,于是两人开始组织传销活动。他们通过发展会员认购化妆品的方式进行传销活动,会员由低到高分3个级别,成为会员的条件是认购一定数量的"迪尔雅"化妆品。会员每发展同等级的1名或2名下线会员,就可获得相应的广告费,同时以其发展管理下线的销售业绩为依据,获取相应的奖金。两人于2008年12月被公安机关抓获。

我国《刑法》第224条第2款规定:"组织、领导以推销商品、提供服务等经营活动为名,要求参加者以缴纳费用或者购买商品、服务等方式获得加入资格,并按照一定顺序组成层级,直接或者间接以发展人员的数量作为计酬或者返利依据,引诱、胁迫参加者继续发展他人参加,骗取财物,扰乱经济社会秩序的传销活动的,处5年以下有期徒刑或者拘役,并处罚金;情节严重的,处5年以上有期徒刑,并处罚金。"组织、领导以推销商品、提供服务等经营活动为名,要求参加者以缴纳费用或者购买商品、服务等方式获得加入资格,并按照一定顺序组成层级,直接或者间接以发展人员的数量作为计酬或者返利依据,引诱、胁迫参加者继续发展他人参加,骗取财物,扰乱经济社会秩序的传销活动的行为,构成组织传销罪。打击传销,有利于稳定社会经济秩序,有利于社会的稳定发展。

赵某与陈某组织、领导以推销"迪尔雅"化妆品为名,要求参加者以认购产品的方式获得加入资格,并按照一定顺序组成层级,直接或者间接以发展人员的数量作为计酬依据,骗取财物,扰乱经济社会秩序的传销活动的行为,构成了组织传销罪。

28.将欠债人关在小屋里等其家人拿钱取人,是否合法?

2008年11月,村民张某与李某等聚在一起赌博,张某输了但无钱付赌债,于是李某等将张某关在小屋里等其家人拿钱取人。3天后,李某的家人还了赌债,将李某带走。

我国《刑法》第238条规定:"非法拘禁他人或者以其他方法非法剥夺他人人身自由的,处3年以下有期徒刑、拘役、管制或者剥夺政治权利。具有殴打、侮辱情节的,从重处罚。犯前款罪,致人重伤的,处3年以上10年以下有期徒刑;致人死亡的,处10年以上有期徒刑。使用暴力致人伤残、死亡的,依照本法第234条、第232条的规定定罪处罚。为索取债务非法扣押、拘禁他人的,依照前两款的规定处罚。国家机关工作人员利用职权犯前3款罪的,依照前3款的规定从重处罚。"第239条规定:"以勒索财物为目的绑架他人的,或者绑架他人作为人质的,处10年以上有期徒刑或者无期徒刑,并处罚金或者没收财产;情节较轻的,处5年以上10年以下有期徒刑,并处罚金。犯前款罪,杀害被绑架人的,或者故意伤害被绑架人,致人重伤、死亡的,处无期徒刑或者死刑,并处没收财产。以勒索财物为目的偷盗婴幼儿的,依照前两款的规定处罚。"绑架罪是以勒索财物为目的,若为了追还赌债,将其关起来等家人还清赌债的行为不构成绑架罪,这种行为构成非法拘禁罪。

李某等将张某关在小屋里等其家人拿钱付清赌债取人,并非是以勒索财物为目的,所以构成非法拘禁罪。

29.收买被拐卖妇女,纠集村民殴打解救被拐卖妇女的公安人员,是否构成犯罪?

陈某于2007年10月买下被拐卖妇女张某,强行与之结婚,并强行与其发生性关系。2009年3月公安机关得知后,前去解救,陈某纠集村民殴打公安人员，阻止解救。

　　我国《刑法》第 241 条第 1、2 款规定："收买被拐卖的妇女、儿童的，处 3 年以下有期徒刑、拘役或者管制。收买被拐卖的妇女，强行与其发生性关系的，依照本法第 236 条的规定定罪处罚。"第 242 条规定："以暴力、威胁方法阻碍国家机关工作人员解救被收买的妇女、儿童的，依照本法第 277 条的规定定罪处罚。聚众阻碍国家机关工作人员解救被收买的妇女、儿童的首要分子，处 5 年以下有期徒刑或者拘役；其他参与者使用暴力、威胁方法的，依照前款的规定处罚。"收买被拐卖的妇女、儿童的行为构成收买被拐卖的妇女、儿童罪；收买被拐卖的妇女，并强行与其发生性关系的，构成强奸罪和收买被拐卖的妇女罪，并且数罪并罚。以暴力、威胁方法阻碍国家机关工作人员解救被收买的妇女、儿童的行为构成妨害公务罪。

　　陈某买下被拐卖妇女张某，构成收买被拐卖的妇女罪；强行与之结婚，并强行与其发生性关系，构成强奸罪；纠集村民殴打公安人员阻碍解救陈某，构成妨害公务罪。数罪并罚。

30.非法行医致人死亡，构成何种犯罪？

　　王某是村里的接生婆，未取得从医执业资格，但是村里的孕妇生产都找她。2008 年 9 与 9 日，她为一孕妇接生，该孕妇难产，王某接生失败，致使孕妇与孩子死亡。公安机关得知后将王某抓获，王某该承担什么样的法律责任呢？

　　我国《刑法》第 336 条第 1 款规定："未取得医生执业资格的人非法行医，情节严重的，处 3 年以下有期徒刑、拘役或者管制，并处或者单处罚金；严重损害就诊人身体健康的，处 3 年以上 10 年以下有期徒刑，并处罚金；造成就诊人死亡的，处 10 年以上有期徒刑，并处罚金。"未取得医生执业资格的人非法行医，情节严重的行为，构成非法行医罪。值得注意的是,构成此罪必须是未取得医生执业资格的人,且非法行医的行为属"情节严重的"。

王某未取得医生执业资格,非法行医,造成孕妇与孩子死亡属"情节严重",因此构成非法行医罪。

五、农村其他法律问题

1.义务教育的入学年龄及法定学制是多少?

秀山县某村1户农民李某生有1个儿子,3个女儿。李某夫妇重男轻女的思想很严重,他们的精力全放在儿子身上。大女儿小花都已经8岁了,还没有去上学,李某夫妇认为:"女儿迟早是别人家的人,读书还不是给别人读的。"加上家里经济困难,懂事的小花只好在家照顾弟弟、妹妹。村小学了解这一情况后,向乡政府反映了这件事。

我国《义务教育法》第2条规定:"国家实行九年义务教育制度。"我国《义务教育法》第11条规定:"凡年满6周岁的儿童,其父母或者其他法定监护人应当送其入学接受并完成义务教育;条件不具备的地区的儿童,可以推迟到7周岁。适龄儿童、少年因身体状况需要延缓入学或者休学的,其父母或者其他法定监护人应当提出申请,由当地乡镇人民政府或者县级人民政府教育行政部门批准。"凡是年满6周岁的儿童,其父母有送其入学接受义务教育的义务。条件不具备的地区可以推迟至7周岁。

案中,小花已经年满8岁,达到了法定的接受义务教育的年龄,其父母有义务将其送往学校接受教育,而不应该有重男轻女的思想,剥夺小花接受教育的权利。

2.违反我国《义务教育法》应当承当哪些法律责任?

某村村民张某有1个儿子,3个女儿。儿子在一次意外中将脸烫伤,伤好后其样子很吓人。在学校,老师和同学都很不喜欢他,学校三番五次地劝张某将其儿子带回家休学。张某也觉得很丢脸,将其样子"怪异"的儿子带回了家。张某之妻向乡政府反映了这件事情，经乡政府调查,张某之子虽样子"吓人",但并不影响正常的学习。

我国《义务教育法》第56条规定:"学校违反国家规定收取费用的,由县级人民政府教育行政部门责令退还所收费用;对直接负责的主管人员和其他直接责任人员依法给予处分。学校以向学生推销或者变相推销商品、服务等方式谋取利益的,由县级人民政府教育行政部门给予通报批评;有违法所得的,没收违法所得;对直接负责的主管人员和其他直接责任人员依法给予处分。国家机关工作人员和教科书审查人员参与或者变相参与教科书编写的,由县级以上人民政府或者其教育行政部门根据职责权限责令限期改正,依法给予行政处分;有违法所得的,没收违法所得。"

第57条规定:"学校有下列情形之一的,由县级人民政府教育行政部门责令限期改正;情节严重的,对直接负责的主管人员和其他直接责任人员依法给予处分:(1)拒绝接收具有接受普通教育能力的残疾适龄儿童、少年随班就读的;(2)分设重点班和非重点班的;(3)违反本法规定开除学生的;(4)选用未经审定的教科书的。"

第58条规定:"适龄儿童、少年的父母或者其他法定监护人无正当理由未依照本法规定送适龄儿童、少年入学接受义务教育的,由当地乡镇人民政府或者县级人民政府教育行政部门给予批评教育,责令限期改正。"

本案中,学校拒绝接受具有接受普通教育能力的残疾适龄儿童就读,是违反我国《义务教育法》的行为,按相关规定,应当由教育局责令限期改正。情况严重的,应当对其校长依法给予处分。对张某的行为,当地乡政府或教育局应当给予批评教育,责令限期改正。

3. 对违反《治安管理处罚法》的行为进行的处罚应由哪个机关作出？

陈某是定山县桃源村的一个村民，一日陈某听说罂粟可以治疗疾病，便在自家花园种植了几株。桃源村村民委员会得知此事之后，依据《村委会章程》对陈某作出了罚款 100 元的处罚决定。陈某很纳闷，桃源村村民委员会能对他作出罚款 100 元的治安管理处罚吗？

我国《治安管理处罚法》第 91 条规定："治安管理处罚由县级以上人民政府公安机关决定；其中警告、500 元以下的罚款可以由公安派出所决定。"享有治安管理处罚权的主体是公安机关。其他任何机关或个人如果没有明确的法律规定或授权均无权对他人作出处罚决定。

我国《村民委员会组织法》第 2 条规定："村民委员会是村民自我管理、自我教育、自我服务的基层群众性自治组织，实行民主选举、民主决策、民主管理、民主监督。村民委员会办理本村的公共事务和公益事业，调解民间纠纷，协助维护社会治安，向人民政府反映村民的意见、要求和提出建议。"

本案中的村民委员会虽然负责办理本村的公共事务和公益事业，调解民间纠纷，协助维护社会治安，向人民政府反映村民的意见、要求和提出建议，但协助维护社会治安并不意味着就享有治安处罚权。此外，村民委员会的章程从性质上讲属于村规民约，不是法律法规，它并不能赋予村民委员会实施治安处罚的权力，因此，该村民委员会无权对陈某作出处罚决定。

4. 对被执法人员限制人身自由不服该到哪里去起诉？

王某到南方一城市旅游，住进了 1 家旅馆。当地公安干警为搜查 1 名盗窃犯到旅馆调查，要求王某出示证件并说明当晚行踪。王某出示了身份证并说明自己是来旅游的,但没有告诉公安人员当晚的行踪,因为王某觉得没有义务回答这个问题,公安人员也无权干涉他的私生活。但公安人员认为王某是故意妨碍他们执行公务,强行将王某带到公安局,王某提出了抗议,于是他们将王某关进拘留所。过了5天,公安人员将王某放出。

根据我国《刑事诉讼法》第80条规定,刑事拘留的对象为罪该逮捕的现行犯或重大嫌疑犯。但本案中王某的情况不属于第80条所列的任何情况,公安机关明显有滥用职权之嫌。另外,拘留时必须出示拘留证,并应在24小时内将拘留的原因和羁押的场所通知拘留人的家属和单位,而公安机关没有出示拘留证就将王某拘禁,且未通知王某的家属和单位,这些都是严重违法的。

我国《国家赔偿法》第17条第1项规定:"违反刑事诉讼法的规定对公民采取拘留措施的,或者依照刑事诉讼法规定的条件和程序对公民采取拘留措施,但是拘留时间超过刑事诉讼法规定的时限,其后决定撤销案件、不起诉或者判决宣告无罪终止追究刑事责任的受害人有获得赔偿的权利。"第21条第2款规定:"对公民采取拘留措施,依照本法的规定应当给予国家赔偿的,作出拘留决定的机关为赔偿义务机关。"另外,可以向公安机关的上级单位反映情况,请求他们对该公安局的负责人及有关工作人员给予行政处分。根据我国《行政诉讼法》第19条规定:"对限制人身自由的行政强制措施不服提起的诉讼,由被告所在地或者原告所在地人民法院管辖。"由当事人选择其中一地的人民法院起诉。这是为了便利被限制人身自由的公民提起诉讼和参加诉讼。

5.被收容审查时,主管机关未告知被收容的根据,这种做法合法吗?

1991年3月10日,山西省离石县公安局在侦查一起诽谤案件时,怀疑陈某打印了 1 份诽谤他人的匿名材料,有作案嫌疑,决定对她收容审查。3 月 11 日上午 9 时许,陈某在上班时,公安局所属工作人员身着便衣,未出示任何法律手续,借故将陈某骗出其所在的办公大楼,随即将她推上等在楼下的吉普车,押至离石县信义派出所,并让她在传唤证上签名,将她秘密收审。随后又将陈某转移到离石县公安局看守所。3 月 12 日,公安局向陈某出示了 3 月 10 日填写的《收容审查通知书》,并让她签名。主管机关一直未将收容的根据告诉陈某本人及其家属。

依照 1985 年公安部《关于严格控制使用收容审查手段的通知》规定,收容审查必须经县级以上公安机关批准。对被收容审查人员,必须在收容后 24 小时以内进行询问,除有碍审查或者无法通知的情形以外,应当把收容的原因和处所在 24 小时以内通知被收容人的家属或他的所在单位。如果发现不应收容的,必须立即解除收容审查。本案中,离石县公安局在 3 月 10 日就已决定对陈某进行收容审查,并填写了《收容审查通知书》,可是在执行时未向陈某宣读;公安局是以陈某有重大嫌疑而决定收容审查的,可是,在陈某被收审后,公安局出示给陈某并让她签收的却是公安机关对违反治安管理的人使用的"传唤证";而且公安局未在陈某被收审后的 24 小时以内通知其家属。公安局的上述行为,违反了法定程序。依照我国《行政诉讼法》第 70 条的规定,违反法定程序是人民法院判决撤销或部分撤销具体行政行为的理由之一。

6.公证的内容是什么? 公证机关都办理哪些公证事项?

张三建新房,到李四处购买水泥,与李四签订了 100 吨的水泥购销合同。合同规定:每吨水泥人民币 300 元,总货款为 30 000 元,交货期限为 2008 年 4 月 5 日前。货物以国家该产品质量指标为准。购货方应交定金 5 000 元,其余货款待货物全部验收后进行结算。供方违约,应承担赔偿总货款 10% 的经济损失,并归还定金;购货方在接到供方提货通知 7 天内若不如数交款提货,供货方有权不返还定金并另行处理货物。2008 年 2 月 15 日张三付给李四定金 5 000 元。为了防止李四利用合同进行诈骗或者销售伪劣产品,张三在公证处办理了提存公证,将货款预存入公证处的提存账户,待收到货并验收合格后,由公证处将提存的货款支付给卖方。

我国《公证法》第 2 条规定:"公证是公证机构根据自然人、法人或者其他组织的申请,依照法定程序对民事法律行为、有法律意义的事实和文书的真实性、合法性予以证明的活动。"第 11 条规定:"根据自然人、法人或者其他组织的申请,公证机构办理下列公证事项:合同、继承、委托、声明、赠予、遗嘱、财产分割、招标投标、拍卖、婚姻状况、亲属关系、收养关系、出生、生存、死亡、身份、经历、学历、学位、职务、职称、有无违法犯罪记录、公司章程、保全证据、文书上的签名、印鉴、日期,文书的副本、影印本与原本相符,自然人、法人或者其他组织自愿申请办理的其他公证事项。"第 12 条规定:"根据自然人、法人或者其他组织的申请,公证机构可以办理下列事务:法律、行政法规规定由公证机构登记的事务,提存,保管遗嘱、遗产或者其他与公证事项有关的财产、物品、文书,代写与公证事项有关的法律事务文书,提供公证法律咨询。"

张三为了防止李四利用合同进行诈骗或者销售伪劣产品,张三办理了提存公证。这种将合同公证与提存公证结合起来的做法,对于保证合同履行,预防纠纷,保护当事人的合法权益具有重要意义。

7.怎样申请办理公证手续?

常某之妻韩某有兄弟姐妹 5 人,有房屋 11 间,未曾分割。常某及妻韩某生前与邻居陈某关系密切,常、韩夫妇死后陈为之料理丧事,常某病危时曾两次向公证员谈话,表示将遗产赠送给陈,但第一次谈话未做记录,第二次谈话虽有记录,但未签字、盖章,除陈某夫妇外,也没有其他利害关系人作证。常、韩夫妇死后,陈某以受领常某遗产为由占有了常某居住的房屋。韩某的哥哥随即以陈某侵犯继承权为由起诉,要求追回被占有的财产。而陈某则以公证文书为依据主张遗赠受领。

我国《公证法》第 25 条规定:"自然人、法人或者其他组织申请办理公证,可以向住所地、经常居住地、行为地或者事实发生地的公证机构提出。申请办理涉及不动产的公证,应当向不动产所在地的公证机构提出;申请办理涉及不动产的委托、声明、赠予、遗嘱的公证,可以适用前款规定。"第 26 条规定:"自然人、法人或者其他组织可以委托他人办理公证,但遗嘱、生存、收养关系等应当由本人办理公证的除外。"第 27 条规定:"申请办理公证的当事人应当向公证机构如实说明申请公证事项的有关情况,提供真实、合法、充分的证明材料;提供的证明材料不充分的,公证机构可以要求补充。"第 32 条规定:"公证书应当按照国务院司法行政部门规定的格式制作,由公证员签名或者加盖签名章并加盖公证机构印章。"当事人申请公证,必须书面或口头向公证机关讲清有关事实的真相,提出可靠证据。公证机关根据国家有关政策、法律进行审查,在调查核实的基础上,确认真实、合法、无纠纷后,就可以出具证明。

本案常某办理遗嘱公证,可以向不动产所在地的公证机构提出,也可以向住所地、经常居住地、行为地或者事实发生地的公证机构提出。必须亲自提出口头或书面申请,不得委托他人代办。当事人确有困难不能亲自到公证处的,公证员可以到当事人所在地办理。本案中由于常某对公证员的谈话记录没有无利害关系人在场,也没有亲自签名、盖章,因此,陈某以公证文书为依据主张遗赠受领是没有依据的。

8.劳动争议仲裁委员会受理哪些劳动争议?

李某是某服装厂的1位会计,与服装厂签订了劳动合同。因丈夫死于车祸,李某精神上遭受很大打击,患精神分裂症住院治疗。该服装厂听到此消息后,欲和李某解除劳动合同,便拟订了1份解除劳动合同协议书。该服装厂有关人员到医院看望李某时,让李某在该协议上签了字,签字时李某父母不在场。很快该厂劳工部门为李某办理了失业手续,并将其档案转到了街道劳动管理部门。李某父母听到此消息后,来到该厂提出李某孩子上学,没有收入,厂里如果与李某解除劳动合同,家里将没有经济来源。但该服装厂坚持解除合同协议系李某同意并自愿签字的,不能变更。李某父母向劳动争议仲裁委员会申请仲裁。

根据我国《劳动争议调解仲裁法》第2条规定,"中华人民共和国境内的用人单位与劳动者发生的下列劳动争议,适用本法:

(一)因确认劳动关系发生的争议;

(二)因订立、履行、变更、解除和终止劳动合同发生的争议;

(三)因除名、辞退和辞职、离职发生的争议;

(四)因工作时间、休息休假、社会保险、福利、培训以及劳动保护发生的争议;

(五)因劳动报酬、工伤医疗费、经济补偿或者赔偿金等发生的争议;

(六)法律、法规规定的其他劳动争议。"

可见,劳动仲裁部门应当受理此案,本案中由于双方当事人在签订解除劳动合同协议时,李某正处于精神分裂症治疗期间,不具备相应的民事行为能力,因此解除劳动合同协议是无效的,该服装厂应继续履行与李某签订的劳动合同。

9.人民调解组织可以调解哪些轻微刑事纠纷?

王某和刘某是邻居,两人一直不和。2007年7月初,刘某因琐事又与王某发生争执,王某无心争吵,随即向村民委员会作了汇报。村主任对刘某进行了批评,刘某亦表示改正不再刁难王某。但从村民委员会办公室出去后,刘某却将王某拦在大路上,并大骂王某是"专门勾引男人的狐狸精"等,引来围观群众几十人。王某开始一直沉默不语,后实在不堪侮辱即抓住刘某的衣服向后猛推,致刘某和其自行车一齐摔倒。刘某受到轻伤,在治疗中花去医疗费用200余元。王某的精神也受到严重刺激,卧床休息1周多。后刘某以故意伤害罪提起诉讼。

我国《刑事诉讼法司法解释》第200条规定:"经审判长准许,控辩双方可以向被害人、附带民事诉讼原告人发问。"我国《刑事诉讼法》第206条规定:"人民法院对自诉案件,可以进行调解;自诉人在宣告判决前,可以同被告人自行和解或者撤回自诉。本法第204条第3项规定的案件不适用调解。"人民法院对告诉才处理的案件和被害人有证据证明的轻微刑事案件,可以在查明事实、分清是非的基础上进行调解。但对被害人有证据证明被告人侵犯自己人身、财产权利的行为应当依法追究刑事责任,而公安机关或者人民检察院不予追究,被害人依法向人民法院提起自诉的案件不适用调解。

人民调解组织可以调解的轻微刑事纠纷有:(1)告诉才处理的案件,包括:侮辱、诽谤案,暴力干涉婚姻自由案,虐待案,侵占案。(2)被害人有证据证明的轻微刑事案件,包括:故意伤害案(轻伤),非法侵入住宅案,侵犯通信自由案,重婚案,遗弃案,生产、销售伪劣商品案(但严重危害社会秩序和国家利益的除外),侵犯知识产权案(严重危害社会秩序和国家利益的除外);属于《刑法》分则第 4 章、第 5 章规定的,对被告人可能判处 3 年有期徒刑以下刑罚的案件。

本案中,刘某受到轻伤,提起故意伤害之诉,属于被害人有证据证明的轻微刑事案件,因此,在受理案件之后,可以先行进行调解。

10.信访应向哪个机关或部门提出? 侵犯信访人合法权益的法律责任是什么?

村民张某是李家沟的村民,因为对土地征用问题一直不满,多次找到乡政府要求解决,但乡政府一直不予理睬,张某决定带上家人一起上访,但他不知道应该向哪个单位上访,如何保护自己的权益。

信访,是指公民、法人或者其他组织采用书信、电子邮件、传真、电话、走访等形式,向各级人民政府、县级以上人民政府工作部门反映情况,提出建议、意见或者投诉请求,依法由有关行政机关处理的活动。

我国《信访条例》第 4 条规定:"信访工作应当在各级人民政府领导下,坚持属地管理、分级负责,谁主管、谁负责,依法、及时、就地解决问题与疏导教育相结合的原则。"《信访条例》第 15 条规定:"信访人对各级人民代表大会以及县级以上各级人民代表大会常务委员会、人民法院、人民检察院职权范围内的信访事项,应当分别向有关的人民代表大会及其常务委员会、人民法院、人民检察院提出,并遵守本条例第 16 条、第 17 条、第 18 条、第 19 条、第 20 条的规定。"

《信访条例》第 40 条规定:"因下列情形之一导致信访事项发生,造成严重后果的,对直接负责的主管人员和其他直接责任人员,依照有关法律、行政法规的规定给予行政处分;构成犯罪的,依法追究刑事责任:

（一）超越或者滥用职权，侵害信访人合法权益的；

（二）行政机关应当作为而不作为，侵害信访人合法权益的；

（三）适用法律、法规错误或者违反法定程序，侵害信访人合法权益的；

（四）拒不执行有权处理的行政机关作出的支持信访请求意见的。"

本案中，张某的土地征用问题属于人民政府国土部门职权范围内的事项，他应向县人民政府以及该县国土局信访。

11. 打击报复信访人应当承担什么样的法律责任？

村民张某因征地问题向县政府信访部门上访。回乡后的第二天，在家门口纳凉的张某被一群不明身份的人殴打，这群人撂下一句话："看你还敢去上访！"然后扬长而去。张某不知道应该怎样保护自己的权益？

我国《信访条例》第46条规定："打击报复信访人，构成犯罪的，依法追究刑事责任；尚不构成犯罪的，依法给予行政处分或者纪律处分。"

案例中张某被殴打造成左腿骨折、颅内出血，已经构成了故意伤害罪，根据法律明文规定，对构成犯罪的，依法追究刑事责任。张某应向公安机关报案，公安机关依职权启动司法程序。

六、如何打官司

1.什么是民事纠纷？民事纠纷的解决方式有哪些？

李正山,农民。1999 年 3 月经人介绍为某市灯具厂对外洽谈销售灯具业务。灯具厂于 1999 年 4 月通过电传的方式发给李正山委任书 1 份,委任书中称:"某市(县)各有关单位,兹介绍我厂营销员李正山同志代表我方与你方签订有关路灯灯具业务合同。"同年 5 月 19 日灯具厂与某县建设委员会签订了工矿产品购销合同 1 份,约定由灯具厂供给某县建设委员会单臂路灯 170 组,双臂路灯 260 组,货款总价值 78.3 万元,李正山作为厂方的委托代理人在供货方一栏中签了名。当日,灯具厂副厂长赵宏明作为厂方代表与李正山签订了协议书,双方就这笔业务的业务费结算作了约定。协议签订后,李正山先后向灯具厂借款 3.33 万元,用于差旅费用和代垫运输费用。灯具厂实际供货单臂路灯 232 组,双臂路灯 110 组,总计货款 611416 元。李正山先后从某县建设委员会收取货款 52.6 万元,回笼给厂方 33 万元,剔除李正山应得的业务费 5.6 万元外,余款 14 万元被李正山挪用。

民事纠纷是指民事主体之间发生的,以民事权利义务为内容,进入民事法律调整范围的争议。民事纠纷可以采取和解、调解、仲裁、诉讼等方式解决。和解是指发生民事纠纷的当事人通过协商、谈判等方式,自愿、互谅、友好地解决纠纷的一种方式。调解是指发生民事纠纷的当事人在纠纷发生后,通过第三人在纠纷当事人之间进行斡旋,主持纠纷解决的一种方式。因主持调解的第三人身份不同,可分为民间调解、人民调解、行政调解等。民间调解一般不要求主持调解的第三人具有特殊的身份。人民调解对第三人的身份有一定的要求。行政调解中主持调解的第三人必定是国家的行政机关。我国《民事诉讼法》第9条规定:"人民法院审理民事案件,应当根据自愿和合法的原则进行调解;调解不成的,应当及时判决。"仲裁是指平等主体之间的公民、法人或其他组织在发生合同纠纷或其他财产权益纠纷时,依双方达成的仲裁协议,将纠纷提交协议约定的仲裁委员会裁决,仲裁委员会对当事人提交仲裁的纠纷进行裁决解决。

　　李正山是个农民,虽然接受了灯具厂的委托,并以该厂的名义对外签订供货合同,但被告人李正山既不是该厂的在编正式人员,也没有在受聘后形成劳动合同关系,平时不享受厂里的任何福利待遇,只是在推销产品中赚取差价部分,税收、养老保险、医疗保险等均不是由厂方负担。因此,李正山的主体资格不符合刑事犯罪规定,因而本案不构成刑事案件,只是一种民事法律关系,应当按民事纠纷解决。

2.什么是协商、调解和仲裁?

　　张某是甲公司的一名职员,在2006年12月17日出差时不慎摔伤,住院治疗两个多月,花费医疗费若干。甲公司认为,张某留下残疾已不适合从事原岗位的工作,于2007年4月9日解除了与张某的劳动合同。因与公司协商无果,张某最终于2007年11月27日向甲公司所在地的某省A县法院起诉,要求甲公司继续履行劳动合同并安排其工作,支付其住院期间的医疗费、营养费、护理费、住院期间公司减发的工资、公司2006年三季度优秀员工奖金等共计3.6万元。

　　我国《劳动争议调解仲裁法》第4条规定:"发生劳动争议,劳动者可以与用人单位协商,也可以请工会或者第三方共同与用人单位协商,达成和解协议。"第5条规定:"发生劳动争议,当事人不愿协商、协商不成或者达成和解协议后不履行的,可以向调解组织申请调

解;不愿调解、调解不成或者达成调解协议后不履行的,可以向劳动
争议仲裁委员会申请仲裁;对仲裁裁决不服的,除本法另有规定的
外,可以向人民法院提起诉讼。"

协商是由争议当事各方自行对民事争议的处理问题进行平等协
商的一种方式;调解是由第三方在争议当事各方之间主持调解,对民
事争议进行解决的一种方式,第三方包括一般公民,也包括人民法院
或其他机关;仲裁是在争议当事各方无法自行协商解决的情况下,根
据当事各方事前或事后达成的将争议提交某一仲裁机构解决的协议
的约定,将争议提交该约定仲裁机构裁决的一种解决方式。

本案张某与甲公司之间的争议属于劳动争议,因此应当按照《劳动
争议调解仲裁法》的规定处理:先协商解决;协商不成,向公司劳动争议
调解委员会申请调解;调解不成,向劳动争议仲裁委员会申请仲裁;对
仲裁裁决不服的,则可以向人民法院提起诉讼。

3.有了民事纠纷该向哪一级人民法院起诉?

王某与赵某,居住于甲地。2013 年 9 月双方订立买卖合同,约定
合同履行地为乙地,后因故未能履行,双方发生纠纷。2013 年 5 月赵
某因工作关系将户籍从甲地迁出,准备落户于公司所在地丙地。随
后,赵某被公司派驻丁地,2014 年 6 月又被公司派驻戊地。2014 年 7
月王某欲起诉追究赵某违约责任。

我国《民事诉讼法》第 17 条规定:"基层人民法院管辖第一审民
事案件,但本法另有规定的除外。"第 21 条规定:"对公民提起的民事
诉讼,由被告住所地人民法院管辖;被告住所地与经常居住地不一致
的,由经常居住地人民法院管辖。"第 23 条规定:"因合同纠纷提起的
诉讼,由被告住所地或者合同履行地人民法院管辖。"《民事诉讼法意
见》第 4 条规定:"公民的住所地是指公民的户籍所在地,法人的住所

地是指法人的主要营业地或者主要办事机构所在地。"第 5 条规定：
"公民的经常居住地是指公民离开住所地至起诉时已连续居住 1 年
以上的地方。但公民住院就医的地方除外。"

可见，确定一般地域管辖，当事人的住所和经常居住地有重要的
意义。当事人的户籍迁出后尚未落户，此时住所尚未确定，若有经常
居住地，则由经常居住地法院管辖；若没有经常居住地，户籍迁出不
足 1 年的，由其原户籍所在地人民法院管辖；超过 1 年的，由其居住
地人民法院管辖。

赵某将户籍从甲地迁出，几经派驻，户籍迁出已过 1 年，后落户
于戊地，即戊地是赵某的住所地，因此，王某应当向戊地基层人民法
院起诉。

4.两个以上人民法院对案件都有管辖权时,应如何起诉?

甲县的电热毯厂生产了一批电热毯,与乙县的昌盛贸易公司在
丙县签订了 1 份买卖该批电热毯的合同。丁县居民张三在出差到乙
县时从昌盛贸易公司购买了 1 条该批次的电热毯,后在使用过程中
电热毯由于质量问题引起火灾,烧毁了张三的房屋。张三欲以侵权
损害为由诉请赔偿,遂向乙县人民法院起诉,但一直没有音信。遂又
向丁县人民法院提起了诉讼,丁县人民法院立案前发现乙县人民法
院已先立案,就不予立案。张三气急,打个官司怎么这么难?

我国《民事诉讼法意见》第 29 条规定:"因产品质量不合格造成
他人财产、人身损害提起的诉讼,产品制造地、产品销售地、侵权行为
地和被告住所地的人民法院都有管辖权。"我国《民事诉讼法》第 35
条规定:"两个以上人民法院都有管辖权的诉讼,原告可以向其中一
个人民法院起诉;原告向两个以上有管辖权的人民法院起诉的,由最

先立案的人民法院管辖。"我国《民事诉讼法意见》第 33 条规定:"两个以上人民法院都有管辖权的诉讼,先立案的人民法院不得将案件移送给另一个有管辖权的人民法院。人民法院在立案前发现其他有管辖权的人民法院已先立案的,不得重复立案;立案后发现其他有管辖权的人民法院已先立案的,裁定将案件移送给先立案的人民法院。"

案中,甲县为被告电热毯制造地,乙县为产品销售地,丁县为侵权行为地,张三可以选择其中一个人民法院起诉。如向两个以上有管辖权的人民法院起诉的,最先立案的人民法院有管辖权。丁县人民法院立案前发现乙县人民法院已先立案,遂不重复立案的做法是对的。案件应当由已立案的乙县人民法院管辖。

5. 哪些案件由原告所在地人民法院管辖?

王某(女)与李某(男)1998 年结婚后居住在某省甲县。2003 年 1 月,李某到乙县打工并一直居住在该县。李某因怀疑王某所生孩子与自己没有血缘关系,2004 年 5 月向自己所在的乙县法院提起诉讼,要求与王某离婚,乙县人民法院裁定不予受理。后王某向甲县人民法院提起离婚之诉。

我国《民事诉讼法》第 22 条规定:"下列民事诉讼由原告所在地人民法院管辖;原告住所地与经常居住地不一致的,由原告经常居住地人民法院管辖:(1)对不在中华人民共和国领域内居住的人提起的有关身份关系的诉讼;(2)对下落不明或宣告失踪的人提起的有关身份关系的诉讼;(3)对被采取强制措施的人提起的诉讼;(4)对被监禁的人提起的诉讼。"

我国《民事诉讼意见》第 9 条规定:"追索赡养费案件的几个被告住所地不在同一辖区的,可以由原告住所地人民法院管辖。"第 11 条规定:"非军人对军人提出的离婚诉讼,如果军人一方为非文职军人,由原告住所地人民法院管辖。"第12条规定:"夫妻一方离开住所地超过1年,另一方起诉离婚的案件,由原告住所地人民法院管辖。夫妻双方离开住所地超过1年,一方起诉离婚的案件,由被告经常居住地人民法院管辖;没有经常居住地的,由原告起诉时居住地的人民法院管辖。"要强调的是一方离开住所的,另一方仍然在原地居住,并离开住所地已经超过1年。只有没有离开住所地的一方起诉时,才适用原告住所地人民管辖。如离开住所地一方起诉,则仍然是适用原告就被告的原则,仍然是由没有离开住所地的一方的住所地人民法院管辖。

案中李某向乙县法院起诉,乙县法院裁定不予受理是正确的。而没有离开住所地的王某才适用原告住所地人民法院管辖。

6. 哪些案件由人民法院专属管辖?

甲县居民赵某,2002年1月因病住院(医院在乙县),后因病情恶化,不幸于2003年2月去世。经查实,赵某留有的遗产为:位于丙县的1套住房、存于丁县某银行的存款1万元。赵某的3个子女(分别住在甲县、戊县、丙县)为继承遗产发生纠纷,住在甲县的大儿子以另两个兄弟为被告提起诉讼。

我国《民事诉讼法》第33条规定:"下列案件,由本条规定的人民法院专属管辖:(1)因不动产纠纷提起的诉讼,由不动产所在地人民法院管辖;(2)因港口作业中发生纠纷提起的诉讼,由港口所在地人民法院管辖;(3)因继承遗产纠纷提起的诉讼,由被继承人死亡时住所地或者主要遗产所在地人民法院管辖。"此外,属于法院专属管辖的还有:(1)因在中华人民共和国履行中外合资经营企业合同、中外合作经营企业合同、中外合作勘探开发自然资源合同发生纠纷提起的诉讼,由中华人民共和国人民法院管辖。这是对外国法院管辖的排斥。(2)因沿海港口作业纠纷提起的诉讼,由港口所在地海事法院管辖。(3)因船舶排放、泄露、倾倒油类或者其他有害物质,海上生产、作业或者拆船、修船作业造成海域污染损害提起的诉讼,由污染发生地、损害结果地或者采取预防污染措施地海事法院管辖。(4)因在中华人民共和国领域和有管辖权的海域履行的海洋勘探开发合同纠纷提起的诉讼,由合同履行地海事法院管辖。

因继承遗产纠纷提起的诉讼,由被继承人死亡时住所地或者主要遗产所在地人民法院管辖。当遗产有多处且分布在不同人民法院管辖区时,需要区分主要遗产和非主要遗产。遗产既有动产又有不动产的,一般以不动产所在地作为主要遗产地,动产有多项的,则以价值大的动产所在地作为主要遗产地。被继承人赵某死亡时的住所地是在甲县,所以甲县人民法院有管辖权。此外,主要遗产所在地人民法院也有管辖权,一般以不动产所在地作为主要遗产地,因此,遗产中的住房所在地丙县的人民法院也有管辖权。在甲县的大儿子可以向甲县或者丙县人民法院起诉。

7. 什么是诉讼时效?

2005年1月,王某借了2万元钱给姑妈张某垫付医药费,当时并未商定还款的时间。2005年底,王某手头有点紧,家里又急需用钱,所以向其姑妈讨要借款,张某对王某说她身体尚未完全恢复,怕用钱的地方多,借的钱先欠着。王某只好从别处借钱解决了家里的急需,未再向其姑妈催要。2009年王某儿子考上了大学,开学之前必须准备好学费,所以又向其姑妈讨要借款,张某告诉王某本月内筹齐钱给他,并签订了1份还款协议,约定2009年10月把钱还给王某。但是到了10月份张某并未还钱给王某,王某再次要求张某还款时,张某却说王某的还款请求已经过了诉讼时效。

　　诉讼时效，是指权利人于一定期间内不行使请求人民法院保护其民事权利的请求权，就丧失该项请求权的法律制度。这里的意思是说：权利人在其权利受到侵害时，有权请求法院予以保护，但人民法院的保护权利也不是无限制的，权利人应于法律规定的期间内请求保护，超过该期间后，法院将不再予以保护。法律规定的权利人请求人民法院保护其民事权利的法定期间就是诉讼时效期间。

　　我国《民法总则》第188条规定："向人民法院请求保护民事权利的诉讼时效期间为三年。法律另有规定的，依照其规定。"依此规定，除法律另有规定外，都应适用3年期的诉讼时效。诉讼时效具有以下特征：（1）诉讼时效完成仅消灭实体请求权。实体请求权是权利人取得胜诉的根据，又称胜诉权，诉讼时效一旦完成后，程序上的请求权并未消灭，但权利人丧失了通过诉讼获得救济的权利，其权利也不再受法院保护。（2）诉讼时效具有强行性。它的强行性是指当事人既不能协议排除对诉讼时效的适用，也不得以协议变更诉讼时效期间。（3）诉讼时效具有普遍性。诉讼时效规范为普遍性规范，除法律另有规定外，诉讼时效适用于各种民事法律关系。

　　本案中，王某于2005年第一次催讨还款未果，第二次是在2008年催款，按照法定程序王某的权利保护期限已过诉讼时效，但依最高人民法院《关于超过诉讼时效期间当事人达成的还款协议是否应当受法律保护问题的批复》规定，对超过诉讼时效期间，当事人双方就原债务达成还款协议的，应当依法予以保护，诉讼时效完成后，尽管债务人可不履行，但若债务人与债权人达成还款协议，虽未实际履行，也是债务人重新明确承认其债务，债务人应当按照达成的协议履行其债务。在本案中，王某和其姑妈张某于2009年双方自愿签订了还款协议，所以，虽然王某的还款请求权已过诉讼时效，但这份协议是受法律保护的，因此张某应按照此协议履行返还 2 万元借款的义务。

8.在进行诉讼时,可以委托哪些人作为自己的诉讼代理人?

周某与黄甲系合法夫妻关系,由于周某与王某有不正当男女关系,周某与黄甲发生纠纷,周某起诉到法院,要求解除婚姻关系以及对财产进行处理。诉讼过程中,黄甲打算委托自己的哥哥黄乙为诉讼代理人参加诉讼。因黄乙性情暴躁,平日周某就很惧怕黄乙,在诉讼中,周某向法院提出黄甲委托黄乙为诉讼代理人不妥。

我国《民事诉讼法》第 58 条规定:"当事人、法定代理人可以委托一至二人作为诉讼代理人。下列人员可以被委托为诉讼代理人:

(一)律师、基层法律服务工作者;

(二)当事人的近亲属或者工作人员;

(三)当事人所在社区、单位以及有关社会团体推荐的公民。"

根据《民事诉讼法意见》第 68 条规定,以下人员不能作为委托代理人:(1)无民事行为能力人;(2)限制民事行为能力人;(3)可能损害被代理人利益的人;(4)人民法院认为不宜作诉讼代理人的人。

根据法律的规定,委托律师、当事人的近亲属及有关社会团体或者所在单位推荐的人为诉讼代理人不需要征得人民法院的许可。在民法中的近亲属包括配偶、父母、子女、兄弟姐妹、祖父母、外祖父母、孙子女、外孙子女。所以案中黄甲委托自己的哥哥黄乙为诉讼代理人,无须人民法院的许可。并且,黄乙是完全民事行为能力人,黄甲完全可以委托自己的哥哥为诉讼代理人参加诉讼。因此,法院对周某提出黄甲委托黄乙为诉讼代理人不妥的意见应当不予支持。

9. 哪些人可以申请法律援助?

张三是黑龙江省的 1 名农民,2005 年从同村的村民李四手中购买了1块有20多年使用权的一块地,并签了合同,现在国家的土地政策好了,那个卖地的人又想要回土地的使用权,并要和张三打官司。张三因家庭经济困难而没有委托代理人,想向法律援助机构申请法律援助。

我国《法律援助条例》第10条规定:"公民对下列需要代理的事项,因经济困难没有委托代理人的,可以向法律援助机构申请法律援助:(一)依法请求国家赔偿的;(二)请求给予社会保险待遇或者最低生活保障待遇的;(三)请求发给抚恤金、救济金的;(四)请求给付赡养费、抚养费、扶养费的;(五)请求支付劳动报酬的;(六)主张因见义勇为行为产生的民事权益的。"

我国《刑事诉讼法》第34条规定:"犯罪嫌疑人、被告人因经济困难或者其他原因没有委托辩护人的,本人及其近亲属可以向法律援助机构提出申请。对符合法律援助条件的,法律援助机构应当指派律师为其提供辩护。"

首先,张三需解决的纠纷属于民事纠纷,并不是刑事纠纷。其次,根据法律规定,农村土地的使用权是可以出让的。张三从同村的村民手中购买的土地是合法有效,受到法律保护的。因此,对方不可以提前终止合同,同时,政策的改变不能成为合同终止的理由。所以,若打官司,张三应该会胜诉。至于是否可以申请法律援助,张三虽然家庭经济困难,但所主张的事项并不在我国《法律援助条例》第10条规定的6种事项范围之内,不属于法律援助的范围,不能申请法律援助。

10. 哪些情况下当事人有权要求审判人员回避?

张某是甲公司的1名职员,在2006年12月17日出差时不慎摔伤,住院治疗两个多月,花费医疗费若干。甲公司认为,张某伤后留下残疾已不适合从事原岗位的工作,于 2007 年 4 月 9 日解除了与张某的劳动合同。因与公司协商无果,张某最终于 2007 年 11 月 27 日向甲公司所在地的某省 A 县法院起诉,要求甲公司继续履行劳动合同并安排其工作,支付其住院期间的医疗费、营养费、护理费、住院期间公司减发的工资、公司 2006 年三季度优秀员工奖金等共计 3.6 万元。甲县法院受理了此案。之后,张某向其同住一小区的甲县法院法官赵某进行咨询。赵某对此案件谈了几点意见,同时为张某推荐律师李某作为其诉讼代理人。两天后,赵某在法院的谈话室接待了张某,并让书记员对他们的谈话内容做了记录。经审理,法院判决甲公司继续履行合同,支付相关费用。

我国《民事诉讼法》第 44 规定:"审判人员有下列情形之一的,应当回避,当事人有权用口头或者书面方式申请他们回避:(一)是本案当事人或者当事人、诉讼代理人的近亲属的;(二)与本案有利害关系的;(三)与本案当事人有其他关系,可能影响对案件公正审理的。"最高人民法院《关于审判人员严格执行回避制度的若干规定》第 1 条规定:"审判人员具有下列情形之一的,应当自行回避,当事人及其法定代理人也有权要求他们回避:(一)是本案的当事人或者与当事人有直系血亲、三代以内旁系血亲及姻亲关系的;(二)本人或者其近亲属与本案有利害关系的;(三)担任过本案的证人、鉴定人、勘验人、辩护人、诉讼代理人的;(四)与本案的诉讼代理人、辩护人有夫妻、父母、子女或者同胞兄弟姐妹关系的;(五)本人与本案当事人之间存在其他利害关系,可能影响案件公正处理的。"第 2 条规定:"审判人员具有下列情形之一的,当事人及其法定代理人有权要求回避,但应当提供相关证据材料:(一)未经批准,私下会见本案一方当事人及其代理人、辩护人的;(二)为本案当事人推荐、介绍代理人、辩护人,或者为律师、其他人员介绍办理该案件的;(三)接受本案当事人及其委托的

人的财务、其他利益,或者要求当事人及其委托的人报销费用的;
(四)接受本案当事人及其委托的人的宴请,或者参加由其支付费用
的各项活动的;(五)向本案当事人及其委托的人借款、借用交通工
具、通讯工具或者其他物品,或者接受当事人及其委托的人在购买商
品、装修住房以及其他方面给予的好处的。"

案中,张某向其同住一小区的甲县法院主审该案的法官赵某进
行咨询,赵某对此案件谈了几点意见,同时为张某推荐律师李某作为
其诉讼代理人等等,法官赵某应当自行回避。然而本案赵某并没有
自行回避,违反诉讼程序有关回避的规定,应当通过二审裁定撤销原
判,发回原审人民法院重新审判。

11. 民事诉讼中一般由谁举证?

张某是甲公司的 1 名职员,在 2006 田 12 月 17 日出差时不慎摔
伤,住院治疗两个多月,花费医疗费若干。甲公司认为,张某伤后留
下残疾已不适合从事原岗位的工作,于 2007 年 4 月 9 日解除了与张
某的劳动合同。因与公司协商无果,张某最终于 2007 年 11 月 27 日
向甲公司所在地的某省 A 县法院起诉,要求甲公司继续履行劳动合
同并安排其工作,支付其住院期间的医疗费、营养费、护理费、住院期
间公司减发的工资、公司 2006 年三季度优秀员工奖金等共计 3.6 万
元。在诉讼中,张某与甲公司应当分别对本案的相关事实承担举证
责任。

我国《民事诉讼法》第 64 条规定:"当事人对自己提出的主张,有
责任提供证据。"《民事诉讼证据规定》第 6 条规定:"在劳动争议纠纷
案件中,因用人单位作出开除、除名、辞退、解除劳动合同、减少劳动
报酬、计算劳动者工作年限等决定而发生劳动争议的,由用人单位负
举证责任。"我国举证的基本规则是"谁主张,谁举证",即谁提出诉讼

请求和事实理由,谁就要提供相应的证据加以证明,就负有举证责任。在民事诉讼中,有些案件也规定由被告举证,即"举证责任倒置"。

案件中,张某提出的诉讼请求是:甲公司继续履行劳动合同并安排其工作,支付其住院期间的医疗费、营养费、护理费、住院期间公司发的工资、公司 2006 年三季度优秀员工奖金等共计 3.6 万元。其所提出的诉讼请求所依据的事实包括双方有劳动合同关系、张某发生了工伤、张某因此受到了各项损失、甲公司没有全额支付其工资和奖金的事实。即张某应当对以下事实承担举证责任:(1)与甲公司存在劳动合同关系;(2)其受伤属工伤的事实;(3)各项损失的事实;(4)甲公司未支付其全额工资和奖金的事实。甲公司应当对以下事实承担举证责任:(1)是否解除劳动合同的事实;(2)是否减少张某住院期间工资报酬的事实。

12.什么是民事判决、民事裁定、民事调解书?

高某与张某于某年某月结婚,婚后双方生有 2 女 1 子。长女现年 21 岁,已结婚;次女高某现年 16 岁,三子现年 10 岁。张某与高某婚后感情一直很好,后由于高某与本厂女会计关系暧昧,致使夫妻感情破裂,故张某诉至法院,要求与高某离婚。在法院审理过程中,高某同意离婚。经调解达成协议。但高某回到家里又后悔了,表示不同意调解,要求人民法院作出判决。

民事判决书,是指人民法院审理民事案件和非讼案件完结之时,依据事实和法律对双方当事人之间的实体争议或者一方当事人提出的实体权利主张所作出的权威性判定。民事裁定,是指人民法院对民事审判和执行程序中的问题以及各别实体问题所做的权威性判定。而民事调解书,是指人民法院审理民事案件的过程中,根据自愿和合法的原则,在查清事实、分清是非的基础上,通过调解促使当事人达成协议而制作的法律文书。

我国《民事诉讼法》第 97 条第 3 款规定:"调解书经双方当事人签收后,即具有法律效力。"如果已经在调解书上签了名、达成了协议,事后又后悔的,应当赶在调解书送达前到人民法院声明,表示不同意调解。人民法院可以准许反悔,可考虑将原调解作废,另行判决。如果是在调解书送达后又反悔的,要想变更调解就困难了。按照我国《民事诉讼法》的规定,调解书送达后即具有法律效力。如果再要变更调解,就只能通过申诉程序进行。在申诉过程中,经过审查,如果认为原调解确有错误,则可裁定再审。如果认为没有错误,则必须按调解执行,如不执行,则可强制执行。

高某虽已经在调解书上签了名,达成了协议,但调解书还没有送达,即张某还没签收。可见,调解书还没发生法律效力。高某回到家里又后悔,他应在调解书送达前到人民法院声明,表示不同意调解,人民法院可以准许反悔,可考虑将原调解作废,另行判决。

13. 在民事诉讼中,人民法院审理案件的期限是多长?

郑奇是李家庄的村民,因债务纠纷与同村的李斯打官司,但自立案后快 1 年了,法院迟迟没有作出判决,郑奇质疑法院的办事效率,于是找到法官询问究竟。

按我国《民事诉讼法》的规定,人民法院审理案件的期限按照审理案件所适用程序的不同而有所不同。适用第一审普通程序的案件,人民法院应该在立案之日起 6 个月内审结。有特殊情况需要延长的,由本院院长批准,可以延长 6 个月;还需要延长的,报请上级人民法院批准。人民法院适用简易程序审理案件,应当在立案之日起 3 个月内审结。人民法院审理对判决的上诉案件,应当在第二审立案之日起 3 个月内审结。有特殊情况需要延长的,由本院院长批准。人民法院审理对裁定的上诉案件,应当在第二审立案之日起 30 日内作出终审裁定。

本案中受理郑奇案件的法院如无延长的特殊情况,其对案件的审理已经超期,郑奇可以向法庭提出异议。

14. 什么是财产保全? 申请条件是什么?

张三借给熟人李四 20 万元做生意,说好 1 年后还清,但现在李四赖着不还。听人说李四最近可能要出国。张三担心李四出了国自己的钱就没法要回来,想向法院起诉,但又怕时间来不及。张三的 1 个朋友告诉他,在起诉之前,可以申请财产保全。

我国《民事诉讼法》第 100 条规定:"人民法院对于可能因当事人一方的行为或者其他原因,使判决不能执行或者难以执行的案件,根据对方当事人的申请,可以裁定对其财产进行保全、责令其作出一定行为或者禁止其作出一定行为;当事人没有提出申请的,人民法院在必要时也可以裁定采取保全措施。"

张三发现债务人李四正在试图转移、藏匿财产,存心赖账。这很可能造成张三最后赢了官司,却拿不到钱的结果。这时候,张三掌握了确凿的证据后,可以向法院申请财产保全。财产保全是指法院在利害关系人起诉前或者当事人起诉后申请执行前,为保证判决的执行或避免财产遭受损失,对当事人的财产或者争议的标的物采取限制其处分的保护性措施。

当事人申请财产保全应当具备下列条件:(1)案件必须具有给付内容,属于给付之诉。(2)在诉前或诉中提出申请。(3)诉中提出申请的前提是,可能因当事人一方的行为或者其他原因,使判决不能执行或者难以执行;诉前提出申请的前提是,因情况紧急,不立即申请财产保全将会使其合法权益受到难以弥补的损害。(4)诉中申请财产保全的,法院可以责令申请人提供担保,不提供担保的,驳回申请。诉前申请财产保全的,申请人应当提供担保,不提供担保的,驳回申请。

15. 当事人不服地方人民法院一审判决怎么办?

张甲与张乙合伙开了1家美容院,丙到该美容院美容半年以后,脸部溃烂。丙向法院起诉要求张甲和张乙赔偿其医疗费5 000 元及精神损失费3 000 元。一审法院判决张甲赔偿丙5 000 元,张乙赔偿丙3 000 元。一审法院在向当事人送达判决时,张甲当场口头表示不上诉,但在诉讼期内又向一审法院提交上诉状。张乙当场口头表示上诉,但在上诉期内未直接到一审法院提交上诉状,而是在上诉期届满前的头一天到邮局以挂号的方式向一审法院邮寄了上诉状,法院收到上诉状时,上诉期已过了两天。丙当场口头表示要上诉,但始终未向法院提交上诉状。

我国《民事诉讼法》第164条规定:"当事人不服地方人民法院第一审判决的,有权在判决书送达之日起15 日内向上一级人民法院提起上诉。"但特别程序和公示催告程序所作的判决不能上诉。第166条规定:"上诉状应当通过原审人民法院提出,并按照对方当事人或者代表人的人数提出副本。当事人直接向第二审人民法院上诉的,第二审人民法院应当在5 日内将上诉状移交原审人民法院。"此外,上诉必须提交上诉状,当事人口头表示上诉的,但后来没有在法定上诉期间内递交上诉状的,视为未提出上诉。

案中,张甲虽口头表示不上诉,但在上诉期内提交了上诉状,就成了上诉人。张乙在上诉期届满前一天邮寄了上诉状,也有效地提起了上诉,视为对法院一审判决不服。而丙虽口头表示上诉,但始终未提交上诉状,不能作为上诉人。

16.什么是诉讼费用？哪些民事诉讼不收费？

常某之妻韩某有兄弟姐妹 5 人,有房地产 11 间,未曾分割。常某与妻韩某生前与邻居陈某关系密切,常、韩夫妇死后陈为之料理丧事,常病危时曾两次和陈某谈话,表示将遗产赠送给陈某,但第一次谈话未做记录,第二次谈话虽有记录,未签字、盖章,除陈某夫妇外,也没有其他利害关系人作证。常、韩夫妇死后,陈某继承了常、韩夫妇的遗产。韩某的哥哥以陈某侵犯继承权为理由起诉,要求追回财产,并提出因经济困难要求不交诉讼费用。

诉讼费用是指当事人进行民事诉讼依法应当向人民法院缴纳和支付的费用。主要由两部分组成:一是案件受理费,一是其他诉讼费用。

我国《诉讼费用交纳办法》第 8 条规定:"下列案件不交纳案件受理费:(一)依照民事诉讼法规定的特别程序审理的案件(包括:选民资格案件;宣告失踪或宣告死亡案件;认定公民无民事行为能力或限制民事行为能力案件和认定财产无主案件);(二)裁定不予受理、驳回起诉、驳回上诉的案件;(三)对不予受理、驳回起诉和管辖权异议裁定不服,提起上诉的案件;(四)行政赔偿案件。"

韩某的哥哥以侵犯继承权为由起诉,不属于不交纳受理费的范围。也不属于不交诉讼费用的情况:(1)追索赡养费、抚养费、抚育费、抚恤金和劳动报酬的案件;(2)代表人诉讼案件;(3)申请人向人民法院申请破产的还债的;(4)申请先予执行的。

依据《最高人民法院〈人民法院诉讼收费办法〉补充规定》,当事人交纳诉讼费用确有困难的,可向人民法院申请缓交、减交或者免交。是否缓、减、免,由人民法院审查决定。有下列情况之一者,人民法院应当进行司法救助,根据案件具体情况决定当事人缓交、减交或者免交诉讼费用:(1)当事人为社会公共福利事业单位的,如福利院、孤儿院、敬老院、荣军休养单位、精神病院、SOS儿童村等;(2)当事人是没有固定生活来源的残疾人的;(3)当事人因自然灾害或其他不可抗力造成生活困难,正在接受国家救济或生产经营难以为继的;(4)当事人根据有关规定正在接受法律援助的;(5)人民法院认为其他应当进行司法救助的。

本案中,韩某的哥哥如确有困难,应当向人民法院申请缓、减、免交诉讼费用。

17. 我该以谁为被告提起诉讼?

王某因公共汽车人多拥挤,下车时不慎踩了刘某的脚,刘某便用污言秽语大骂王某,王某也对骂,后两人打了起来,造成王某、刘某两人轻微伤。县公安分局依据我国《治安管理处罚法》的规定,给予刘某拘留3日、王某拘留15日的处罚。王某对处罚决定不服,以"县公安分局给予其处罚太重,给予刘某处罚太轻,有失公正"为由,向州公安局申请复议,州公安局裁决维持县公安分局的处罚决定。王某仍不服,想以同样理由向人民法院提起诉讼。

我国《行政诉讼法》第26条规定:"公民、法人或者其他组织直接向人民法院提起诉讼的,作出具体行政行为的行政机关是被告。经复议的案件,复议机关决定维持原具体行政行为的,作出原具体行政行为的行政机关是被告;复议机关改变原具体行政行为的,复议机关是被告。""两个以上行政机关作出同一具体行政行为的,共同作出具体行政行为的行政机关是共同被告。""行政机关委托的组织所作的行政行为,委托的行政机关是被告。""行政机关被撤销或者职权的,继续行使其职权的行政机关是被告。"

《行政诉讼法》第70条规定:"行政行为有下列情形之一的,人民法院判决撤销或者部分撤销,并可以判决被告重新作出行政行为:

（一）主要证据不足的；（二）适用法律、法规错误的；（三）违反法定程序的；（四）超越职权的；（五）滥用职权的；（六）明显不当的。"

本案中，州公安局裁决维持县公安分局的处罚决定，根据我国《行政诉讼法》第26条的规定，本案中的被告为县公安分局，刘某则以第三人的身份参加诉讼。如果王某所说的情况属实，人民法院则应对两个治安处罚决定做出变更判决或者撤销判决，责令重新处罚。本案县公安分局在未区分互殴的性质及违法程度轻重的情况下，而给予差别显著的处罚，显失公平。根据我国《行政诉讼法》第54条的规定，法院可撤销并可判决变更县公安分局的处罚决定。

18.什么是自诉案件？公民在什么情况下可以提起自诉？

1年前张乙违章建房将王甲多年来的出行通道堵塞，王甲现在只能绕道而行。王甲曾向当地房产管理部门投诉，当地房产部门叫张乙拆除违章建筑，但是张乙拒不拆除。王甲和张乙因为此事发生争吵，张乙操起铁棍将王甲2根肋骨打断，王甲被送往医院治疗。当地派出所已出面调解，但王甲觉得仅调解解不了心中的怒气，张乙应当蹲监狱。于是向人民法院起诉。

自诉案件是指被害人或其法定代理人为了追究被告人的刑事责任，依法直接向人民法院提起诉讼的刑事案件。我国《刑事诉讼法》第204条规定："自诉案件包括下列案件：（一）告诉才处理的案件；（二）被害人有证据证明的轻微刑事案件；（三）被害人有证据证明对被告人侵犯自己人身、财产权利的行为应当依法追究刑事责任，而公安机关或者人民检察院不予追究被告人刑事责任的案件。"

本案中，张乙的行为已经构成了对王甲的人身故意伤害，对张乙的处理要依据王甲被伤害的具体程度确定。王甲可以要求公安机关对其伤情作司法鉴定。一般讲,如果王甲的人身伤害程度经鉴定达到了轻伤以上的程度,公安机关应当对张乙刑事立案并追究张乙的刑事责任。如果依据王甲的人身伤害程度认定还不足以追究张乙的刑事责任,则应当依据《治安管理处罚法》追究张乙的行政责任。调解不能取代对张乙的刑事责任或者行政责任的追究。而根据我国《刑事诉讼法》的规定,被害人有证据证明对被告人侵犯自己人身、财产权利的行为应当依法追究刑事责任,而公安机关或者人民检察院不予追究被告人刑事责任的案件,当事人可以向法院直接提起诉讼。因此,对于张乙的故意伤害行为,如果公安机关不立案的话,王甲可以故意伤害罪对张乙提出刑事自诉。

19.公民报案、控告后,司法机关不立案怎么办?

张某带孩子去参加1个展览,花了20元买了门票,进去后才发现有上当之嫌。里面的展览破烂不堪,毫无参观的价值,展览厅的工作人员也是非常粗鲁。张某仔细看了一下主办单位和支持单位,竟然有多个国家部委支持。凭直觉,张某认为这是一起假冒国家有关部门举办的展览,涉嫌诈骗行为。于是张某就向公安机关报了案,公安机关人员说查清后会跟张某联系,可是过了很久他们也没有跟张某联系。张某觉得奇怪:怎么报案和不报都没什么区别?

我国《刑事诉讼法》第108条规定:"任何单位和个人发现有犯罪事实或者犯罪嫌疑人,有权利也有义务向公安机关、人民检察院或者人民法院报案或者举报。""公安机关、人民检察院或者人民法院对于报案、控告、举报,都应当接受。对于不属于自己管辖的,应当移送主管机关处理,并且通知报案人、控告人、举报人;对于不属于自己管辖而又必须采取紧急措施的,应当先采取紧急措施,然后移送主管机关。"第110条规定:"人民法院、人民检察院或者公安机关对于报案、控告、举报和自首的材料,应当按照管辖范围,迅速进行审查,认为有犯罪事实需要追究刑事责任的时候,应当立案;认为没有犯罪事实,或者犯罪事实显著轻微,不需要追究刑事责任的时候,不予立案,并且将不立案的原因通知控告人。控告人如果不服,可以申请复议。"

任何单位和个人发现有犯罪事实或者犯罪嫌疑人,都有权而且也有义务向公安机关、检察机关或者人民法院报案或者举报。因此,司法机关接到的案件有单位和公民个人在发现犯罪案件时向司法机关的报案,有被害人的控告,还有犯罪案件的有关知情者的举报。人民法院、人民检察院或者公安机关对于上述报案、控告和举报的材料,应当立即开展工作,根据所提供的有关材料,按照管辖和分工的规定,迅速进行审查,根据法律的有关规定,分析是否可能已经构成犯罪,需要不需要追究刑事责任,然后决定是否立案。如果认为已经构成了犯罪,需要追究刑事责任的,就应当决定立案侦查。比如对所提供的材料进行核实,证据不够充分的,应当进一步开展调查、取证等侦查工作。如果认为没有构成犯罪,不属于犯罪案件,不当作犯罪案件处理的,要将不立案的原因通知控告人。

另外,作为法律监督机关的人民检察院,如果认为公安机关对应当立案侦查的案件没有立案侦查的,或者被害人认为公安机关对应当立案侦查的案件没有立案侦查,向人民检察院提出的,人民检察院应当要求公安机关对不立案的原因或者理由加以说明。比如,是否属于没有犯罪事实,或者犯罪事实显著轻微,不需要追究刑事责任,公安机关应给人民检察院或者被害人一个明确的答复。

案中,张某如果不服,可以申请复议。控告人对公安机关的不立案决定不服的,可以在收到《不予立案通知书》后7日内向原决定的公安机关申请复议。原决定的公安机关应当在收到复议申请后10日内作出决定,并书面通知控告人。如对人民检察院不立案的决定不服时,可以在收到不立案通知书后 10 日以内申请复议。对不立案的复议,由人民检察院控告申诉部门办理,并在收到复议申请的 30 日以内作出复议决定。

20. 什么情况下可以提起刑事附带民事诉讼?

被告人张某、王某、李某分别是某县印刷厂、玻璃厂、啤酒厂的工人。2005 年 5 月 1 日晚 3 人在一啤酒店喝酒时遇见与被告人张某有仇的向某和其女同事蒋某,张某遂唆使王某和李某等人将向某打成重伤(在送往医院途中死亡),将前来劝架的蒋某打成轻伤,还当场脱掉了蒋某的衣服。在人民法院审理此案的过程中,向某的儿子提起了附带民事诉讼,要求赔偿损失约 18 万元,蒋某也提起了刑事附带民事诉讼,要求赔偿精神损害 2 万元。

我国《刑事诉讼法》第 99 条规定:“被害人由于被告人的犯罪行为而遭受物质损失的,在刑事诉讼过程中,有权提起附带民事诉讼。”《刑法》第 36 条规定:“由于犯罪行为而使被害人遭受经济损失的,对犯罪分子除依法给予刑事处罚外,并应根据情况判处赔偿经济损失。”根据《最高人民法院关于适用＜中华人民共和国刑事诉讼法＞的解释》第 138 条规定:“被害人因人身权利受到犯罪侵犯或者财物被犯罪分子毁坏而遭受物质损失的,有权在刑事诉讼过程中提起附带民事诉讼;被害人死亡或者丧失行为能力的,其法定代理人、近亲属有权提起附带民事诉讼。因受到犯罪侵犯,提起附带民事诉讼或者单独提起民事诉讼要求赔偿精神损失的,人民法院不予受理。”可见,可以提起附带民事诉讼的,只限于因人身权利受到犯罪侵害而遭受物质损失,或者财产被犯罪分子毁坏而遭受的物质损失,不包括精神损失、名誉损失等其他损失。

因犯罪行为遭受物质损失的下列人员可以提起附带民事诉讼:

(1)被害人,包括公民、法人和其他组织;(2)已死亡的被害人的近亲属;(3)无行为能力或者限制行为能力的被害人的法定代理人;(4)人民检察院。人民检察院在国家财产、集体财产遭受损失,且受损失的单位未提起附带民事诉讼时,才有权提起附带民事诉讼。

案件中,向某的儿子作为已死亡的被害人的儿子,就被告人张某等人的行为使向某人身权利受到犯罪侵害而向法院提起附带民事诉讼,人民法院应当受理。蒋某提起附带民事诉讼的诉由是张某等被告人脱掉其衣服,当场受到羞辱,因被告人张某等人的羞辱造成了精神损害和名誉上的损害。由于可以提起附带民事诉讼的只限于因人身权利受到犯罪侵害而遭受的物质损失,或者财产被犯罪分子毁坏而遭受的物质损失,不包括精神损失、名誉损失等其他损失。因此,蒋某因遭受精神损失而提起的附带民事诉讼,人民法院应当不予受理。

中篇 怎样处理房屋土地纠纷

一、农村房屋与宅基地法律问题

1.怎样才可以获得宅基地？

2008 年春,靠山屯村的赵玉田和刘英喜结良缘。赵玉田办了 1 个花卉种植基地,为了日常劳动的方便,两人向村里申请要 1 块离花卉基地近一点儿的地建新房,村主任爽快地答应了。没过多久,村里就在赵玉田的花卉基地附近划了 1 块地给他俩修新房。

我国《土地管理法》第 62 条第 2 款规定:"农村村民建住宅,应当符合乡(镇)土地利用总体规划,并尽量使用原有的宅基地和村内空闲地。"第 3 款规定:"农村村民住宅用地,经乡(镇)人民政府审核,由县级人民政府批准;其中,涉及占用农用地的,依照本法第 44 条的规定办理审批手续。"

按照法律规定,申请宅基地的大致程序如下:首先,村民应当向村委会提出申请,由村委会张榜公布并提交村民会议或村民代表会议讨论。其次,经讨论同意并公布后,申请人向乡(镇)国土资源分局提出用地申请,同时提交下列材料:(1)用地申请;(2)规划许可证;(3)村委会介绍信;(4)身份证;(5)户口簿。(改扩建住房还需提交原土地证和房照)第三,报国土资源局审核,工作人员到现场核查勘测。第四,按审批权限履行报批手续。第五,县(区)人民政府批准后,颁发个人使用土地批准书,方可建房。村委会应当公布批准使用的宅基地。

赵玉田和刘英夫妇虽然分到了宅基地修房子,但是,从法律上来讲,他们获得宅基地的程序是不对的。

2.村里有没有权力收回村民的宅基地?

早在 2007 年的腊月,莲花村的全体村民就一致表决通过,集体筹资把村里的公路修通。不巧的是,公路正好要从村民王得水家的房子穿过。如果把公路改道的话,村里筹集的修路资金就不够,村民们还得再掏钱,但是村民们都不愿意再掏钱出来。最后村委会决定收回王得水的宅基地并报经原批准用地的人民政府批准,在原宅基地旁的空地上划了 1 块新宅基地给他。

我国法律保护村民合法的宅基地使用权,任何个人和单位不得随意或者擅自收回宅基地。我国《土地管理法》第 65 条规定:"有下列情形之一的,农村集体经济组织报经原批准用地的人民政府批准,可以收回土地使用权:(一)为乡(镇)村公共设施和公益事业建设,需要使用土地的;(二)不按照批准的用途使用土地的;(三)因撤销、迁移等原因而停止使用土地的。依照前款第(一)项规定收回农民集体所有的土地的,对土地使用权人应当给予适当补偿。"

所以,莲花村为了村里修建公路而收回王得水家宅基地的行为是合法的,但是村里没有给予王得水一家适当的补偿却是不合法的。按照法律规定,村里虽然可以收回宅基地,但应当对王得水给予适当的补偿,王得水可以向村里提出补偿要求。

3.离婚后,女方还可不可以使用原来的宅基地?

靠山屯村的李福和谢大脚分居几年了,今年年初,李福听说谢大脚和村主任王长贵暗地里好了起来,两口子为此闹到了县法院。法院最后判决李福和谢大脚离婚,两人在靠山屯的房子判给了谢大脚。李福不服气,整天缠着谢大脚,想要回房子,还说谢大脚不是靠山屯村人,要是不把房子还他,就叫村里把宅基地收回去。

我国《土地管理法》第 62 条第 1 款规定:"农村村民 1 户只能拥

有 1 处宅基地,其宅基地的面积不得超过省、自治区、直辖市规定的标准。"我国《婚姻法》第 39 条第 1 款规定:"离婚时,夫妻的共同财产由双方协议处理;协议不成时,由人民法院根据财产的具体情况,照顾子女和女方权益的原则判决。"

在我国,农村宅基地是根据住户的情况,按照"户"为单位进行划分的,因此,在婚姻关系存续期间,宅基地是夫妻双方共同使用的。如果夫妻离婚,双方就房屋的归属有明确的协商或法院做出了生效判决,那么根据"地随房走"的原则,享有房屋所有权的就当然享有对宅基地的使用权。也就是说,夫妻离婚后,只要女方对房子还享有所有权,那么她就还可以继续使用宅基地。当然,是不可能存在夫妻双方中的一方享有房屋所有权而另一方享有宅基地使用权的情况的。

因此,由于法院判决房子归谢大脚所有,所以,谢大脚仍然能够继续使用宅基地。而李福虽然是地道的靠山屯村人,由于房子已经不是他的了,所以他不能再继续使用房子的宅基地。村里也不能因为李福和谢大脚离了婚就把宅基地收回。

4.自己的宅基地可不可以卖给他人？卖了之后还能不能再获得宅基地？

2007 年一开春,上水村的青皮就铁了心打算到南方打工挣钱,但是苦于没有路费,所以打算连房带宅基地一起卖了。这事儿被钱大明知道了,他就出了两千元买了下来。

2009 年春节刚过,由于工厂倒闭,工作难找,青皮又回到了上水村。青皮找到村主任,又向村里要了 1 块地,花了点儿钱修了间小房子凑合着住,打算过段时间再把房子卖了又出去打工。

我国《土地管理法》第 62 条第 4 款规定:"农村村民出卖、出租住房后,再申请宅基地的,不予批准。"国家资源部《关于加强农村宅基地管理的意见》第 5 条第 2 款规定:"农村村民将原有住房出卖、出租或赠予他人后,再申请宅基地的,不得批准。"

按照法律规定,宅基地的所有权不属于村民个人,村民只有使有权,因而不能自由买卖宅基地。不过,依照国家相关法律和政策的规定,宅基地的使用权在一定条件下是可以买卖的:首先,缴纳了宅基地出让金的宅基地是可以单独买卖的;其次,没有缴纳宅基地出让金的宅基地必须要和房子一起才能卖出去,不允许单独只卖房子或者只卖宅基地。所以,青皮把他的房子连同宅基地卖给钱大明是合法的。

国家同时规定,一旦把宅基地卖了,就不能再申请宅基地了。所以,青皮卖了宅基地和房子之后就不能再向村里申请宅基地修房子,上水村再分给青皮宅基地的做法是不合法的。

5.自己的宅基地可不可以留给后人使用?

自从钱大明买了青皮的宅基地建了新房后,就和钱大爷分了家。2008 年冬天,钱大爷去世了,只留下 1 间老屋。由于钱大明是独子,钱大爷的房子就留给钱大明继承了。这样一来,钱大明家就有了两处宅基地,对此村里有些年轻人说这不合法,村里应当收回 1 处宅基地。

我国《土地管理法》第 62 条第 1 款规定:"农村村民 1 户只能拥有 1 处宅基地,其宅基地的面积不得超过省、自治区、直辖市规定的标准。"中共中央、国务院《关于进一步加强土地管理切实保护耕地的通知》(中发〔1997〕11 号)第 4 条第 2 款规定:"农村居民每户只能有 1 处不超过标准的宅基地,多出的宅基地,要依法收归集体所有。"

我国法律规定,房屋所有人对宅基地只有使用权,没有所有权,因此,宅基地不能作为遗产被继承。但是,由于房屋可以被继承,因此宅基地可以由房屋继承人继续使用。同时,由于我国规定农村村民每户只能有 1 处宅基地,所以农村房屋继承就显得比较特殊。根据相关法律法规政策,可以这样理解:村民因继承而取得的多余的房屋,可以出卖,也可以保持原样,但是不能对继承的房屋进行扩建翻建。该继承房屋损坏后,其宅基地由集体依法收回。

所以,钱大爷的房屋可以由钱大明继承,但其宅基地则只是由钱大明继续使用,不是被继承。如果钱大明继承的房子损坏了,那么钱大明就不能再在该宅基地上修房子了,而应当由集体收回该宅基地。

6.宅基地是不是想要多大就可以要多大?

小王庄村支书的小儿子准备明年结婚,村支书为了气派,在村里划了近一亩地给他儿子修了1幢两楼一底的小洋房。村民对此很不满。

我国《土地管理法》第 62 条第 1 款规定:"农村村民 1 户只能拥有 1 处宅基地,其宅基地的面积不得超过省、自治区、直辖市规定的标准。"国土资源部《关于加强农村宅基地管理的意见》第 5 条第 1 款规定:"农村村民 1 户只能拥有 1 处宅基地,面积不得超过省(区、市)规定的标准。各地应结合本地实际,制定统一的农村宅基地面积标准和宅基地申请条件。"

按照国家法律规定,宅基地面积是有限制的,超过规定面积的宅基地一般不会被批准,其具体标准由各省自行规定。比如小王庄所在的辽宁省就规定:"农村村民建住宅,宅基地的用地标准按下列规定执行:(一)人均耕地 1300 平方米以上的村,每户不准超过 400 平方米;(二)人均耕地 667 平方米以上,1300 平方米以下(含本数)的村,每户不准超过 300 平方米;(三)人均耕地 667 平方米以下(含本数)的村,每户不准超过 200 平方米。在前款规定的限额内,市、县人民政府可以根据当地实际,具体规定本行政区域内的农村宅基地标准。"

1 亩地有 666.7 平方米,根据辽宁省的规定,小王庄村支书小儿子的宅基地面积严重超过标准。由于没有经过合法的宅基地申请程序,他并没有合法取得该宅基地的使用权,应当拆除房屋,将该宅基地退回集体。

7.村民宅基地的实际面积多了该怎么办?

清水湾的李大庆宅基地使用权证上登记的面积为 89 平方米,后来村里清理土地,在实际丈量时发现李大庆的宅基地面积多了 8 平方米。村干部就将这多出的 8 平方米在李大庆的宅基地使用权证上做了记载,并告诉他以后翻建房子的时候要按照申请的 89 平方米修建房屋,多出的要退还给村里。

我国《土地管理法》第 62 条第 1 款规定:"农村村民 1 户只能拥有 1 处宅基地,其宅基地的面积不得超过省、自治区、直辖市规定的标准。"国土资源部《关于加强农村宅基地管理的意见》第 5 条第 1 款规定:"农村村民 1 户只能拥有 1 处宅基地,面积不得超过省(区、市)规定的标准。各地应结合本地实际,制定统一的农村宅基地面积标准和宅基地申请条件。"

根据有关规定,如果村民宅基地面积超过政府规定的标准,在宅基地登记卡和宅基地使用权证书中可以注明超过标准的面积数量,待以后分户建房或者对现有房屋进行改建、翻建时,再按照政府规定的宅基地面积标准重新确定宅基地使用权,超过的部分应当退回集体。

所以,当发现李大庆宅基地面积比申请的多出 8 平方米后,清水湾村干部将其记载在宅基地使用权证中,并告知他在今后改建房屋的时候要将多余的宅基地退还的做法是正确的。

8.村民可不可以用自家的耕地建造房屋?

村民刘顺强准备与父母分家单过,村里在山坡上给他分了 1 块宅基地。刘顺强认为山坡上位置不好,就要村里换1块地,但是村里也没有其他多余的空地,就没有答应。刘顺强就把自家的1块耕地用来修房子。村干部多次劝阻,刘顺强都不听,还差点和村干部打起来,后来还是县里来人说他这是违法行为,要受到处罚,刘顺强才没有继续修下去。

我国《土地管理法》第62条第2款规定:"农村村民建住宅,应当符合乡(镇)土地利用总体规划,并尽量使用原有的宅基地和村内空闲地⋯⋯涉及占用农用地的,依照本法第44条的规定办理审批手续⋯⋯"第74条规定:"违反本法规定,占用耕地建窑、建坟或者擅自在耕地上建房⋯⋯由县级以上人民政府土地行政主管部门责令限期改正或者治理,可以并处罚款;构成犯罪的,依法追究刑事责任。"

按照国家法律的规定,村民建房应当尽量地使用以前存在的宅基地,如果没有多余的宅基地,也应当尽可能地使用空闲地,而不宜直接将自家承包的耕地用于建房。但是如果村里没有多余宅基地或者没有空闲地或者现有的空闲地确实不宜于修建房屋的,村民可以将耕地用于建房,但是必须按照《土地管理法》第44条的规定办理农用地转为建设用地审批手续,只有在相关手续办理之后才能将划定的耕地转为宅基地进行房屋修建。否则会因为违反法律而受到行政处罚,严重的会构成犯罪并且受到刑事处罚。

所以,刘顺强在没有经过批准的情况下就私自在自家耕地上建房是违法的,相关部门可以限期改正或治理,同时还可以对他进行罚款,如果刘顺强的行为构成犯罪,国家还会追究他的刑事责任。

9.村民可不可以私自建造房屋? 有什么后果?

周庄的周富贵嫌自己家的房子太小了,就要求村里再分1块宅基地,村里没有答应。周富贵觉得是村主任故意不让他修新房,于是就把自家的1块耕地填挖成宅基地,修建了1楼一底的新房。结果有人告到镇里,说周富贵私建房屋,镇里就派人来让他限期把房子拆了,不然就由政府予以拆除,气得周富贵傻了眼。

我国《土地管理法》第 59 条规定:"乡镇企业、乡(镇)村公共设施、公益事业、农村村民住宅等乡(镇)村建设,应当按照村庄和集镇规划,合理布局,综合开发,配套建设;建设用地,应当符合乡(镇)土地利用总体规划和土地利用年度计划,并依照本法第 44 条、第 60 条、第 61 条、第 62 条的规定办理审批手续。"第 77 条第 1 款规定:"农村村民未经批准或者采取欺骗手段骗取批准,非法占用土地建住宅的,由县级以上人民政府土地行政主管部门责令退还非法占用的土地,限期拆除在非法占用的土地上新建的房屋。"

根据国家法律的规定,农村村民住宅等乡(镇)村建设,应当按照村庄和集镇规划,合理布局,综合开发,配套建设;建设用地,应当符合乡(镇)土地利用总体规划和土地利用年度计划,并依照《土地管理法》的相关规定进行审批,只有获得宅基地使用权后方可建房。因此,如果村民不经批准就私自建造房屋,他的行为就是违法的。对于村民私自建造的房屋,国家将会限期予以拆除。

所以,周富贵私自建造房屋的行为违法,对于他新修的房屋,按规定应当予以拆除。

10.离婚的时候房子怎么分?

赵奎看上了同村的刘小英,遂向刘小英家提亲。两人结婚后不久,他们就盖了 1 幢小洋楼,还在村里开了家小超市,生活过得红红火火。可是好景不长,有了钱以后,赵奎就开始喝酒、抽烟、赌博。夫妇俩经常为赵奎喝醉了酒晚回家而吵架,最后闹到了离婚的地步。两人都同意离婚,但在分割房子时达不成一致。赵奎想要房子,刘小英也是本村人,离父母近,也想要房子。双方互不相让,最后闹上了法庭。

我国最高人民法院《关于适用〈中华人民共和国婚姻法〉若干问题的解释（二）》第 20 条规定："双方对夫妻共同财产中的房屋价值及归属无法达成协议时，人民法院按以下情形分别处理：（一）双方均主张房屋所有权并且同意竞价取得的，应当准许；（二）一方主张房屋所有权的，由评估机构按照市场价格对房屋作出评估，取得房屋所有权的一方应当给予另一方相应的补偿；（三）双方均不主张房屋所有权的，根据当事人的申请拍卖房屋，就得价款进行分割。"离婚后两人一般不会再住在一起，房子的归属就看双方各自的主张如何，双方都可以选择要或不要房子，不要的一方会得到相应的补偿。

赵奎和刘小英都主张房子的所有权，法院应当准许两人竞价取得房子。如果赵奎的竞价高于刘小英的竞价，他就取得房子所有权，但应当给予刘小英房子竞价的一半作为补偿。反之，如果刘小英取得房子也应当把房子竞价的一半给予赵奎来作为补偿。

11.村民自己建造的房屋可不可以卖？

靠山屯村的谢广乾夫妇在 2003 年建了 1 栋小洋楼，后来谢广乾到深圳打工，挣了不少的钱，回家后就在镇上买了 1 套房子，还开了 1 家小商店。由于村里的房子一直空着没人住，他们打算把它卖了。

赵四刚到靠山屯村落户，还没有分到宅基地，他想买谢广乾的房子。经过协商，谢广乾和赵四签订了房屋买卖合同，并办理了宅基地使用权和房屋所有权的变更手续。赵四搬进了谢广乾的房子居住。

我国《土地管理法》第 8 条规定："城市市区的土地属于国家所有。农村和城市郊区的土地，除由法律规定属于国家所有的以外，属于农民集体所有；宅基地和自留地、自留山，属于农民集体所有。"第 62 条第 1 款规定："农村村民 1 户只能拥有 1 处宅基地，其宅基地面积不得超过省、自治区、直辖市规定的标准。"第 4 款规定："农村村民出卖、出租住房后，再申请宅基地的，不予批准。"宅基地属于农民集体经济组织所有,只有该组织成员才享有宅基地使用权。我国法律规定土地和土地上的房屋的权属不能分离,通俗地说就是"房随地走,地随房走"。由于宅基地使用权只能由集体经济组织成员取得,所以宅基地上的房屋也只能卖给集体经济组织的成员。

赵四刚落户到靠山屯村,属于该集体经济组织的成员,有权取得该村的宅基地使用权。而且赵四也还没有分到宅基地,所以赵四买了谢广乾的房子后也符合1户1宅的政策。赵四办理了宅基地使用权和房屋所有权的变更手续,理所当然地取得了谢广乾房屋的所有权。谢广乾将自己的房子卖了以后就不能再申请宅基地了。

12.农村的房子可不可以抵押给农村商业银行?

刘一水和谢小梅夫妇在沿海一带打了几年工,挣了一些钱,回家后,发现当地的辣椒产量高,质量好,但就是没有销路,辣椒成片成片地烂在了地里。两人觉得这是个商机,于是决定办个厂,加工当地的辣椒,销往沿海一带。但两人多年打工挣的钱不够办一个厂,于是他们想到农村商业银行借钱,但需要抵押物。刘一水夫妇值钱的也就只有前两年修的1栋小洋楼,但不知道农村的房子可不可以作为抵押物抵押,于是两人就去找律师咨询。

我国《担保法》第34条规定:"下列财产可以抵押:(一)抵押人所有的房屋和其他地上定着物;(二)抵押人所有的机器、交通运输工具和其他财产……(五)抵押人依法承包并经发包方同意抵押的荒山、荒沟、荒丘、荒滩等荒地的土地使用权;(六)依法可以抵押的其他财产。抵押人可以将前款财产一并抵押。"第36条第3款规定:"乡(镇)、村企业的土地使用权不得单独抵押。以乡(镇)、村企业的厂房等建筑物抵押的,其占用范围内的土地使用权同时抵押。"第37条规定:"下列财产不得抵押:(一)土地所有权;(二)耕地、宅基地、自留地、自留山等集体所有的土地使用权,但本法第34条第(五)项、第36

条第 3 款规定的除外;(三)学校、幼儿园、医院等以公益为目的的事业单位、社会团体的教育设施、医疗卫生设施和其他社会公益设施;(四)所有权、使用权不明或有争议的财产;(五)依法被查封、扣押、监管的财产;(六)依法不得抵押的其他财产。"

对于宅基地,刘一水夫妇只具有使用权,而没有所有权,所以,对宅基地的处分受到一定的限制,不能作为抵押物抵押给农村商业银行。但对于宅基地上的房屋,刘一水夫妇具有完全的所有权,可以随意处分。根据《担保法》的规定,刘一水夫妇可以将自己的小洋楼抵押给农村商业银行作为贷款的担保。

13.房屋被毁,能否重新申请宅基地?

王老七一家三口住在靠山屯村。2005 年 9 月的一天晚上,突然天降暴雨,王老七家后面的山坡滑坡,大块的石头和泥沙瞬间将王老七的土房淹没了,而且还堆起了小山丘。王老七一家没了房子,只好暂住在一个小草棚里。以前的房子变成了山丘,王老七只好重新盖房。王老七打算在自家承包的 1 块地上盖房,但村主任告诉他房子不能乱盖,他必须重新申请宅基地,只能在新的宅基地上盖房。王老七想自己以前有 1 块宅基地,现在还能申请宅基地吗?

我国《物权法》第 154 条规定:"宅基地因自然灾害等原因灭失的,宅基地使用权消灭。对失去宅基地的村民,应当重新分配宅基地。"宅基地属于农民集体所有,村民只有使用权,而没有所有权,1 户只能有 1 处宅基地,而且宅基地的审批手续也很严。但宅基地对于村民是非常重要的,所以又必须保证村民有 1 处宅基地用于居住。

王老七一家的房屋因泥石流冲毁,在原来的宅基地上建房也不可能了。但王老七作为靠山屯村的村民,有权取得宅基地来建造房屋居住,所以,根据《物权法》的相关规定,村里应当给王老七重新分配宅基地。

14.宅基地变更、注销登记程序是怎样的?

靠山屯的王老七家的房屋被泥石流冲毁,王老七准备申请新的宅基地盖房。同村的谢广乾夫妇打算搬到镇上去住,想卖掉农村的房子。王老七觉得修房造屋很累,就打算买下谢广乾家的房子。双方商量好后,王老七一家就搬进去住了。一天,王老七看见自己的宅基地使用权证,突然觉得自己未办任何手续就搬进谢广乾的房子居住有些不妥。因为自家原来的宅基地不在了,现在的宅基地又不是自己的,万一国家要征收、征用,那自家还得不到补偿款。于是王老七打算和谢广乾一起办理宅基地变更登记,同时注销自家以前的那块宅基地。

《土地登记规则》第 37 条规定:"有下列情形之一的,土地使用权转让双方当事人应当在转让合同或者协议签订后 30 日内,涉及房产变更的,在房产变更登记发证后 15 日内,持转让合同或者协议、土地税费缴纳证明文件和原土地证书等申请变更登记:(一)依法转让土地使用权的;(二)因买卖、转让地上建筑物、附着物等一并转移土地使用权的;房屋所有权变更而使土地使用权变更的,在申请变更登记时,应当提交变更后的房屋所有权证书。"第 39 条规定:"因交换、调整土地而发生土地使用权、所有权变更的,交换、调整土地的各方应当在接到交换、调整协议批准文件后 30 日内,持协议、批准文件和原土地证书共同申请变更登记。"第 56 条规定:"因自然灾害等造成土地权利灭失的,原土地使用者或者土地所有者应当持原土地证书及有关证明材料,申请土地使用权或者土地所有权注销登记。"第 58 条规定:"土地使用者、所有者和土地他项权利者未按照本规则规定申请注销登记的,土地管理部门可以依照规定直接办理注销土地登记,注销土地证书。"

因自然灾害造成王老七宅基地使用权丧失,所以他应该持原宅基地使用权证及有关证明材料到国土所申请原宅基地使用权注销登记。王老七和谢广乾签订房屋买卖合同后 30 日内,持买卖合同和原宅基地使用权证等相关资料到国土所办理宅基地使用权变更登记。办完了变更手续,王老七合法地拥有了该块宅基地使用权,谢广乾对该块宅基地的使用权消灭。

15.宅基地建房权属争议如何解决?

薛某有 3 间平房,持有房屋所有权证和国有土地使用权证。其土地使用权证记载着房后宅基地的使用权归薛某所有。1999 年 11 月,邻居周某与薛某协商,周某在薛某房后的宅基地上建造两间平房经商,周某向薛某支付了一定的费用,并以薛某表示同意的证明办理了房产权证。2001 年 9 月,薛某将原先购买的 3 间平房卖给冯某,双方共同办理了房屋过户手续和土地使用权变更登记。冯某取得的土地使用权仍然包括房后宅基地。冯某认为自己已经取得了土地使用权,地上的建筑物也归其所有,要求周某迁出房屋。而周某认为房屋所有权属于自己,该房屋占用土地的使用权应当同时转归自己,冯某无权要求自己迁出。双方为此发生争执。

我国《土地管理法》第 8 条第 2 款规定:"农村和城市郊区的土地,除由法律规定属于国家所有的以外,属于农民集体所有;宅基地和自留地、自留山,属于农民集体所有。"《中华人民共和国物权法》第 64 条规定:"私人对其合法的收入、房屋、生活用品、生产工具、原材料等不动产和动产享有所有权。"我国《城市房地产管理法》第 32 条规定:"房地产转让、抵押时,房屋的所有权和该房屋占用范围内的土地使用权同时转让、抵押。"

一般情况下房屋所有权和土地使用权同属一人,法律也规定两者同时转让、抵押。但现实中也会出现两者分离的情况。这就存在一个到底"房随地走"还是"地随房走"的问题。一般情况下是地随房走,但也不是绝对的,应该根据具体情况做出判断。所以这种情况下看两者到底是就土地使用权发生争议还是就房屋所有权发生争议。就土地使用权发生争议的适用《土地管理法》第16条的规定,就房屋所有权发生争议的可直接向法院提起诉讼以求解决。

16.农村房屋可不可以赠予?

钱大宝在城里工作多年,除在单位有1套福利房外还另买了1套商品房。钱大宝的父母年老,在上水村有房屋1套。钱大宝父母想到城里与儿子共同生活,便将农村的房屋赠予钱大宝。为避免以后引起不必要的麻烦,钱大宝想对其父母的房屋赠予进行公证,以便更有效地保护自己对这套房屋所拥有的权利。那么,钱大宝的做法是否能得到法律的保护呢?

建设部《房屋登记办法》第87条规定:"申请农村村民住房所有权转移登记,受让人不属于房屋所在地农村集体经济组织成员的,除法律、法规另有规定外,房屋登记机构应当不予办理。"根据这条规定,在法律和法规没有例外规定的情况下,农村房屋所有权在转移时其受让人必须是本村村民,否则房屋登记机关就不会办理登记,并且这里的"除法律、法规另有规定外"一般是指因继承发生的住房所有权转移登记或者其他国家公权文书发生的住房所有权转移登记。而同时根据该办法第5条第2款"房屋登记簿是房屋权利归属和内容的根据,由房屋登记机构管理"的规定,如果没有在房屋登记机关办理登记,就不会拥有对农村房屋的所有权。另外,我国《公证法》第31条规定,"有下列情形之一的,公证机构不予办理公证:……(七)申请公证的事项不真实、不合法的",也就是说,当申请登记的事项不合法时,公证机关是不会办理公证的。

钱大宝父母要把农村的房屋赠予钱大宝,他们的这种赠予本身就是一种房屋的转让行为,属于房屋所有权的转移。而钱大宝拥有城市户口,已经不再是上水村的村民,所以当他们向房屋登记机关申请房屋所有权转移登记时,登记机关不会给予登记,这样钱大宝也就不会拥有该套农村房屋。同时,如果登记机关没有给予登记,那么钱大宝向公证机关申请赠予公证时,会因没有房屋登记机关的登记而办不到公证登记。所以钱大宝不会拥有他父母赠予他的农村房屋的所有权,其想通过公证机关的公证来更好地保护自己的利益的想法是实现不了的。

17.对修建农村房屋的质量有什么要求?

2006年,村民郑铁军拿出自己打工的所有积蓄盖新房,不料在房子交付使用半年后却出现墙壁凸出、屋顶漏水、墙体渗水及地板裂纹等一系列问题。施工队多次修补,还是没有彻底解决问题。给郑铁军建房的施工队是他同村的,因为都是乡里乡亲的缘故,也就没有签订建房施工协议。面对房屋质量的种种问题,郑铁军不知该怎样处理。国家到底对修建农村房屋的质量有着怎样的要求呢?

建设部《关于加强农民住房建设技术服务和管理的通知》就加强对农民住房建设的技术服务和管理作出如下规定:“完善选址意见书和开工许可证制度(即‘一书一证’制度),确保农民住房建设选址与设计安全”“3层(含3层)以上的农民住房建设管理要严格执行《建筑法》、《建筑工程质量管理条例》等法律法规的有关规定。”我国《建筑法》第58条规定:“建筑施工企业对工程的施工质量负责。建筑施工企业必须按照工程设计图纸和施工技术标准施工,不得偷工减料。工程设计的修改由原设计单位负责,建筑施工企业不得擅自修改工程设计。”同时第60条规定:“建筑物在合理使用寿命内,必须确保地基基础工程和主体结构的质量。建筑工程竣工时,屋顶、墙面不得留有渗漏、开裂等质量缺陷;对已发现的质量缺陷,建筑施工企业应当修复。”并且国务院《建筑工程质量管理条例》第40条对房屋的保修期限作出具体规定："在正常使用条件下,建设工程的最低保修期限为:(一)基础设施工程、房屋建筑的地基基础工程和主体结构工程,为设计文件规定的该工程的合理使用年限;(二)屋面防水工程、有防水要求的卫生间、房间和外墙面的防渗漏,为5年;(三)供热与供冷系统,为2个采暖期、供冷期;(四)电气管线、给排水管道、设备安装和装修工程,为2年。其他项目的保修期限由发包方与承包方约定。建设工程的保修期,自竣工验收合格之日起计算。"同时第41条规定:"建设工程在保修范围和保修期限内发生质量问题的,施工单位应当履行保修义务,并对造成的损失承担赔偿责任。"我国《建筑法》第75条也规定:"建筑施工企业违反本法规定,不履行保修义务或者拖延履行保修义务的,责令改正,可以处以罚款,并对在保修期内因屋顶、墙面渗漏、开裂等质量缺陷造成的损失,承担赔偿责任。"

村民郑铁军新房出现的问题如果是在竣工前,那么他有权要求施工队进行返修。如果是在竣工后发现的,他也有权要求施工队进行修补,因为法律规定施工队有保修的义务,并且施工队在有过错的情况下,还会对给郑铁军造成的损失负有赔偿的责任。

18.农村房屋继承纠纷怎样解决?

村民王大宝有两个儿子。王大宝与小儿子王小东住在一个大院里,大院房屋共5间,王大宝拥有其中两间房屋的所有权,其余3间归小儿子所有,并且大儿子王洪涛也有自己单独的院落。王大宝的老伴已于去年去世,而王大宝现在也因意外去世。小儿子王小东要翻盖旧房,并扬言要将王大宝的两间房一起翻盖,且所有权归自己。大儿子王洪涛得知后不服,要求分房。王小东认为这个院子已经是他的,如果王洪涛想要1间房子,把房子拿走,地给他留下。两人为此产生纠纷。那么大儿子王洪涛能否分到其中的1间房子呢?如果分到,能否继承房屋范围内的土地?

我国《继承法》第 3 条规定："遗产是公民死亡时遗留的个人合法财产,包括:……(二)公民的房屋、储蓄和生活用品"。由此,公民的房屋是个人的合法财产,属于公民死亡后遗产的范围。并在第 5 条规定:"继承开始后,按照法定继承办理;有遗嘱的,按照遗嘱继承或者遗赠办理;有遗赠扶养协议的,按照协议办理。"同时第 10 条规定:"遗产按照下列顺序继承:第一顺序:配偶、子女、父母。"据此,按照法定继承时,子女同是第一顺序享有平等继承权的人。并且我国《物权法》第 29 条规定:"因继承或者受遗赠取得物权的,自继承或者受遗赠开始时发生效力。"也就是说,公民因为继承取得财物的所有权从继承开始时就已经享有。

在村民王大宝去世后,两个儿子王洪涛和王小东作为其子女享有第一顺序的平等继承权,所以王大宝的两间房屋作为遗产,大儿子王洪涛享有继承的权利。虽然王大宝生前曾与小儿子王小东共住一个院子,但大儿子王洪涛在没有丧失法定继承权理由的情况下,王洪涛和王小东享有平等继承房屋的权利。另外,大儿子王洪涛在分得房屋的情况下,其对房屋所有权的拥有,就自然意味着同时拥有与房屋对应的土地使用权,其能够继承房屋范围内土地的使用权,并且王洪涛的房屋所有权从其父王大宝死后继承开始时就已经享有,同时受到法律的保护。

19.什么是宅基地使用权证?

钱大宝、钱二宝、钱三宝系兄弟 3 人。1981 年,钱二宝、钱三宝以其长兄钱大宝为代表与其伯父一家人分家,分得位于上水村的老宅西屋两间、东屋两间。西屋两间由钱大宝遗孀郑美媛居住,东屋两间由钱二宝居住。钱三宝于 1978 年大学毕业后一直在外地工作和生活,现为退休工人,住在上水村实验农场。1984 年上水村在清查整顿宅基地时,因钱二宝要新宅需要交出老宅,因此在另批划了一处宅基地之后,其使用的上述房屋便调整给了大嫂郑美媛的儿子。1988年县政府将以钱大宝(当时已去世)为代表所分得的房屋所占土地的使用权,以郑美媛为户主颁发了宅基地使用权证。现该老宅房屋已全部灭失。但钱二宝、钱三宝不服县政府颁发的宅基地使用权证,向市政府申请复议。2005年市政府下发行政复议决定书,决定维持县政府颁发给郑美媛宅基地使用权证的具体行政行为。钱三宝仍不服市政府的行政复议决定书,向法院提起了诉讼。

宅基地使用权证是指农村村民在集体土地上因建房需要,向集体组织申请建房用地,经集体报送县(市)人民政府批准后,向县(市)土地行政主管部门申请办理集体土地使用权登记并由县(市)人民政府颁发《集体土地使用证》。宅基地使用权证是当前农村村民合法拥有房屋和用地的权利凭证,可以在集体内部成员之间转让,但不得向非集体组织成员转让。我国《土地管理法》第11条规定:"农民集体所有的土地,由县级人民政府登记造册,核发证书,确认所有权。农民集体所有的土地依法用于非农业建设的,由县级人民政府登记造册,核发证书,确认建设用地使用权。"据此,本村的村民每户只能申请1处宅基地,并由县(市)政府颁发宅基地使用权证。第13条规定:"依法登记的土地的所有权和使用权受法律保护,任何单位和个人不得侵犯。"

钱三宝于1978年大学毕业分配工作后,其户籍已经不在其大嫂郑美媛持有宅基地使用权证所指土地上的集体组织,换句话说钱三宝已经不是上水村的村民,而宅基地只能由本村村民所拥有,所以其没有权利拥有此宅基地使用权证。钱二宝于1984年因为要新宅交出老宅后,另有1处宅基地,所以其不能同时拥有大嫂郑美媛持有的宅基地使用权证。而郑美媛所持有的宅基地使用权证是经过合法申请,并由县政府依法批准的集体土地证,依法应受到法律的保护。钱三宝退休回乡后,可以根据相关规定向有关政府申请宅基地。

20.农村房屋买卖是否应办理宅基地使用权变更登记？

上水村村民钱大宝，因经商需要全家将户籍迁到下水村。2001年4月经协商钱大宝将自家的住宅房1套卖给了同村的李玉田。李玉田付清房款后住进了钱大宝的住宅房。钱大宝年底回家过年，因未将住宅房卖给堂弟钱二宝，受到父母的责怪，故在过年期间与钱二宝达成卖房协议。2002年4月，钱二宝到县土地部门办理了宅基地使用权变更手续，随即要求李玉田搬出原钱大宝的住宅房，李玉田不同意。2002年8月，钱二宝到法院状告李玉田侵权，要求李玉田搬出自己买的住宅房并赔偿损失，而李玉田提起反诉，要求确认自己的买房合同合法有效，并请求人民法院排除钱二宝的妨碍。那么在钱大宝"一房二卖"的情况下，谁应拥有发生争议的住宅房的所有权呢？

我国《房屋登记办法》第86条规定："房屋所有权依法发生转移，申请房屋所有权转移登记的，应当提交下列材料：……（四）宅基地使用权证明或者集体所有建设用地使用权证明；（五）证明房屋所有权发生转移的材料；（六）其他必要材料。"我国《物权法》第9条规定："不动产物权的设立、变更、转让和消灭，经依法登记，发生效力；未经登记，不发生效力，但法律另有规定的除外。"第152条规定："宅基地使用权人依法对集体所有的土地享有占有和使用的权利，有权依法利用该土地建造住宅及其附属设施。"第155条规定："已经登记的宅基地使用权转让或者消灭的，应当及时办理变更登记或者注销登记。"由此可以得知，宅基地使用权依法登记后，其权利人有权建造房屋及其他附属设施，但当其转让时，应当及时办理变更登记，否则不足以对抗有利害关系的第三人。

根据法律规定，钱大宝与李玉田和钱二宝分别签订的卖房协议均合法有效，但是由于钱二宝办理了宅基地使用权转移变更登记，故其拥有的宅基地使用权可以对抗李玉田，受到法律的优先保护。另外,我国法律规定,房屋所有权和土地使用权必须属于同一人,所以在钱二宝拥有宅基地使用权的情况下,其必然拥有该房屋的所有权。

21.非本集体经济组织成员买房受法律保护吗?

下水村村民郑铁军因为工作需要想在上水村购买房屋 1 套,正好上水村村民钱二宝有房屋 1 套,于是两人便签订买房协议,那么此协议能否受到法律的保护呢?郑铁军是否能得到钱二宝的那套房屋呢?

我国《房屋登记办法》第 87 条规定:"申请农村村民住房所有权转移登记,受让人不属于房屋所在地农村集体经济组织成员的,除法律、法规另有规定外,房屋登记机构应当不予办理。"而同时第 5 条规定:"房屋登记机构应当建立本行政区域内统一的房屋登记簿。房屋登记簿是房屋权利归属和内容的根据,由房屋登记机构管理。"由此,不是房屋所在地农村集体经济组织的成员,除非有法律、法规的例外规定,否则其不能申请农村村民住房所有权转移登记,也就不能拥有该房屋的所有权。同时我国《物权法》第 9 条规定:"不动产物权的设立、变更、转让和消灭,经依法登记,发生效力;未经登记,不发生效力,但法律另有规定的除外。"据此,购买农村房屋如果不能进行合法登记,就不会受到法律的保护。

因为郑铁军是下水村的村民,而不是上水村的村民,所以对于上水村钱二宝的该套房屋,其不能申请房屋所有权变更登记,依照法律不能购买该房屋,但换句话说,即便是其已经购买该套房屋,其对该房屋的所有权也不受法律的保护。

22.房屋和宅基地的关系是什么?

上水村村民钱大发拥有一处宅基地,因有钱大宝和钱二宝两个儿子,所以钱大发想在宅基地上建造两个院落的房屋,其中前院给钱二宝,后院给钱大宝。但是前院房屋前还有一块空地,为了充分利用,钱大宝就征得钱二宝同意,紧挨着钱二宝的前屋外墙建造一烟炕,以备在每年烟叶成熟季节方便烘烤。现钱二宝由于出外经商便把其房屋卖给同村村民钱军,并办理了房屋产权变更登记。由于外墙外这个烟炕,钱军感觉出入不方便,尤其是每年烟叶烘烤季节更是不方便,其认为自己已经买了钱二宝的房屋,前面的这块空地应是自己的,就要求钱大宝把烟炕拆了。钱大宝不愿意,认为这是自己家的宅基地,房屋你虽买走了,但是这块空地不在院落范围内,还是自己的,两人为此发生纠纷。那么,钱军买了前院的房屋,外墙外的空地到底是不是他的呢?

　　实际上,在我国,农村房屋和对应的宅基地有必然的联系和区别:宅基地是房屋存在的基础承载物,没有宅基地也就不会有房屋;相反,如果没有房屋,宅基地也就会失去其存在的目的和价值,也就成为一般的空地。房屋是建造在宅基地上的,而宅基地是以承载房屋为目的的土地。根据我国《城镇国有土地使用权出让和转让暂行条例》第 24 条规定:"地上建筑物、其他附着物的所有人或者共有人享有该建筑物、附着物使用范围内的土地使用权。"房屋所有权人所拥有土地使用权仅限于该房屋和附着物范围内的土地。

　　因为钱军购买的是钱二宝所拥有的前院的房屋,那么其对土地的使用权也仅限于该院落范围内的土地。因为钱大发有两个儿子,所以以他为户主拥有的宅基地使用权包括前院和后院的土地,所以其还是该块宅基地使用权的实际拥有者,但是钱军在购买前院的房屋后,该院落范围内的土地使用权已经转让给他,只是没有宅基地使用权登记变更。实际上,该块宅基地分为两块,一块是钱军购买的前院范围内的土地,另一块为前院范围外所有的土地(包括前院外墙外烟炕所占的土地),而钱军只是拥有第一块,第二块仍为原宅基地使用权人所有。所以,钱军不能享有前院外墙外烟炕所占土地的使用权,不能要求钱大宝拆掉所建的烟炕。

23.已为非农业户口的居民是否还享有原宅基地的使用权?

下水村村民钱多多在村里有 1 套房屋。因为工作原因,钱多多把户口转成了城镇户口,并搬到了城里居住。现在,她积攒了一笔钱,想回村创业。钱多多的房屋现在还完好无损,房屋产权也没有发生变更登记,那么她是否还拥有原有宅基地的土地使用权呢?

国家土地管理局《确定土地所有权和使用权的若干规定》第 48 条规定:"非农业户口居民(含华侨)原在农村的宅基地,房屋产权没有变化的,可依法确定其集体土地建设用地使用权。房屋拆除后没有批准重建的,土地使用权由集体收回。"据此,只要房屋现依然存在,且房屋的产权没有变动,即该宅基地上房屋的产权依然是该非农业户口居民(含华侨)的,那么,在确权的过程中,他们依然在原有的范围内享有宅基地的使用权。但是,如果他们要求将原有的房屋拆除重建,则必须经过有关政府部门的批准,否则无权重建,因为这些人员已并非本村集体经济组织成员,并不当然享有使用本村集体经济组织所有的宅基地权利。

钱多多在下水村的原房屋仍然完好,且房屋的产权也没有变化,因而在保持房屋现状的基础上,其仍然拥有该房屋范围内原有宅基地的土地使用权。但是如果她要在原有宅基地上拆建房屋,那么其必须向有关机关申请批准,因为她已经不是下水村的村民,不属于本集体经济组织的成员。

24.农村村民申请宅基地建房必须按照村里的规划进行吗?

村民杨轩兄弟 3 个,杨轩已经结婚,但仍与父母、兄弟一家人居住在一处宅基地上。杨轩决定向村委会申请宅基地,但他不知在申请的宅基地上建房是否必须符合村里的规划？

我国《土地管理法》第 62 条规定："农村村民 1 户只能拥有 1 处宅基地，其宅基地的面积不得超过省、自治区、直辖市规定的标准。农村村民建住宅，应当符合乡（镇）土地总体利用规划，并尽量使用原有的宅基地和村内空闲地。农村村民的住宅用地，经乡（镇）人民政府审核，由县级人民政府批准；其中，涉及占用农用地的，依照本法第 44 条规定办理审批手续。"

村民杨轩申请宅基地建房应当符合乡（镇）土地总体利用规划，并尽量使用原有的宅基地和村内空闲地。根据《国务院关于深化改革严格土地管理的决定》（国发〔2004〕28 号）及其实施意见，首先要求各地采取有效措施，引导农村村民住宅建设按规划、有计划地逐步向小城镇和中心村集中。其次，农村宅基地占用农用地应纳入年度计划。所以，杨轩应当依照土地管理法律法规和土地总体规划申请宅基地。

25.对行政机关发给他人宅基地使用权证不服，能否提起行政诉讼？

倪才与倪林是邻居，2006 年双方签订宅基地交换协议。倪才持有市人民政府（县级市）于 2007 年颁发的宅基地使用权证，但在其宅基地清理登记表中，没有县土地主管部门的公章。为此，村民倪林就某市人民政府为倪才颁发土地使用证向该市市人民法院提起行政诉讼。

我国《行政诉讼法》第 12 条规定："人民法院受理公民、法人或者其他组织提起的下列诉讼：（一）对行政拘留、暂扣或者吊销许可证和执照、责令停产停业、没收违法所得、没收非法财物、罚款、警告等行政处罚不服的；（二）对限制人身自由或者对财产的查封、扣押、冻结等行政强制措施和行政强制执行不服的；（三）申请行政许可，行政机关拒绝或者在法定期限内不予答复,或者对行政机关作出的有关行政许可的其他决定不服的;(四)对行政机关作出的关于确认土地、矿藏、水流、森林、山岭、草原、荒地、滩涂、海域等自然资源的所有权或者使用权的决定不服的;(五)对征收、征用决定及其补偿决定不服的;(六)申请行政机关履行保护人身权、财产权等合法权益的法定职责,行政机关拒绝履行或者不予答复的;(七)认为行政机关侵犯其经营自主权或者农村土地承包经营权、农村土地经营权的;(八)认为行政机关滥用行政权力排除或者限制竞争的;(九)认为行政机关违法集资、摊派费用或者违法要求履行其他义务的;(十)认为行政机关没有依法支付抚恤金、最低生活保障待遇或者社会保险待遇的;(十一)认为行政机关不依法履行、未按照约定履行或者违法变更、解除政府特许经营协议、土地房屋征收补偿协议等协议的;(十二)认为行政机关侵犯其他人身权、财产权等合法权益的。"我国《行政诉讼法》第14条规定:"基层人民法院管辖第一审行政案件。"

倪林认为某市人民政府颁发给倪才宅基地使用权证的行为是具体的行政行为且侵害自己的财产利益,因此以市人民政府为被告是正确的,并且向市人民法院提起行政诉讼符合人民法院的管辖范围。

26.应如何处理共同使用的宅基地建房后引发的法律纠纷?

李大和李二是亲兄弟,兄弟俩共同拥有一片宅基地,宅基地使用权证上有兄弟两人的姓名,李二于30年前离家在外工作定居。李大之子在该地翻盖了房屋,现在,李二要求恢复原状,并告到法院诉求拆除房屋。李大一家多次托人调解,希望能够赔付其弟,或者另外为其弟重新解决一块宅基地,但李二坚决不同意。调解无果,最终对簿公堂,法院将会如何处理呢?

我国《物权法》第152条规定:"宅基地使用权人依法对集体所

有土地享有占有和使用的权利,有权依法利用该土地建造住宅及其附属设施。"第155条规定:"已经登记的宅基地使用权转让或者消灭的,应当及时办理变更登记或者注销登记。"宅基地使用权人是李大、李二两兄弟,此后也没有变更过,说明兄弟二人共同享有该宅基地的使用权,在未经共同权利人一致同意的情况下,任何一方都不能擅自改变权利客体的现实和法律状态。

李大之子未经其叔李二的同意,擅自翻盖房屋,属侵权行为。侵权人李大之子应当承担相应的侵权民事责任。《中华人民共和国民法通则》第134条规定:"承担民事责任的方式主要有:(一)停止侵害;(二)排除妨碍;(三)消除危险;(四)返还财产;(五)恢复原状;(六)修理、更换、重作;(七)继续履行;(八)赔偿损失;(九)支付违约金;(十)消除影响,恢复名誉;(十一)赔礼道歉。以上承担民事责任的方式,可以单独使用,也可以合并使用。"

27.邻居建房占了自己的宅基地,可否要求邻居拆除房屋?

2008年3月,谢东、谢夏两家邻居因为宅基地发生纠纷,谢东以谢夏侵权为由向法院提起诉讼。在1985年土地改革颁发新的宅基地使用权证前,谢东、谢夏两家的房子均已盖好,现在谢东要把旧房拆除,并想按照宅基地使用权证上登记的面积盖房。谢东新的宅基地使用权证登记的面积要比老房子的地基要宽,而邻居谢夏家的牲口棚正好在谢东家宅基地使用权证界定的位置上,所以他要求谢夏拆除牲口棚,谢夏不愿意。谢夏只有1953年土改时颁发的宅基地使用权证(已经作废了),按照1953年的证牲口棚所处的地是谢夏家的,但在1985年大清宅时,政府已经重新划分,并颁发了宅基地使用权证,谢夏并没有1985年的宅基地使用权证。按照新的宅基地使用权证,谢夏阻挠谢东建房是否是侵权呢?

我国《土地管理法》第62条规定:"农村村民建住宅,应当符合乡

(镇)利用总体规划,并尽量使用原有的宅基地和村内空闲地。农村村民住宅用地,经乡(镇)人民政府审核,由县级人民政府批准;其中涉及农用地的,依照本法第44条的规定办理审批手续。"

谢东、谢夏两家的房屋"在1985年土地改革颁发新的宅基地使用权证前"均已盖好,所以,没有1985年的宅基地使用权证,不代表谢夏家的房就违法,谢东家的就合法,只能说明谢夏家的宅基地还有争议未解决。如果谢夏家在1985年大清宅时没有领宅基地使用权证,那么他家的宅基地面积就尚未确定,1953年证中登记的他家的宅基地面积就作为一个参考。我国《物权法》第153条规定:"宅基地使用权的取得、行使和转让,适用土地管理法等法律和国家有关规定。"谢东持有合法有效的宅基地使用权证,而谢夏的宅基地使用权证已经作废,如果谢东的证据充分,法庭陈述清楚、合理,谢东的诉讼请求理所当然地要得到法律的支持。再者,谢东主张宅基地使用权证上登记的"面积要比老房子的地基要宽,实际地基要过邻居家的牲口棚",如果能够拿出证据证明这一点,那么谢夏家就是侵权。再者,现在我国正在进行宅基地发证普查工作,全国的宅基发证工作都要在2009年底结束,也许,谢东、谢夏两家的宅基地实际准确面积可以通过村和镇来解决。

28.因继承农村房屋取得的宅基地使用权期限有多长?

1999年王朝从农村迁居城市,并有固定的职业和城镇户口。二老相继去世后,在农村的老宅院长久无人居住。王朝想知道:继承的父母的老宅子损坏后能否在原来的宅基地上盖房子?

我国《土地管理法》第8条规定:"宅基地和自留地、自留山,属于农民集体所有。"再结合我国《继承法》等相关法律法规政策,可以这样理解这个问题:王朝因继承而取得的农村老宅院,可以出卖,也可以保持原样,但是不能对继承的房屋进行扩建翻建,因为他继承的是房屋而不是宅基地,该继承房屋损坏后,其宅基地由集体依法收回。

所以,王朝因继承农村房屋取得的宅基地使用权期限与房屋寿命一致。

29.农村集体经济组织应将哪些宅基地收回?

何清是外地人,父亲5年前在外地一个市郊区买下了一村民的宅基地并盖上新房,还通过关系办到了房产证。但是,今年村组织通知要求收回土地和房子,理由是土地属于他们村所有。何清面对突如其来的通知,手足无措,不知该村组织是否有权收回宅基地?自己已经有房产证的房子,村组织也有权收回吗?

根据我国《土地管理法》规定,农村宅基地土地属于集体所有,也就是属于村里全体村民所有。不论是城里人还是农村人,只要户口没在村里,就无权使用村里的宅基地。所以,该村组织有权收回该宅基地和房子。村宅基地使用权转让受到严格限制,只有村组织内部村民间可以转让,村民只有宅基地占有权、使用权、受益权、有限制的处分权(没有所有权,所有权属于村集体)。根据司法实践情况,村组织收回何清宅基地使用权后,应对房屋进行一定的补偿。另外,户籍迁出农村的,村委会有权收回村民的宅基地。

30.在他人宅基地上建房,建房人能否取得房屋所有权?

王二常年与父亲住在一起,但不孝顺,父亲把房子以遗嘱的形式(被公证过,确定为有效)留给了哥哥王一。王一在外地工作。父亲去世后,王一想继承父亲的房产,但发现王二已经把原来的住房拆除,并新盖了房屋。而且村委会也以王一不是本村人为理由,给王二颁发了该新建房宅基地的使用证明。王二的宅基地使用权是否有效?王一不是本村人,不能享有宅基地的使用权,但他能否继承父亲留下来的房产?如果能,在房屋已经不存在的条件下,继承如何实现？怎样维护自己的权利？

我国《土地管理法》第 62 条规定："农村村民 1 户只能拥有 1 处宅基地,其宅基地的面积不得超过省、自治区、直辖市规定的标准。"依据法律规定每个行政村村民 1 户只能拥有 1 处宅基地的权利,王二取得的宅基地的使用权是有效的。我国《继承法》第 16 条规定:"公民可以依照本法的规定立遗嘱处分个人的财产,并可以指定遗嘱执行人。公民可以立遗嘱将个人财产由法定继承人的一人或者数人继承。"王一有权继承父亲留下来的房产。现在房屋已经不存在的条件下,王一不是本地人,但享有继承房产的权利,因此可以获得其父亲的房产,虽然房产不存在,但可以起诉王二侵权,要求其赔偿经济损失,可以要求其以新房抵偿旧房损失,差额部分补偿给王二;也可以向人民法院提起行政诉讼,告颁发给王二宅基地使用权证的发证机关并请求确认该行政行为无效,请求予以撤销。

31.宅基地使用权证能否作为确定房屋所有权的唯一依据?

在农村,父母去世或者兄弟们分家时,常常要分配父辈一代的财物,而这时,有一些村民总要问及宅基地和房屋所有权的关系,那么宅基地使用权证能否作为确定房屋所有权的唯一依据呢?

根据我国《土地管理法》和《城市房地产管理法》的相关规定,宅基地使用权证和房产证是在不同情形下证明房屋产权人的两种证书形式。宅基地使用权证用于农村,不属于所有权证,但却是能证明谁是房产主人的证据,宅基地使用权证是在农村存在的一种对宅基地使用权予以确认的物权登记凭证。房产证是城市居民拥有房屋产权的凭证,根据我国《物权法》规定,房产证是房屋产权人的合法凭证。

城市房屋有土地使用权证、房产证,分别在国土部门(土管)、房管局办理登记;农村居民房屋仅有宅基地使用权证,在国土资源管理局办理,一般是经过村、乡(镇)两级向县级政府土地管理部门办理。

在现实生活中,宅基地使用权证并非是确定房屋所有权的唯一依据,我国农村许多地方并未建立起完善的产权登记制度,一般只对房屋所占有的土地进行登记,核发宅基地使用权证。宅基地使用权证虽然经常登记在一人名下,但宅基地使用权却通常是家庭共有。在我国目前尚未对农村房屋进行规范登记的情况下,不能将宅基地使用权证作为确定房屋所有权的唯一证据。在判断宅基地上的房屋归谁所有时,除了审查宅基地使用权证登记的名字外,还应结合房屋的演变过程等证据综合认定。

32.怎样解决农村宅基地纠纷?

何方与何远是三代比邻而居的好邻居,最近因宅基地使用权闹得不可开交,不知该如何处理。

我国《民法通则》第 83 条规定:"不动产的相邻各方,应当按照有利生产、方便生活、团结互助、公平合理的精神,正确处理截水、排水、通行、通风、采光等方面的相邻关系。给相邻方造成妨碍和损失的,应当停止侵害,排除妨碍,赔偿损失。"

我国《土地管理法》第 16 条规定:"土地所有权和使用权争议,由当事人协商解决;协商不成的,由人民政府处理。单位之间的争议,由县级以上人民政府处理;个人之间、个人与单位之间的争议,由乡级人民政府或者县级以上人民政府处理。"

农村村民间发生宅基地权属争议,当事人双方应尊重历史,相互谦让,协商解决问题。协商不成的,任何一方或双方可以到当地乡(镇)政府或土地管理所等受理机关提出处理申请。如果乡镇政府或土地管理所等不受理,当事人双方可直接向县政府或国土局申请,若符合受理条件,可指定受理或直接受理。受理机关对受理的宅基地权属争议,可先行调解;调解无效的,应当作出处理决定。对处理决定不服的,当事人可以在收到处理决定通知之日起 15 日内依照我国

《行政复议法》相关规定向上一级处理机关申请复议,也可以在接到处理决定后 30 日内直接依照我国《行政诉讼法》向人民法院起诉。上一级处理机关接到复议申请后,应在 3 个月内作出复议决定。当事人对复议决定不服的,当事人可在接到复议决定通知之日起 15 日内向人民法院起诉。在宅基地权属争议处理期间,任何一方不得改变宅基地现状和破坏其房屋。宅基地经审批后,农民应及时到国土部门办理宅基地使用权证,以备今后出现纠纷时,维护自己的合法权益。

二、农村建设用地法律问题

1.什么是农村建设用地?

2008 年,县里开展"村干部法制宣传培训"活动,河沟村的支书鲁大贵参加了第二期的培训。在培训班上,鲁大贵第一次听到"农村建设用地"这一说法,而且还搞懂了村民的宅基地就是一种"农村建设用地"。

我国《土地管理法》第 4 条规定:"国家编制土地利用总体规划,规定土地用途,将土地分为农用地、建设用地和未利用地……建设用地是指建造建筑物、构筑物的土地,包括城乡住宅和公共设施用地、工矿用地、交通水利设施用地、旅游用地、军事设施用地等……"

按照国家规定,我国土地分为农用地、建设用地和未利用地三类,农村建设用地是建设用地中的一大类,指用于建造建筑物、构筑物的集体土地。我国农村建设用地主要有 3 种:一是村民的住宅用地,即宅基地;二是乡镇企业建设用地;三是乡(镇)村公共设施、公益事业建设用地。

2.怎样才可以取得农村建设用地?

石板村今年有几件大事要办:一是村委会扩建;二是村里要办石材加工厂;三是有几户今年娶媳妇,要宅基地修新房。

村里按惯例通知全村人开会,大家商量了一下就把需要的地划了出来。村里唯一的大学生李正强告诉村民,村里开会划地这种做法属非法占地,是不合法的,根据国家的规定,用地要向政府申请审批。

我国《土地管理法》第 60 条规定:"农村集体经济组织使用乡

（镇）土地利用总体规划确定的建设用地兴办企业或者与其他单位、个人以土地使用权入股、联营等形式共同举办企业的,应当持有关批准文件,向县级以上地方人民政府土地行政主管部门提出申请,按照省、自治区、直辖市规定的批准权限,由县级以上地方人民政府批准;其中,涉及占用农用地的,依照本法第44条的规定办理审批手续。"第61条规定:"乡（镇）村公共设施、公益事业建设,需要使用土地的,经乡（镇）人民政府审核,向县级以上地方人民政府土地行政主管部门提出申请,按照省、自治区、直辖市规定的批准权限,由县级以上地方人民政府批准;其中,涉及占用农用地的,依照本法第44条的规定办理审批手续。"第62条规定:"农村村民住宅用地,经乡（镇）人民政府审核,由县级人民政府批准;其中,涉及占用农用地的,依照本法第44条的规定办理审批手续。"

按照法律规定,农村建设用地不需申请使用国有土地,而是直接申请使用本集体所有的土地:（1）村民宅基地经乡（镇）人民政府审核,由县级人民政府批准;（2）乡镇企业建设用地的,需持有关批准文件,向县级以上地方人民政府土地行政主管部门提出申请,按照省、自治区、直辖市规定的批准权限,由县级以上地方人民政府批准;（3）乡（镇）村公共设施、公益事业建设用地,经乡（镇）人民政府审核,向县级以上地方人民政府土地行政主管部门提出申请,按照省、自治区、直辖市规定的批准权限,由县级以上地方人民政府批准。上述农村建设用地如果涉及占用耕地等农业用地的,则要办理审批手续。

如果不是李正强懂法的话,石板村的几件大事就有可能办不成了。

3.村委会可不可以自行决定占用村里土地建砖瓦厂?

吴粟村村委会决定在村东头公路边的1.5亩空地上建砖瓦厂,并且把紧挨着的半亩耕地也占了。砖瓦厂竣工投产后,生意红火。

但没过多久,县里来人说有村民反映砖瓦厂的用地不合法,没经过审批,要拆除。村委会的几个干部当时就傻眼了,他们根本就不晓得村里建厂用地还要办手续。

我国《土地管理法》第 60 条规定:"农村集体经济组织使用乡(镇)土地利用总体规划确定的建设用地兴办企业或者与其他单位、个人以土地使用权入股、联营等形式共同举办企业的,应当持有关批准文件,向县级以上地方人民政府土地行政主管部门提出申请,按照省、自治区、直辖市规定的批准权限,由县级以上地方人民政府批准;其中,涉及占用农用地的,依照本法第 44 条的规定办理审批手续……"

根据国家法律的规定,农村集体经济组织使用乡(镇)土地利用总体规划确定的建设用地兴办企业,应当持有关批准文件,向县级以上地方人民政府土地行政主管部门提出申请,按照省、自治区、直辖市规定的批准权限,由县级以上地方人民政府批准其用地。

吴粟村村委会没有办理任何用地手续就把村里的两亩地用来修建砖瓦厂,这种做法是违法的。按照法律规定,村委会应当拆除在非法占用的土地上修建的砖瓦厂和其他一些相关设施,退还非法占用的土地;对于占用的半亩耕地应当恢复到占用前的状态,即恢复为仍能耕作的土地;除此之外,对于非法占用土地的主要村干部,可由上级部门给予行政处分。

4.村委会可不可以自行占用村里的土地修公路?

东阳村村委会打算在 2006 年春节前把村里的公路修好。村委会干部分工协作,积极筹建:一部分干部为修路组织村民们筹钱,一部分干部则为修路划线、占地。虽然有村民的耕地被占了,但他们也没有多大的怨言。准备工作都做好了,村委会请来了铺路队施工。最后,在春节前村里的公路修通了。

我国《土地管理法》第 61 条规定："乡（镇）村公共设施、公益事业建设，需要使用土地的，经乡（镇）人民政府审核，向县级以上地方人民政府土地行政主管部门提出申请，按照省、自治区、直辖市规定的批准权限，由县级以上地方人民政府批准；其中，涉及占用农用地的，依照本法第 44 条的规定办理审批手续。"

按照国家法律的规定，村里修建公路需要向县级以上地方人民政府申请用地，只有经过批准后才能开始修建，否则就是违法占用土地，要承担法律责任。

东阳村村委会并没有按照规定进行相关的用地申请和办理用地审批手续，私下划定公路线路并圈定占用土地，其中还有不少是耕地，这一做法是违反法律规定的。村委会不但要退还相应土地，主要干部还要承担相应的法律责任。

5.国家对建设用地有什么限制？

大口村地理位置比较好，紧靠镇集市。宏大房地产开发有限责任公司看好了村里的一块荒地，想在上面开发房地产，于是找到大口村的村委会协商该事宜。宏大房地产开发有限责任公司要盖楼买地的消息走漏后，村民纷纷议论，要求村委会尽量要高价，这样他们村也能多点收益。村委会却说，如果宏大房地产开发有限公司要盖楼买地，有些问题不能直接和村里洽谈，得由政府说了算。村民以为村委会这样说是为了村委会的干部自己捞一把，于是大家纷纷向政府部门咨询。

我国《土地管理法》第 43 条规定："任何单位和个人进行建设，需要使用土地的，必须依法申请使用国有土地；但是，兴办乡镇企业和村民建设住宅经依法批准使用本集体经济组织农民集体所有的土地的，或者乡（镇）村公共设施和公益事业建设经依法批准使用农民集体所有的土地的除外。前款所称依法申请使用的国有土地包括国家所有的土地和国家征收的原属于农民集体所有的土地。"第55条规定:"以出让等有偿使用方式取得国有土地使用权的建设单位,按照国务院规定的标准和办法,缴纳土地使用权出让金等土地有偿使用费和其他费用后,方可使用土地。自本法施行之日起,新增建设用地的土地有偿使用费,30%上缴中央财政,70%留给有关地方政府,都专项用于耕地开发。"

除兴办乡镇企业和村民建设住宅、乡(镇)村公共设施和公益事业外,使用建设用地都必须是国有土地。如果是集体土地的,由国家征收后再划拨或出让给相关单位进行建设,而不能直接使用集体所有的土地。国家征收集体土地后会给予一定补偿。

6.农业用地转为建设用地的审批机关是哪些?

五菱房地产开发公司看中了1块耕地,准备动工建厂,村民提出了异议。五菱公司打算开发的这块地是洋河村的耕地,五菱公司到底需要得到什么机关的批准才能用耕地建房?

我国《土地管理法》第44条规定:"建设占用土地,涉及农用地转为建设用地的,应当办理农用地转用审批手续。省、自治区、直辖市人民政府批准的道路、管线工程和大型基础设施建设项目、国务院批准的建设项目占用土地,涉及农用地转为建设用地的,由国务院批准。在土地利用总体规划确定的城市和村庄、集镇建设用地规模范围内,为实施该规划而将农用地转为建设用地的,按土地利用年度计划分批次由原批准土地利用总体规划的机关批准。在已批准的农用地转用范围内,具体建设项目用地可以由市、县人民政府批准。本条第2款、第3款规定以外的建设项目占用土地,涉及农用地转为建设用地的,由省、自治区、直辖市人民政府批准。"

国家保护耕地,占用农用地实施建设的,必须严格实施审批手续。而且不同农用地转为建设用地的审批单位是不同的。五菱公司进行房地产开发占用耕地属于《土地管理法》第44条第2款、第3款规定以外的建设项目占用土地,应该由省人民政府批准。

7.以划拨方式取得建设用地的范围有哪些?

三岔镇街道改建后,三岔镇镇政府决定将政府办公楼搬到新街道,这需要建设用地来盖办公大楼。村民都很关心政府建楼的土地怎么取得,村民认为他们缴了大量的税费给政府,政府用地建房也应该以出让的方式取得,这才公平。镇政府了解到这些情况后解释说,政府办公楼属于国家机关用地,可以通过划拨的方式取得,而不是通过缴纳出让金的方式取得。

我国《土地管理法》第54条规定:"建设单位使用国有土地,应当以出让等有偿方式取得;但是,下列建设用地,经县级以上人民政府依法批准,可以以划拨方式取得:(一)国家机关用地和军事用地;(二)城市基础设施用地和公益事业用地;(三)国家重点扶持的能源、交通、水利等基础设施用地;(四)法律、行政法规规定的其他用地。"

国家机关用地是为了更好地执行管理职能,为人民服务,所以国家机关用地也采取划拨的方式取得。三岔镇镇政府盖办公大楼,经县以上的人民政府依法批准后就可以以划拨的方式取得建设用地了。

8.临时使用国有土地和村集体所有土地的注意事项有哪些?

宏大房地产开发有限责任公司在靠山屯村建造房屋时,临时使用了相邻土地堆放建材,但没有获得任何单位的批准,也没有和任何单位签订临时使用土地合同。靠山屯村的村民认为宏大公司占用土地面积太广,宏大公司却说公司建房的这块土地是有偿取得的,临时使用相邻的地堆放材料是村里应该提供的便利,不再需要进行任何申请。村民说理无果，只好将宏大公司起诉至法院。

我国《土地管理法》第57条规定："建设项目施工和地质勘查需要临时使用国有土地或者农民集体所有的土地的，由县级以上人民政府行政主管部门批准。其中，在城市规划区内的临时用地，在报批前，应当先经有关城市规划行政主管部门同意。土地使用者应当根据土地权属，与有关土地行政主管部门或者农村集体经济组织、村民委员会签订临时使用土地合同，并按照合同的约定支付临时使用土地补偿费。临时使用土地的使用者应当按照临时使用土地合同约定的用途使用土地，并不得修建永久性建筑物。临时使用土地期限一般不超过2年。"

宏大公司虽然是有偿取得了建房土地，但要临时使用相邻土地还需要得到县级以上人民政府土地行政主管部门的批准，并且要与靠山屯村的村民委员会签订临时使用土地的合同，按照约定支付土地使用补偿费。宏大公司只能按照约定在临时使用的土地上堆放建材，并不得修建永久性建筑。

9.镇办企业可以用村有土地来修建吗？

下水村所在的青山镇准备办一个羽绒制品加工厂，考虑到下水村交通便利，镇政府把厂址初步选定在下水村。下水村早就制订了规划要依托交通干线搞农业观光旅游，所以不愿意一个羽绒制品加工厂出现在他们的观光区中。村主任找到百智律师事务所的王所长，咨询镇办企业是否可以用村有土地来修建。

我国《土地管理法》第43条规定："任何单位和个人进行建设，需要使用土地的，必须依法申请使用国有土地；但是，兴办乡镇企业和村民建设住宅经依法批准使用本集体经济组织农民集体所有的土地的，或者乡（镇）村公共设施和公益事业建设经依法批准使用农民集体所有的土地的除外。"

按照法律的规定,建设用地只有 3 种情况可以使用农民集体所有的建设用地,除此之外,应当申请使用国有土地。而对于第一种情况,即兴办乡镇企业必须使用本集体经济组织农民集体所有的土地,也就是乡镇办企业使用属于乡(镇)集体所有的土地,村办企业使用属于本村集体所有的土地,村民组办企业使用本村民组所有的土地,个人办企业使用所在农民集体组织的土地,而不允许乡(镇)办企业使用村或村民组所有的土地,村办企业也不能使用村民组或其他村集体所有的土地。

所以,本案中青山镇只能用镇集体建设用地办厂,而不能把厂建在下水村。

10. 哪些情况下可以收回农村集体土地使用权?

村民于安于 2000 年 12 月 4 日申请并取得村集体土地 115 平方米土地使用权,他在建房过程中擅自改变用地位置,使北墙外 15 平方米土地闲置。村集体通知于安要收回其宅基地土地使用权。村集体组织有权力这么做吗?

我国《土地管理法》第 65 条规定:"有下列情形下之一的,农村集体经济组织报经原批准用地的人民政府批准,可以收回集体土地使用权:(一)为乡(镇)村公共设施和公益事业建设,需要使用土地的;(二)不按照批准的用途使用土地的;(三)因撤销、迁移等原因而停止使用土地的。依照前款第(一)项规定收回农民集体所有的土地的,对土地使用权人应当给予适当补偿。"

根据我国《土地管理法》的规定,土地闲置超过 2 年的,由原所有权单位收回,并恢复使用。村集体组织有权收回于安闲置部分的土地。

11. 擅自将农用地改为建设用地的应当承担哪些法律责任?

一家玩具厂房,证件全无,未办理任何建房审批手续,违法占用农业良田 22 亩,厂房已经建好并投入生产。该玩具厂被人举报,相关部门对其依法查处。该厂应该负哪些法律责任呢?

我国《土地管理法》第 36 条规定:"非农业建设必须节约使用土地,可以利用荒地的,不得占用耕地;可以利用劣地的,不得占用好地。禁止占用耕地建窑、建坟或者擅自在耕地上建房、挖砂、采石、采矿、取土等。"第 73 条规定:"买卖或者以其他形式非法转让土地的,由县级以上人民政府土地行政主管部门没收违法所得;对违反土地利用总体规划擅自将农用地改为建设用地的,限期拆除在非法转让的土地上的新建的建筑物和其他设施,恢复土地原状,对符合土地利用总体规划的,没收在非法转让的土地上的新建的建筑物和其他设施;可以并处罚款;对直接负责的主管人员和其他直接责任人员,依法给予行政处分;构成犯罪的,依法追究刑事责任。"第 76 条规定:"未经批准或者采取欺骗手段骗取批准,非法占用土地的,由县级以上人民政府土地行政主管责令退还非法占用的土地,对违反土地利用总体规划擅自将农用地改为建设用地的,限期拆除在非法占用的土地上新建的建筑物和其他设施,恢复土地原状,对符合土地利用总体规划的,没收在非法占用的土地上新建的建筑物和其他设施,可以并处罚款;对非法占用土地单位的直接负责的主管人员和其他直接责任人员,依法给予行政处分;构成犯罪的,依法追究刑事责任。"《刑法》第 342 条:"违反土地管理法规,非法占用耕地、林地等农用地,改变被占用土地用途,数量较大,造成耕地、林地等农用地大量毁坏的,处 5 年以下有期徒刑或者拘役,并处或者单处罚金。"

该玩具厂由于占用农业良田高达 22 亩,且没有办理将农用地转为建设用地的审批手续,属于违法违规建设用地,相关土地管理行政部门将会对该违法建筑物依法强制拆除。该厂如果是通过买卖或者其他方式非法转让获得土地,违反土地利用总体规划擅自将农用地改为建设用的,限期拆除在非法转让的土地上的新建的建筑物和其他设施,恢复土地原状;符合土地总体利用原状的,将会被没收在非法转让的土地上的新建的建筑物和其他设施;同时还可能承担行政责任,严重的构成犯罪时,要被依法追究刑事责任。

三、农村农业用地法律问题

1.怎样承包集体的耕地?

1999 年底,下水村村主任郑老海等几个村委会干部商量制定了土地承包方案,然后村委会表决通过了该方案。由于方案和第一轮承包情形差别不是很大,绝大多数村民都没有怨言,虽然个别村民有点情绪,但郑老海向他们保证过几年一定调整,所以上水村的第二轮土地承包也就算是"圆满"完成了。

我国《农村土地承包法》第 19 条规定:"土地承包应当按照以下程序进行:(一)本集体经济组织成员的村民会议选举产生承包工作小组;(二)承包工作小组依照法律、法规的规定拟订并公布承包方案;(三)依法召开本集体经济组织成员的村民会议,讨论通过承包方案;(四)公开组织实施承包方案;(五)签订承包合同。"

按照法律规定,土地承包首先选出本集体的承包工作小组;然后由工作小组制定承包方案并向村民公布;承包方案公布后由村民会议讨论通过,未通过的要重新制订方案;按照通过的承包方案组织本集体的土地承包;最后是签订土地承包合同。

下水村村委会没有组织本集体产生承包工作小组制定土地承包方案,而是直接由村委会制定承包方案,并由村委会开会通过,这种做法是严重违法的!

2.耕地承包合同包含哪些内容?

太平村 1999 年就完成了第二轮土地承包。由于时间紧,承包合同中对于承包地的质量没有记录,而且事先对承包地也没有进行仔细的丈量就按以前的面积记录在合同中。结果,有的村民实际承包

的土地大于合同记载的面积,而有的村民实际承包的土地小于合同
的记载,村民们对此很不满,并把这事反映到了镇里。在有关部门的
监督下,太平村按照国家规定重新签订了土地承包合同。镇里工作
人员说,幸好及时重签了合同,不然按最初签订的合同,会办不到土
地承包经营权证。

我国《农村土地承包法》第 21 条规定:"发包方应当与承包方签
订书面承包合同。承包合同一般包括以下条款:(一)发包方、承包方
的名称,发包方负责人和承包方代表的姓名、住所;(二)承包土地的
名称、坐落、面积、质量等级;(三)承包期限和起止日期;(四)承包土
地的用途;(五)发包方和承包方的权利和义务;(六)违约责任。"

按照法律规定,承包土地要签订土地承包合同,尽管各个地方的
土地承包合同内容不尽完全一样,但至少在主要条款方面都会包括
以下几个方面:发包方、承包方的名称,发包方负责人和承包方代表
的姓名、住所;承包土地的名称、坐落、面积、质量等级及土地的用途;
土地承包的期限和起止日期;各方的权利和义务以及违反义务的
责任。

按照法律规定,太平村最初签订的土地承包合同上缺乏法律要
求的主要条款,将有损村民的合法权益。正如镇里工作人员所说,按
照太平村第一次签的承包合同,将很有可能办不到土地承包经营权
证。所以,对于土地承包合同的签订,一定要符合法律的规定,千万
不能有所遗漏。

3.村里可以随意解除土地承包合同吗?

禾市镇四新村的刘乾坤的老婆王元英为了躲计划生育,假称出
去打工,实际上回娘家生娃娃了。村里干部开会讨论决定,由于刘乾
坤和王元英超生孩子,违反了国家的计划生育政策,所以解除与刘乾
坤家的承包合同,收回他们家的承包地。

我国《农村土地承包法》第 24 条规定："承包合同生效后，发包方不得因承办人或者负责人的变动而变更或者解除，也不得因集体经济组织的分立或者合并而变更或者解除。"第 25 条规定："国家机关及其工作人员不得利用职权干涉农村土地承包或者变更、解除承包合同。"第 35 条规定："承包期内，发包方不得单方面解除承包合同，不得假借少数服从多数强迫承包方放弃或者变更土地承包经营权，不得以划分'口粮田'和'责任田'等为由收回承包地搞招标承包，不得将承包地收回抵顶欠款。"

按照国家法律，农村土地承包合同生效后，发包方不得因承办人或者负责人的变动而变更或者解除，也不得因集体经济组织的分立或者合并而变更或者解除；不得单方面解除承包合同，不得假借少数服从多数强迫承包方放弃或者变更土地承包经营权，不得以划分"口粮田"和"责任田"等为由收回承包地搞招标承包，不得将承包地收回抵顶欠款；国家机关及其工作人员也不得利用职权干涉农村土地承包或者解除承包合同。

所以，不能因为刘乾坤夫妇违反计划生育政策就解除与他家的土地承包合同。土地承包经营权是村民最重要的权利，任何人和组织非因法定原因不得解除承包合同。四新村村委会的做法是违法的，应当归还刘乾坤一家的承包地。

4.土地承包合同有争议该怎么解决？

万春林一家承包了村里的 2.2 亩水田，但是每年收谷子的时候，他家 1.5 亩水田的产量总是和别家 1 亩的产量差不多。原来，他们家的水田根本就没有 2.2 亩，只是由于田比较细碎，不容易看出来。万春林两口子气冲冲地拿着土地承包合同、土地承包经营权证到村里找村委会论理。村里干部却很简单地说这是当初量错了，改过来就行了。

我国《农村土地承包法》第 51 条规定:"因土地承包经营发生纠纷的,双方当事人可以通过协商解决,也可以请求村民委员会、乡(镇)人民政府等调解解决。当事人不愿协商、调解或者协商、调解不成的,可以向农村土地承包仲裁机构申请仲裁,也可以直接向人民法院起诉。"第 52 条规定:"当事人对农村土地承包仲裁机构的仲裁裁决不服的,可以在收到裁决书之日起 30 日内向人民法院起诉。逾期不起诉的,裁决书即发生法律效力。"

按照国家相关规定,因土地承包合同发生纠纷的,可以由双方当事人协商解决,也可以请求村委会、乡镇政府予以调解解决,还可以向农村土地承包仲裁机构申请仲裁,或者直接向人民法院起诉。上述几个解决途径没有先后顺序之分,当事人可以按照自己的意愿采取解决方式。

万春林的承包合同在承包土地面积上出现了问题,属于合同主要条款约定有误,可以找发包方协商解决,也可以找政府调解或者提出仲裁。万春林还可以直接向人民法院起诉。

5.外来人员可不可以承包本村的耕地?

刘向琼无亲无故,只有孙德贵一个亲戚,所以 2006 年就搬到孙家庄孙德贵家居住。由于地本来就少,现在又多添了一口人,孙德贵在不得已的情况下,于 2008 年向村里要求给刘向琼承包土地。村里召开了村民会议,由于大家意见不一致,村里最后决定不分给刘向琼土地。

我国《农村土地承包法》第 3 条规定:"国家实行农村土地承包经营制度。农村土地承包采取农村集体经济组织内部的家庭承包方式,不宜采取家庭承包方式的荒山、荒沟、荒丘、荒滩等农村土地,可以采取招标、拍卖、公开协商等方式承包。"

根据国家的规定,对于农村土地承包,除了不宜采取家庭承包方式的荒山、荒沟、荒丘、荒滩等土地以外都是采取农村集体经济组织内部的家庭承包方式进行,即承包人必须是承包地所属集体的成员。非本集体成员是不能承包本集体的耕地的。

所以,尽管刘向琼已经在孙家庄住了 2 年了,但是由于她并不是孙家庄人,因此按照法律规定其不能承包孙家庄的土地。不过,按照法律的规定,刘向琼虽不能直接向村里承包土地,但她可以通过向该村其他人租用、购买等方式获得承包地。

6.新出生的人口可不可以获得承包地?

小王庄的王明洋、郭小珍两口子今年年初的时候生了个大胖小子。王明洋想到村里的土地只剩几亩机动田没有承包,觉得要早点找村里给自己的娃儿承包土地。村里讨论觉得也应该,并且村里也专门留了机动地的,所以很快就把这事儿给办了。

我国《农村土地承包法》第 27 条规定:"承包期内,发包方不得调整承包地。承包期内,因自然灾害严重毁损承包地等特殊情形对个别农户之间承包的耕地和草地需要适当调整的,必须经本集体经济组织成员的村民会议 2/3 以上成员或者 2/3 以上村民代表的同意,并报乡(镇)人民政府和县级人民政府农业等行政主管部门批准。承包合同中约定不得调整的,按照其约定。"第 28 条规定:"下列土地应当用于调整承包土地或者承包给新增人口:(一)集体经济组织依法预留的机动地;(二)通过依法开垦等方式增加的;(三)承包方依法、自愿交回的。"

按照法律和政策的规定,只要集体有可分配的土地,新出生的人口是可以获得承包地的。如果没有多余土地的话,则不得通过调整土地的方式给新出生人口分配土地。

由于村里还有几亩机动地,所以,王明洋和郭小珍两口子的孩子可以分到土地。

7.人死了,承包的土地怎么办?

2008 年周家村的周景礼和周景富先后去世。周景礼死后就剩下老婆何桂英和两个还没结婚的儿子。周景富有两个儿子和女儿,早就结婚分家了,老伴 5 年前就去世了。

周景礼、周景富去世后,对他们的承包地,村里做了如下决定:周景礼的承包地由何桂英母子继续承包;周景富的地退回村里,地上的粮食由其子女继承。

我国《农村土地承包法》第 31 条规定:"承包人应得的承包收益,依照继承法的规定继承。林地承包的承包人死亡,其继承人可以在承包期内继续承包。"

按照国家法律规定,承包人死亡的,对于承包地上的收益应当按照法律的规定,由承包人的继承人继承。但是对于承包地,如果是林地的话,则承包人的继承人可以在承包期内继续承包;对于其他类型的承包地,法律没有类似于林地的明确规定。

所以,周景礼死后,他家所承包的土地上的粮食由他的老婆何桂英和两个儿子继承,承包地由何桂英和两个儿子按原承包关系继续承包;而周景富由于已和子女分家,自成一户,所以他死后,承包地收益由子女继承,而土地则要退回集体。

8.签了土地承包合同后,土地就是自己的吗?

2007 年时,吴家村吴军的大儿子要修房子结婚,村里批给他的宅基地只有 40 平方米。吴军觉得用 40 平方米地修房子太没面子,就把自家耕地平整了一块儿出来修房子。村里干部让他停止建房,吴军没答应,还说土地是他向村里承包的,已经是他家的了,他想做啥就做啥,谁也管不着。

我国《农村土地承包法》第 4 条规定:"农村土地承包后,土地的所有权性质不变。"第 22 条规定:"承包合同自成立之日起生效。承包方自承包合同生效时取得土地承包经营权。"

按照国家规定,我国土地不属于私人所有,农村的土地属于集体所有。村民承包土地并不改变土地的所有权性质,村民得到的不是土地的所有权而是承包经营权,只能享有承包地的经营权、受益权。

所以,吴军认为村里把土地承包给自己,土地就是自己的,可以任意处置的想法是错误的。吴军的承包地的所有权属于吴家村村民集体。

9.承包的土地可不可以不用于农业生产?

下水村的郑一民的承包地有近 2 亩是一块整地。郑一民觉得靠地种粮并不能获得多大收入,思来想去,郑一民决定在承包地上建砖瓦窑。于是他请人在他那两亩地上挖了 1 个窑。可第一窑砖瓦还没卖出去,村里就给他封了,说这是破坏耕地,还收回了他的承包地。

我国《农村土地承包法》第 33 条第 2 项规定:"……(二)不得改变土地所有权的性质和土地的农业用途。"第 60 条规定:"承包方违法将承包地用于非农建设的,由县级以上地方人民政府有关行政主管部门依法予以处罚。承包方给承包地造成永久性损害的,发包方有权制止,并有权要求承包方赔偿由此造成的损失。"第 56 条规定:"当事人一方不履行合同义务或者履行义务不符合约定的,应当依照《中华人民共和国合同法》的规定承担违约责任。"

按照国家法律的规定,村民承包的土地只能用于农业生产,而不能做其他用途。如果承包方违反国家法律规定以及承包合同中关于土地用途规定的条款,发包人可以解除承包合同。对于承包人违法将承包地用于非农建设的,应当由县级以上地方人民政府有关行政主管部门依法予以处罚;如果承包方给承包地造成永久性损害的,发包方有权制止,并有权要求承包方赔偿由此造成的损失。

郑一民不但没有在承包地上进行种植,还私自在自己承包的耕地上开窑烧砖、烧瓦,严重毁损承包耕地。村里干部强行将砖瓦窑封了,并将土地收回集体的行为是合法的。郑一民不但要受到政府的处罚,还要向村里赔偿因土地毁损造成的损失。

10.承包的土地可不可以和别人交换?

赖巴石村的张志来承包了村里3亩水田,但这3亩水田中有一半都离家很远,所以他想换成离家近的水田。恰好张仁福的承包田在张志来家附近。两人私下一商量,就将水田换了。村里认为这事儿没经过村委会同意,是不合法的,因此就强行让他们两家把地又换了回来。

我国《农村土地承包法》第32条规定:"通过家庭承包取得的土地承包经营权可以依法采取转包、出租、互换、转让或者其他方式流转。"第37条规定:"土地承包经营权采取转包、出租、互换、转让或者其他方式流转,当事人双方应当签订书面合同。采取转让方式流转的,应当经发包方同意;采取转包、出租、互换或者其他方式流转的,应当报发包方备案。"第40条规定:"承包方之间为方便耕种或者各自需要,可以对属于同一集体经济组织的土地的承包经营权进行互换。"

按照法律规定,村民承包的土地是可以和别人交换的(也就是互换),既可以将全部土地和别人交换,也可以只将部分土地交换。但是,应当报发包方备案。

所以,张志来和张仁福交换承包地是可以的,不需要村里同意,只需向村里说明情况就可以了。村里以没有经过村委会同意为由不让张志来和张仁福交换承包地的做法是错误的,违反了国家法律的规定。

11.可不可以把自己的承包地租给别人?

罗大伟一家准备外出打工,就把自家承包的土地以 300 元 1 年租给了本村的罗立成。罗大伟临走之前把自己土地租出去的事告知了村委会,可村委会说没经过村里同意,罗大伟不能将承包地租给罗立成。没有办法,罗大伟为了能够出去打工,只好让地都撂了荒。

我国《农村土地承包法》第 32 条规定:"通过家庭承包取得的土地承包经营权可以依法采取转包、出租、互换、转让或者其他方式流转。"第 37 条规定:"土地承包经营权采取转包、出租、互换、转让或者其他方式流转,当事人双方应当签订书面合同。采取转让方式流转的,应当经发包方同意;采取转包、出租、互换或者其他方式流转的,应当报发包方备案。"

按照法律规定,村民承包的土地是可以租出去的:既可以全部租出去,也可以只出租一部分。但是,应当报发包方备案。

罗大伟一家为了出去打工,将自家的承包地全部租给罗立成是可以的,不需要经村里同意。因此,村里以没有经过村委会同意为由不让罗大伟出租承包地的做法是错误的,违反了法律的规定。

12.承包土地要不要发给土地承包经营权证? 怎样取得?

塘尾村 1998 年底就完成了第二轮土地承包,但村委会一直未申办土地承包经营权证。当村民们得知其他村都发了土地承包经营权证后,也要求村里发证。村委会却答复说,哪家承包哪些土地,在承包合同上都写清楚了的,村里有数,大家也都清楚,没有必要办啥证。

我国《农村土地承包经营权证管理办法》第 2 条规定:"农村土地承包经营权证是农村土地承包合同生效后,国家依法确认承包方享有土地承包经营权的法律凭证。"第 3 条规定:"承包耕地、园地、荒山、荒沟、荒丘、荒滩等农村土地从事种植业生产活动,承包方依法取得农村土地承包经营权后,应颁发农村土地承包经营权证予以确认。"第 7 条规定:"实行家庭承包的,按下列程序颁发农村土地承包经营权证:(一)土地承包合同生效后,发包方应在 30 个工作日内,将土地承包方案、承包方及承包土地的详细情况、土地承包合同等材料一式两份报乡(镇)人民政府农村经营管理部门。(二)乡(镇)人民政府农村经营管理部门对发包方报送的材料予以初审。材料符合规定的,及时登记造册,由乡(镇)人民政府向县级以上地方人民政府提出颁发农村土地承包经营权证的书面申请;材料不符合规定的,应在 15 个工作日内补正。(三)县级以上地方人民政府农业行政主管部门对乡(镇)人民政府报送的申请材料予以审核。申请材料符合规定的,编制农村土地承包经营权证登记簿,报同级人民政府颁发农村土地承包经营权证;申请材料不符合规定的,书面通知乡(镇)人民政府补正。"

按照规定,承包土地的,应当颁发农村土地承包经营权证。土地承包经营权证由发包方统一申报办理,由县级人民政府颁发土地承包经营权证。

所以,塘尾村的村民有权获得土地承包经营权证书,村委会不得以"承包合同上都写清楚了的,村里有数,大家也都清楚"为由拒绝申请办理。

13.土地承包经营权证有哪些内容? 登记内容有错怎么办?

梨树村的王老五承包的土地有 3.2 亩,可土地承包经营权证上登记的却是 2.4 亩,有块田的名称也错了,本来叫"过路田",结果打成了"过户田"。王老五找到村主任问咋办,村主任说没事,村里晓得就行了,不用管。王老五还是不放心,就到县里办证的地方咨询。后来在工作人员的帮助下总算改过来了。

我国《农村土地承包经营权证管理办法》第 6 条规定:"农村土地

承包经营权证应包括以下内容:(一)名称和编号;(二)发证机关及日期;(三)承包期限和起止日期;(四)承包土地名称、坐落、面积、用途;(五)农村土地承包经营权变动情况;(六)其他应当注明的事项。"第11条规定:"农村土地承包当事人认为农村土地承包经营权证和登记簿记载错误的,有权申请更正。"

按照规定,土地承包经营权证应当包括证书名称、编号;证书发放机关和日期;土地承包期限和起止日期;承包土地名称、坐落、面积、用途;土地承包经营权变动情况以及其他一些事项。对于农村土地承包经营权证的内容记载有错误的,持证人有权申请发证机关进行更正。

王老五的土地经营权证记载有错误,所以,他找到发证机关后,错误很快就得到了更正。

14.为什么要收回我家的土地承包经营权证?

溪口村的成大的儿子成才托人给父母办理了户口迁移手续,准备把他们接到赣州市居住。村里知道这事后,就让成大把承包地退回集体,并且把土地承包经营权证交回。成大对村委会的做法表示不满,坚决不交还土地和证。

我国《农村土地承包经营权证管理办法》第20条规定:"承包期内,发生下列情形之一的,应依法收回农村土地承包经营权证:(一)承包期内,承包方全家迁入设区的市,转为非农业户口的。(二)承包期内,承包方提出书面申请,自愿放弃全部承包土地的。(三)承包土地被依法征用、占用,导致农村土地承包经营权全部丧失的。(四)其他收回土地承包经营权证的情形。"第21条规定:"符合本办法第20条规定,承包方无正当理由拒绝交回农村土地承包经营权证的,由原发证机关注销该证(包括编号),并予以公告。"第22条规定:"收回的农村土地承包经营权证,应退回原发证机关,加盖'作废'章。"

我国《农村土地承包法》第 26 条规定:"承包期内,发包方不得收回承包地。承包期内,承包方全家迁入小城镇落户的,应当按照承包方的意愿,保留其土地承包经营权或者允许其依法进行土地承包经营权流转。承包期内,承包方全家迁入设区的市,转为非农业户口的,应当将承包的耕地和草地交回发包方。承包方不交回的,发包方可以收回承包的耕地和草地⋯⋯"

承包期内,原则上发包方不得收回土地,但是对于耕地的承包经营权是为了保障集体组织人员的最低生活保障。当农民的农村户口转为非农村户口并在大城市定居后,该农民的生活方式已经发生了变化,其原有的承包的耕地应当主动交回集体,不交回的,发包方有权收回。

按照国家规定,凡是土地承包方全家迁入设区的市,转为非农业户口的;土地承包方提出书面申请,自愿放弃全部承包土地的;承包土地被依法征用、占用,导致农村土地承包经营权全部丧失的,都应当依法收回农村土地承包经营权证。

成大一家由于已经确定转为城市户口,而且即将搬到赣州市居住,这一情况符合法律关于收回土地承包经营权的相关规定。所以,成大应该交回承包地和证书。

15.村里能否收回抛了荒的承包地?

靠山屯村的王小蒙离家打工后,留下父母王老七夫妇在家种地。由于年龄大,没有劳动力,两位老人只耕种了一部分承包地,另外一部分承包地抛了荒,并且连续抛了 5 年荒,杂草丛生。村里觉得这样太浪费耕地,于是收回了抛荒的耕地,把它承包给了另一户养鱼,承包期为 10 年。

我国《农村土地承包法》第 13 条规定:"发包方有下列权利:(一)发包本集体所有的或者国家所有依法由本集体使用的农村土地;

(二)监督承包方依照承包合同约定的用途合理利用和保护土地；(三)制止承包方损害承包地和农业资源的行为；(四)法律、行政法规规定的其他权利。"第 17 条规定："承包方承担下列义务：(一)维持土地的农业用途，不得用于非农建设；(二)依法保护和合理利用土地，不得给土地造成永久性损害；(三)法律、行政法规规定的其他义务。"第 21 条第 2 款第 4 项规定："承包合同一般包括以下条款：……(四)承包土地的用途。"我国《土地管理法》第 37 条第 3 款规定："承包经营耕地的单位或者个人连续 2 年弃耕抛荒的，原发包单位应当终止承包合同，收回发包的耕地。"承包期内发包方原则上不能收回土地，但是承包方违反承包合同，滥用承包经营权时，发包方有权收回承包土地。

　　王小蒙一家连续 5 年弃耕抛荒，造成耕地杂草丛生，完全没有按照承包合同的约定合理利用和保护耕地，造成耕地浪费。发包方利用其监督权，结合保护耕地的国家政策，完全可以收回王小蒙家抛荒的承包地。

16.为什么不能把承包地留给自己的后人？

　　王老七只有一个女儿王小蒙，王小蒙于 1999 年嫁给邻村的钱二宝。2000 年两村调整土地时，王小蒙将户口迁到了钱二宝所在的村。王小蒙在夫家分得了承包地，在父母家的承包地则被村里收回。2007 年王小蒙父母相继去世，王小蒙想继承其父母的承包地。王小蒙认为，父母承包土地的承包期限还没有到，作为他们的女儿有权继承他们的承包地。

　　我国《农村土地承包法》第 31 条规定："承包人应得的承包收益，依照继承法的规定继承。林地承包的承包人死亡，其继承人可以在承包期内继续承包。"第 15 条规定："家庭承包的承包方是本集体经济组织的农户。"第 2 条规定："本法所称农村土地，是指农民集体所有和国家所有依法由农民集体使用的耕地、林地、草地,以及其他依法用于农业的土地。"第4条第2款规定:"农村土地承包后,土地的所有权性质不变。承包地不得买卖。"《土地管理法》第15条第2款规定:"农民集体所有的土地由本集体经济组织以外的单位或者个人承包经营的,必须经村民会议2/3以上成员或者2/3以上村民代表的同意,并报乡(镇)人民政府批准。"

承包地属于村集体经济组织所有,村民只有使用权,所以单就承包地来说是不能继承的。《农村土地承包法》规定承包人应得的承包收益,依照《继承法》的规定继承。林地承包的承包人死亡,其继承人可以在承包期内继续承包。法律单独列出了林地承包经营权可以继承,那么耕地、草地等其他土地的承包经营权就不能继承了。王老七夫妇死后,承包土地的户已经消灭,集体经济组织应当收回该承包地。王小蒙已经不是该集体经济组织的成员,没有权利承包该组织的耕地,耕地的承包经营权也不能继承。

17.结婚后可不可以多获得一个人的耕地?

王长贵是靠山屯村的村主任,他的女儿王香秀和同村男青年李大国结了婚。他俩结婚时正值村里调整土地,李家新添了媳妇,当然在划分承包地时多进了1个人的土地,王家也理所当然地少了1份土地。过了1年,同村的赵玉田娶了外村的刘英。赵玉田家本来就比较困难,现在添了1口人,就想多分1份土地,改善家里的条件。于是赵玉田找村主任分土地,村主任告诉他现在他们家不能分到土地。赵玉田很气愤,为什么李大国家娶媳妇就可以分到土地,自家就不可以?难道就因为李大国娶的是村主任的女儿?李大国把情况反映到了镇政府。

我国《农村土地承包法》第20条规定:"耕地的承包期为30年。草地的承包期为30年至50年。林地的承包期为30年至70年;特殊林木的林地承包期,经国务院林业行政主管部门批准可以延长。"
第 27 条规定:"承包期内,发包方不得调整承包地。承包期内,因自
然灾害严重毁损承包地等特殊情形对个别农户之间承包地耕地和草
地需要适当调整的,必须经本集体经济组织成员的村民会议 2/3 以
上成员或者 2/3 以上村民代表的同意,并报乡(镇)人民政府和县级
人民政府农业等行政主管部门批准。承包合同中约定不得调整的,
按照其约定。"

　　耕地承包期为 30 年,就是 30 年不变。在承包期内,发包方不得
调整承包地,也就是原来的承包地是怎样的就是怎样的,不得变动。
因为自然灾害不得不变时也要经过严格的程序才行。所以,即使赵
玉田娶了媳妇,家里增加了 1 口人,也不能分得耕地。李大国娶媳妇
分到土地,并不是村主任长做了什么手脚,而是李大国娶媳妇时正赶
上村里土地调整,理所当然地分得相应的土地。

18.承包地被收回后,种植的粮食怎么办?

　　王老七只有一个女儿王小蒙,王小蒙于 1999 年嫁给邻村的钱二
宝。2000 年两村调整土地时,王小蒙将户口迁到了钱二宝所在的
村。王小蒙在夫家分得了承包地,在父母家的承包地则被村里收回。
2007 年王小蒙父母相继去世,二老去世时承包地里种了很多桃树,
而且桃子还没有成熟。王小蒙认为父母种的桃树很有经济价值,在
未来几年里将产生很大的收益,所以王小蒙想继承父母的承包经营
权。靠山屯村村委会告诉王小蒙,她已经不是该组织的成员,无权继
承这块土地的承包经营权,于是收回了这块土地。王小蒙很伤心,难
道父母的心血就这样白费了?

　　我国《农村土地承包法》第 31 条第 1 款规定:"承包人应得的承
包收益,依照继承法的规定继承。"《物权法》第 42 条第 2 款规定:"征
收集体所有的土地,应当依法足额支付土地补偿费、安置补助费、地

上附着物和青苗的补偿费等费用,安排被征地农民的社会保障费用,保障被征地农民的生活,维护被征地农民的合法权益。"《土地管理法》第47条第4款规定:"被征收土地上的附着物和青苗的补偿标准,由省、自治区、直辖市规定。"

王小蒙不是靠山屯村的成员,没有权利继承父母的土地承包经营权。但是法律规定承包收益作为遗产可以继承,所以王小蒙可以继承父母在这块土地上的承包收益,即青苗补偿费。王小蒙父母在这块土地上种了很多桃树,这些桃树将产生巨大的收益。这些收益的具体计算方法,法律没有规定。但是征收土地时也涉及地上附着物和青苗补偿费的问题,所以,该收益的计算可以参考土地征收的相关规定。

19.离婚后的承包地如何处理?

谢大脚嫁给李福时赶上靠山屯村土地调整,她在靠山屯村取得了一份承包地,当然她在娘家的那份承包地被村委会收回去了。2005年谢大脚和李福协议离婚。谢大脚离婚后又嫁到了下水村,因在下水村没有取得承包地,所以谢大脚还是想继续耕种在靠山屯村的承包地。但是靠山屯村村委会却说谢大脚已经和李福离婚,现在又嫁到了下水村,她已经不是靠山屯村的村民了,要收回谢大脚的承包地。谢大脚不服,向法院提起了诉讼。

我国《婚姻法》第39条第2款规定:"夫或妻在家庭土地承包经营中享有的权益等,应当依法予以保护。"《农村土地承包法》第6条规定:"农村土地承包,妇女与男子享有平等的权利。承包中应当保护妇女的合法权益,任何组织和个人不得剥夺、侵害妇女应当享有的土地承包经营权。"第15条规定:"家庭承包的承包方是本集体经济组织的农户。"第30条规定:"承包期内,妇女结婚,在新居住地未取得承包地的,发包方不得收回其原承包地;妇女离婚或者丧偶,仍在原居住地生活或者不在原居住地生活但在新居住地未取得承包地的,发包方不得收回其原承包地。"

家庭承包都是以户为单位的,谢大脚在靠山屯村取得的承包土地是包含在李福家的承包合同里的。谢大脚虽然和李福离了婚,但其在家庭土地承包经营中享有的权益等,应当依法予以保护。谢大脚嫁到下水村后没有取得承包地,所以发包方不能收回她在靠山屯村的承包地。李福家应该划出谢大脚的地让其耕作。

20.承包地为什么不能抵押给农村商业银行?

谢大脚想发展经济产业,种植大棚蔬菜,但是种植大棚蔬菜需要很大的投入,谢大脚想向农村商业银行贷款。农村商业银行同意贷款,但要谢大脚提供抵押物或者叫他人做担保。于是谢大脚就用自家承包的8亩地做抵押,但是农村商业银行不接受,说是承包的土地属于集体所有,不能用做抵押。农村承包地为什么不能抵押呢?

我国《农村土地承包法》第2条规定:"本法所称农村土地,是指农民集体所有和国家所有依法由农民集体使用的耕地、林地、草地,以及其他依法用于农业的土地。"第4条第2款规定:"农村土地承包后,土地的所有权性质不变。承包地不得买卖。"我国《物权法》第180条规定:"债务人或者第三人有权处分的下列财产可以抵押:(一)建筑物和其他土地附着物;(二)建设用地使用权;(三)以招标、拍卖、公开协商等方式取得的荒地等土地承包经营权……"第184条第2项规定:"下列财产不得抵押:……(二)耕地、宅基地、自留地、自留山等集体所有的土地使用权,但法律规定可以抵押的除外。"

承包地属于集体经济组织所有,村民只有使用权,没有所有权。《物权法》明确规定耕地的土地使用权不能抵押,所以承包地的土地使用权也不能抵押。《物权法》还特别规定以拍卖、招标、公开协商等方式取得的土地承包经营权可以抵押,但以家庭承包方式取得的土地承包经营权不得抵押。《物权法》同时还规定:土地承包经营权人依照《农村土地承包法》的规定,有权将土地承包经营权采取转包、互换、转让等方式流转。所以,部分地方政府出台政策允许土地承包经营权抵押,但这只是部分地方的做法,最好还是不要将土地承包经营权抵押,这样做目前没有法律依据。农村商业银行不同意谢大脚将土地承包经营权抵押的做法正确。

21.破坏耕地种植条件以及造成土地荒漠化、盐渍化应当怎样处罚?

2003 年,下水村的郑铁军在承包地上耕作的时候发现了自己承包地下蕴藏着一个很大的石场。郑铁军一心想着发财,就请了很多石匠在自己的承包地上开采条石,但是他没有办理任何的审批手续。大概 1 个月以后,县政府发现了此事,但是郑铁军已经在承包地上开了很大的一个石场了,完全破坏了种植条件,无法再在上面种植作物了。于是,县政府责令郑铁军限期改正并处以罚款。郑铁军认为他是在自己的承包地上开采条石,政府不应该对其罚款。

我国《土地管理法》第 31 条第 1 款规定:"国家保护耕地,严格控制耕地转为非耕地。"第 35 条规定:"各级人民政府应当采取措施,维护排灌工程设施,改良土壤,提高地力,防止土地荒漠化、盐渍化、水土流失和污染土地。"第 74 条规定:"违反本法规定,占用耕地建窑、建坟或者擅自在耕地上建房、挖砂、采石、采矿、取土等,破坏种植条件的,或者因开发土地造成土地荒漠化、盐渍化的,由县级以上人民政府土地行政主管部门责令限期改正或者治理,可以并处罚款;构成犯罪的,依法追究刑事责任。"《土地管理法实施条例》第 40 条规定:"依照《土地管理法》第 74 条的规定处以罚款的,罚款额为耕地开垦费的 2 倍以下。"

我国是农业大国,国家保护耕地,不允许违法把耕地转为非耕地。郑铁军在耕地上采石,破坏了种植条件,应该由县级以上人民政府土地行政主管部门责令其限期改正或者治理,可以并处罚款,情节严重构成犯罪的,还应该依法追究刑事责任。

22.将耕地用于非农用途后怎么处理?

李平家的房屋在一场泥石流中被冲毁,原来的宅基地上已无法再修盖新的房屋。于是李平向村委会申请新的宅基地用于修建房屋。李平家靠公路有一块地,地理位置很好,李平想让村委会将这块耕地审批为他家新的宅基地。村委会考虑到村上没有其他地可以分给李平作为宅基地,于是就同意了李平的请求。但是耕地不能随便用于非农用途,村委会要求李平必须重新开垦一块与所占耕地数量和质量相当的耕地。李平认为这不公平,其他人分宅基地都没有这样做,他为什么就要再开垦一块土地呢?

我国《农村土地承包法》第8条第1款规定:"农村土地承包应当遵守法律、法规,保护土地资源的合理开发和可持续利用。未经依法批准不得将承包地用于非农建设。"第17条规定:"承包方承担下列义务:(一)维持土地的农业用途,不得用于非农建设;(二)依法保护和合理利用土地,不得给土地造成永久性损害……"第60条规定:"承包方违法将承包地用于非农建设的,由县级以上地方人民政府有关行政主管部门依法予以处罚。"我国《土地管理法》第31条规定:"国家保护耕地,严格控制耕地转为非耕地。国家实行占用耕地补偿制度。非农业建设经批准占用耕地的,按照'占多少,垦多少'的原则,由占用耕地的单位负责开垦与所占用耕地的数量和质量相当的耕地;没有条件开垦或者开垦的耕地不符合要求的,应当按照省、自治区、直辖市的规定缴纳耕地开垦费,专款用于开垦新的耕地。省、自治区、直辖市人民政府应当制定开垦耕地计划,监督占用耕地的单位按照计划开垦耕地或者按照计划组织开垦耕地,并进行验收。"

李平的这块宅基地虽然是新分到的,但是占用了耕地,而且是其极力申请的特定地方的耕地。所以,根据保护耕地的原则,李平占用了耕地做宅基地,就应该开垦相同数量和质量的耕地或者缴纳耕地开垦费。

23.什么是基本农田和基本农田保护区?

李平家承包了村里的 8 亩土地,这些土地上的粮食产量高,所以李平家的吃饭问题已经解决。但是粮食、菜油等农作物的市场价都比较便宜,李平为了增加家里的收入,决定在其中的 4 亩土地上栽种果树,再将 1 亩土地改作鱼塘,但村委会不同意李平种果树,因为李平种果树的土地是基本农田,已经划入了基本农田保护区,不得栽种果树。那么什么是基本农田,什么是基本农田保护区呢?

我国《基本农田保护条例》第 2 条规定:"国家实行基本农田保护制度。本条例所称基本农田,是指按照一定时期人口和社会经济发展对农产品的需求,依据土地利用总体规划确定的不得占用的耕地。本条例所称基本农田保护区,是指为对基本农田实行特殊保护而依据土地利用总体规划和依照法定程序确定的特定保护区域。"《土地管理法》第34 条规定:"国家实行基本农田保护制度。下列耕地应当根据土地利用总体规划划入基本农田保护区,严格管理:(一)经国务院有关主管部门或者县级以上地方人民政府批准确定的粮、棉、油生产基地内的耕地;(二)有良好的水利与水土保持设施的耕地,正在实施改造计划以及可以改造的中、低产田;(三)蔬菜生产基地;(四)农业科研、教学实验田;(五)国务院规定应当划入基本农田保护区的其他耕地。各省、自治区、直辖市划定的基本农田应当占本行政区域内耕地的 80％以上。基本农田保护区以乡(镇)为单位进行划区定界,由县级人民政府土地主管部门会同同级农业行政主管部门组织实施。"第 36 条第 3 款规定:"禁止占用基本农田发展林果业和挖塘养鱼。"

基本农田是指根据一定时期人口和国民经济对农产品的需要以及对建设用地的预测而在土地利用总体规划中规定的长期不得占用的耕地,也就是确保的耕地最低需求量。基本农田保护区是指为对基本农田实施特殊保护而依据土地利用总体规划和依照法定程序确定的特定保护区域。李平承包的土地土质好,产量高,划入了镇上的基本农田,所以李平不能将其改为果林和鱼塘。

24.国家对基本农田有哪些保护措施?

王老七家的耕地划入了基本农田保护区。王老七觉得种粮食赚不了钱,打算养鱼,于是就把自家门前的承包地挖塘养鱼。后来村里知道了,并向上级反映情况。县级人民政府土地行政主管部门责令其治理,恢复原来的种植条件,并处以罚款。王老七不服,认为自己对承包地有自主经营权。

我国《基本农田保护条例》第15条规定:"基本农田保护区经依法划定后,任何单位和个人不得改变或者占用。国家能源、交通、水利、军事设施等重点建设项目选址确实无法避开基本农田保护区,需要占用基本农田,涉及农用地转用或者征用土地的,必须经国务院批准。"第16条规定:"经国务院批准占用基本农田的,当地人民政府应当按照国务院的批准文件修改土地利用总体规划,并补充划入数量和质量相当的基本农田。占用单位应当按照占多少、垦多少的原则,负责开垦与所占基本农田的数量与质量相当的耕地;没有条件开垦或者开垦的耕地不符合要求的,应当按照省、自治区、直辖市的规定缴纳耕地开垦费,专款用于开垦新的耕地。占用基本农田的单位应当按照县级以上地方人民政府的要求,将所占用基本农田耕作层的土壤用于新开垦耕地、劣质地或者其他耕地的土壤改良。"第17条规定:"禁止任何单位和个人在基本农田保护区内建窑、建房、建坟、挖砂、采石、采矿、取土、堆放固体废弃物或者进行其他破坏基本农田的活动。禁止任何单位和个人占用基本农田发展林果业和挖塘养鱼。"第18条规定："禁止任何单位和个人闲置、荒芜基本农田。经国务院批准的重点建设项目占用基本农田的,满1年不使用而又可以耕种并收获的,应当由原耕种该幅基本农田的集体或者个人恢复耕种,也可以由用地单位组织耕种;1年以上未动工建设的,应当按照省、自治区、直辖市的规定缴纳闲置费;连续2年未使用的,经国务院批准,由县级以上人民政府无偿收回用地单位的土地使用权;该幅土地原为农民集体所有的,应当交由原农村集体经济组织恢复耕种,重新划入基本农田保护区。承包经营基本农田的单位或者个人连续2年弃耕抛荒的,原发包单位应当终止承包合同,收回发包的基本农田。"

国家专门根据《农业法》和《土地管理法》制定了《基本农田保护条例》,归纳起来可以认为对基本农田的保护是基于规划制度,基本农田保护区制度,占用基本农田审批制度,基本农田占补平衡制度,禁止破坏和闲置、荒芜基本农田制度,基本农田保护责任制度,基本农田监督检查制度的。

25.基本农田保护区划定后,村民的土地承包经营权是否有所改变?

王老七一家一共有9亩地,其中有8亩划作了基本农田。王老七以为承包地划作了基本农田后,自己就不再有土地承包经营权了。这几块地土质很好,王老七想继续承包,于是他就找到村委会要求继续承包这几块地。村委会告知王老七这几块地的承包经营权仍属于他。

我国《基本农田保护条例》第2条第2款规定："本条例所称基本农田,是指按照一定时期人口和社会经济发展对农产品的需求,依据土地利用总体规划确定的不得占用的耕地。"第10条规定："下列耕地应当划入基本农田保护区,严格管理:(一)经国务院有关主管部门或者县级以上地方人民政府批准确定的粮、棉、油生产基地内的耕地;(二)有良好的水利与水土保持设施的耕地,正在实施改造计划以及可以改造的中、低产田;(三)蔬菜生产基地;(四)农业科研、教学试验田。根据土地利用总体规划,铁路、公路等交通沿线,城市和村庄、集镇建设用地区周边的耕地,应当优先划入基本农田保护区;需要退耕还林、还牧、还湖的耕地,不应当划入基本农田保护区。"第12条规定:"划定基本农田保护区时,不得改变土地承包者的承包经营权。"

　　划定基本农田保护区是为了更好地保护耕地,不得任意破坏种植条件、改变耕地用途,确保农业产量的稳定。我国《农村土地承包法》明确规定,除法定条件外,在承包期内不得收回和调整土地。《基本农田保护条例》更是明确规定,划定基本农田保护区时不得改变土地承包者的承包经营权。所以,即使王老七的承包地被划入了基本农田保护区,他的承包经营权也不变。

26.村民对基本农田保护区的义务及破坏基本农田保护区的法律责任是什么?

　　王老七所在的村在划定好基本农田保护区后,由县级人民政府设立了保护标志并予以了公告。王老七想把自己的一块地改做鱼塘,私自移动了保护标志。县政府责令其恢复原状,还对其罚款700元。

　　我国《基本农田保护条例》第5条规定:"任何单位和个人都有保护基本农田的义务,并有权检举、控告侵占、破坏基本农田和其他违反本条例的行为。"第11条第2款规定:"划定的基本农田保护区,由县级人民政府设立保护标志,予以公告,由县级人民政府土地行政主管部门建立档案,并抄送同级农业行政主管部门。任何单位和个人不得破坏或者擅自改变基本农田保护区的保护标志。"第17条规定:"禁止任何单位和个人在基本农田保护区内建窑、建房、建坟、挖砂、采石、采矿、取土、堆放固体废弃物或者进行其他破坏基本农田的活动。禁止任何单位和个人占用基本农田发展林果业和挖塘养鱼。"第32条规定:"违反本条例规定,破坏或者擅自改变基本农田保护区标志的,由县级以上地方人民政府土地行政主管部门或者农业行政主管部门责令恢复原状,可以处1 000元以下罚款。"第33条规定:"违反本条例规定,占用基本农田建窑、建房、建坟、挖砂、采石、采矿、取土、堆放固体废弃物或者从事其他活动破坏基本农田,毁坏种植条件的,由县级以上人民政府土地行政主管部门责令改正或者治理,恢复原种植条件,处占用基本农田的耕地开垦费1倍以上2倍以下的罚款;构成犯罪的,依法追究刑事责任。"

国家保护基本农田,不仅政府部门要积极实施保护措施,而且村民也有保护基本农田的义务,并有权检举、控告相关的违法行为。村民违反法律规定破坏基本农田也要受到相应的处罚。王老七擅自移动基本农田保护标志,并想擅自改变基本农田的原有用途,县级政府土地行政主管部门有权责令其改正或治理,并可以处1 000元以下罚款。

27.妇女出嫁后,其土地承包经营权是否丧失?

2001年12月,上水村村民钱多多与村委会签订了一份土地承包合同,合同约定,村委会将村属的15亩承包地承包给钱多多经营,承包期限为30年。钱多多与下水村村民郑铁军结婚后,便将自己承包的土地委托给上水村村民范小军代为耕种。钱多多在下水村未承包土地。但是2008年12月,上水村村委会进行了换届选举。换届后的村委会以钱多多已经出嫁,不再是上水村村民为由,将钱多多所承包的土地强行收回。钱多多在与上水村村委会调解无效的情况下,起诉至法院要求继续履行合同。

我国《农村土地承包法》第26条规定:"承包期内,发包方不得收回承包地。"第 30 条规定:"承包期内,妇女结婚,在新居住地未取得承包地的,发包方不得收回其原承包地;妇女离婚或者丧偶,仍在原居住地生活或者不在原居住地生活但在新居住地未取得承包地的,发包方不得收回其原承包地。"同时第 4 条规定:"国家依法保护农村土地承包关系的长期稳定。农村土地承包后,土地的所有权性质不变。承包地不得买卖。"据此,在承包人合法承包本村的土地后,村委会作为发包人在承包期间是不能收回承包地的。即便是妇女承包土地后,在承包期间出嫁到他村,不再是本村的村民,如果妇女在他村未承包有土地,作为发包方的村委会也不能收回承包经营权。国家依法保护农村土地承包关系的长期稳定,但是承包地不得买卖。并且该法第 24 条规定:"承包合同生效后,发包方不得因承包人或者负责人的变动而变更或者解除,也不得因集体经济组织的分立或者合并而变更或者解除。"由此,即便是村委会进行换届选举,更换班子,原土地承包合同在生效后,仍不能因为发包方的变更而有所变动,在承包期限内,仍受法律的保护。

钱多多虽与郑铁军结婚并居住在下水村,但是其来到下水村后并没有在下水村承包土地,所以根据法律的规定其与上水村签订的土地承包合同继续合法有效。即便是上水村村委会经过换届选举,更换村委班子,也不能收回其与钱多多签订的土地承包经营权,所以其应继续履行与钱多多在 2001 年 12 月签订的土地承包合同,除非钱多多在承包期限内自愿退回承包权。

28.怎样理解土地承包经营权的优先权?

下水村村民郑铁军承包了村委会的苇坑地,约定承包期限 20年,并约定如有一年发生水灾绝产 80%,承包期限向后推迟 1 年。2004 年发生水灾,郑铁军承包地被水淹没绝产,随后郑铁军找村委会协商延长承包期,但村委会一推再推。在承包期内,郑铁军曾两次整理土地花去现金 4 万余元。现在合同到期,村委会在郑铁军不知道的情况下将土地承包给上水村村民马进才。郑铁军在协商无果的情况下,起诉至法院,请求享有优先承包权。

土地承包经营权的优先权是指农村土地发包或流转时,法定或约定优先权人对该土地享有优先承包的权利。我国《农村土地承包法》第 33 条规定:"土地承包经营权流转应当遵循以下原则:……(五)在同等条件下,本集体经济组织成员享有优先权。"这就是说如果土地承包经营权向本村以外的人进行流转的话,那么本村的人有优先权。第 47 条规定:"以其他方式承包农村土地,在同等条件下,本集体经济组织成员享有优先承包权。"这里的其他方式是指第 44 条规定的:"不宜采取家庭承包方式的荒山、荒沟、荒丘、荒滩等农村土地,通过招标、拍卖、公开协商等方式承包的,适用本章规定"并在第 43 条规定:"承包方对其在承包地上投入而提高土地生产能力的,土地承包经营权依法流转时有权获得相应的补偿。"说明承包期限到后,如果再次承包土地的承包人不是原承包人,那么原承包人为提高土地生产能力而进行的投入,则在再次流转时应获得相应的补偿。

郑铁军与村委会约定如有 1 年发生水灾绝产 80%,承包期限向后推迟 1 年,但 2004 年发生水灾,承包地被水淹没绝产时,村委会却对延长承包期限一事一推再推,明显存在违约行为。并在承包合同规定期限到后,村委会在郑铁军不知情的情况下,将土地承包给上水村村民马进才。根据法律规定,郑铁军的承包期限应根据合同约定延长,如果按合同到期处理,则村委会应赔偿郑铁军的有关损失。同时,村委会对外承包,在同等条件下应由本村的村民享有优先承包权,所以在郑铁军和马进才给出同等条件的情况下,郑铁军享有优先承包权。即便是郑铁军没有享有优先承包权,他为提高土地生产能力而进行的高额投入,也应在土地由其他人承包时获得相应的补偿。因为根据相关法律规定,国家鼓励村民对土地进行投入,以提高土地生产效率,同时以保持其承包经营的持续性和长期性。

29."人口迁移"引发的土地承包经营权纠纷怎样解决?

1999年下水村村民郑铁军与村委会签订土地承包协议,约定承包期限为30年。但在2005年,郑铁军因为经商而把家迁至重庆市区,但户口并没有迁出,同时把自己承包的土地委托给二弟郑晓明耕种。2008年,村委会以郑铁军迁家至城市为由,要收回土地的承包经营权。郑铁军在与村委会协商无果的情况下,向法院起诉要求村委会履行土地承包经营合同约定内容。

我国《农村土地承包法》第26条规定:"承包期内,发包方不得收回承包地。承包期内,承包方全家迁入小城镇落户的,应当按照承包方的意愿,保留其土地承包经营权或者允许其依法进行土地承包经营权流转。承包期内,承包方全家迁入设区的市,转为非农业户口的,应当将承包的耕地和草地交回发包方。承包方不交回的,发包方可以收回承包的耕地和草地。"据此,在承包期内,村委会作为发包方是不能收回土地的,只有承包方迁入设区的城市,并把户口转为非农业户口的,在承包方没有主动交回的情况下,村委会才可以收回承包的土地经营权,否则村委会是没有权利收回土地承包权的。

郑铁军虽然在2005年把家迁至重庆,但是他1999年与村委签订的土地承包协议约定承包期限是30年,同时其也没有把户口迁出并转为非农业户口。故而根据法律的规定,村委会是不能收回郑铁军的土地承包权的,村委会应在承包协议约定的承包期限内继续让郑铁军经营该块土地。

30.土地承包经营权调整引发的纠纷怎样解决?

1998年下水村村民郑铁军与村委会签订土地承包协议,约定耕种期限为30年,并同时约定在没有征得承包方同意的情况下,不得更改土地的种植用途。但在 2005 年村里为响应镇政府"科技种果"的号召,要求郑铁军将临近公路的土地全部种植品种优良的苹果,并说这是镇政府的土地种植调整方案。郑铁军经过仔细核算后觉得种苹果不合算,甚至还有更大的风险,所以不同意这样做,想要继续按照自己的耕种计划来种植。就此,村委会便要收回郑铁军的土地承包经营权,并把土地承包给愿意种植苹果的村民。郑铁军在与村委会无法协商的情况下,向法院提起诉讼解决土地耕种问题。

我国《农村土地承包法》第 27 条规定:"承包期内,发包方不得调整承包地。承包期内,因自然灾害严重毁损承包地等特殊情形对个别农户之间承包的耕地和草地需要适当调整的,必须经本集体经济组织成员的村民会议 2/3 以上成员或者 2/3 以上村民代表的同意,并报乡(镇)人民政府和县级人民政府农业等行政主管部门批准。承包合同中约定不得调整的,按照其约定。"根据该规定,在承包期限内,村委会作为发包方是不能调整土地的,除非因为自然灾害等严重毁损承包土地的特殊情形,并同时要经过本村村民会议 2/3 以上成员或者 2/3 以上村民代表的同意,报乡(镇)人民政府和县级人民政府农业等行政主管部门批准后,才能有所调整,否则村委会没有任何权利主动调整承包人所承包的土地的使用功能。

郑铁军在与村委会签订土地承包协议后,在承包期限内,村委会是不能调整土地的,除非在法律规定的例外情况下,但是郑铁军承包的土地并没有发生法律所规定的特殊情形。另外,在土地承包协议中明确约定在没有征得郑铁军同意的情况下,村委会不能变更该块土地的种植功能,换句话说,就是村委会不能强迫郑铁军在该块土地上如何去经营,郑铁军具有自由选择耕种某种作物的权利。并且村委会在承包期没有到期时,不能提前收回郑铁军承包的土地。同时即便是在特殊情况下,村委会可以调整土地,但都不能随意调整,因为根据规定,在承包期限内调整土地有着严格的报批程序。郑铁军还可以要求进行仲裁解决。

31.农村土地承包合同的代表人诉讼是怎么回事?

上水村村民钱耀祖家有 7 口人,钱耀祖夫妇、3 个儿子以及两个女儿。1998 年,钱耀祖作为户主与村委会签订土地承包协议,约定承包土地 15 亩且承包期限为 30 年。但在 2004 年钱耀祖的两个女儿相继出嫁后,村委会以其女儿出嫁人口少为由要收回钱耀祖承包的土地。而钱耀祖认为签订的土地承包合同的期限为 30 年,现在还在承包期内,村委会不能收回土地。双方协商不成,钱耀祖一家决定向法院提起诉讼。

我国《民事诉讼法》第 119 条规定:"起诉必须符合下列条件:(一)原告是与本案有直接利害关系的公民、法人和其他组织;(二)有明确的被告;(三)有具体的诉讼请求和事实、理由;(四)属于人民法院受理民事诉讼的范围和受诉人民法院管辖。"同时最高人民法院在《关于审理涉及农村土地承包纠纷案件适用法律问题的解释》第 4 条规定:"农户成员为多人的,由其代表人进行诉讼。农户代表人按照下列情形确定:(一)土地承包经营权证等证书上记载的人;(二)未依法登记取得土地承包经营权证等证书的,为在承包合同上签字的人;(三)前两项规定的人死亡、丧失民事行为能力或者因其他原因无法进行诉讼的,为农户成员推选的人。"由此看出,当农户成员为多人时,因土地承包经营权发生纠纷起诉到法院时,应该由其代表人代为全家进行诉讼,而不是由全家所有具有诉讼能力的人都参加诉讼,即使因纠纷损害的是全家的合法权益。

2004 年钱耀祖的两个女儿相继出嫁后,村委会以女儿出嫁人口少为由要收回钱耀祖承包的土地的做法违反了土地承包合同的约定,同时其违法收回土地的决定侵犯了钱耀祖一家所承包的土地经营权。根据法律的规定,因钱耀祖家人口为 7 口,故而应由其代表人参加诉讼,由于土地承包经营权证上记载的人是钱耀祖,所以应由钱耀祖代表其家进行诉讼。

32.农村土地承包民事纠纷的立案与受理是怎样的?

下水村村民郑铁军 1999 年与村委会签订了土地承包协议,约定承包期限是 30 年。2004 年底由于修建高速公路的需要,国家征收了郑铁军承包的土地。但是在征收后,村委会并没有给予郑铁军足额的经济补偿,为此在协商不成的情况下,郑铁军准备向法院起诉,但是不知法院是否受理此类纠纷?

最高人民法院《关于审理涉及农村土地承包纠纷案件适用法律问题的解释》第 1 条规定:"下列涉及农村土地承包民事纠纷,人民法院应当依法受理:(一)承包合同纠纷;(二)承包经营权侵权纠纷;(三)承包经营权流转纠纷;(四)承包地征收补偿费用分配纠纷;(五)承包经营权继承纠纷。集体经济组织成员因未实际取得土地承包经营权提起民事诉讼的,人民法院应当告知其向有关行政主管部门申请解决。集体经济组织成员就用于分配的土地补偿费数额提起民事诉讼的,人民法院不予受理。"根据该条规定,承包土地被征收时因为补偿费用发生的纠纷属于法院的受理范围,承包人可以以此请求向法院起诉。同时该解释第 2 条规定:"当事人自愿达成书面仲裁协议的,受诉人民法院应当参照最高人民法院《关于适用〈中华人民共和国民事诉讼法〉若干问题的意见》第 145 条至第 148 条的规定处理。当事人未达成书面仲裁协议,一方当事人向农村土地承包仲裁机构申请仲裁,另一方当事人提起诉讼的,人民法院应予受理,并书面通知仲裁机构。但另一方当事人接受仲裁管辖后又起诉的,人民法院不予受理。当事人对仲裁裁决不服并在收到裁决书之日起 30 日内提起诉讼的,人民法院应予受理。"该规定对纠纷双方在达成仲裁协议以及在没有达成仲裁协议的情况下,法院是否受理作出了具体的规定。

郑铁军因为承包的土地被征收,村委会没有给予足额的经济补偿与村委会发生纠纷。根据法律的规定,郑铁军可以向法院提起诉讼,同时也有权选择向仲裁机关申请仲裁,在对仲裁裁决不服后再向法院提起诉讼。

33.非法占用耕地、土地的法律责任是什么?

上水村村民钱二宝于 2002 年取得村北矿区建筑石料采矿权,采矿有效期限为 5 年。钱二宝在取得石料开采权后,为了开办渣石加工厂,于 2003 年与上水村村民马进才、郑铁军、郑美媛等 6 户签订了土地租赁协议书,租赁面积 2 000 平方米,租赁费为每亩每年 500 千克稻谷。所租赁的土地坐落于上水村以北,矿区以西属于基本耕地的地方。钱二宝在租得上述土地后,未经批准便在该土地上动工平基、填土石方,建成砖混结构的平房 2 间,并装好破碎机。之后,因生产经营扩大,钱二宝未经批准陆续与其他几家签订土地租赁协议。钱二宝签订的土地租赁协议有效吗?他有没有违法占用耕地?

我国《土地管理法》第 31 条规定:"国家保护耕地,严格控制耕地转为非耕地。"第 44 条规定:"建设占用土地,涉及农用地转为建设用地的,应当办理农用地转用审批手续。"同时该法第 76 条对未经批准非法占用土地的法律责任作了规定:"未经批准或者采取欺骗手段骗取批准,非法占用土地的,由县级以上人民政府土地行政主管部门责令退还非法占用的土地,对违反土地利用总体规划擅自将农用地改为建设用地的,限期拆除在非法占用的土地上新建的建筑物和其他设施,恢复土地原状,对符合土地利用总体规划的,没收在非法占用的土地上新建的建筑物和其他设施,可以并处罚款;对非法占用土地单位的直接负责的主管人员和其他直接责任人员,依法给予行政处分;构成犯罪的,依法追究刑事责任。"《土地管理法实施条例》第 42 条规定:"依照《土地管理法》第 76 条的规定处以罚款的,罚款额为非法占用土地每平方米 30 元以下。"另外,我国《合同法》第 52 条规定:"有下列情形之一的,合同无效:……(五)违反法律、行政法规的强制性规定。"据此,当双方签订的合同违反法律的强制性规定时,该合同是无效的,不受法律的保护。

钱二宝因采矿需要,与马进才等多人签订的土地租赁协议,由于所占用的是耕地,故涉及农用地转非农用途的审批,但钱二宝在未经审批的情况下便与这些人签订土地租赁协议,所以违反了法律的强制性规定,该协议是无效的,不受法律的保护。同时,钱二宝未经批准违法占用耕地的行为应受到法律的追究,其要承担一定的法律责任。

34.违法占用耕地建窑、建坟等承担哪些法律责任?

2002 年,上水村村民钱二宝和马进才等人决定合伙开煤窑。钱二宝等人在没有办理任何手续的情况下,就开始在该村 4 组的耕地上建造 3 座煤窑。县国土资源局及时进行了制止,告知其行为违法,并下发了《责令停止违法行为通知书》和《限期复垦通知书》。但是,钱二宝等人依然我行我素,拒不停工和复垦耕地,继续做着"发财美梦"。至当年年底,钱二宝等人非法占用耕地建煤窑的违法行为造成了 2.1 亩耕地被破坏的严重后果。钱二宝等人违法占用耕地建窑的行为应该承担怎样的法律责任呢?

我国《土地管理法》第 36 条规定:"禁止占用耕地建窑、建坟或者擅自在耕地上建房、挖砂、采石、采矿、取土等。"并同时在第 74 条规定:"违反本法规定,占用耕地建窑、建坟或者擅自在耕地上建房、挖砂、采石、采矿、取土等,破坏种植条件的,或者因开发土地造成土地荒漠化、盐渍化的,由县级以上人民政府土地行政主管部门责令限期改正或者治理,可以并处罚款;构成犯罪的,依法追究刑事责任。"国务院《土地管理法实施条例》第 40 条规定:"依照《土地管理法》第 74 条的规定处以罚款的,罚款额为耕地开垦费的 2 倍以下。"

村民钱二宝等人因合伙开煤窑而未经批准违法占用耕地,并在县国土资源局告知违法后,拒不履行《责令停止违法行为通知书》和《限期复垦通知书》规定的义务,继续我行我素,造成2.1亩耕地被破坏的严重后果。根据相关法律规定,针对钱二宝等人的违法占用耕地建窑行为,应由县级以上人民政府土地管理部门责令改正或治理,同时可以处以被破坏耕地开垦费 2 倍以下的罚款;如果行为构成刑事犯罪的,应依法追究其刑事责任。

35.对闲置、荒芜耕地的行为应怎样处理?

上水村村民钱二宝于 2000 年与村委会签订了 10 亩土地的承包协议,约定承包期限为 30 年。2004 年 2 月钱二宝与邻村的马进才开始合伙做生意,一直在外忙碌,没时间耕种承包的土地,其所承包的耕地杂草丛生。2007 年底,同村村民郑铁军向村委会提出想承包钱二宝荒芜的耕地。村委考虑到钱二宝一直在外经商,浪费耕地,便与郑铁军签订了土地承包协议,并约定承包期限为 30 年。2008 年底钱二宝回村时,看到郑铁军在耕种自己承包的土地,便找到郑铁军并要求给予收益分成。郑铁军不同意,两人为此发生纠纷,在协商未果的情况下,钱二宝向法院起诉,要求支持自己继续承包该块土地,并要求郑铁军因耕种该土地要分给自己土地收益。

我国《土地管理法》第 37 条规定:"禁止任何单位和个人闲置、荒芜耕地。已经办理审批手续的非农业建设占用耕地,1年内不用而又可以耕种并收获的,应当由原耕种该幅耕地的集体或者个人恢复耕种,也可以由用地单位组织耕种;1年以上未动工建设的,应当按照省、自治区、直辖市的规定缴纳闲置费;连续2年未使用的,经原批准机关批准,由县级以上人民政府无偿收回用地单位的土地使用权;该幅土地原为农民集体所有的,应当交由原农村集体经济组织恢复耕种。承包经营耕地的单位或者个人连续2年弃耕抛荒的,原发包单位应当终止承包合同,收回发包的耕地。"根据此规定,国家禁止任何单位和个人闲置、荒芜耕地,当承包人弃耕闲置其承包经营的耕地连续达两年的,作为发包方的村委会有权终止承包合同,收回发包的耕地。

钱二宝在2004年2月因做生意闲置土地至2007年底,时间已经超过3年,根据法律规定,村委会有权终止其承包合同并收回土地,村委会与郑铁军另行签订土地承包协议,没有违反法律规定。钱二宝没有权利要求村委会继续履行他们之间签订的承包合同。既然郑铁军与村委会签订的土地承包合同是合法的,那么他耕种土地所获得的收益钱二宝也就无权分享。

36.土地承包经营的期限有哪些规定?

2008年5月上水村村民钱二宝与村委会签订了耕地承包协议,约定承包耕地20亩,承包期限为30年。同月,村民郑铁军与村委会签订了林地承包协议,协议约定承包村后小山的林地,承包期限为50年。钱二宝不明白,同样是签订的土地承包协议,为什么郑铁军的期限是50年,而自己的是30年,他也要求村委会签订50年的承包合同。钱二宝的要求能否得到村委会的同意呢?

我国《农村土地承包法》第20条规定:"耕地的承包期为30年。

草地的承包期为 30 年至 50 年。林地的承包期为 30 年至 70 年;特殊林木的林地承包期,经国务院林业行政主管部门批准可以延长。”并且我国《物权法》第 126 条也有同样规定:“耕地的承包期为 30 年。草地的承包期为 30 年至 50 年。林地的承包期为 30 年至 70 年;特殊林木的林地承包期,经国务院林业行政主管部门批准可以延长。前款规定的承包期届满,由土地承包经营权人按照国家有关规定继续承包。”由此可以得知,耕地的承包期最长为 30 年,而林地的承包期最长为 70 年,甚至对于特殊林木的林地,经国务院林业部门批准后可以延长。但是,不管是耕地承包还是草地与林地承包,在承包合同到期时,都可以由土地承包经营权人按照国家有关规定继续承包。

因此,钱二宝要求村委会变更其承包期限为 50 年,是不会得到村委会同意的。因为根据法律规定,耕地的承包期最长为 30 年,林地的承包期最长为 70 年,而对于特殊林木的林地,经国务院林业部门批准后还可以延长。但是钱二宝可以在耕地承包合同到期时,按照有关规定继续承包该块土地。

37.本集体经济组织以外的单位和个人承包经营集体所有土地的程序是怎样的?

上水村村民钱大宝与村委会签订的林地承包合同快要到期了,于是他便向村委会提出要求继续承包,但村委会一直没有表态。钱大宝的林地承包合同到期后,村委会突然与下水村的郑铁军签订了林地承包合同,并约定承包期限为 50 年。钱大宝认为郑铁军是下水村的人,为什么要让他承包,而不让自己承包呢? 在与村委会协商不成的情况下,钱大宝向法院起诉以寻求支持。

我国《土地管理法》第 15 条第 2 款规定:“农民集体所有的土地由本集体经济组织以外的单位或者个人承包经营的,必须经村民会议 2/3 以上成员或者 2/3 以上村民代表的同意,并报乡(镇)人民政府批准。"同时我国《农村土地承包法》第 48 条也规定:"发包方将农村土地发包给本集体经济组织以外的单位或者个人承包,应当事先经本集体经济组织成员的村民会议 2/3 以上成员或者 2/3 以上村民代表的同意,并报乡(镇)人民政府批准。由本集体经济组织以外的单位或者个人承包的,应当对承包方的资信情况和经营能力进行审查后,再签订承包合同。"由此,村委会向本村以外的人发包土地的话,必须要经村民会议 2/3 以上成员或者 2/3 以上村民代表的同意,并报乡(镇)人民政府批准,否则,村委会的发包程序是违法的。另外,我国《物权法》第 126 条规定:"前款规定的承包期届满,由土地承包经营权人按照国家有关规定继续承包。"根据该规定,承包人在承包合同期限届满时,可以根据有关规定继续承包。

因此,村委会私自与郑铁军签订林地承包合同,违反了法律规定的向本村以外的人承包土地应该进行的程序,故此林地承包合同是无效的。即便是村委会按照规定的程序操作,但由于钱大宝是本村的村民,在同等条件下可以优先继续承包该林地。

38.怎样签订林地承包合同?

上水村村民钱多多想在村后小山搞一个旅游观光项目,于是她决定承包小山的林地。为了争取最优的资源,并保护好自己项目的持久性,同时为防止其他村民开采山上的矿石而破坏环境,钱多多想签订最长期限的承包合同,并享有法律充分的保障,她究竟该怎样与村委会签订该块林地的承包合同呢?

我国《森林法》第 4 条规定:"森林分为以下五类:(一)防护林:以防护为主要目的的森林、林木和灌木丛,包括水源涵养林,水土保持林,防风固沙林,农田、牧场防护林,护岸林,护路林;(二)用材林:以生产木材为主要目的的森林和林木,包括以生产竹材为主要目的的竹林;(三)经济林:以生产果品,食用油料、饮料、调料,工业原料和药材等为主要目的的林木;(四)薪炭林:以生产燃料为主要目的的林木;(五)特种用途林:以国防、环境保护、科学实验等为主要目的的森林和林木,包括国防林、实验林、母树林、环境保护林、风景林,名胜古迹和革命纪念地的林木,自然保护区的森林。"第16条规定:"各级人民政府应当制定林业长远规划。国有林业企业事业单位和自然保护区,应当根据林业长远规划,编制森林经营方案,报上级主管部门批准后实行。林业主管部门应当指导农村集体经济组织和国有的农场、牧场、工矿企业等单位编制森林经营方案。"根据规定,在签订承包合同时,应在因地制宜的基础上,主动配合政府的有关部门,合理确定自己的林业种植计划。同时该法第8条规定:"国家对森林资源实行以下保护性措施:⋯⋯(六)建立林业基金制度。国家设立森林生态效益补偿基金,用于提供生态效益的防护林和特种用途林的森林资源、林木的营造、抚育、保护和管理。森林生态效益补偿基金必须专款专用,不得挪作他用。具体办法由国务院规定。"据此,应很好地应用国家的有关政策,在获取国家保护的同时,争取最大的支持。我国《农村土地承包法》第20条规定:"林地的承包期为30年至70年;特殊林木的林地承包期,经国务院林业行政主管部门批准可以延长。"第21条规定:"发包方应当与承包方签订书面承包合同。承包合同一般包括以下条款:(一)发包方、承包方的名称,发包方负责人和承包方代表的姓名、住所;(二)承包土地的名称、坐落、面积、质量等级;(三)承包期限和起止日期;(四)承包土地的用途;(五)发包方和承包方的权利和义务;(六)违约责任。"第23条规定:"县级以上地方人民政府应当向承包方颁发土地承包经营权证或者林权证等证书,并登记造册,确认土地承包经营权。"由此,签定具体的承包合同,并向县级以上政府申请林权证,以确认和保护林地承包经营权。

所以,钱多多可以根据自己旅游项目的设计,跟国家的林业机关进行很好的沟通,争取让政府批准自己的林业经营方案。同时,她可以把林地种植成特种用途林,并向国家申请林业基金和森林生态效益补偿基金的帮助,给自己赢得更多的资金支援。并且在签订承包合的同时,以种植特殊林木为由向有关部门申请批准最长的承包期限。钱多多可以在充分确定承包合同有关权利义务的基础上,向县级以上政府申请要求颁发林业证,以充分确认和保护自己的林地承包经营权。

39.村民个人有权利进行植树造林吗?

村民牛富贵想承包 1 块地造林,不知个人是否有权植树造林?

我国《森林法》第 26 条规定:"各级人民政府应当制定植树造林规划,因地制宜地确定本地区提高森林覆盖率的奋斗目标。各级人民政府应当组织各行各业和城乡居民完成植树造林规划确定的任务。宜林荒山荒地,属于国家所有的,由林业主管部门和其他主管部门组织造林;属于集体所有的,由集体经济组织组织造林。铁路公路两旁、江河两侧、湖泊水库周围,由各有关主管单位因地制宜地组织造林;工矿区、机关、学校用地,部队营区以及农场、牧场、渔场经营地区,由各该单位负责造林。国家所有和集体所有的宜林荒山荒地可以由集体或者个人承包造林。"第 27 条规定:"国有企业事业单位、机关、团体、部队营造的林木,由营造单位经营并按照国家规定支配林木收益。集体所有制单位营造的林木,归该单位所有。农村居民在房前屋后、自留地、自留山种植的林木,归个人所有。城镇居民和职工在自有房屋的庭院内种植的林木,归个人所有。集体或者个人承包国家所有和集体所有的宜林荒山荒地造林的,承包后种植的林木归承包的集体或者个人所有;承包合同另有规定的,按照承包合同的规定执行。"

村民牛富贵有权承包国家所有和集体所有的宜林荒山荒地植树造林,承包后种植的林木归自己所有;当然,承包合同另有规定的,按照承包合同的规定执行。牛富贵也可以在其房前屋后、自留地、自留山种植林木,归其个人所有。国家同时也给予个人植树造林提供优惠政策和相关的补贴,鼓励个人植树造林。

40.林地承包经营需要申请颁发林地承包经营权证吗?

1997年4月,古井村村委会与于德达成林地承包经营的口头协议:古井村榆木屯出耕地4.3公顷、落叶松树苗15 000株;于德负责植树,日常管理;利润分成古井村村委会60%,于德40%。于德在1997年到1999年之间栽种落叶松树15 000株。1998年补签了林地承包经营合同。1999年6月,于德委托刘顺发办理林权证,但刘顺发不慎把于德的林地承包经营合同原件丢失。事后,于德曾经到村会计处要求补签林地承包经营合同。村会计说公章在乡里,办不了。由于当时于德和刘顺发二人查看了由村负责保管的与村委会在1998年12月补签的林地承包经营合同原件,于德就没想那么多,准备以后有机会再补办合同和林权证,继续精心地看护着那片林地,在育林、防盗、防火等方面投入了大量人力和物力。没料到,后来村委会新上任的负责人听说于德的合同丢失,就百般刁难,拒绝给于德补办合同。没有了林地承包经营合同,于德就想是不是只要凭林地承包经营权证,就能保护自己的合法权益?

我国《森林法》第3条规定:"森林资源属于国家所有,由法律规定属于集体所有的除外。国家所有的和集体所有的森林、林木和林地，个人所有的林木和使用的林地，由县级以上地方人民政府登记造册，发放证书，确认所有权或者使用权。国务院可以授权国务院林业主管部门，对国务院确定的国家所有的重点林区的森林、林木和林地登记造册，发放证书，并通知有关地方人民政府。森林、林木、林地的所有者和使用者的合法权益，受法律保护，任何单位和个人不得侵犯。"

于德承包经营古井村集体所有的林地，属于个人所有的林木和使用的林地，应由古井村所在的县级以上地方人民政府登记造册，发放证书，确认所有权或者使用权。于德承包经营的林地的合法权益受法律保护，任何单位和个人不得侵犯。

41.如何解决林地承包纠纷？

1985 年林权改革时，徐明家分得村组的一部分林地，县人民政府发给徐明林权证。1995 年 8 月，村组落实生产承包责任制时，将该处林地随责任地划归徐伟管理使用，镇政府为徐伟核发了林权证。1999 年 10 月，徐明的妻子砍伐林地林木时，与徐伟发生纠纷，徐伟和徐明就承包林地的使用权产生争议，双方相持不下。那么关于林地承包纠纷该如何解决呢？

我国《森林法》第 3 条规定："……国家所有的和集体所有的森林、林木和林地，个人所有的林木和使用的林地，由县级以上地方人民政府登记造册，核发证书，确认所有权或者使用权。"我国《森林法》第 17 条规定："单位之间发生的林木、林地所有权和使用权争议，由县级以上人民政府依法处理。个人之间、个人与单位之间发生的林木所有权和林地使用权争议,由当地县级或者乡级人民政府依法处理。当事人对人民政府的处理决定不服的,可以在接到通知之日起一个月内,向人民法院起诉。在林木、林地权属争议解决以前,任何一方不得砍伐有争议的林木。"

也就是说,乡(镇)人民政府只能依法对个人之间、个人与全民所有制单位或集体所有制单位之间发生的林木、林地所有权和使用权的争议作出处理,并无权确认个人或全民所有的集体所有的林木、林地的所有权或使用权。本案中,镇人民政府将原本划给徐明的林地交给徐伟管护,且发给徐伟林权证,显属越权操作,是无效的。所以该纠纷是属于林地使用权确认纠纷,应当由县级人民政府申请裁决,当事人任何一方不服县级人民政府的行政裁决的可以向人民法院起诉,也可以向作出行政裁决的上一级机关申请复议。双方也可以在此之前选择仲裁方式解决。

42.对林地、林木权属争议有哪些处理程序?

1998年,吴刚与吴铁就林地、林木权属产生争议,原因是吴铁在1990年从村组集体承包林地15亩种植果木,同年获得县级人民政府林业主管机关颁发的林权证。而吴刚在1998年也从村组集体获得一块与吴铁相邻的林地承包经营权,并获得了林权证。但是吴刚的林地与吴铁相邻的林地地界有重合的部分,为此,双方争执不下,不知该以何种程序解决?

我国《森林法》第17条规定:"单位之间发生的林木、林地所有权和使用权争议,由县级以上人民政府依法处理。个人之间、个人与单位之间发生的林木所有权和林地使用权争议,由当地县级或者乡级人民政府依法处理。当事人对人民政府的处理决定不服的,可以在接到通知之日起 1 个月内,向人民法院起诉。在林木、林地权属争议解决以前,任何一方不得砍伐有争议的林木。"我国《行政复议法》第30 条规定:"公民、法人或者其他组织认为行政机关的具体行政行为侵犯其已经取得的土地、矿藏、水流、森林、山岭、草原、荒地、滩涂、海域等自然资源的所有权和使用权的,应当先申请行政复议;对行政复议决定不服的,可以依法向人民法院提起行政诉讼。根据国务院或省、自治区、直辖市人民政府对行政区划的勘定、调整或者征用土地的决定,省、自治区、直辖市人民政府确认土地、矿藏、水流、森林、山岭、草原、荒地、滩涂、海域等自然资源的所有权和使用权的行政复议决定为最终裁决。"

本案属于个人与个人之间的林地、林木权属争议,吴刚与吴铁关于该权属争议(县级人民政府林业主管部门颁发的林权证)应向县级人民政府申请行政裁决。当事人吴刚、吴铁认为行政机关的具体行政行为侵犯其已经取得的土地、森林、林地等自然资源的所有权和使用权的,应当先申请行政复议。若任何一方或者双方对行政复议决定不服的,可以依法向人民法院提起行政诉讼。根据国务院或省、自治区、直辖市人民政府对行政区划的勘定、调整或者征用土地的决定,省、自治区、直辖市人民政府确认土地、森林、林地等自然资源的所有权和使用权的行政复议决定为最终裁决。

43.林地可不可以继承?

万鑫结婚不久,妻子留下万金、万银撒手人世,万鑫在 50 岁时也因疾病缠身去世。万鑫遗留下砖瓦房 3 间、两层楼房 4 间、1 张 20

500元的存折及现金2 600元,还有本村林地的承包经营权(还余下10年的承包经营期限)。万金、万银在继承父亲万鑫的林地承包经营权的问题上与村委会产生争议,村委会认为作为林地承包经营权人的万鑫已经死亡,主张收回林地承包经营权;而万金、万银则主张林地承包经营尚在承包经营期限内,两人有权继承父亲万鑫的林地承包经营权。到底在承包经营期限内的林地承包经营权可不可以继承呢?

我国《农村土地承包法》第31条规定:"承包人应得的承包收益,依照继承法的规定继承。林地承包的承包人死亡,其继承人可以在承包期内继续承包。"我国《继承法》第4条规定:"个人承包应得的个人收益,依照本法规定继承。个人承包,依照法律允许由继承人继续承包的,按照承包合同办理。"因此,万金、万银可以继续承包林地的经营权。

44.什么是林木限额采伐的编制原则、编制主体和采伐限额的批准程序?

村民王小虎对承包的15亩山林辛勤经营管理了20多年。为了配合县政府林业部门的林业管理工作,王小虎自学了一些与林地、林木相关的法律知识。王小虎还想了解林木限额采伐的编制原则、编制主体、采伐限额的批准程序这些知识。

我国《森林法》第29条规定:"国家根据用材林的消耗量低于生长量的原则,严格控制森林年采伐量。国家所有的森林和林木以国有林业企业事业单位、农场、厂矿为单位,集体所有的森林和林木、个人所有的林木以县为单位,制定年采伐限额,由省、自治区、直辖市林业主管部门汇总,经同级人民政府审核后,报国务院批准。"我国《森林法实施条例》第28条规定:"国家所有的森林和林木以国有林业企业事业单位、农场、厂矿为单位,集体所有的森林和林木、个人所有的林木以县为单位,制定年森林采伐限额,由省、自治区、直辖市人民政府林业主管部门汇总、平衡,经本级人民政府审核后,报国务院批准;其中,重点林区的年森林采伐限额,由国务院林业主管部门审核后,报国务院批准。国务院批准的年森林采伐限额,每5年核定1次。"

根据相关规定,林木采伐限额的编制原则是国家根据用材林的消耗量低于生长量的原则,严格控制森林年采伐量;编制主体及采伐限额的批准程序是国家所有的森林和林木以国有林业企业事业单位、农场、厂矿为单位,集体所有的森林和林木、个人所有的林木以县为单位,制定年森林采伐限额,由省、自治区、直辖市人民政府林业主管部门汇总、平衡,经本级人民政府审核后,报国务院批准;其中,重点林区的年森林采伐限额,由国务院林业主管部门审核后,报国务院批准。国务院批准的年森林采伐限额,每5年核定一次。

45.哪些林地的使用权可以转让、作价入股?

村民马小六准备利用自己承包村组的荒山及多年苦心经营的山上经济林木作价入股,开办旅游事业。不知这样做是否符合法律、法规的规定?

我国《森林法》第15条规定:"下列森林、林木、林地使用权可以依法转让,也可以依法作价入股或者作为合资、合作造林、经营林木的出资、合作条件,但不得将林地改为非林地:(一)用材林、经济林、薪炭林;(二)用材林、经济林、薪炭林的林地使用权;(三)用材林、经济林、薪炭林的采伐迹地、火烧迹地的林地使用权;(四)国务院规定的其他森林、林木和其他林地使用权。依照前款规定转让、作价入股或者作为合资、合作造林、经营林木的出资、合作条件的,已经取得的林木采伐许可证可以同时转让,同时转让双方都必须遵守本法关于森林、林木采伐和更新造林的规定。除本条第 1 款规定的情形外,其他森林、林木和其他林地使用权不得转让。具体办法由国务院规定。"

根据《森林法》规定,村民马小六有权用自己合法取得的荒山林地承包经营权和经济林木依法作价入股或者作为合资、合作造林、经营林木的出资、合作条件,但是不得将林地改为非林地。除《森林法》第 15 条第 1 款规定的情形外,其他森林、林木和其他林地使用权不得转让。具体办法依据国务院规定办理。

46.采伐自己种的林木是否需要林木采伐许可证?

王老汉在 1990 年承包了村里的 10 余亩荒地种植杨树,经过多年的辛勤管理和劳作,杨树林已经长成了可以出售的林木。王老汉认为砍伐自己承包地里种植的杨树理所当然,砍伐时就没有去办理林木采伐证,没想到他的举动差点违法。那么采伐林木是否需要林木采伐许可证呢?

我国《森林法》第 32 条规定:"采伐林木必须申请采伐许可证,按许可证的规定进行采伐;农村居民采伐自留地和房前屋后个人所有的零星林木除外。国有林业企业事业单位、机关、团体、部队、学校和其他国有企业事业单位采伐林木,由所在地县级以上林业主管部门依照有关规定审核发放采伐许可证。铁路、公路的护路林和城镇林木的更新采伐,由有关主管部门依照有关规定审核发放采伐许可证。

农村集体经济组织采伐林木,由县级林业主管部门依照有关规定审核发放采伐许可证。农村居民采伐自留山和个人承包集体的林木,由县级林业主管部门或者其委托的乡、镇人民政府依照有关规定审核发放采伐许可证。采伐以生产竹材为主要目的的竹林,适用以上各款规定。"第 35 条规定:"采伐林木的单位或者个人,必须按照采伐许可证规定的面积、株数、树种、期限完成更新造林任务,更新造林的面积和株数不得少于采伐的面积和株数。"

　　虽然王老汉承包了村里的荒地育林,享有林地使用权和林木所有权,但是在采伐林木时必须先申请采伐许可证,按许可证的规定进行采伐。王老汉采伐个人承包地上种的林木,由县级林业主管部门或者其委托的乡、镇人民政府依照有关规定审核发放采伐许可证。王老汉必须按照采伐许可证规定的面积、株数、树种、期限完成更新造林任务,更新造林的面积和株数不得少于采伐的面积和株数。

四、农村其他土地法律问题

1.什么叫"四荒"地？怎样承包？

松岭村有大量的荒丘、荒沟没人开垦。

我国《农村土地承包法》第3条规定："国家实行农村土地承包经营制度。农村土地承包采取农村集体经济组织内部的家庭承包方式，不宜采取家庭承包方式的荒山、荒沟、荒丘、荒滩等农村土地，可以采取招标、拍卖、公开协商等方式承包。"

我们所说的"四荒"地是指荒山、荒沟、荒丘和荒滩。对于这四类土地由于难以进行开发治理，如果仍然按户承包给每个家庭，不但不会为其创造收入，反而有可能增加负担。因此，国家法律将"四荒"地的承包另作单独的规定，允许凡是有能力的个人或者单位均可承包经营，这就有利于人力、资金和技术进入"四荒"地的开发治理。当然，国家法律并没有把村民排除在"四荒"地承包主体范围之外，只要愿意，在相同的条件下，本集体经济组织成员享有优先承包的权利。"四荒"地通常采取招标、拍卖、公开协商等方式进行承包。

2.外来人员可不可以承包本村的"四荒"地？

小王庄有100亩的荒山没有承包出去，村里开会一致同意把荒山按每亩每年最低200元拍卖出去。经过金河乡政府的批准，小王庄最后以每亩每年315元的价格将荒山拍卖给了宝山镇的谭平，期限是10年。

我国《农村土地承包法》第48条规定："发包方将农村土地发包给本集体经济组织以外的单位或者个人承包，应当事先经本集体经济组织成员的村民会议 2/3 以上成员或者 2/3 以上村民代表的同意,并报乡(镇)人民政府批准。由本集体经济组织以外的单位或者个人承包的,应当对承包方的资信情况和经营能力进行审查后,再签订承包合同。"

按照国家法律规定,本村的"四荒"地可以由外来人员承包。但是,发包方将"四荒"地发包给本集体经济组织以外的单位或者个人承包,应当事先经本集体经济组织成员的村民会议 2/3 以上成员或者 2/3 以上村民代表的同意,然后再报乡(镇)人民政府批准。同时还应当对承包方的资信情况和经营能力进行审查后,符合要求后再签订承包合同。

小王庄的 100 亩荒山在事先经过全村人一致同意后,经金河乡政府批准,通过拍卖的方式由宝山镇的谭平承包经营这一做法是合法的。谭平取得小王庄这 100 亩荒山的 10 年的承包经营权是合法的。

3.本村人怎样才能取得"四荒"地?

周家洼村的荒地共有 102.8 亩,原承包人上水村的村民王成云愿意按照每亩 155 元的价格再承包 10 年,可是周家洼村村民周成龙也愿意以每亩 155 元的价格将这 102.8 亩荒山承包 10 年。

村里很为难,最后只有召开村民会议决定荒地承包。经过村委会的协调,最后决定由王成云和周成龙各自承包 51.4 亩,价格按每亩 155 元计。

我国《农村土地承包法》第 45 条规定:"以其他方式承包农村土地的,应当签订承包合同。当事人的权利和义务、承包期限等,由双方协商确定。以招标、拍卖方式承包的,承包费通过公开竞标、竞价确定;以公开协商等方式承包的,承包费由双方议定。"第 47 条规定:

"以其他方式承包农村土地,在同等条件下,本集体经济组织成员享有优先承包权。"

按国家法律的规定,如果只有本村人承包"四荒"地,仍然采用招标、拍卖等方式进行承包;如果同时有本村人和外村人参与承包,那么谁开出的承包费高就由谁承包,如果承包费一样,则本村村民优先承包。

所以,按规定,周成龙应该优先承包周家洼村的荒地。但是经过村委会的协调,周成龙与王成云各自承包一部分荒地的做法并没有剥夺周成龙的优先承包权,也是合情合理的,不算违法。

4.承包"四荒"地有无土地承包经营权证? 怎样取得?

小王庄村民何平想承包村里的荒地,但不知承包荒地有无土地承包经营权证,怎样取得?

我国《农村土地承包经营权证管理办法》第 3 条规定:"承包耕地、园地、荒山、荒沟、荒丘、荒滩等农村土地从事种植业生产活动,承包方依法取得农村土地承包经营权后,应颁发农村土地承包经营权证予以确认。"第 4 条规定:"实行其他方式承包经营的承包方,经依法登记,由县级以上地方人民政府颁发农村土地承包经营权证。"第 8 条规定:"实行招标、拍卖、公开协商等方式承包农村土地的,按下列程序办理农村土地承包经营权证:(一)土地承包合同生效后,承包方填写农村土地承包经营权证登记申请书,报承包土地所在乡(镇)人民政府农村经营管理部门。(二)乡(镇)人民政府农村经营管理部门对发包方和承包方的资格、发包程序、承包期限、承包地用途等予以初审,并在农村土地承包经营权证登记申请书上签署初审意见。(三)承包方持乡(镇)人民政府初审通过的农村土地承包经营权登记申请书,向县级以上地方人民政府申请农村土地承包经营权证登记。

(四)县级以上地方人民政府农业行政主管部门对登记申请予以审核。申请材料符合规定的,编制农村土地承包经营权证登记簿,报请同级人民政府颁发农村土地承包经营权证;申请材料不符合规定的,书面通知申请人补正。"

根据国家的规定,承包荒地也要办理土地承包经营权证,具体程序是:先由承包方填写农村土地承包经营权证登记申请书,报承包土地所在乡(镇)人民政府农村经营管理部门审核后,向县级以上地方人民政府申请农村土地承包经营权证登记,由农业行政主管部门审核,对符合规定的,编制农村土地承包经营权证登记簿,报请同级人民政府颁发农村土地承包经营权证。

5.国家对承包治理开发"四荒"地具体有哪些要求?

上水村的钱二宝承包了村里的 70 亩荒山种果树,承包期限为 5 年。承包后,钱二宝想改变用途在荒地上开石材厂。村委会觉得反正荒山都承包给钱二宝了,具体做啥是他钱二宝的事,就答应了。但是,有人向县里反映,说上水村违反国家政策进行"四荒"地承包,造成了大量水土流失。县里派专人来进行查看,发现钱二宝承包的荒山由于开采石材,被挖掘得面目全非。于是,县里召开了专门会议,严肃处理了这件事。

根据国务院办公厅《关于治理开发农村"四荒"资源进一步加强水土保持工作的通知》的规定,对于治理开发"四荒"地主要有以下几个方面的具体要求:

(1)实行谁治理、谁管护、谁受益的政策。在经过治理开发的"四荒"地上种植的林果木、牧草及其产品等归治理者所有,新增土地的所有权归集体,在协议规定期限内,治理者拥有使用权,享受国家有关优惠政策。

（2）农村集体经济组织内的农民都有参与治理开发"四荒"的权利，本村村民享有优先权。也鼓励和支持有治理开发能力的企事业单位、社会团体及其他组织或个人采取不同方式治理开发"四荒"。

（3）治理开发"四荒"，应做到公开、公平、自愿、公正。治理开发的规模要适度，既不搞平均主义，又要避免由于规模过于悬殊带来的资源分配和经济利益不合理的矛盾。

（4）治理者对"四荒"享有治理开发自主权。国家依法保护治理开发"四荒"的成果和治理者的合法权益。在符合国家有关法律、法规、政策、水土保持总体规划和治理开发协议的前提下，允许并鼓励治理者在保持水土和培育资源的基础上，宜农则农，宜林则林，宜果则果，宜牧则牧，宜渔则渔，根据实际情况开发利用"四荒"。

（5）无论采用哪种方式治理开发"四荒"，都必须遵守有关法律、法规和政策。不准在25度以上的陡坡上开荒种植农作物，不准破坏植被、道路和农田水利、水土保持工程设施。不得进行掠夺式开发，不得将"四荒"改作非农用途，以免造成新的水土流失，违者要按有关规定予以处罚。对违约逾期不治理开发的，农村集体经济组织应无偿收回。

钱二宝的行为显然没有真正起到开发治理荒山的作用，反而让荒山更"荒"，导致环境的进一步恶化。国家是明确禁止这类掠夺式承包经营的，国家要求的是对"四荒"地进行可持续的合理的开发治理，显然，钱二宝没有做到，因此他不能再继续承包经营此荒地，并且还要赔偿其造成的损失。

6.对承包的草原可不可以进行调整？

巴音胡硕镇呼仍陶勒盖村的巴图一家承包的草原离巴图家太远，不方便管理，于是巴图找到村里，要求换一片草原。村委会认为草地离巴图家确实有点远,就让叶里克家和巴图家换了草地。虽然叶里克有点儿不愿意,但都是同一个村的乡亲,也没怎么反对。

我国《草原法》第 13 条第 2 款规定:"在草原承包经营期内,不得对承包经营者使用的草原进行调整;个别确需适当调整的,必须经本集体经济组织成员的村(牧)民会议2/3以上成员或者2/3以上村(牧)民代表的同意,并报乡(镇)人民政府和县级人民政府草原行政主管部门批准。"

根据国家法律规定,在承包经营期内,一般不得对承包经营者使用的草原进行调整。但是,个别确需适当调整的除外。对于确实需要调整的,须经本村(牧)民会议 2/3 以上成员或者 2/3 以上村(牧)民代表的同意,并报乡(镇)人民政府和县级人民政府草原行政主管部门批准。

巴图一家仅仅因为自己承包的草原离家太远而向村里要求调整,这不符合法律规定的草原调整标准。呼仍陶勒盖村村委会私下调整村民承包的草原,这一做法不符合国家法律的规定,是违法的。

7.承包的草原可不可以转让给他人?

温都尔敖包村的高长河打算和老婆到赤峰市去打工,决定将草地转让给同村的高占林。两人到村里找村主任商量,村里也答应了。两人立马就办了手续,一方交钱,一方交地。

我国《草原法》第 15 条规定:"草原承包经营权受法律保护,可以按照自愿、有偿的原则依法转让。草原承包经营权转让的受让方必须具有从事畜牧业生产的能力,并应当履行保护、建设和按照承包合同约定的用途合理利用草原的义务。草原承包经营权转让应当经发包方同意。承包方与受让方在转让合同中约定的转让期限,不得超过原承包合同剩余的期限。"

根据国家法律规定,承包的草原可以卖给(转让)他人,但是买方(受让方)必须具有从事畜牧业生产的能力,而且还应当经发包方同意。由于买卖的只是草原承包经营权,所以转让期限还不得超过原承包合同剩余的期限。

因此,只要符合法律相关规定,高长河可以把自己承包的草原转让出去。

8.草原是谁的? 怎么承包?

德勒哈达村的很多年轻人都出去打工了,所以有很多草地没有承包出去。邻村的巴特尔为了能在德勒哈达村承包到一片草地,专门到镇里咨询相关情况。镇里的工作人员告诉他,这些草原是德勒哈达村的,应该找该村。于是巴特尔找到德勒哈达村村委会,村委会告诉巴特尔,因他不是德勒哈达村的人,所以不能将草地承包给他。

我国《草原法》第 9 条第 1 款规定:"草原属于国家所有,由法律规定属于集体所有的除外。国家所有的草原,由国务院代表国家行使所有权。"第 13 条规定:"集体所有的草原或者依法确定给集体经济组织使用的国家所有的草原,可以由本集体经济组织内的家庭或者联户承包经营……集体所有的草原或者依法确定给集体经济组织使用的国家所有的草原由本集体经济组织以外的单位或者个人承包经营的,必须经本集体经济组织成员的村(牧)民会议 2/3 以上成员或者 2/3 以上村(牧)民代表的同意,并报乡(镇)人民政府批准。"

根据国家法律的规定,对于草原,如果法律没有规定是集体所有的,那么就属于国家所有,由国务院代表国家行使所有权。集体所有的草原,由县级人民政府登记,核发所有权证,确认草原所有权。对于国家所有的草原可以确定由集体使用,并颁发使用权证;集体所有的草原或集体使用的国家所有的草原均可承包;可以由本集体经济组织内的家庭或者联户承包经营;也可以由本集体经济组织以外的单位或者个人承包经营。

所以,巴特尔虽然不是本村人,但只要经德勒哈达村村(牧)民会议 2/3 以上成员或者 2/3 以上村(牧)民代表的同意,并经巴音胡硕镇人民政府批准,他仍然可以承包经营德勒哈达村的草原。德勒哈达村村委会的说法是错误的。

9.自留地怎么取得?

靠山屯村的谢永强和王小蒙结婚后于 2004 年生了 1 个小孩。谢永强觉得自己家添了 1 个人,自留地也应该多分 1 份,于是谢永强向村委会申请再分 1 份自留地。村委会答复谢永强,现在村里没有剩余的自留地可以分给谢永强,让谢永强再等等。谢永强知道村里还有一些开荒开出来的土地,所以他认为村委会在找借口不想分给他自留地。于是谢永强将靠山屯村村委会告上了法院。

我国《土地管理法》第 8 条第 2 款规定:"农村和城市郊区的土地,除由法律规定属于国家所有的以外,属于农民集体所有;宅基地和自留地、自留山,属于农民集体所有。"

自留地和宅基地性质相似,村民只有使用权没有所有权。自留地是村集体经济组织为了社员能经营副业而分配给家庭的土地,社员不需要缴费。自留地是由集体分配的,集体根据具体情况分配给家庭适量的自留地。法院无权决定是否分配自留地。谢永强向村委会申请自留地的做法是正确的,但在不同意村委会的做法时应该向该村委会所在地的乡(镇)人民政府反映,而不是向法院起诉。

10.自留地可不可以和别人交换?

刘能是靠山屯村人,住在靠山屯村的边界处,他家分到的自留地虽然土质比较好，但离家比较远。下水村郑铁军家的自留地在刘能家附近，刘能想和郑铁军换自留地。经过协商双方谈好了换地条件。但两个村的村委会知道此事后，都不同意他们交换自留地。刘能想知道自留地到底能不能换？

我国《土地管理法》第 8 条规定："城市市区的土地属于国家所有。农村和城市郊区的土地，除由法律规定属于国家所有的以外，属于农民集体所有；宅基地和自留地、自留山，属于农民集体所有。"自留地属于集体所有，村民只有使用权，而且使用权也只是本集体成员才能享有，其他集体经济组织的成员和城市户口的人员都没有这种权利。自留地作为家庭副业生产基地，村民在保证土地用途的前提下对自留地有一定的处分权，可以和同村的村民互换自留地。

刘能和郑铁军不是一个集体经济组织的人员，所以他们之间的自留地不能进行交换。如果刘能和同村的某人交换自留地，法律是允许的。

11.自留地可不可以买卖？

赵四儿子快结婚了，赵四想再建 1 栋房屋给儿子做新房。赵四原来的房子离公路很远，很不方便，所以赵四决定新房要建在公路边。谢大脚家的自留地刚好在公路边，面积也符合赵四的要求。赵四找谢大脚商量，想买下谢大脚的自留地盖房子，谢大脚却说自留地是不能买卖的。赵四以为谢大脚是想抬高价格在找借口，就给出了诱人的地价。那么自留地到底可不可以卖给别人呢？

我国《土地管理法》第 8 条规定："城市市区的土地属于国家所有。农村和城市郊区的土地，除由法律规定属于国家所有的以外，属于农民集体所有；宅基地和自留地、自留山，属于农民集体所有。"我国《宪法》第 10 条规定："城市的土地属于国家所有。农村和城市郊区的土地,除由法律规定属于国家所有的以外,属于集体所有;宅基地和自留地、自留山,也属于集体所有。国家为了公共利益的需要,可以依照法律规定对土地实行征收或者征用并给予补偿。任何组织或者个人不得侵占、买卖或者以其他形式非法转让土地。土地的使用权可以依照法律的规定转让。一切使用土地的组织和个人必须合理地利用土地。"

虽说自留地归村民自己用于生产,经济组织不得干涉,但是自留地的所有权还是集体组织的。村民处理自留地的权利受到很大的限制。我国《宪法》明确规定不得买卖或者以其他形式非法转让土地。村民只能合理利用自留地,不得出租、转让或买卖。赵四和谢大脚之间买卖自留地的做法是违法不可取的。

12.自留地能不能留给后人?

李伟父亲于 2004 年去世,留下了 1 栋房子和其他一些遗产。李伟在继承遗产中遇到了一些问题。父亲的其他遗产如房屋、存款等继承起来很顺利,但是李伟在继承父亲的自留地时村里有人提出了异议。有人提出,自留地属于集体所有,应该算是集体财产,不能当做私人财产用于继承。李伟觉得他出生时没有分得自留地,一家人就只有他爸一人有自留地,这块自留地一直是自己一家在耕作,所以他有权继承这块自留地。自留地能不能继承呢?

我国《土地管理法》第 8 条规定:"城市市区的土地属于国家所有。农村和城市郊区的土地,除由法律规定属于国家所有的以外,属于农民集体所有;宅基地和自留地、自留山,属于农民集体所有。"自留地的取得应该是通过农村集体经济组织的分配。村民对自留地只有使用权没有所有权,不能随意处分。自留地同宅基地一样不能继承。所不同的是村民由于继承宅基地上的房屋而可以继续使用宅基地,而自留地则只能通过变更使用权后再继续使用。

李伟父亲的自留地不能继承,但可以通过变更使用权后继续使用。尽管李伟出生时没能分到自留地,现在父亲去世,唯一的 1 块自留地也不能继承。李伟可以通过向村委会申请,变更父亲使用的自留地的使用权而取得这块自留地的继续使用权。最后强调一点,农村集体经济组织所有的土地不能买卖、出租和继承。

13.哪些土地可以用来办乡镇企业?

靠山屯村的村委会决定利用当地的农业优势办 1 家农产品加工厂。厂房的选址问题很重要,村里选中了 1 块靠公路的农用地。有村民提出,村民建房不得占用农用地,村里办厂就可以随便占用农用地吗? 村里办厂到底可以占用哪些土地?

我国《土地管理法》第 43 条第 1 款规定:"任何单位和个人进行建设,需要使用土地的,必须依法申请使用国有土地;但是,兴办乡镇企业和村民建设住宅经依法批准使用本集体经济组织农民集体所有的土地的,或者乡(镇)村公共设施和公益事业建设经依法批准使用农民集体所有的土地的除外。"第 60 条规定:"农村集体经济组织使用乡(镇)土地利用总体规划确定的建设用地兴办企业或者与其他单位、个人以土地使用权入股、联营等形式共同举办企业的,应当持有关批准文件,向县级以上地方人民政府土地行政主管部门提出申请,按照省、自治区、直辖市规定的批准权限,由县级以上地方人民政府批准;其中,涉及占用农用地的,依照本法第 44 条的规定办理审批手续。按照前款规定兴办企业的建设用地必须严格控制。省、自治区、直辖市可以按照乡镇企业的不同行业和经营规模,分别规定用地标准。"兴办乡镇企业可以使用集体所有的土地,在使用土地利用总体规划确定的建设用地时也必须得到县级以上地方人民政府的批准,涉及占用农用地的同样需要办理农用地转用手续。

靠山屯村村委会办厂,占用农用地建厂房,也必须通过相关的审批手续,不得随便占用农用地,还得尽量符合土地利用总体规划。

14.乡(镇)村公共设施和公益事业用地批准手续怎么办?

2003 年以前,靠山屯村一直是土路,交通极不方便。村委会一直有意修 1 条乡村公路,改善村里的交通条件。为此村委会在 2003 年 6 月征求了全体村民的意见,大家一致同意出力、出钱共同修一条乡村公路。修建这条乡村公路会占用一些农用地,村民们相互协商解决了这些问题。在施工后 1 个月,镇政府知道了这件事情,派员下乡了解情况。并告知村委会他们的做法是不合法的,靠山屯村修公路同样需要办理一些审批手续。

我国《土地管理法》第 61 条规定:"乡(镇)村公共设施、公益事业建设,需要使用土地的,经乡(镇)人民政府审核,向县级以上地方人民政府土地行政主管部门提出申请,按照省、自治区、直辖市规定的批准权限,由县级以上地方人民政府批准;其中涉及占用农用地的,依照本法第 44 条的规定办理审批手续。"第 76 条第 1 款规定:"未经批准或者采取欺骗手段骗取批准,非法占用土地的,由县级以上人民政府土地行政主管部门责令退还非法占用的土地,对违反土地利用总体规划擅自将农用地改为建设用地的,限期拆除在非法占用的土地上新建的建筑物和其他设施,恢复土地原状,对符合土地利用总体规划的,没收在非法占用的土地上新建的建筑物和其他设施,可以并处罚款;对非法占用土地单位的直接负责的主管人员和其他直接责任人员,依法给予行政处分;构成犯罪的,依法追究刑事责任。"

靠山屯村修建乡村公路占用农用地,必须经乡(镇)人民政府审核,办理相关的审批手续,否则就是非法占用土地,会受到相应处罚。

15.擅自将集体土地使用权出让、转让或出租用于非农业建设的,该怎么处理?

上水村村民钱小宝在2000年与村委会签订了土地承包协议,约定承包10亩临近公路的耕地,期限为30年。2004年,下水村的村民马进才找到钱小宝,想让钱小宝把他承包的土地出租给自己,办个碎石厂。在马进才给出合适的租金后,钱小宝就与马进才签订了租赁协议。该租赁协议是否合法?及后果如何?

我国《土地管理法》第31条第1款规定:"国家保护耕地,严格控制耕地转为非耕地。"并且我国《农村土地承包法》第37条第1款规定:"土地承包经营权采取转包、出租、互换、转让或者其他方式流转,当事人双方应当签订书面合同。采取转让方式流转的,应当经发包方同意;采取转包、出租、互换或者其他方式流转的,应当报发包方备案。"同时《土地管理法》第81条明确规定:"擅自将农民集体所有的土地的使用权出让、转让或者出租用于非农业建设的,由县级以上人民政府土地行政主管部门责令限期改正,没收违法所得,并处罚款。"由此,承包人在承包期内出租承包地的,应当报发包方备案,但是不能违反法律规定将耕地变为非农用地,否则要承担一定的法律责任。

钱小宝在没有向村委会备案的情况下,就将承包的土地出租给马进才,并用于办碎石厂,把耕地变为非农用地,这严重违反了有关土地管理的法律规定,所以该协议是不合法的。同时,根据法律规定,对于钱小宝擅自出租承包地用于非农业建设的做法,应由县级以上土地行政主管部门责令限期改正,没收违法所得,并处罚款。

16.什么是未利用地? 可不可以开发? 应当怎样开发?

村民小田很想了解可不可以开发未利用地,并就如何开发向有关政府部门进行了咨询。

我国《土地管理法》第 4 条规定："国家实行土地用途管制制度。国家编制土地利用总体规划,规定土地用途,将土地分为农用地、建设用地和未利用地。严格限制农用地转为建设用地,控制建设用地总量,对耕地实行特殊保护。前款所称农用地是指直接用于农业生产的土地,包括耕地、林地、草地、农田水利用地、养殖水面等;建设用地是指建造建筑物、构筑物的土地,包括城乡住宅和公共设施用地、工矿用地、交通水利设施用地、旅游用地、军事设施用地等;未利用地是指农用地和建设用地以外的土地。"根据该规定,未利用地是指农用地和建设用地以外的土地。同时所谓的农村集体未利用地就是指目前未开发使用的集体土地,即农村集体所有的农用地和建设用地以外的土地。如农村集体的荒山、荒地、荒滩、荒沟等;所谓的国有未利用地即是指尚未开发且未确定使用权的国有荒山、荒地、荒滩。

我国《农村土地承包法》第 44 条规定："不宜采取家庭承包方式的荒山、荒沟、荒丘、荒滩等农村土地,通过招标、拍卖、公开协商等方式承包的,适用本章规定。"《土地管理法》第 40 条规定："开发未确定使用权的国有荒山、荒地、荒滩从事种植业、林业、畜牧业、渔业生产的,经县级以上人民政府依法批准,可以确定给开发单位或者个人长期使用。"由此可以得知,对于未利用地是可以开发的。同时我国《土地管理法》第 39 条第 1 款规定："开垦未利用的土地,必须经过科学论证和评估,在土地利用总体规划划定的可开垦的区域内,经依法批准后进行。禁止毁坏森林、草原开垦耕地,禁止围湖造田和侵占江河滩地。"《农村土地承包法》第 45 条规定："以其他方式承包农村土地的,应当签订承包合同。当事人的权利和义务、承包期限等,由双方协商确定。以招标、拍卖方式承包的,承包费通过公开竞标、竞价确定;以公开协商等方式承包的,承包费由双方议定。"第 46 条规定:

"荒山、荒沟、荒丘、荒滩等可以直接通过招标、拍卖、公开协商等方式实行承包经营,也可以将土地承包经营权折股分给本集体经济组织成员后,再实行承包经营或者股份合作经营。承包荒山、荒沟、荒丘、荒滩的,应当遵守有关法律、行政法规的规定,防止水土流失,保护生态环境。"由此可见,法律对如何开发和怎样开发作出了详细规定。

17.自留山是否可以继承?

下水村村民郑老根在 1988 年与村委会签订了自留山承包协议,约定承包期限为 30 年。2006 年底,郑老根因病突然去世。村委会决定收回郑老根承包的自留山的经营权,但是郑老根的儿子郑铁军认为自己享有该自留山承包权的继承权,村委会应当让自己继续承包经营该自留山。为此,双方争执不下。那么郑铁军是否能够继承该自留山的承包经营权呢?

我国《土地管理法》第 8 条第 2 款规定:"农村和城市郊区的土地,除由法律规定属于国家所有的以外,属于农民集体所有;宅基地和自留地、自留山,属于农民集体所有。"同时在第 9 条规定:"国有土地和农民集体所有的土地,可以依法确定给单位或者个人使用。使用土地的单位和个人,有保护、管理和合理利用土地的义务。"由此可知,自留山属于农民集体所有,承包人只能享有土地的使用权,而不是所有权。另外,我国《农村土地承包法》第 50 条规定:"土地承包经营权通过招标、拍卖、公开协商等方式取得的,该承包人死亡,其应得的承包收益,依照《继承法》的规定继承;在承包期内,其继承人可以继续承包。"据此,在承包期间内,承包人的继承人可以继承其土地承包经营权。

因为郑老根是在 1988 年与村委会签订的自留山承包协议,并约定承包期为 30 年,故在 2006 年底郑老根去世后,其承包合同仍在承包期内,所以根据法律规定,郑老根的继承人郑铁军有权在承包期内继承该自留山的承包经营权。

18.利用水域、滩涂从事养殖生产如何取得养殖证?

下水村村民刘老根在流经村边的河里养鱼,他想取得在此养鱼的养殖证,以便自己更好地投资,并获得法律的保护。那么他如何才能取得该片水域的养殖证呢?

我国《渔业法》第11条规定:"国家对水域利用进行统一规划,确定可以用于养殖业的水域和滩涂。单位和个人使用国家规划确定用于养殖业的全民所有的水域、滩涂的,使用者应当向县级以上地方人民政府渔业行政主管部门提出申请,由本级人民政府核发养殖证,许可其使用该水域、滩涂从事养殖生产。核发养殖证的具体办法由国务院规定。集体所有的或者全民所有由农业集体经济组织使用的水域、滩涂,可以由个人或者集体承包,从事养殖生产。"同时国务院《渔业法实施细则》第10条第2款规定:"全民所有的水面、滩涂在一县行政区域内的,由该县人民政府核发养殖使用证;跨县的,由有关县协商核发养殖使用证,必要时由上级人民政府决定核发养殖使用证。"并在《渔业法》第12条规定:"县级以上地方人民政府在核发养殖证时,应当优先安排当地的渔业生产者。"据此,当地水域的村民具有优先养殖渔业的权利。同时,对于本集体所有的水域、滩涂,集体组织的成员可以承包养殖渔业。同时使用人应该向县级以上渔业部门提出申请,由本级政府核发养殖证;而如果全民所有的水域是跨县的,应由有关县协商核发养殖使用证,必要时由上级人民政府决定核发养殖使用证。

根据法律规定,刘老根应当向县级以上渔业部门提出申请,并由本级政府核发养殖证,但当他使用的水域是全民所有的并跨县时,应由有关县协商核发养殖使用证,必要时由上级人民政府决定核发养殖使用证。如果他使用的水域是集体所有的,他还可以与村委会签订承包协议,约定承包期限,以便更好地投资和收益。

19.违法进行水域养殖的后果是什么?

下水村村民刘老根在 2000 年领取全民水域的养殖证以后,一直从事渔业生产,收入颇丰。2005 年后,刘老根由于与村民马进才一块儿合伙做生意,常年在外,就没有再放养鱼苗。2007 年底,县渔业部门在巡视时发现刘老根的养殖水域荒芜,就告知刘老根违法养殖,决定吊销其养殖证并处以罚款。

我国《渔业法》第 40 条规定:"使用全民所有的水域、滩涂从事养殖生产,无正当理由使水域、滩涂荒芜满 1 年的,由发放养殖证的机关责令限期开发利用;逾期未开发利用的,吊销养殖证,可以并处 1 万元以下的罚款。未依法取得养殖证擅自在全民所有的水域从事养殖生产的,责令改正,补办养殖证或者限期拆除养殖设施。未依法取得养殖证或者超越养殖证许可范围在全民所有的水域从事养殖生产,妨碍航运、行洪的,责令限期拆除养殖设施,可以并处 1 万元以下的罚款。"同时国务院《渔业法实施细则》第 11 条对"荒芜"作了具体规定:"领取养殖使用证的单位,无正当理由未从事养殖生产,或者放养最低于当地同类养殖水域平均放养量 60%的,应当视为荒芜。"

在 2005 年至 2007 年底两年多的时间内,刘老根一直在外做生意而没有放养鱼苗,根据法律规定,已经构成水域的荒芜,故而县渔业机关有权责令其限期开发利用,如果到期仍没有利用时,县渔业机关有权吊销其养殖证,并处罚款。但是县渔业机关必须给予刘老根一定的期限让其开发利用,而不是立即处罚。

20.相邻各方应当如何处理用水、排水等相邻关系引发的问题?

杨刚和杨林是前后邻居,杨刚住在前面,杨林住在后面。杨刚新砌的房子未留排雨水的地方,所以每逢雨天,雨水就从杨林家流过,而且杨刚家的厕所污水也和雨水一根管道,排到杨林家后院后就一并敞开流,经5米左右后流入一从未被污染的农村公共池塘,所流经的5米道位于杨林家旁边,杨林家的人经常要跨过水道到村里、田地里。另外杨林家牲畜的饮水常从公共池塘取水。但杨刚以排水离杨林家正屋太远,不会影响杨林家生活为由,执意要排水。杨林不知可否通过法律程序让杨刚停止这种行为?

我国《民法通则》第83条规定:"不动产的相邻各方,应当按照有利生产、方便生活、团结互助、公平合理的精神,正确处理截水、排水、通行、通风、采光等方面的相邻关系。给相邻方造成妨碍或者损失的,应当停止侵害,排除妨碍,赔偿损失。"我国《物权法》第84条规定:"不动产的相邻权利人应当按照有利生产、方便生活、团结互助、公平合理的原则,正确处理相邻关系。"第86条第1款规定:"不动产权利人应当为相邻权利人用水、排水提供必要的便利。"

只要杨林有证据证明杨刚排水给自己的生活、生产造成影响,就可以我国《民法通则》和《物权法》关于相邻关系排水的规定,要求对方停止侵害,排除妨碍,甚至赔偿损失。

21.相邻各方如何解决彼此间的通行问题?

方家与冯家是邻居,在两家的宅基地之间,有一条由南向北的伙巷,两家人通过这条伙巷到屋后的大路比较方便,不然就得走很多冤枉路。2007年,方家因为要娶儿媳妇翻盖房子,想把这条伙巷堵上,使自家的房子扩出1间半。方家跟村主任说了这事,村主任没明确表态。方家按照自己的意愿堵上了伙巷，扩大了房子。对此，老冯家提出抗议。方家却说自己盖房又没占冯家的地，有话跟村主任说去。冯家找到村主任，但村主任的态度模棱两可。于是，冯家到法院起诉，要求方家排除妨碍，畅通伙巷。

我国《民法通则》第83条规定："不动产的相邻各方，应当按照有利生产、方便生活、团结互助、公平合理的精神，正确处理截水、排水、通行、通风、采光等方面的相邻关系。给相邻方造成妨碍或者损失的，应当停止侵害，排除妨碍，赔偿损失。"我国《物权法》第84条规定："不动产的相邻权利人应当按照有利生产、方便生活、团结互助、公平合理的原则，正确处理相邻关系。"第87条规定："不动产权利人对相邻权利人因通行等必须利用其土地的，应当提供必要的便利。"

方家擅自堵死伙巷，妨碍了相邻方的通行，侵犯了冯家的相邻权。相邻权是不动产的所有人或占有人为依法行使其权利而要求相邻的不动产的所有人或占有人提供便利的权利。相邻权的产生基于相邻关系，构成相邻关系要具备以下条件：(1)须有两个以上的民事主体。因为相邻关系是一种法律关系，任何一种法律关系必须是双方或多方的。(2)相邻关系主体的财产必须是不动产，而且是相互毗邻。(3)相邻关系是一种从属关系，与相邻不动产具有不可分性。冯家对于伙巷有通行的权利，这一权利就是因其不动产与伙巷的土地相互连接而发生的。同样，由于方家与冯家的不动产相邻近，两家都从伙巷通行，两家之间也就发生了相邻关系。就冯家的通行权而言，是冯家对自己房屋的占有、使用的权利而与伙巷的所有人或使用人发生的，冯家享有从伙巷通行的权利，这是其对于房屋和宅基地的权利的合法延伸，而伙巷的所有人或使用人有容忍原告通行的义务，即不得妨碍或者禁止原告通行。冯家可以基于相邻权，请求被告停止侵害，排除妨碍，保持伙巷畅通。方家的这一行为还侵犯了村集体土地的所有权,因为方家堵死的伙巷的土地既不是冯家的,也不是方家的,而是村里集体所有,集体组织可以基于其土地所有权,请求被告停止侵害,恢复原状,赔偿损失。

22.修建房屋及其他设施而使用相邻土地、建筑物时,引起纠纷该如何解决?

张平家要修筑排水沟和门口的空地,当时建房子时没有修建。但是,邻居以张平家要修的排水沟所经小路是其买下的为由,反对张平家修排水沟。张平家想买下小路,邻居坚持不卖。并且,张平家的门口是以前旧的大房子的门口,属几户人家共有。面对这种情形,张平不知该怎么办?

我国《民法通则》第83条规定:"不动产的相邻各方,应当按照有利生产、方便生活、团结互助、公平合理的精神,正确处理截水、排水、通行、通风、采光等方面的相邻关系。给相邻方造成妨碍或者损失的,应当停止侵害,排除妨碍,赔偿损失。"《物权法》第84条规定:"不动产的相邻权利人应当按照有利生产、方便生活、团结互助、公平合理的原则,正确处理相邻关系。"第86条第1款规定:"不动产权利人应当为相邻权利人用水、排水提供必要的便利。"第88条规定:"不动产权利人因建造、修缮建筑物以及铺设电线、电缆、水管、暖气和燃气管线等必须利用相邻土地、建筑物的,该土地、建筑物的权利人应当提供必要的便利。"

张平家和邻居的这种关系属于民法上的相邻关系。在民法上,"相邻关系"是指权利人依法处理不动产相邻的两个或者两个以上权利人之间在通行、通风、采光等方面产生的各种关系,以保障其必需的生产和生活。根据我国《民法通则》和《物权法》关于相邻关系的规定,张平家有权修排水沟,相邻关系的权利人应当提供必要的便利。

但由于这些地方是共享的,修筑时不得侵犯他人的合法权益。

23.农村"四荒"地可不可以继承?

老乔与村小组公开协商就村中的荒地签订了 30 年的荒地承包合同。由于老乔年迈体衰,加上多病缠身,签订荒地承包合同后不久便撒手人世。老乔的儿子小乔在继承父亲的财产时,不知自己有没有权利继承父亲承包荒地的经营权?

我国《农村土地承包法》第 3 条第 2 款规定:"农村土地承包采取农村集体经济组织内部的家庭承包方式,不宜采取家庭承包方式的荒山、荒沟、荒丘、荒滩等农村土地,可以采取招标、拍卖、公开协商等方式承包。"以其他方式承包的土地,依据我国《农村土地承包法》第 44 条和第 50 条的规定,对于荒山、荒沟、荒丘、荒滩等四荒地,如果承包人通过招标、拍卖、公开协商等家庭承包之外的方式承包了这些土地,那么其继承人在承包期内可以继续承包。我国《继承法》第 3 条规定:"遗产是公民死亡时遗留的个人合法财产,包括:(一)公民的收入;(二)公民的房屋、储蓄和生活用品;(三)公民的林木、牲畜和家禽;(四)公民的文物、图书资料;(五)法律允许公民所有的生产资料;(六)公民的著作权、专利权中的财产权利;(七)公民的其他合法财产。"

根据相关规定,小乔有权继承父亲老乔的荒地承包经营权。

24.因挖损、塌陷、压占等造成土地被破坏的应当承担哪些法律责任?

张安的农田紧靠公路的一侧。政府主持修路,在开挖道路时,由于下雨导致张安靠近道路的农田垮塌,农田上的青苗因土地塌陷遭到不同程度的破坏。张安很苦恼,不知如何解决这种棘手问题?

我国《土地管理法》第 42 条规定:"因挖损、塌陷、压占等造成土地破坏的,用地单位和个人应当按照国家有关规定负责复垦;没有条件复垦或者复垦不符合要求的,应当缴纳土地复垦费,专项用于土地复垦,复垦的土地应当优先用于农业。"

如果修路是承包给单位或者个人的,承包单位或者个人就有义务赔偿;如果是政府指派农民工修路,就应由政府赔偿。如果对赔偿协商不成,可以向法院起诉应该赔偿的一方。

五、征收征用及拆迁补偿法律问题

1.农村土地征收和征用是不是一回事?

为了修建长深高速公路,鹧鸪村有18户村民的承包地被征收了,政府向他们支付了一笔土地征收补偿费。被征地的村民得到了妥善的安置,生活并没有受到多大的影响。

我国《土地管理法》第2条第4款规定:"国家为了公共利益的需要,可以依法对土地实行征收或者征用并给予补偿。"《宪法》第10条第3款规定:"国家为了公共利益的需要,可以依照法律规定对土地实行征收或者征用并给予补偿。"

土地征收是指为了公共利益的需要,国家把农民集体所有的土地强制征归国有,并依法给予补偿的行为;土地征用是指在紧急情况下,为了公共利益的需要,强制性地使用农民集体所有的土地,一旦紧急状态结束,将返还被征用土地给原所有人或使用人,并依法给予补偿的行为。土地征收和征用的主要区别在于:征收改变所有权,是国家从被征收人手中取得了所有权,发生了所有权的转移;征用只改变使用权,是在紧急情况下对私有财产的强制性使用,在紧急情况结束后,要把被征用的财产归还给财产所有人或使用人。

2.征收土地需要哪一级政府批准?

2006年,南山县召开会议决定征地建开发区。按照县里的文件规定,同兴镇的3个村的全部土地将被征收用做开发区建设。有村民写了1封举报信到省里,反映县里私自征地。省里派了专人前来调查,发现县里违反国家法律规定私自征地。

我国《土地管理法》第45条规定:"征收下列土地的,由国务院批准:(一)基本农田;(二)基本农田以外的耕地超过35公顷的;(三)其他土地超过70公顷的。征收前款规定以外的土地的,由省、自治区、直辖市人民政府批准,并报国务院备案。征收农用地的,应当依照本法第44条的规定先行办理农用地转用审批。其中,经国务院批准农用地转用的,同时办理征地审批手续,不再另行办理征地审批;经省、自治区、直辖市人民政府在征地批准权限内批准农用地转用的,同时办理征地审批手续,不再另行办理征地审批,超过征地批准权限的,应当依照本条第1款的规定另行办理征地审批。"

按照国家法律的规定,对土地征收实行两级审批制度:征收基本农田、超过35公顷的耕地及超过70公顷的其他土地都由国务院批准;除此之外的其他土地征收由省、自治区、直辖市人民政府批准,并报国务院备案。涉及农用地转用的,凡由国务院批准农用地转用的,同时办理征地审批手续,不再另行办理征地审批;凡由省、自治区、直辖市人民政府在征地批准权限内批准农用地转用的,同时办理征地审批手续,不再另行办理征地审批,如果超过征地批准权限的,应当依照《土地管理法》第45条第1款的规定另行办理征地审批。需要注意的是,市、县人民政府是无权批准征收土地的。

所以,南山县私自批准征地是违法的,上级有关部门应当按照相关规定予以处罚。

3.土地征收要经过哪些程序?

2004年,为修建高速公路,渭南县有大批农民的土地被征收了。县政府发了一个公告,明确了哪些村有多少土地被征收以及土地补偿费是每亩608元。在实际发放补偿费时,出现领取土地补偿费总额大于按征地面积应付补偿费的情况,对此县政府发出文件不再支付土地补偿费。

我国《土地管理法》第46条规定:"国家征收土地的,依照法定程序批准后,由县级以上地方人民政府予以公告并组织实施。被征收土地的所有权人、使用权人应当在公告规定期限内,持土地权属证书到当地人民政府土地行政主管部门办理征地补偿登记。"《土地管理法实施条例》第25条规定:"征用土地方案经依法批准后,由被征用土地所在地的市、县人民政府组织实施,并将批准征地机关、批准文号、征用土地的用途、范围、面积以及征地补偿标准、农业人员安置办法和办理征地补偿的期限等,在被征用土地所在地的乡(镇)、村予以公告。被征用土地的所有权人、使用权人应当在公告规定的期限内,持土地权属证书到公告指定的人民政府土地行政主管部门办理征地补偿登记。市、县人民政府土地行政主管部门根据经批准的征用土地方案,会同有关部门拟订征地补偿、安置方案,在被征用土地所在地的乡(镇)、村予以公告,听取被征用土地的农村集体经济组织和农民的意见。征地补偿、安置方案报市、县人民政府批准后,由市、县人民政府土地行政主管部门组织实施。对补偿标准有争议的,由县级以上地方人民政府协调;协调不成的,由批准征用土地的人民政府裁决。征地补偿、安置争议不影响征用土地方案的实施。征用土地的各项费用应当自征地补偿、安置方案批准之日起3个月内全额支付。"

根据国家法律的规定,土地征收有如下程序:县级以上地方人民政府予以公告并组织实施;被征地人持土地权属证书到公告指定的人民政府土地行政主管部门办理征地补偿登记;拟订征地补偿、安置方案,并予以公布,听取被征用土地的农村集体经济组织和农民的意见;方案报市、县人民政府批准后,由市、县人民政府土地行政主管部门组织实施。

渭南县政府对于这次征地工作做得不好,根本就没有按照法律规定的程序进行。

4.土地被征收后,村民可以获得哪些补偿费用?

2008年,南坝县五里镇小桐子村的一部分土地被征收。被征地的村民们拿到了一笔钱,县政府说是青苗补偿费,是政府因征地对村民农作物造成损失的补偿。

我国《土地管理法》第47条规定:"征收土地的,按照被征收土地的原用途给予补偿。征收耕地的补偿费用包括土地补偿费、安置补助费以及地上附着物和青苗的补偿费……"

按照国家法律规定,征收的土地补偿费包括:

(1)土地补偿费,即对被征收土地上的投入和收益所造成的损失给予经济上的补偿。

(2)安置补助费,即对被征收土地上的农业人口的生产、生活给予经济上的补助。

(3)地上附着物赔偿费,即对被征收土地上的房屋等所造成的损失给予经济上的补助。

(4)青苗的补偿费,即对被征收土地上的农作物造成的损失一次性给予的经济补偿。

(5)其他补偿费用,即对因为土地征收而造成的其他损失而支付的费用。

对于这些费用的具体支付额度,国家有相关规定,各省市根据本地区的实际情况,也都有明确补偿规定。

所以,除了已经得到的青苗补偿费外,小桐子村被征地的村民实际上还应该获得土地补偿费、安置补助费和地上附着物赔偿费。南坝县政府应当支付其余应当支付的土地补偿费,否则要承担法律责任。

5.耕地被征收,应当支付多少安置补助费?

2008年,和平镇门沟村有10户村民的耕地全部被征收了,另有34户村民的部分耕地被征收。在政府拟定的征地补偿、安置方案中,土地补偿费为该耕地被征收前3年平均年产值的4倍;安置补助费为该耕地被征收前3年平均年产值的3倍;附着物和青苗的补偿费是该耕地被征收前3年平均年产值的4倍。按照这样算下来,被征地村民获得的补偿最高的有7 000多元,最低的有1 000多元。

我国《土地管理法》第47条规定:"征收土地的,按照被征收土地的原用途给予补偿。征收耕地的补偿费用包括土地补偿费、安置补助费以及地上附着物和青苗的补偿费……征收耕地的安置补助费,按照需要安置的农业人口数计算。需要安置的农业人口数,按照被征收的耕地数量除以征地前被征收单位平均每人占有耕地的数量计算。每一个需要安置的农业人口的安置补助费标准,为该耕地被征收前3年平均年产值的4~6倍。但是,每公顷被征收耕地的安置补助费,最高不得超过被征收前3年平均年产值的15倍。征收其他土地的土地补偿费和安置补助费标准,由省、自治区、直辖市参照征收耕地的土地补偿费和安置补助费的标准规定……"

按照国家法律规定,征收耕地的安置补助费,按照需要安置的农业人口数计算。需要安置的农业人口数,按照被征收的耕地数量除以征地前被征收单位平均每人占有耕地的数量计算。每一个需要安置的农业人口的安置补助费标准,为该耕地被征收前3年平均年产值的4~6倍。但是,每公顷被征收耕地的安置补助费,最高不得超过被征收前3年平均年产值的15倍。

不能使需要安置的农民保持原有生活水平的,经省、自治区、直辖市人民政府批准,可以增加安置补助费。但是,土地补偿费和安置补助费的总和不得超过土地被征收前 3 年平均年产值的 30 倍。如果还不能使被征地农民保持原有的生活水平,则由当地人民政府统筹安排,从国有土地有偿使用收益中划出一定比例给予补贴。

本案中和平镇门沟村村民得到的安置补助费未按照国家法律规定计算,村民们可以依法要求重新计算。

6.在被征土地上抢栽的作物和抢建的房屋会得到赔偿吗?

2007 年,安北县国土资源部门将拟征地的用途、位置、补偿标准、安置途径等内容,以书面形式告知了被征地的 18 个村集体和村民。有些村民看到了补偿标准后,为了多得补偿,就在自家被征耕土地上抢种作物,还有的甚至在被征宅基地上对原有的房屋进行加盖。其余的村民看到这些情形,也纷纷效仿。

我国国土资源部《关于完善征地补偿安置制度的指导意见》第 9 条规定:"在征地依法报批前,当地国土资源部门应将拟征地的用途、位置、补偿标准、安置途径等,以书面形式告知被征地农村集体经济组织和农户。在告知后,凡被征地农村集体经济组织和农户在拟征土地上抢栽、抢种、抢建的地上附着物和青苗,征地时一律不予补偿。"

按照相关的规定,只要在当地国土资源部门将拟征地的用途、位置、补偿标准、安置途径等,以书面形式告知被征地农村集体经济组织和农户后,就不能在被征土地上种植或者建房了。凡被征地农村集体经济组织和农户在已征土地上抢栽、抢种、抢建的地上附着物和青苗,征地时一律不予补偿。

所以,安北县被征地村民的行为得不到法律的保护,不会因此而多获得补偿费。

7.承包地被征收,获得的土地补偿费要不要交税?

2006 年,张家沟有 22 户村民的土地因为国家修铁路而被征收了。按照规定,他们都会获得一笔土地补偿费,但是镇税务所的工作人员说,他们这是偶然所得,按照国家税法的规定是要交税的。村民们也不怎么懂,于是就按照税务所工作人员的说法交了税。

国家税务总局《关于征用土地过程中征地单位支付给土地承包人员的补偿费如何征税问题的批复》规定:"(一)对土地承包人取得的土地上的建筑物、构筑物、青苗等土地附着物的补偿费收入,应按照我国《营业税暂行条例》的'销售不动产——其他土地附着物'税目征收营业税。(二)对土地承包人取得的青苗补偿费收入,暂免征收个人所得税;取得的转让建筑物等财产性质的其他补偿费收入,应按照我国《个人所得税法》的'财产转让所得'应税项目计征个人所得税。"

按照规定,对于青苗补偿费是不需要缴税的,而对于取得的转让建筑物等财产性质的其他补偿费收入应当按比例纳税,征收 20% 的税。

所以,张家沟土地被征的村民取得的附着物补偿费要交 20% 的税,而青苗补偿费却不需交税。至于交税的原因也不是税务所工作人员说的是因为"偶然所得",而是属于"销售不动产——其他土地附着物"的补偿费收入。

8.征地补偿费归谁所有? 应该怎样分配?

2007 年,小杨村有大片土地因国家建设需要被征收了,当时县政府公告公布的土地补偿费一共是 32 万元。补偿费先是发放到了乡里,乡里研究决定留了 10 万元,说是土地被征收对乡里也是一个损失,应当有所补偿。村委会从乡里领回了剩下的 22 万元。村主任说地是村里的,村里也有损失,应该有一定的补偿,于是村里就只拿了 14 万元出来根据被征土地的面积按比例发给了被征地的 18 户村民。

我国《土地管理法实施条例》第 26 条规定:"土地补偿费归农村集体经济组织所有;地上附着物及青苗补偿费归地上附着物及青苗的所有者所有。征用土地的安置补助费必须专款专用,不得挪作他用。需要安置的人员由农村集体经济组织安置的,安置补助费支付给农村集体经济组织,由农村集体经济组织管理和使用;由其他单位安置的,安置补助费支付给安置单位;不需要统一安置的,安置补助费发放给被安置人员个人或者征得被安置人员同意后用于支付被安置人员的保险费。市、县和乡(镇)人民政府应当加强对安置补助费使用情况的监督。"

虽然法律规定土地补偿费归农村集体经济组织所有;地上附着物及青苗补偿费归地上附着物及青苗的所有者所有。但在现实生活中,有的地方是将补偿费全部支付给被征地的农户;有的地方村委会留一部分,余下的给农民;还有的地方乡、镇政府留一部分,村委会再留一部分,剩下的才支付给农民。

按照法律的规定,至少被征地的地上附着物及青苗补偿费应当支付给小杨村被征地村民,而对于安置补助费,如果小杨村被征地村民是由村里安置的,安置补助费应该支付给村里管理和使用;如果村民不需要安置的,安置补助费应当发放给被安置人员个人或者征得被安置人员同意后用于支付被安置人员的保险费。小杨村的村民可以依照法律规定争取自己的合法利益。

9.征地补偿安置方案是否应征求村民的意见?

三岔镇镇政府打算利用当地人工水库资源大力发展旅游业,对集镇进行了规划。土地利用总体规划中涉及占用紧挨集镇的靠山屯村的土地来搞建设事项。三岔镇镇政府公告土地利用总体规划后，就开始了对靠山屯村所占土地的征收工作。村民最关心的是土地征收后的补偿安置方案是怎样的，能否保障自己的切身利益。最后政府将征地补偿安置方案予以公告，村民觉得补偿费用明显偏低，于是要求政府在征求意见后重新制定补偿安置方案。村民的这种要求能不能得到满足？

我国《土地管理法》第48条规定："征地补偿方案确定后，有关地方人民政府应当公告，并听取被征地的农村集体经济组织和农民的意见。"各地方政府根据《土地管理法》和《土地管理法实施条例》的规定，结合当地的实际情况，制定了各自的征地补偿安置办法。但是各地的规定都是以《土地管理法》的规定为基础的，要求各地国土资源部门制定补偿安置方案后予以公告，方案中告知被征地农村集体经济组织、村民或者其他权利人对征地补偿安置方案有不同意见的或者要求举行听证会的，应当在安置方案公告后于规定的期限内向国土资源部门提出。而国土资源部门应当研究这些不同意见，确需修改方案的，应当依照有关法律、法规和批准的征用土地方案进行修改。

三岔镇政府相关部门在公告补偿安置方案后，还应听取靠山屯村集体和村民的不同意见，并就这些意见进行研究，确实需要修改的，要依照有关法律、法规和批准的征用土地方案进行修改。

10.对征地补偿标准不满意该怎么办？

三岔镇镇政府征收的靠山屯村土地中有一部分是刘能的承包地，刘能在这块土地上栽种了很多桃树，政府征收的时间刚好是桃子快成熟的时候，所以刘能的损失显而易见。三岔镇镇政府发布征地公告后,刘能发现征地公告中公布的补偿标准太低,不能实际补偿自己的损失。刘能不知道自己对补偿标准有异议该怎么办?

我国《土地管理法》第48条规定:"征地补偿方案确定后,有关地方人民政府应当公告,并听取被征地的农村集体经济组织和农民的意见。"《土地管理法实施条例》第26条第1款规定:"土地补偿费归农村集体经济组织所有;地上附着物及青苗补偿费归地上附着物及青苗的所有者所有。"第25条第3款规定:"市、县人民政府土地行政主管部门根据经批准的征用土地方案,会同有关部门拟订征地补偿、安置方案,在被征用土地所在地点乡(镇)、村予以公告,听取被征用土地的农村集体经济组织和农民的意见。征地补偿、安置方案报市、县人民政府批准后,由市、县人民政府土地行政主管部门组织实施。对补偿标准有争议的,由县级以上地方人民政府协调;协调不成的,由批准征用土地的人民政府裁决。"

《土地管理法》规定了地方政府应当听取被征地的农村集体经济组织和农民对于补偿安置方案的意见。各地方政府根据《土地管理法》和《土地管理法实施条例》都制定了征地补偿安置办法,规定了土地征收程序。土地征收,先要发布征地通告,包括征地范围、面积、补偿方式、补偿标准等。政府应该就征地通告的内容征询被征地人的意见,有不同意见的应记录在案。被征地相对人还可以就补偿标准、安置途径等提出听证申请。这是被征地相对人对补偿标准提出异议的第一次机会。政府收集各方面意见后制订出征地补偿安置方案。该方案中也包括补偿标准。被征地相对人对补偿标准有不同意见的,也可以在这个阶段向政府提出要求修改或举行听证。青苗补偿费属于青苗所有者,刘能可以通过在以上所说的两个阶段就青苗补偿标准提出异议和要求举行听证来维护自身的合法权益。

11.土地被征收后,政府对村民有什么义务?

刘能的土地被政府征收后成为失地农民,对于靠土地过活的刘能来说不知道以后靠什么生活。刘能的土地被政府征收后,政府对刘能有什么义务呢?

我国《土地管理法》第 47 条规定:"征收土地的,按照被征收土地的原用途给予补偿。征收耕地的补偿费用包括土地补偿费、安置补助费以及地上附着物和青苗的补偿费。征收耕地的土地补偿费,为该耕地被征收前 3 年平均年产值的 6～10 倍。征收耕地的安置补助费,按照需要安置的农业人口数计算。需要安置的农业人口数,按照被征收的耕地数量除以征地前被征收单位平均每人占有耕地的数量计算。每一个需要安置的农业人口的安置补助费标准,为该耕地征收前 3 年平均年产值的4～6 倍。但是,每公顷被征收耕地的安置补助费,最高不得超过被征收前 3 年平均年产值的 15 倍。征收其他土地的土地补偿费和安置补助费标准,由省、自治区、直辖市参照征收耕地的土地补偿费和安置补助费的标准规定。被征收土地上的附着物和青苗的补偿标准,由省、自治区、直辖市规定。征收城市郊区的菜地,用地单位应当按照国家有关规定缴纳新菜地开发建设基金。依照本条第 2 款的规定支付土地补偿费和安置补助费,尚不能使需要安置的农民保持原有生活水平的,经省、自治区、直辖市人民政府批准,可以增加安置补助费。但是,土地补偿费和安置补助费的总和不得超过土地被征收前 3 年平均年产值的 30 倍。国务院根据社会、经济发展水平,在特殊情况下,可以提高征收耕地的土地补偿费和安置补助费的标准。"

可见,农民土地被征收后,政府负有公平合理补偿农民征地损失的义务,而且补偿农民的目的在于保持村民原有生活水平,在此前提下可以适当增加补偿费用。

12.被征地村民拒不交出土地有什么后果?

刘能刚一直不愿意自己的土地被征收,在三岔镇镇政府公布对靠山屯村的征地补偿安置方案后,他就一直向镇政府反映,提出异议。镇政府经过研究认为,刘能刚的要求不合理,不予理会。在政府实施征地的过程中,刘能刚拒不交出被征土地。三岔镇镇政府在进行说服教育后刘能刚仍不愿交出土地,政府只好强行征收刘能刚的土地。

我国《土地管理法》第80条规定:"依法收回国有土地使用权当事人拒不交出土地的,临时使用土地期满拒不归还的,或者不按照批准的用途使用国有土地的,由县级以上人民政府土地行政主管部门责令交还土地,处以罚款。"《土地管理法实施条例》第45条规定:"违反土地管理法律、法规规定,阻挠国家建设征用土地的,由县级以上人民政府土地行政主管部门责令交出土地;拒不交出土地的,申请人民法院强制执行。"第37条规定:"阻碍土地行政主管部门的工作人员依法执行职务的,依法给予治安管理处罚或者追究刑事责任。"各地地方人民政府也根据《土地管理法》和《土地管理法实施条例》的规定制定了征用土地的管理办法,均规定被征地相对人不得无理阻挠国家征用土地,对于拒不交出的,当地土地行政主管部门责令交出或申请法院强制执行。

三岔镇镇政府征收靠山屯村的土地是符合三岔镇的土地利用总体规划的,所以该次征地行为是合法有效的。县级以上土地行政主管部门可以责令刘能刚交出土地,如果他拒不交出被征收土地,可以申请人民法院强制执行。

13.哪些情况下才可以强制拆迁?

刘文家的宅基地被三岔镇镇政府征收,他们家的房屋涉及拆迁问题。其他被征收房屋的村民都实施了拆迁工作。刘文觉得他们家安置用房的面积和安置的地点都不符合自己的要求,因此坚决不搬。批准拆迁的房屋拆迁主管部门已经对刘文家的拆迁事项做出了裁决,规定刘文在 2006 年 3 月 10 日前拆迁。刘文仍拒绝搬迁。2008年 3 月 13 日,房屋拆迁主管部门申请人民法院强制拆迁。

我国《国有土地上房屋征收与补偿条例》第 26 条规定:"房屋征收部门与被征收人在征收补偿方案确定的签约期限内达不成补偿协议,或者被征收房屋所有权人不明确的,由房屋征收部门报请作出房屋征收决定的市、县级人民政府依照本条例的规定,按照征收补偿方案作出补偿决定,并在房屋征收范围内予以公告。补偿决定应当公平,包括本条例第二十五条第一款规定的有关补偿协议的事项。被征收人对补偿决定不服的,可以依法申请行政复议,也可以依法提起行政诉讼。"

14.采取强制拆迁需要经过哪些程序?

上面案例中要对刘文的房屋实施强制拆迁,但强制拆迁需要经过哪些程序呢?

我国《城市房屋拆迁行政裁决工作规程》第 18 条规定:"房屋拆迁管理部门申请行政强制拆迁前,应当邀请有关管理部门、拆迁当事人代表以及具有社会公信力的代表等,对行政强制拆迁的依据、程序、补偿安置标准的测算依据等内容,进行听证。房屋拆迁管理部门申请行政强制拆迁,必须经领导班子集体讨论决定后,方可向政府提出行政强制拆迁申请。未经行政裁决,不得实施行政强制拆迁。"第 20 条规定:"房屋拆迁管理部门申请行政强制拆迁,应当提交下列资料:(一)行政强制拆迁申请书;(二)裁决调解记录和裁决书;(三)被拆迁人不同意拆迁的理由;(四)被拆迁房屋的证据保全公证书;(五)被拆迁人提供的安置用房、周转用房权属证明或者补偿资金证明;(六)被拆迁人拒绝接收补偿资金的,应当提交补偿资金的提存证明;(七)市、县人民政府房屋拆迁管理部门规定的其他材料。"第 21 条规定:"依据强制拆迁决定实施行政强制拆迁,房屋拆迁管理部门应当提前 15 日通知被拆迁人,并认真做好宣传解释工作,动员被拆迁人自行搬迁。"第 22 条规定:"行政强制拆迁应当严格依法进行。强制拆迁时,应当组织街道办事处(居委会)、被拆迁人单位代表到现场作为强制拆迁证明人,并由公证部门对被拆迁房屋及其房屋内物品进行证据保全。"这属于行政强制拆迁。总结起来是先进行听证,再由领导集体决定向有关政府提出强制拆迁申请并提交相应资料。有关政府做出强拆决定后,通知被拆迁人并组织有关人员到场作证,由公证部门进行证据保全。

申请人民法院强制执行的则要遵循我国《行政诉讼法》第 65 条和最高人民法院《关于执行行政诉讼法若干问题的解释》第 88 条的规定,提交申请执行书、据以执行的法律文书、证明该行政行为合法的材料和被执行人财产状况及其他必须提交的材料。

15.侵占、挪用征地补偿费和有关费用的,该怎么处理?

三岔镇对靠山屯村实施了土地征收后,政府把地上附着物及青苗补偿费直接发到了村民手里,把土地补偿费和部分村民的征用土地的安置补助费划到了村委会的账户上。不久,本来不富裕的村委会主任家突然添了很多新家具。大家都觉得有问题,就要求查看村委会的账户,结果发现,一大笔土地补偿费不见了,村主任主动交代说是自己拿去买家具了。针对靠山屯村村主任的这种侵占土地补偿费的行为该如何处理呢？

我国《土地管理法》第49条规定："被征地的农村集体经济组织应当将征收土地的补偿费用的收支状况向本集体经济组织的成员公布，接受监督。禁止侵占、挪用被征收土地单位的征地补偿费和其他有关费用。"第79条规定："侵占、挪用被征收土地单位的征地补偿费用和其他有关费用，构成犯罪的，依法追究刑事责任；尚不构成犯罪的，依法给予行政处分。"

《土地管理法实施条例》规定，土地补偿费归农村集体经济组织所有，而不是归个人所有。靠山屯村的村委会应当将征地补偿费的收支情况向全体村民公布，接受大家的监督，不得侵占、挪用这笔费用。这是集体的财产，应该用在公共事业上。该村主任的行为属于侵占征地补偿费的行为。如果该村主任侵占的费用达到了犯罪的数额构成犯罪，应该交由法院审理，追究其刑事责任。

16.如何进行农村房屋拆迁补偿安置？

我是杏花村的一位农民，因为政府要开展一项水利工程，需要拆迁一部分房屋，我家的房屋属于被拆迁对象，不过政府对于具体的拆迁事宜、补偿标准、拆迁条例等都没有向我们公开。我家一共有两间房子，1间自住，1间经营用，现在用做经营的那间房属于拆迁范围，不过这间房子不大，上下两层，大概有20多平方米。我想咨询一下，一般情况下，像我家这种情况应该怎么处理？

我国《物权法》第42条第1、2、3款规定："为了公共利益的需要，依照法律规定的权限和程序可以征收集体所有的土地和单位、个人的房屋及其他不动产。征收集体所有的土地，应当依法足额支付土地补偿费、安置补助费、地上附着物和青苗的补偿费等费用，安排被征地农民的社会保障费用,保障被征地农民的生活,维护被征地农民的合法权益。征收单位、个人的房屋及其他不动产,应当依法给予拆迁补偿,维护被征收人的合法权益;征收个人住宅的,还应当保障被征收人的居住条件。"

对于农村房屋拆迁,我国没有专门的法律进行规范。但是从我国《物权法》的规定可以看出法律主要是保障被征收人的居住条件。农村房屋拆迁可以借鉴城市房屋拆迁的规定进行。双方签订拆迁补偿或者安置协议。如果被征地的农村集体经济组织要被撤销的,或者虽然不被撤销,但不具备重建房屋可能的,被拆迁人可以选择货币补偿,也可以选择与货币补偿等价的产权房屋进行调换。如果被征地的农村集体经济组织不被撤销,且具备建房条件的,被拆迁人可以在乡(镇)土地利用总体规划确定的中心村或居民点范围内申请宅基地,并获得一定的房屋补偿,被拆迁人使用新宅基地所需的费用,由建设单位支付给被征地的集体经济组织。

17.农村宅基地征收补偿安置如何处理?

王能的宅基地被征收了。正准备在宅基地上建房的王能现在没了宅基地。王能不知道宅基地征收补偿安置是怎样的?它和耕地征收补偿安置有什么区别?

我国《物权法》第42条规定:"为了公共利益的需要,依照法律规定的权限和程序可以征收集体所有的土地和单位、个人的房屋及其他不动产。征收集体所有的土地,应当依法足额支付土地补偿费、安置补助费、地上附着物和青苗的补偿费等费用,安排被征地农民的社会保障费用,保障被征地农民的生活,维护被征地农民的合法权益。征收单位、个人的房屋及其他不动产,应当依法给予拆迁补偿,维护被征收人的合法权益;征收个人住宅的,还应当保障被征收人的居住条件。"《土地管理法》第47条规定:"征收土地的,按照被征收土地的原用途给予补偿。征收耕地的补偿费用包括土地补偿费、安置补助费以及地上附着物和青苗的补偿费。征收耕地的土地补偿费,为该耕地被征收前3年平均年产值的6~10倍。征收耕地的安置补助费,按照需要安置的农业人口数计算。需要安置的农业人口数,按照被征收的耕地数量除以征地前被征收单位平均每人占有耕地的数量计算。每一个需要安置的农业人口的安置补助费标准,为该耕地征收前3年平均年产值的4~6倍。但是,每公顷被征收耕地的安置补助费,最高不得超过被征收前3年平均年产值的15倍。征收其他土地的土地补偿费和安置补助费标准,由省、自治区、直辖市参照征收耕地的土地补偿费和安置补助费的标准规定。被征收土地上的附着物和青苗的补偿标准,由省、自治区、直辖市规定。征收城市郊区的菜地,用地单位应当按照国家有关规定缴纳新菜地开发建设基金。依照本条第2款的规定支付土地补偿费和安置补助费,尚不能使需要安置的农民保持原有生活水平的,经省、自治区、直辖市人民政府批准,可以增加安置补助费。但是,土地补偿费和安置补助费的总和不得超过土地被征收前3年平均年产值的30倍。国务院根据社会、经济发展水平,在特殊情况下,可以提高征收耕地的土地补偿费和安置补助费的标准。"

所以,征收宅基地的土地补偿费和安置补助费标准,由省、自治区、直辖市参照征收耕地的土地补偿费和安置补助费的标准规定。特殊情况下,可以提高土地补偿费和安置补助费的标准。

18.承包期内土地被政府征收,政府补偿的青苗款应归谁所有?

下水村村民钱宝2000年初从外务工回家,跟村委会签订了土地承包合同,承包村里 10 亩耕地,约定承包期 30 年。2002 年 5 月中旬,钱宝承包的土地被征收,但在发放补偿款时,村委会认为青苗款应属于村集体,迟迟不将补偿款中的青苗款发放给钱宝。钱宝经多次讨要后未果,在协商不成时发生纠纷。那么,这里的青苗款是否属于钱宝呢?

我国《土地管理法》第 47 第 1 款和第 2 款条规定:"征收土地的,按照被征收土地的原用途给予补偿。征收耕地的补偿费用包括土地补偿费、安置补助费以及地上附着物和青苗的补偿费。"第 49 条规定:"禁止侵占、挪用被征收土地单位的征地补偿费用和其他有关费用。"《物权法》第 132 条规定:"承包地被征收的,土地承包经营权人有权依照本法第 42 条第 2 款的规定获得相应补偿。"第 42 条第 2 款规定:"征收集体所有的土地,应当依法足额支付土地补偿费、安置补助费、地上附着物和青苗的补偿费等费用,安排被征地农民的社会保障费用,保障被征地农民的生活,维护被征地农民的合法权益。"

根据法律有关规定,钱宝的承包地被征收后,钱宝作为土地承包经营权人有权获得相应的征收补偿。根据法律规定在征收补偿费中应包括青苗费,故而村委会应将青苗款及时发放给钱宝,任何单位和个人不得贪污、挪用、私分、截留、拖欠征收补偿费等费用。所以,钱宝应该得到该青苗补偿款。

19.由国务院批准征收土地的范围有哪些?

我国《土地管理法》第 45 条第 1 款规定:"征收下列土地的,由国务院批准:(一)基本农田;(二)基本农田以外的耕地超过 35 公顷的;(三)其他土地超过 70 公顷的。"并在第 34 条对基本农田作了具体规定:"国家实行基本农田保护制度。下列耕地应当根据土地利用总体规划划入基本农田保护区,严格管理:(一)经国务院有关主管部门或者县级以上地方人民政府批准确定的粮、棉、油生产基地内的耕地;(二)有良好的水利与水土保持设施的耕地,正在实施改造计划以及可以改造的中、低产田;(三)蔬菜生产基地;(四)农业科研、教学试验田;(五)国务院规定应当划入基本农田保护区的其他耕地。"根据该条规定,国务院有权征收基本农田、基本农田以外超过 35 公顷的耕地以及超过 70 公顷的其他土地。

20.什么是征收补偿安置争议协调裁决制度? 其适用范围有哪些?

随着我国改革开放的深入发展和新农村建设的迅猛推进,农村土地被有规划地征收,为了更好地维护我国农民在征收安置补偿中的合法权益,当务之急,应当建立具体可行的征收补偿安置争议协调裁决制度并明确其适用范围。

我国《土地管理法实施条例》第 25 条第 3 款规定:"市、县人民政府土地行政主管部门根据经批准的征用土地方案,会同有关部门拟订征地补偿、安置方案,在被征用土地所在地的乡(镇)、村予以公告,听取被征用土地的农村集体经济组织和农民的意见。征地补偿安置方案报市、县人民政府批准后,由市、县人民政府土地行政主管部门组织实施。对补偿标准有争议的,由县级以上地方人民政府协调;协调不成的,由批准征用土地的人民政府裁决。征地补偿、安置争议不影响征用土地方案的实施。"《征用土地公告办法》第 15 条规定:"因未按照依法批准的征用土地方案和征地补偿、安置方案进行补偿、安置引发争议的,由市、县人民政府协调;协调不成的,由上一级地方人民政府裁决。征地补偿、安置争议不影响征用土地方案的实施。"《国务院关于深化改革严格土地管理的决定》（国发〔2004〕28号）第14条规定："健全征地程序。在征地过程中，要维护农民集体土地所有权和农民土地承包经营权的权益。在征地依法报批前，要将拟征地的用途、位置、补偿标准、安置途径告知被征地农民；对拟征土地现状的调查结果须经被征地农村集体经济组织和农户确认；确有必要的，国土资源部门应当依照有关规定组织听证。要将被征地农民知情、确认的有关材料作为征地报批的必备材料。要加快建立和完善征地补偿安置争议的协调和裁决机制，维护被征地农民和用地者的合法权益。经批准的征地事项，除特殊情况外，应予以公示。"

征地补偿安置争议协调裁决制度是一项专门针对征地补偿安置争议设立的纠纷解决制度。协调裁决的范围是被征地农民与实施征地的市、县政府在补偿安置方面的争议。协调以土地管理法律、法规、规章和国家、省级人民政府有关政策为依据，主要是以市、县人民政府有关政策为依据，对市、县人民政府确定的征地补偿安置方案和实施过程进行合法性审查，兼顾合理性审查。在程序设定上，当事人应当先向拟定征地补偿安置方案的市、县人民政府的上一级人民政府申请协调。未经协调的案件，不能进行裁决。裁决机关受理裁决案件后，先行组织协调。经双方当事人签字同意后，协调意见书即发生法律效力。

21.房屋拆迁纠纷哪些属于民事诉讼受案范围？哪些属于行政诉讼的受案范围？

一个行为是民事行为还是行政行为，是民事法律关系还是行政法律关系，要看这个行为的性质，是符合民事法律关系的特征，还是符合行政法律关系的特征。民事法律关系是由民事法律规范调整所形成的以民事权利和民事义务为核心内容的社会关系,是民法所调整的平等主体之间的财产关系和人身关系在法律上的表现。民事法律关系的主要特征是主体的平等性,行为的协商一致性。行政法律关系是指行政主体在行使行政职权或接受法律监督的过程中所形成的由行政法律规范所调整的权利、义务关系。行政法律关系的主要特征是主体的不平等性,行政机关与行政相对人之间是管理者与被管理者的关系;行为的强制性,行政机关不需要与行政相对人协商而可以依职权强制作出。

　　房屋拆迁案件中,往往存在着容易混淆的两种不同的法律关系。一种是被拆迁人认为拆迁人给予的补偿、安置不合理引起的纠纷,这类案件的双方当事人是对权益发生的争议而产生的法律关系,这种基于平等主体之间为权益纠纷而产生的关系属于民事法律关系;另一种是,政府或者房屋拆迁主管部门(拆迁办)作出的裁决,当事人认为错误而引起的纠纷。这类纠纷主要由于拆迁人与被拆迁人在补偿、安置等问题上达不成协议,申请政府或者房屋拆迁主管机关裁决,一方当事人对行政裁决不服而产生。这种由行政裁决引起的争议,是基于国家行政机关及其工作人员在行政管理活动中,因行使行政权的行为引起的争议,行政机关这种行使行政权的行为而产生的关系属于行政法律关系。如果是基于平等权利义务主体,被拆迁人认为拆迁人给予的补偿、安置不合理引起的纠纷属于民事诉讼的受案范围;如果是政府或者房屋拆迁主管部门(拆迁办)对拆迁人与被拆迁人在补偿、安置等问题上达不成协议作出的裁决形成行政法律关系而引发的争议属于行政诉讼的受案范围。

22.在征收补偿时,农村集体经济组织的权利义务有哪些?

在农村被征用的土地均为农村集体所有,而非农民个人所有,国家在征用集体土地时,通常与村委会(组)签订征地合同,除被征土地上的附着物和青苗补偿费支付给所有权人以外,其他征地补偿费用按规定支付给农村集体经济组织即村委会(组),再由村委会(组)根据具体情况管理并决定征地补偿费用的具体使用。

我国《土地管理法实施条例》第26条规定:"土地补偿费归农村集体经济组织所有;地上附着物及青苗补偿费归地上附着物及青苗的所有者所有。征用土地的安置补助费必须专款专用,不得挪作他用。需要安置的人员由农村集体经济组织安置的,安置补助费支付给农村集体经济组织,由农村集体经济组织管理和使用;由其他单位安置的,安置补助费支付给安置单位;不需要统一安置的,安置补助费发放给被安置的人员个人或者征得被安置人员同意后用于支付被安置人员的保险费用。"土地征用补偿费用分配权基于集体土地所有权。根据我国《宪法》、《民法通则》、《土地管理法》等法律的规定,集体土地所有权是由各个独立的农村劳动集体在法定范围之内对其所有的土地享有占有、使用、收益、处分的独占性的支配权利,集体土地的所有者是农村劳动集体,即该集体经济组织内若干成员的集合。因此,农村集体经济组织决定分配土地补偿费等归集体所有的土地征用补偿费用时,其所有成员都完全平等地享有参与土地征用补偿费用分配的权利。农村集体土地所有权属村民集体成员共同所有,集体经济所得利益分配属于全体村民。在进行征地补偿款分配中,集体经济组织要充分保障每个集体经济组织成员或村民享有平等的待遇,正确地处理好利益关系。

23.承包期内土地被征收时,土地经营权人有哪些权利?

　　1985年10月,幸福村村民钱小满以家庭承包方式与村委会签订了承包本村荒山50年的承包经营合同。2005年,因县城划定的工业园区建设需要,钱小满承包的荒山果园被征收。那么钱小满在这次土地征收中享有哪些权利呢?

　　我国《土地管理法》第47条规定:"征收土地的,按照被征收土地的原用途给予补偿。征收耕地的补偿费用包括土地补偿费、安置补助费以及地上附着物和青苗的补偿费。征收耕地的土地补偿费,为该耕地被征收前3年平均年产值的6～10倍。征收耕地的安置补助费,按照需要安置的农业人口数计算。需要安置的农业人口数,按照被征收的耕地数量除以征地前被征后单位平均每人占有耕地的数量计算。每一个需要安置的农业人口安置补偿的标准,为该耕地被征收前3年平均年产值的4～6倍。但是,每公顷被征收耕地的安置补偿费,最高不超过被征收前3年平均年产值的15倍。征收其他土地的土地补偿费和安置补偿费标准,由省、自治区、直辖市参照征收耕地的土地补偿费和安置补偿费的标准规定。被征收土地上的附着物和青苗的补偿标准,由省、自治区、直辖市规定。征收城市郊区的菜地,用地单位应当按照国家有关规定缴纳新菜地开发建设基金。依照本条第2款的规定支付土地补偿费和安置补助费,尚不能使需要安置的农民保持原有生活水平的,经省、自治区、直辖市人民政府批准,可以增加安置补助费。但是土地补偿费和安置补助费总和不得超过土地被征收前3年平均产值的30倍。国务院根据社会、经济发展水平,在特殊情况下,可以提高征收耕地的土地补偿费和安置补助费的标准。"《物权法》第42

条规定:"为了公共利益的需要,依照法律规定的权限和程序可以征收集体所有的土地和单位、个人的房屋及其他不动产。征收集体所有的土地,应当依法足额支付土地补偿费、安置补助费、地上附着物和青苗的补偿费等费用,用以安排被征地农民的社会保障费用,保障被征地农民的生活,维护被征地农民的合法权益⋯⋯"

钱小满与村委会签订的是家庭承包村里的荒地合同,征收土地的补偿费用包括土地补偿费、安置补助费及青苗补偿费,其中土地补偿费、安置补助费由政府发给农村集体经济组织进行再次分配。最高人民法院《关于审理涉及农村土地承包经营纠纷案件适用法律问题的解释》指出,放弃统一安置的家庭承包方,可以请求发包方给付已收到的安置补助费。法律规定安置补助费的请求权主体为家庭承包方,目的在于解决集体经济组织因土地被征收而产生的剩余劳动力安置问题,这项费用具有强烈的人身属性,体现了国家对农户特有的社会保障功能。所以,钱小满享有领取土地补偿费、安置补助费及青苗补偿费的权利。

下篇　如何处理婚姻家庭纠纷

一、婚姻法律问题

1. 到哪里去办理结婚登记手续?

王林,河南人,李芸,江西人,两人都在广东打工。一次偶然的机会,两人相识,后确立了恋爱关系。恋爱两年后,两人商定准备于2007年底回家结婚,但却不知道到哪里去办理结婚登记手续。

我国《婚姻登记条例》第2条规定:"内地居民办理婚姻登记的机关是县级人民政府民政部门或者乡(镇)人民政府,省、自治区、直辖市人民政府可以按照便民原则确定农村居民办理婚姻登记的具体机关。中国公民同外国人,内地居民同香港特别行政区居民(以下简称香港居民)、澳门特别行政区居民(以下简称澳门居民)、台湾地区居民(以下简称台湾居民)、华侨办理婚姻登记的机关是省、自治区、直辖市人民政府民政部门或者省、自治区、直辖市人民政府民政部门确定的机关。"

因此,王林、李芸作为内地居民,他们既可以到王林的家乡所在地的县级民政局或乡(镇)人民政府办理结婚登记,也可以到李芸的家乡所在地的县级民政局或乡(镇)人民政府办理。

2. 订婚的婚约有无法律效力?

赵辉与钱音恋爱多年,两人打算先订婚,等攒够钱以后再正式结婚。赵辉与钱音两人达成了书面订婚的协议。但好景不长,钱音发现赵辉有好赌的恶习。后来,钱音在朋友的介绍下又认识了陈某,两人相见恨晚,很快钱音和陈某办理了结婚登记手续。赵辉得知后非常生气,于是把钱音告上了法庭。

我国《婚姻法》第 2 条规定:"实行婚姻自由、一夫一妻、男女平等的婚姻制度。"《婚姻法》第 5 条规定:"结婚必须男女双方完全自愿,不许任何一方对他方加以强迫或任何第三者加以干涉。"《婚姻法》第 8 条规定:"要求结婚的男女双方必须亲自到婚姻登记机关进行结婚登记。符合本法规定的,予以登记,发给结婚证。取得结婚证,即确立夫妻关系。未办理结婚登记的,应当补办登记。"从这些规定我们可以看出:我国公民有权根据法律的规定,自主自愿地决定自己的婚姻问题,不受任何人的强制和非法干涉;国家承认的有效婚姻关系为登记结婚,男女双方要确立夫妻关系必须亲自登记,在法律上并没有把订婚作为正式结婚的一个条件来规定,订婚的婚约没有法律效力。

赵辉与钱音并没正式到婚姻登记机关办理结婚登记,所以他俩的婚约并不能确立正式的夫妻关系。而钱音与陈某之间的婚姻因为办理了结婚登记,因此是有效的,也即正式确立了夫妻关系。对于钱音与陈某之间的合法婚姻赵辉是无权干涉的,赵辉向法院提出的诉讼请求也是得不到法院的支持的。

3.双方未办理结婚登记而以夫妻身份共同生活的,其夫妻关系是否确立?

杨涛与余谨按本地风俗举行结婚仪式后就住在一起,当地人也一直认可他们的夫妻关系,但至今他们都未到婚姻登记机关进行登记。后来,两人的感情出现问题,于是余谨向法院起诉要求解除与杨涛的婚姻。

根据我国《婚姻法》第 8 条的规定:"要求结婚的男女双方必须亲自

到婚姻登记机关进行结婚登记。符合本法规定的,予以登记,发给结婚证。取得结婚证,即确立夫妻关系。未办理结婚登记的,应当补办登记。"可见,夫妻关系的确立必须要到婚姻登记机关进行登记,结婚证是唯一证明夫妻关系的合法证明。从本案来看,杨涛与余谨尽管是自愿生活在一起,喜宴也摆了,当地的民众也认可他们之间的夫妻关系,但是因为没有登记,因此他们之间的夫妻关系是没有法律效力的。不过他们也可以去补办登记。

另根据最高人民法院《关于适用〈中华人民共和国婚姻法〉若干问题的解释(一)》第5条的规定:"未按婚姻法第8条规定办理结婚登记而以夫妻名义共同生活的男女,起诉到人民法院要求离婚的,应当区别对待:(一)1994年2月1日民政部《婚姻登记管理条例》公布实施以前,男女双方已经符合结婚实质要件的,按事实婚姻处理;(二)1994年2月1日民政部《婚姻登记管理条例》公布实施以后,男女双方符合结婚实质要件的,人民法院应当告知其在案件受理前补办结婚登记;未补办结婚登记的,按解除同居关系处理。"

本案中,对于余谨向法院起诉要求离婚的请求,法院是不支持的。如果余谨单独向法院提出要求解除同居关系,法院也是不予支持的。因为根据最高人民法院《关于适用〈中华人民共和国婚姻法〉若干问题的解释(二)》第1条的规定:"当事人起诉请求解除同居关系的,人民法院不予受理。"

4.哪些情况属于重婚？ 哪些情况不属于重婚？

王昊与陈骄都是同一个地方的人。两人在1999年按当地风俗办了结婚喜宴,到结婚登记机关办理了结婚登记,领取了结婚证,并于次年生下一子。为了家庭,从2001年开始,王昊就出去打工了,一去就是 5 年。在此期间他偶尔与陈骄有联系,陈骄一个人在家里独自支撑整个家。陈骄好不容易联系到在外打工的王昊,陈骄发现王昊同另外一个女子以夫妻名义生活已两年了,而且还生下一个女儿。陈骄将王昊告上了法庭要求离婚。

我国《婚姻法》第 2 条规定:"实行婚姻自由、一夫一妻、男女平等的婚姻制度。"所谓一夫一妻制度主要包括:任何人都不能同时有两个或两个以上的配偶;已经结婚的有妇之夫或是有夫之妇,在其配偶死亡或离婚前不得再行结婚;没有结过婚的男女不得同时与两个或两个以上的人结婚。另外《婚姻法》第 3 条第 2 款规定:"禁止重婚。禁止有配偶者与他人同居。"一般认为,重婚是指有配偶者又与他人结婚的违法行为,也就是说,一个人同时有两个或两个以上的配偶。构成重婚有两个前提条件:第一是当事人一方或者双方已存在有效的婚姻关系;第二是有配偶者与他人结婚。第二个条件在这里又主要包括两种形式:一是有配偶者又与他人登记结婚,这种情况一般称之为法律上的重婚;二是有配偶者虽然没有与他人登记结婚,但却与他人以夫妻名义同居,这种情况称之为事实上的重婚。构成重婚的,重婚关系无效。很显然,王昊的行为是属于事实上的重婚,因此陈骄要求与王昊离婚,法院是支持的。并且王昊已经犯了重婚罪。根据我国《刑法》第 258 条的规定:"有配偶而重婚的,或者明知他人有配偶而与之结婚的,处 2 年以下有期徒刑或者拘役。"如此看来,王昊有可能还要承担刑事责任。

那么哪些情况不构成重婚呢?主要有以下几种情况:一是双方原先都没有婚姻关系的,即包括之前都是未婚、离婚或者丧偶的人,当然不构成重婚;二是如果一方或双方之前虽然存在婚姻关系,但其婚姻已经被宣告无效或被撤销,也不构成重婚。

5.借婚姻索要财物和买卖婚姻是一回事吗?

易照,家住甲村,家境很好。尹蕾家住乙村,与甲村相邻。尹蕾20岁出头,人长得眉清目秀,可家境不怎么好。尹蕾的父母希望自己的女儿能够嫁到一户好人家,这样可以多要点聘金。通过媒人提亲,尹蕾与易照确立了恋爱关系。订婚时尹蕾的父母要求易家给礼金15万元。易家同意照办。可两人办完喜宴,领了结婚证,在一起生活不到一年后,易照发现尹蕾并不是想象中那么好。尹蕾整天好吃懒做,渐渐地两人的关系越来越差,最后易照只好将尹蕾告上法庭,要求离婚,并要求尹蕾的父母返还礼金15万元。

我国《婚姻法》第3条第1款规定:"禁止包办、买卖婚姻和其他干涉婚姻自由的行为。禁止借婚姻索取财物。"借婚姻索取财物是指婚姻一方当事人(主要是女方)或父母等第三方向对方索要一定财物,并以此作为结婚条件的行为。主要有两个特点,一是主要是女方向男方索取财产,或是女方的父母及其他人向男方索取财产,当然不排除男方向女方索取财产;二是在婚姻决定权上,男女双方是自愿的,不存在谁强迫谁的问题,因而夫妻关系是合法的,主要是不应该以索取财物作为结婚条件。这两点刚好是与买卖婚姻的区别。从本案来看,尹蕾和尹蕾的父母事先都有索取财物的打算,因此可认定为他们是借婚姻索取财物。

另依据最高人民法院《关于法院审理离婚案件处理财产分割问题的若干具体意见》第19条的规定:"借婚姻关系索取的财物,离婚时,如结婚时间不长,或者因索要财物造成对方生活困难的,可酌情返还。"因此,易照可以要求尹蕾的父母返还一定的聘礼。需要说明的是,借婚姻索要财物和买卖婚姻是不一样的,买卖婚姻是违背婚姻当事人的意愿,属于强迫的行为,所产生的婚姻关系是无效的。

6.表兄妹之间在做了绝育手术之后能不能结婚?

胡贵与丁香是表兄妹,由于当事人所在村庄属于贫穷落后的地区,"舅表婚,亲上亲"的观念还很浓厚,在双方父母同意后,胡贵和丁香到民政部门办理结婚手续,民政部门在得知他俩是表兄妹关系后,拒绝给他们办理结婚手续。于是,两人为了顺利结婚,当即到医院做了绝育手术,并且向医院索要了绝育手术证明。2007年9月,他俩再次到婚姻登记部门要求办理结婚登记,但婚姻登记部门仍然拒绝。

胡贵和丁香认为,两人都已经做了绝育手术,且有绝育手术证明在手,已经决定以后不生育,即不会造成法律规定的"影响子孙后代健康"的后果,婚姻登记部门仍然不予办理结婚登记,实属刁难,干涉了婚姻自由。在经过行政复议仍被拒绝登记后,两人于2008年3月向法院起诉民政局婚姻登记部门,要求其为他俩办理结婚登记手续。

按照我国《婚姻法》第7条的规定,有下列情形之一的禁止结婚:(一)直系血亲和三代以内的旁系血亲;(二)患有医学上认为不应当结婚的疾病。直系血亲是指所有的直系血亲,不受世代的限制,即都不能结婚。三代以内旁系血亲主要包括:一是兄弟姐妹,包括同父同母、同父异母、同母异父的兄弟姐妹;二是伯、叔、姑与侄子、侄女,舅、姨与外甥、外甥女;三是堂兄弟姐妹、姑表兄弟姐妹、舅表兄弟姐妹、姨表兄弟姐妹。凡是有这些血亲关系的,也都不能结婚。胡贵和丁香是表兄妹关系,属于《婚姻法》规定的三代以内旁系血亲,根据《婚姻法》第7条的规定,应禁止结婚。即使胡贵与丁香做了绝育手术,仍应当适用《婚姻法》的有关规定,而不能逃避法律。所以,为了法律的权威性和保护当事人的长远利益,对于胡贵和丁香的诉讼请求法院肯定是不予支持的。

7. 儿女反对我再婚怎么办？

朱福今年 65 岁了，老伴去世比较早，3 个子女都已经成家立业。朱福经人介绍找了一个老伴，可没想到子女知道后，都强烈反对朱福再婚，甚至还以不给老人生活费相威胁。于是朱福没办法，只好将子女告上法庭，请求法院给个说法。

我国《婚姻法》第 3 条第 1 款规定："禁止包办、买卖婚姻和其他干涉婚姻自由的行为。"干涉婚姻自由的表现形式有很多，此条只是列举了两种，其实还包括子女干涉父母再婚、干涉寡妇再婚、阻碍胁迫他人结婚或离婚等。朱福的子女反对朱福再婚就是干涉朱福婚姻自由的行为，因而是违背《婚姻法》的。另外根据我国《老年人权益保障法》第 75 条规定："干涉老年人婚姻自由，对老年人负有赡养义务、扶养义务而拒绝赡养、扶养，虐待老年人或者对老年人实施家庭暴力的，由有关单位给予批评教育；构成违反治安管理行为的，依法给予治安管理处罚；构成犯罪的，依法追究刑事责任。"从此规定来看，如果子女严重干涉了父母再婚的自由的话，甚至有可能构成犯罪。我国《刑法》第 257 条规定："以暴力干涉他人婚姻自由的，处 2 年以下有期徒刑或者拘役。"

8. 禁止结婚的疾病有哪些？

钱路家住甲村，孙玉家住乙村。通过媒人提亲，钱路与孙玉成了婚。可是结婚没多久，钱路发现孙玉患有严重的精神病，根本无法正常生活。钱路决定请求法院判决离婚。

我国《婚姻法》第 7 条第 2 项规定：患有医学上认为不应当结婚

的疾病,禁止结婚。我国《婚姻法》第 10 条第 3 项规定:婚前患有医学上认为不应当结婚的疾病,婚后尚未治愈的,婚姻无效。按照我国《母婴保健法》第 8 条的规定可知,婚前患有医学上认为不应当结婚的疾病主要包括严重遗传性疾病、指定传染病、有关精神病。而遗传性疾病主要指的是,由于遗传因素先天形成,患者全部或者部分丧失自主生活能力,为了后代着想,医学上认为不宜生育的遗传性疾病。结合我国《传染病防治法》第 3 条规定,对于传染病主要分为 3 类,甲类、乙类、丙类,而一般认为婚前患有医学上认为不应当结婚的疾病所指的指定传染病主要包括:艾滋病、淋病、梅毒、麻风病以及医学上认为影响结婚和生育的其他传染疾病。有关精神病则主要指的是精神分裂症、躁狂抑郁型精神病以及其他重型精神病。

因此,对于钱路向法院提出与孙玉离婚的要求是成立的。他们之间的婚姻自始至终都是无效的。因为之前钱路并不知道孙玉患有严重的精神病,婚姻登记机关也不知情,所以才颁发了结婚证。

另外,禁止结婚的疾病除了上面所列举的以外,还有其他一些常见的疾病:严重的遗传性疾病患者,如痴呆患者等,正处在发病期间的法定传染病患者,如甲型肝炎、开放型肺结核等。一般对有这些疾病的患者,法律禁止或者限制他们结婚。这不但是为他们着想,也是替后代考虑。

9. 离婚后又复合,但未办理复婚登记的同居行为受法律保护吗?

张吉与赵梅于 2002 年正式结婚,随着时间的推移,张吉脾气越来越暴躁,经常对赵梅拳打脚踢。最不能容忍的是,张吉还有外遇。赵梅忍无可忍,于 2006 年与张吉协议离婚,并办理了离婚登记手续。一年后,张吉渐渐地意识到了自己的错误,于是找到赵梅要求和好。最后两人和好,以夫妻的名义再次生活在一起。但是他们一直没有到婚姻登记机关办理复婚登记。他们在一起生活没多久,张吉的坏习惯又开始了,经常对赵梅大打出手。赵梅将张吉告上了法庭,要求解除与张吉的夫妻关系。

我国《婚姻法》第 35 条规定:"离婚后,男女双方自愿恢复夫妻关系的,必须到婚姻登记机关进行复婚登记。"我国《婚姻法》第 8 条规定:"要求结婚的男女双方必须亲自到婚姻登记机关进行结婚登记。符合本法规定的,予以登记,发给结婚证。取得结婚证,即确立夫妻关系。未办理结婚登记的,应当补办登记。"结合这两条规定来看,夫妻关系的合法确立必须办理结婚登记,另外离婚后尚未办理复婚登记又自愿生活在一起的,则只能算是同居关系,而不是合法的夫妻关系。很显然,张吉与赵梅之前已经协议离婚了,并且也办理了离婚登记,自离婚登记后,他们就已经不再是夫妻了,至于后来他们又生活在一起只能算作是一般的同居关系。对于同居关系,法律是不予保护的。

10.缓刑期间可否结婚?

段军与易秀正打算登记结婚的时候,易秀涉嫌贪污被查处,因认罪态度好,并及时退了赃款,易秀被判了缓刑。段军一直很爱易秀,他打算马上就与易秀结婚,正好给易秀鼓励,以利于她的改造。可是他可不可以与在缓刑期间的易秀结婚呢?

按照我国《婚姻法》第 2 条和第 3 条的规定:"实行婚姻自由"、"禁止包办、买卖婚姻和其他干涉婚姻自由的行为",意思是说结婚是每个公民不可剥夺的权利,即便是犯人也享有结婚的权利。另外,缓刑是我国《刑法》中规定的一项刑罚制度,是对一些犯罪比较轻的或是认罪态度比较好的犯罪分子,在其具备了法定的条件之后,可以在一定时间内不予关押暂缓其刑罚的执行。对判处有期徒刑的犯罪分子宣告缓刑主要起到制裁犯罪和教育、改造犯罪分子的目的。民事权利在缓刑期间并未被剥夺,结婚权就是其中一项。另根据1986年最高人民法院、最高人民检察院和公安部专门作出的《关于缓刑、假释、监外执行等罪犯的恋爱与结婚问题的联合批复》中指出:"被判处缓刑和假释的罪犯,在缓刑或者假释期间,他们的恋爱和结婚问题,只要符合婚姻法规定的条件,是可以允许的。"

但是结婚也必须符合我国《婚姻法》的相关条件,根据我国《婚姻法》第4条至第8条的相关规定,结婚的双方必须是自愿的,双方必须要达到我国《婚姻法》规定的结婚年龄,没有第7条所规定的情形:"直系血亲和三代以内的旁系血亲;患有医学上认为不应当结婚的疾病",最后还要到婚姻登记机关办理结婚登记。因此,只要段军和易秀满足了上述条件,就可以成为合法夫妻。

11.丈夫买个假结婚证另成家,是否构成重婚?

沈福与刘玉婚后生有一子。沈福从2002年开始出去打工,可是去了后就再也没有回来过,只是偶尔与家里联系一下。刘玉一个人在家里又带孩子,又干农活。2007年,刘玉托熟人打听沈福的下落,得知沈福在外面有别的女人,并有了孩子,而且他们还声称已经办理了结婚证,但是经查证他们的结婚证是假的。于是刘玉将沈福告上了法庭,请求离婚,并要求法院以重婚罪判处沈福徒刑。

按照我国《婚姻法》第2条的规定:"实行婚姻自由、一夫一妻、男女平等的婚姻制度。"所谓一夫一妻制度主要包括:任何人都不能同时有两个或两个以上的配偶;已经结婚的有妇之夫或是有夫之妇,在其配偶死亡或离婚前不得再行结婚；没有结过婚的男女不得同时与两个或两个以上的人结婚。另外按照《婚姻法》第3条的规定："禁止重婚。禁止有配偶者与他人同居。"一般认为，重婚是指有配偶者又与他人结婚的违法行为，也就是说，一个人同时有两个或两个以上的配偶。构成重婚有两个前提条件：第一是当事人一方或者双方已存在有效的婚姻关系；第二是有配偶者与他人结婚。第二个前提条件在这里又主要包括两种形式：一是有配偶者又与他人登记结婚，这种情况一般称之为法律上的重婚；二是有配偶者虽然没有与他人登记结婚，但却与他人以夫妻名义同居，这种情况称之为事实上的重婚。

很显然，沈福的行为已经构成重婚，根据我国《婚姻法》第32条的规定：重婚的，应准予离婚。因此刘玉要求与沈福离婚，法院是支持的。再根据我国《刑法》第258条的规定："有配偶而重婚的，或者明知他人有配偶而与之结婚的，处2年以下有期徒刑或者拘役。"沈福已构成重婚罪，有可能还要承担刑事责任。

12. 包办婚姻所得的彩礼算谁的？

李秀的父母为了能让李秀的哥哥娶上老婆，用换亲的方式把她嫁给了胡云。由于两人没有任何感情基础，所以经常吵架甚至大打出手。2004年4月，李秀将胡云告上了法庭，要求离婚。而胡云则要求李秀家返还婚前所有的彩礼。

根据我国《婚姻法》第2条和第3条的规定："实行婚姻自由"、"禁止包办、买卖婚姻和其他干涉婚姻自由的行为。"很显然，李秀正是在其父母的强迫下，与胡云结了婚，因此李秀与胡云之间的婚姻属于包办婚姻性质。根据我国《婚姻法》第11条的规定："因胁迫结婚的，受胁迫的一方可以向婚姻登记机关或人民法院请求撤销该婚姻。受胁迫的一方撤销婚姻的请求,应当自结婚登记之日起一年内提出。"因此,对于李秀向法院提出的与胡云离婚的请求是成立的。

那么对于胡云婚前送给李秀家的彩礼又该怎样处理呢?按照我国最高人民法院《关于适用〈中华人民共和国婚姻法〉若干问题的解释(二)》第10条的规定:"当事人请求返还按照习俗给付的彩礼的,如果查明属于以下情形,人民法院应当予以支持:(一)双方未办理结婚登记手续的;(二)双方办理结婚登记手续但确未共同生活的;(三)婚前给付并导致给付人生活困难的。适用前款第(二)、(三)项的规定,应当以双方离婚为条件。"显然,李秀的父母并没有向胡云索要财物。因此,对于胡云要求全部返还已送给李秀家的彩礼,除非是之前胡云在送给李秀家彩礼后,自己的生活陷入了困境,否则,法院是不予支持的。

13. 花钱"买妻"一定要负刑事责任吗?

杜林通过人贩子买到一妇女罗雨做老婆后,杜林变得勤快多了,他知道自己年龄也不小了,需要一个温暖的家,因此对罗雨非常好。罗雨一直想回家,但杜林不让她走。不过,后来杜林终于良心发现,决定放罗雨走。可就在罗雨要走的那天,杜林被公安人员带走了。

根据我国《刑法》第241条的规定:"收买被拐卖的妇女、儿童的,处3年以下有期徒刑、拘役或者管制。收买被拐卖的妇女,强行与其发生性关系的,依照本法第236条的规定定罪处罚,即定强奸罪;收买被拐卖的妇女、儿童,非法剥夺、限制其人身自由或者有伤害、侮辱等犯罪行为的,依照本法的有关规定定罪处罚;收买被拐卖的妇女、儿童,并有第2款、第3款规定的犯罪行为的,依照数罪并罚的规定处罚;收买被拐卖的妇女、儿童又出卖的,依照本法第240条的规定定罪处罚,即拐卖妇女儿童罪;收买被拐卖的妇女、儿童,按照被买妇女的意愿,不阻碍其返回原居住地的,对被买儿童没有虐待行为,不阻碍对其进行解救的,可以不追究刑事责任。"

从杜林之前的行为来看,杜林已经构成了收买被拐卖的妇女罪。但从杜林与罗雨生活期间的表现来看,杜林对罗雨还是很好,没有对罗雨限制人身自由或者有伤害、侮辱的行为。从这一方面讲,对于杜林可以减轻处罚。另外,最重要的莫过于杜林最后放罗雨回家这一行为,证明杜林有真心悔改的意图。根据我国《刑法》的相关规定,可以不追究杜林的刑事责任。

因此,对于"买妻"的行为,一般情况下是要负刑事责任的。

14. 丈夫能否干涉妻子的人身自由?

李菊与杨涛正式结为夫妻后,李菊发现杨涛像是变了一个人似的,变得很保守,而且经常限制李菊的人身自由,不让她出去工作,不让她参加业余学习活动。

我国《婚姻法》第15条规定:"夫妻双方都有参加生产、工作、学习和社会活动的自由,一方不得对他方加以限制或干涉。"这条主要是强调已结婚的男女双方,各自仍保有一定的人身自由权。人身自由权的范围是很广泛的,主要包括:一是夫妻双方享有生产、工作的权利。这里的生产包括一切国家允许的生产经营活动,工作包括一些合法的社会工作,而且享有取得报酬的权利。二是夫妻双方都有学习的权利。学习是每个公民的权利,这是宪法所赋予的。而且这里的学习,不仅包括正规的在校学习,还包括扫盲学习、职业培训以及其他各种形式的专业知识和专业技能学习。三是夫妻双方都享有参加任何合法社会活动的权利。包括参政、议政活动,科学、技术、文学、艺术和其他文化活动,各种群众组织、社会团体的活动,各种形式的公益活动,以及公民私人间的交往活动等。对于这些社会活动,夫妻任何一方均有权自由参加,另一方不得加以限制或干涉。

根据上面的分析来看,对于杨涛随意干涉李菊人身自由的行为,是违背我国《婚姻法》的。

15. 怎样判断财产是婚前的,还是婚后的?

张丰结婚前拥有一套大房子,而且还有一辆豪华小轿车。与刘青结婚一年后由于感情不和,张丰提出离婚,刘青同意离婚,但她提出必须将房子分一半给她。

我国《婚姻法》第18条第1款规定:一方的婚前财产为夫妻一方的财产。那么到底该如何判断财产是属于婚前还是婚后呢?一般认为,判断是否属于夫妻一方婚前财产的关键是根据结婚时间来定,如果该财产在结婚前夫妻一方就取得了所有权,则该财产就属于一方婚前财产。显然,在张丰与刘青结婚之前,张丰就已经买了该房子,刘青只是与张丰结婚后才搬进去住,刘青对于张丰的房子没有任何权利。因此,该房子是张丰婚前个人财产,这也即意味着刘青要求与张丰分享该房屋的所有权是不成立的。另外根据我国《婚姻法》解释(一)第19条的规定:"婚姻法第18条规定为夫妻一方所有的财产,不因婚姻关系的延续而转化为夫妻共同财产。但当事人另有约定的除外。"

综上所述,判定财产是婚前还是婚后的关键是以结婚时间为准。

16. 什么是夫妻共同所有的家庭财产?

刘桂大学毕业后找了一份非常不错的工作,凭自己的能力当上了部门经理,现在她有车、有房。通过征婚,她认识了杨勇,两人办理了结婚登记手续,正式确立为合法夫妻关系。杨勇搬进了刘桂的房子,两人住在了一起。可杨勇自从和刘桂结婚以后,好像变了一个人似的,对刘桂不再像以前那样好了,两人经常因为一些小事争吵。结婚不到1年,刘桂只好请求法院离婚。而就在这时刘桂才醒悟过来,原来杨勇等的就是离婚,因为他想通过离婚分得刘桂的财产。

我国《婚姻法》第17条规定:夫妻在婚姻关系存续期间所得的下列财产,归夫妻共同所有:(一)工资、奖金;(二)生产、经营的收益;(三)知识产权的收益;(四)继承或赠予所得的财产,但本法第18条第3项规定的除外;(五)其他应当归共同所有的财产。"另据最高人民法院《关于适用〈中华人民共和国婚姻法〉若干问题的解释(二)》第11条规定:"婚姻关系存续期间,下列财产属于婚姻法第17条规定的'其他应当归共同所有的财产':(一)一方以个人财产投资取得的收益;(二)男女双方实际取得或者应当取得的住房补贴、住房公积金;(三)男女双方实际取得或者应当取得的养老保险金、破产安置补偿费。"

结合本案来看,房子是刘桂婚前购买的,杨勇对于房子不能享有任何权利。根据上述法律相关规定,杨勇对于与刘桂共同生活期间所获得的收益,也只能享有一部分,因为结婚时间不到1年,即使要分,杨勇也分不到多少财产,杨勇的如意算盘落空了。

17. 结婚时一方所收礼金,归一方个人所有吗?

袁钧与许芳举办婚宴时大部分来客都是许芳家的亲戚朋友,收到的礼金9万多元主要也是许芳家的亲戚朋友送的,许芳当时把这笔9万多元的钱存入了银行。结婚3年后夫妻关系开始恶化,袁钧请求法院离婚。但是两人对 9 万多元的结婚礼金该归谁的问题争议非常大。

我国《婚姻法》第 17 条第 1 款规定:"夫妻在婚姻关系存续期间所得的下列财产,归夫妻共同所有:(一)工资、奖金;(二)生产、经营的收益;(三)知识产权的收益;(四)继承或赠与所得的财产,但本法第 18 条第 3 项规定的除外;(五)其他应当归共同所有的财产。"婚姻存续期间,一般是从男女双方之间的婚姻关系正式生效起开始算,即正式办理结婚登记,领取结婚证那天算起。

尽管酒宴来客大部分是许芳家的亲朋好友,但是很明显,袁钧与许芳在办婚宴前就已经办理了结婚登记,即已经确立了合法夫妻关系,办喜宴的时间,正处在他们的婚姻存续期内。另外不管是许芳家的亲朋好友还是袁钧家的亲朋好友,他们之前都没有明确表示要把礼金给哪一方。因此,很显然对于这 9 万多元的礼金,应该算作是袁钧与许芳的夫妻共同财产,两个人都有份。

18. 一方继承的财产是否归其个人所有?

尹山与张倩结婚不久,张倩的父亲就去世了,张倩继承了父亲很多的财产。1 年后两人准备离婚,却因为财产的分割达不成一致意见,主要问题就是张倩父亲的那笔巨额遗产。

根据我国《婚姻法》第 18 条第 3 项的规定:遗嘱或赠予合同中确定只归夫或妻一方的财产,为夫妻一方的财产。从本案来看,张倩所继承的她父亲的遗产,并不是通过遗嘱形式继承的,事实上,她父亲也并没有立过什么遗嘱,而她是根据法定继承形式继承的。

再依照我国《婚姻法》第 17 条第 1 款的规定:"夫妻在婚姻关系存续期间所得的下列财产,归夫妻共同所有:(一)工资、奖金;(二)生产、经营的收益；(三)知识产权的收益；(四)继承或赠予所得的财产，但本法第18条第3项规定的除外；(五)其他应当归共同所有的财产。"因为张情获得遗产的时间是在她与尹山婚姻存续期间，因此对于张情父亲的那笔巨额遗产，应该是属于尹山与张情夫妻共同财产。

19. 夫妻可以口头约定财产的归属吗？哪些财产可以约定？

余高与彭倩结婚时用书面形式达成了关于财产归属的协议，而且进行了公证。他们婚后的感情并没有因为这份书面约定受到影响，而是感情越来越深。

依照我国《婚姻法》第19条的规定："夫妻可以约定婚姻关系存续期间所得的财产以及婚前财产归各自所有、共同所有或部分各自所有、部分共同所有。约定应当采用书面形式。没有约定或约定不明确的，适用本法第17条、第18条的规定。夫妻对婚姻关系存续期间所得的财产以及婚前财产的约定，对双方具有约束力。夫妻对婚姻关系存续期间所得的财产约定归各自所有的，夫或妻一方对外所负的债务，第三人知道该约定的，以夫或妻一方所有的财产清偿。"

根据此条的规定，可以看出，对于财产的约定范围是非常广泛的。显然，彭倩与余高之间可以随便约定属于他们的那一部分财产。但约定一般应当采用书面形式，这样比较方便认定。彭倩与余高之间的财产归属协议是通过书面形式达成的，而且还经过了公证。因此，彭倩与余高之间所达成的关于财产归属的协议是有效的。

20. 财产约定对第三方有约束力吗？

孙顺在朋友的介绍下认识了任茜，两人于2006年底办理了结婚登记。孙顺懂一些基本的法律知识，他与任茜达成了关于财产归属与个人债务处理的书面约定。其中明确约定,任何一方的对外债务,必须由一方个人财产来偿还。后两人感情不和,打算离婚。但两人因为财产的问题总是纠缠不清,尤其是任茜在孙顺不知情下以个人名义向陈辉借的钱,两人意见不一致。陈辉知道他们要离婚的消息后,上门向孙顺要钱。而孙顺则认为,他与任茜之前达成了约定的,个人债务应该由个人的财产偿还。两人僵持不下,最后只好告到了法院。

我国《婚姻法》第19条第3款规定:"夫妻对婚姻关系存续期间所得的财产约定归各自所有,夫或妻一方对外所负的债务,第三人知道该约定的,以夫或妻一方的财产清偿。"我国《婚姻法》司法解释(二)第24条还同时规定:"债权人就婚姻关系存续期间夫妻一方以个人名义所负债务主张权利的,应当按夫妻共同债务处理。但夫妻一方能够证明债权人与债务人明确约定为个人债务,或者能够证明属于婚姻法第19条第3款规定情形的除外。"

可见,如果借债的夫或妻一方未告知债权人该项约定的,当然就不能对外产生效力。只有经过公示,第三人知悉后,才对第三人产生约束力。任茜向陈辉借的钱,明显是在孙顺完全不知情的情况下以她个人名义借的,这笔钱虽没有用于家庭开支,但根据我国《婚姻法》及其《婚姻法》解释(二)的相关规定,应当按夫妻共同债务处理。双方达成的关于财产归属和个人债务的书面约定对第三人陈辉没有法律约束力,孙顺负有连带责任。孙顺在偿还妻子的债务后可依据夫妻双方关于个人债务的处理协议,向任茜追偿,任茜应以个人财产来偿还。如果孙顺能证明陈辉和妻子任茜的借款协议明确约定为任茜的个人债务,孙顺则可以以这份书面约定作为证明,不负偿还该债务的义务。

21. 老人再婚,财产和存款怎样处理为好?

韩忠,有一儿一女,儿子叫韩俊,女儿叫韩雪。老伴很早就去世了。韩忠退休后经人介绍认识了一老太太并打算结婚。当韩俊、韩雪知道后,都非常反对。后来经过隔壁邻舍的老人们反复做思想工作,韩俊与韩雪总算是答应了这门婚事。由于韩俊与韩雪知道那个老太太家境不怎么好,他俩怕韩忠把财产都给那位老太太,于是向韩忠提出了一个条件,要求韩忠的财产与存款不能动。

按照我国《婚姻法》第30条关于"子女应当尊重父母的婚姻权利,不得干涉父母再婚以及婚后的生活。子女对父母的赡养义务,不因父母的婚姻关系变化而终止。"以及我国《老年人权益保障法》第18条相关的规定,韩忠老人完全有选择再婚的自由。对于韩忠的财产与存款,韩俊与韩雪均无权干涉。相反即使韩忠与那位老太太结了婚,韩俊与韩雪照样要赡养韩忠。

我国《老年人权益保障法》第22条规定:"老年人对个人的财产,依法享有占有、使用、收益和处分的权利,子女或者其他亲属不得干涉,不得以窃取、骗取、强行索取等方式侵犯老年人的财产权益。老年人有依法继承父母、配偶、子女或者其他亲属遗产的权利,有接受赠予的权利。子女或者其他亲属不得侵占、抢夺、转移、隐匿或者损毁应当由老年人继承或者接受赠予的财产。老年人以遗嘱处分财产,应当依法为老年配偶保留必要的份额。"从这条规定来看,韩忠老人也完全有自由依照自己的意思来处置自己的财产,他人无权干涉,包括自己的亲生儿女。韩雪与韩俊首先是干涉了韩忠老人的再婚自由,这已经是违背了《婚姻法》,随后又干涉韩忠老人处置财产的自由,尽管只是要求韩忠的财产与存款不能动,但这种行为在法律上是站不住脚的。

22. 哪些债务是夫妻共同生活所负债务?

刘尚结婚前一直在家经营养殖业,与罗红结婚后刘尚有了扩大规模的打算,征求了罗红的意见后,两人投资 20 万元扩大了养殖场规模,这 20 万元中有 10 万元是向别人借的。可没多久,由于一场突如其来的瘟疫,养殖场里很多鸡鸭死去,这是一笔巨大的损失。刘尚与罗红对此非常伤心。罗红从此后也像变了一个人似的,经常对刘尚大吵大闹。最后两人决定离婚,但双方却对 10 万元欠款到底该由谁来还产生了争议。刘尚觉得应该是共同偿还,而罗红认为由刘尚一个人还。最后只好告到了法院。

根据我国《婚姻法》第 41 条规定:"离婚时,原为夫妻共同生活所负的债务,应当共同偿还。共同财产不足清偿的,或财产归各自所有的,由双方协议清偿;协议不成时,由人民法院判决。"对于什么是夫妻共同债务,必须满足两个条件:一是这笔债务必须发生在双方婚姻关系存续期间,但婚前的所负债务是为婚后家庭共同生活除外;二是所欠债务必须是用于夫妻共同生活或共同生产、经营活动,还包括履行抚养、赡养的义务等。

刘尚与罗红自 2005 年底就正式登记结为了合法夫妻,刘尚在征求了罗红的意见后,向别人借了 10 万元,用于扩大养殖场的规模。显然,这个扩大养殖场规模不单单是刘尚一个人的事情,借的钱实际上是用在他和罗红两人共同的生产上。因此,根据《婚姻法》第 41 条的规定,这 10 万元债务理应属于夫妻共同债务。

23. 丈夫的个人借债,法院为何判我还钱?

张力与王秀结婚已好几年了,孩子也已两岁,张力常年在外打工。2004 年底,张力跟王秀商量盖新房子,王秀非常赞成。2005 年

10月份,张力向一起打工的陈冬借了2万元,用于盖房子。房子很快就盖好了,从此他们一家三口住进了新房子。不久,张力在工地上因为操作失误,从高空掉下来,当场死亡,张力打工的建筑承包商给了一笔钱作为补偿。就在这时,陈冬因为母亲患重病急需钱,上门向王秀讨债,要求她偿还张力借的2万元钱并拿出了借条作证。王秀认为她不知情,丈夫已经去世,便拒绝还债。最后陈冬将王秀告上了法院,要求王秀偿还2万元。

我国《婚姻法》解释(二)第26条规定:"夫或妻一方死亡的,生存一方应当对婚姻关系存续期间的共同债务承担连带清偿责任。"从这条规定来看,因为张力已经去世,所以陈冬现在只能向王秀要钱了。可关键在于这2万元该如何认定?是属于张力的个人债务,还是张力与王秀夫妻的共同债务。从表面上看,当初张力向陈冬借钱的时候,他是以个人名义借的,而且还是在王秀不知情的情况下向陈冬借的,似乎是属于张力个人的债务。

根据我国《婚姻法》解释(二)第24条的规定:"债权人就婚姻关系存续期间夫妻一方以个人名义所负债务主张权利的,应当按夫妻共同债务处理。但夫妻一方能够证明债权人与债务人明确约定为个人债务,或者能够证明属于婚姻法第19条第3款规定情形的除外。"之前王秀并没有与张力达成任何关于两人债务偿还方面的书面约定,并且,张力所借的2万元都用在了盖房子上面,是属于为夫妻共同生活所负的债务。因此,这2万元应当属于王秀与张力夫妻共同债务,王秀应该偿还。

24.协商流产后女方反悔所生下的孩子,男方有没有抚养义务?

熊高与柳荫于2004年正式结婚,结婚两年后双方因为感情不和,经常吵架。于是在 2006 年 7 月,两人在法院的主持下,达成离婚调解协议。在这之前,柳荫已经怀孕 3 个月。熊高与柳荫离婚后私底下又达成了一份"流产协议",协议约定要柳荫去流产,一切费用由熊高承担。然而,就在手术之前,柳荫突然改变了主意,认为这对孩子不公平,于是打算把孩子生下来。2007 年初,柳荫生下一个男婴。柳荫把这一消息告诉熊高,要求其给孩子抚养费。熊高认为,双方已经协商同意流产,柳荫未征得他同意就生下孩子违反协议,因此他拒绝给付抚养费。最后柳荫只好将熊高告上了法庭。

我国《婚姻法》第 21 条规定:"父母对子女有抚养教育的义务;子女对父母有赡养扶助的义务。父母不履行抚养义务时,未成年的或不能独立生活的子女,有要求父母付给抚养费的权利。"第 36 条又规定:"父母与子女间的关系,不因父母离婚而消除。离婚后,子女无论由父或母直接抚养,仍是父母双方的子女。离婚后,父母对于子女仍有抚养和教育的权利和义务。离婚后,哺乳期内的子女,以随哺乳的母亲抚养为原则。哺乳期后的子女,如双方因抚养问题发生争执不能达成协议时,由人民法院根据子女的权益和双方的具体情况判决。"

从本案来看,柳荫与熊高离婚后,尽管柳荫没有执行与熊高达成的流产协议,将孩子生了下来,但这丝毫不能否定熊高是孩子的亲身父亲这一铁定事实。既然熊高是孩子的亲生父亲,依照上述所列举的法律规定,父母对子女的抚养教育是法定的义务,那么熊高就应当负担一部分抚养教育孩子的费用。事实上,对于熊高与柳荫达成的"流产协议",它不符合我国《合同法》的相关规定,因此不具有《合同法》上的效力,它对双方也就没有任何拘束力。加上我国《妇女权益保障法》第 51 条的规定:"妇女有按照国家有关规定生育子女的权利,也有不生育的自由。"因此,柳荫可不必遵守"流产协议"。

25. 遗弃婴儿的行为如何处理？

张蓉与王中于 2005 年正式登记结婚，婚后不久张蓉生下了一个女孩。因为家住农村偏远山区，王中尽管受过高中教育，但是受当地风气影响，重男轻女思想比较严重。当王中和其父母发现张蓉生下的是一个女孩时，非常不高兴，并产生了遗弃女婴的念头。于是他们趁张蓉睡着的时候，偷偷抱走孩子，幸好被张蓉及时发现，阻止了悲剧的发生。

我国《婚姻法》第 21 条规定："父母对子女有抚养教育的义务；子女对父母有赡养扶助的义务。父母不履行抚养义务时，未成年的或不能独立生活的子女，有要求父母付给抚养费的权利。子女不履行赡养义务时，无劳动能力的或生活困难的父母，有要求子女付给赡养费的权利。禁止溺婴、弃婴和其他残害婴儿的行为。"这是对父母子女之间权利义务关系的原则性规定，其中明文规定了，禁止溺婴、弃婴和其他残害婴儿的行为。

在本案中，王中虽然受过高中教育，可没想到重男轻女的思想还这么严重，当他发现生下来的婴儿是女孩的时候，立马就有了遗弃女婴的想法，要不是张蓉及早发现，这个刚出生不久的生命就会被遗弃。遗弃婴儿显然违反了我国《婚姻法》。另据我国《收养法》第 31 条规定："遗弃婴儿的，由公安部门处以罚款；构成犯罪的，依法追究刑事责任。"也就是说王中以及参与遗弃女婴行为的人，都有可能被追究刑事责任。根据我国《刑法》第 261 条的规定："对于年老、年幼、患病或者其他没有独立生活能力的人，负有扶养义务而拒绝扶养，情节恶劣的，处 5 年以下有期徒刑、拘役或者管制。"看来，对于遗弃婴儿行为的惩罚是比较重的。

26. 如何惩处卖儿卖女的行为？

李梦与赵马两人都家住农村，结婚多年，生有一儿一女，儿子已 7

岁,女儿4岁半。结婚后,赵马一直很懒惰,染上了赌瘾,而且经常对李梦拳打脚踢。李梦看在两个孩子的份上,没有想过要离开赵马。一次,李梦因为娘家有急事,匆忙赶回去,让儿子、女儿与赵马待在家里。可是让李梦没想到的是,为了换钱还赌债,赵马居然趁李梦不在家,带着女儿跑到外地,打算把她卖掉。要不是被当地政府发现,女儿已经被卖掉了。李梦忍无可忍,最后只好与赵马离婚。

我国《婚姻法》第21条规定:"父母对子女有抚养教育的义务;子女对父母有赡养扶助的义务。"既然父母对子女有抚养教育的义务,那么对于父母出卖儿女的行为当然是不合法的。另据我国《收养法》第31条相关规定:"出卖亲生子女的,由公安部门没收非法所得,并处以罚款;构成犯罪的,依法追究刑事责任。"从中看出,父母出卖亲生子女的行为,还有可能被追究刑事责任。依照我国《刑法》第240条相关规定:"拐卖妇女、儿童的,处5年以上10年以下有期徒刑,并处罚金。"拐卖妇女、儿童是指以出卖为目的,有拐骗、绑架、收买、贩卖、接送、中转妇女、儿童的行为之一的。如果行为严重的话,处10年以上有期徒刑或者无期徒刑,并处罚金或者没收财产;情节特别严重的,甚至有可能被处以死刑,并处没收财产。

本案中,赵马好吃懒做,还好赌成性,并且输钱后还经常把气撒在李梦身上,这些李梦都不计较,为了孩子着想,她也从来没打算要离开赵马。可见李梦是一位多么善良的妻子。所谓虎毒不食子,可让李梦没想到的是赵马为了偿还自己的赌债,居然要出卖自己的亲生女儿。好在赵马的行为及时得到了制止,不然的话肯定会被判刑。

27. 生父不承认非婚生子女,怎么办?

胡军在一家公司上班,颜容在一所学校当老师。两人同居两年后,颜容发现胡军居然又找了另外的女人,颜容非常难过。恰在这时,颜容也有了 3 个月的身孕,颜容只好与胡军分居,从此正式分手。但是对于孩子该怎么办,颜容针对这个问题与胡军商量,胡军态度非常不好,要颜容自己看着办。颜容打算把孩子生下来。2006 年底,颜容顺利产下一男婴。颜容想到单凭她一个人的微薄工资,无力把孩子抚养成才,于是她找到了胡军,要求胡军共同抚养儿子。这次胡军态度更加恶劣,怪颜容不该把孩子生下来,并威胁颜容说:要钱没有,要命有一条。最后颜容只好将胡军告上了法庭。

依照我国《婚姻法》第 21 条的规定:"父母对子女有抚养教育的义务;子女对父母有赡养扶助的义务。父母不履行抚养义务时,未成年的或不能独立生活的子女,有要求父母付给抚养费的权利。"从中看出,父母抚养、教育孩子是法定义务。同时第 25 条对于非婚生子女的权利做了明确的规定:"非婚生子女享有与婚生子女同等的权利,任何人不得加以危害和歧视。不直接抚养非婚生子女的生父或生母,应当负担子女的生活费和教育费,直至子女能独立生活为止。"

本案中,颜容与胡军并没有成为合法夫妻就正式同居在一起,目前在我国现行法律中,对于这种纯粹的同居关系是不予保护的。但是对因同居期间的财产以及孩子抚养问题所引发的争议,法律是要管的,尤其孩子是无辜的。既然非婚生子女享有与婚生子女同等的权利,那么颜容就有权代表孩子向孩子的生父胡军请求支付抚养费,直到孩子长大成人。

28.父亲车祸身亡,遗腹子由谁抚养?

段驹与罗霞是一对热恋中的情侣,热恋不久,罗霞就怀孕了。两人非常高兴,盘算着给宝宝取名字、准备日用品,并打算等宝宝出生后两人再正式结婚。正当他俩沉浸在幸福中时,不幸的事情发生了。2006 年 4 月 28 日下午,段驹被一辆小轿车撞倒,当场死亡。事后交警部门对这起交通事故作出认定,事故原因完全由陈栋违规驾驶引起,因此应当由陈栋一人承担责任。不久罗霞产下一对龙凤胎。在孩子的出生医学证明上,孩子父亲的姓名登记为段驹。罗霞为孩子今后的高昂抚养费用发愁,于是她打算以孩子的名义向法院起诉,要求陈栋赔偿孩子的生活费、教育费和精神抚慰金等费用,共计40万元。

根据我国《民法通则》第119条的规定:"侵害公民身体造成伤害的,应当赔偿医疗费、因误工减少的收入、残废者生活补助费等费用;造成死亡的,并应当支付丧葬费、死者生前扶养的人必要的生活费等费用。"而所谓的"死者生前扶养的人",应该既包括死者生前实际扶养的人,也包括应当由死者抚养,但因为事故发生,死者尚未抚养的子女。同时依照我国《婚姻法》第25条的规定:"非婚生子女享有与婚生子女同等的权利,任何人不得加以危害和歧视。不直接抚养非婚生子女的生父或生母,应当负担子女的生活费和教育费,直至子女能独立生活为止。"

本案中,罗霞与段驹生前虽然还没正式办理结婚登记手续,但是他俩生前同居,罗霞已怀孕,这是无可争辩的事实,另外他们也正准备等孩子降生以后立马就去办理结婚登记。在孩子的出生医学证明上所记载的父亲姓名中,明确登记的是段驹的名字。那么我们可以很容易得出,两个孩子与死者段驹之间是存在亲子血缘关系的。依照上述法律规定,两个孩子有权向肇事者陈栋请求给付抚养费。因此,法院会在认定事实的基础上,支持罗霞的诉讼请求。

29. 丈夫风流,被人敲诈,我该怎么办?

周时与江茜结婚多年,周时开办了一家颇具规模的公司,江茜则在一国有企业担任主管。一次偶然的机会,周时认识了比自己年轻很多的蒋苓,从此,两人开始偷偷地交往。两人的男女关系持续了两年,终于被蒋苓的丈夫卢军发现了。卢军没有固定职业,当他发现妻子跟周时鬼混后,于是借机威胁周时。第一次卢军向周时要了50万元,周时只好照给,周时也没有把这件事告诉江茜。1年后卢军又向周时要50万元。周时没有办法,只好一五一十地把情况告诉给江茜,并表示今后一定悔改。江茜念在孩子的份上原谅了他,并和周时一起向公安机关报了案。

本案中,周时作为一名有妇之夫,在外面拈花惹草,这种行为不但违反了我国《婚姻法》第3条中,禁止有配偶者与他人同居的规定,也违反了我国《婚姻法》第4条的规定:"夫妻应当互相忠实,互相尊重;家庭成员间应当敬老爱幼,互相帮助,维护平等、和睦、文明的婚姻家庭关系。"好在周时能够悬崖勒马,并未构成重婚罪。因此,周时的行为只能受到道德和舆论的谴责。

那对于卢军的敲诈行为该如何处理呢? 根据我国《刑法》第274条的规定:"敲诈勒索公私财物,数额较大的,处3年以下有期徒刑、拘役或者管制;数额巨大或者有其他严重情节的,处3年以上10年以下有期徒刑。"这是一条关于敲诈勒索罪的规定。本案中,当卢军得知自己的妻子在外面与别人鬼混时,他不但不责问自己的妻子,反而还暗自高兴,而且将此事作为威胁条件向周时敲诈勒索。卢军的行为已经严重违背了我国《刑法》第274条的规定,构成了敲诈勒索罪。

30. 夫妻一方丧失劳动能力,另一方负有扶养义务吗?

朱兆和刘茵两人于2003年办理了结婚登记,正式成为合法夫妻。2004年,朱兆在一次塌方事故中砸伤了腿,生活基本不能自理。开始刘茵对朱兆还好,但慢慢地刘茵变了,经常为一点小事大发脾气,而且竟然夜不归家,既不照顾孩子也不扶持朱兆,到后来,连工资也不拿回家里。2006年7月朱兆将刘茵告上了法庭,要求刘茵履行妻子的责任,照顾孩子与自己。

根据我国《婚姻法》第4条的规定:"夫妻应当互相忠实,互相尊重;家庭成员间应当敬老爱幼,互相帮助,维护平等、和睦、文明的婚姻家庭关系。"以及第20条的规定:"夫妻有互相扶养的义务。一方不履行扶养义务时,需要扶养的一方,有要求对方付给扶养费的权利。"夫妻扶养义务以经济上相互供养、生活上互相扶持为内容,它是婚姻或家庭共同体得以维系和存在的基本保障。夫妻扶养既是一项权利,又是一项法定义务。作为一项法定义务,它必然具有法律强制性。正因为它具有强制性,所以夫妻双方必须遵照执行。

本案中,朱兆因为工作上的原因而基本上丧失了劳动能力,刘茵有稳定的收入来源,完全有能力承担朱兆的扶养费用,但刘茵什么都不管,这显然违背了夫妻扶养义务的法律强制性规定。因此,朱兆完全有理由要求刘茵履行法定义务。好在刘茵的行为不是很严重,如果情节恶劣的话,刘茵的行为还将会受到刑事追究,因为按照我国《刑法》第261条的规定:"对于年老、年幼、患病或者其他没有独立生活能力的人,负有扶养义务而拒绝扶养,情节恶劣的,处5年以下有期徒刑、拘役或者管制。"

31. 妻子遭丈夫毒打,该怎么办?

钱贵与赵慧经媒人介绍,于2003年按照当地习俗办了婚宴,同时也到婚姻登记机关办理了结婚登记。因为婚前没有任何感情基础,所以两人经常为一些小事儿吵嘴。到后来,钱贵变本加厉,还经常动手打赵慧。赵慧实在受不了了,于是要求与钱贵离婚,并且还要钱贵承担损害赔偿。

　　我国《婚姻法》第 3 条明文规定,禁止家庭暴力。同时我国《婚姻法》司法解释(一)第 1 条规定:"《婚姻法》第 3 条、第 32 条、第 43 条、第 45 条、第 46 条所称的'家庭暴力',是指行为人以殴打、捆绑、残害、强行限制人身自由或者其他手段,给其家庭成员的身体、精神等方面造成一定伤害后果的行为。持续性、经常性的家庭暴力,构成虐待。"我国《婚姻法》第 32 条规定:男女一方要求离婚的,可由有关部门进行调解或直接向人民法院提出离婚诉讼。对实施家庭暴力或虐待、遗弃家庭成员的,调解无效的,应准予离婚。另外我国《婚姻法》第 46 条规定:"有下列情形之一,导致离婚的,无过错方有权请求损害赔偿:(一)重婚的;(二)有配偶者与他人同居的;(三)实施家庭暴力的;(四)虐待、遗弃家庭成员的。"

　　本案中,钱贵三番五次地对赵慧实施家庭暴力,而且变本加厉,以至于两人无法继续生活下去。根据我国《婚姻法》第 32 条的相关规定,赵慧可以请求与钱贵离婚。同时因为赵慧在同钱贵一起生活期间,并无任何过错,那么对于钱贵长期的家庭暴力行为,赵慧可以根据我国《婚姻法》第 46 条的规定,要求钱贵承担损害赔偿责任。另外,依照我国《婚姻法》第 45 条的规定,对实施家庭暴力构成犯罪的,还依法追究刑事责任。因此如果赵慧或赵慧的家人认为钱贵的行为已经构成犯罪的话,那么他们还可以到法院去自诉,要求追究钱贵的刑事责任。

32.丈夫不尽责任,该怎么办?

　　梁光与杨洁结婚多年,儿子 12 岁了。梁光与杨洁在结婚后的前几年里,日子还算过得美满。可没想到的是,儿子 6 岁的时候突然染上了一种怪病,从此精神变得有问题。梁光也因此像变了一个人似的,对家里的情况不闻不问。自那年开始,梁光就出去打工了,很少回家,平时也很少跟家里联系。开始杨洁觉得可能是丈夫受不了这个打击,所以也就忍了。可没想到五六年过去了,梁光还是这样冷淡。这几年来,一直是杨洁一个人操持着整个家,尤其还要照看患有精神病的儿子,她身体也有点吃不消了,但是梁光依旧是不关心杨洁与儿子的死活。最后杨洁忍无可忍,将梁光告上法庭,请求法院判决要求梁光尽一个丈夫和父亲的责任。

我国《婚姻法》第20条规定:"夫妻有互相扶养的义务。一方不履行扶养义务时,需要扶养的一方,有要求对方付给扶养费的权利。"这就明确规定了夫妻之间的扶养义务关系。同时在我国《婚姻法》第21条中还规定:"父母对子女有抚养教育的义务;子女对父母有赡养扶助的义务。父母不履行抚养义务时,未成年的或不能独立生活的子女,有要求父母付给抚养费的权利。"这是父母对子女的抚养教育的义务,是一种法定义务,具有法律强制性。既然具有强制性,那么任何人都不得违反。

本案中,梁光与杨洁是一对结婚多年的合法夫妻,因为儿子的突然神志不清,使得梁光变得对家人漠不关心。一直以来杨洁一人苦苦操持维系整个家,还要照顾孩子。显然,梁光没有尽到丈夫、父亲的责任。因此,梁光显然已经违背了我国《婚姻法》第20条、第21条的规定,夫妻扶养义务以及父母对子女的教育抚养义务。如果梁光的行为情节恶劣的话,还将会受到刑法的制裁,因为按照我国《刑法》第261条的规定:"对于年老、年幼、患病或者其他没有独立生活能力的人,负有扶养义务而拒绝扶养,情节恶劣的,处5年以下有期徒刑、拘役或者管制。"

33. 子女成年后,父母还有抚养教育的义务吗?

杜仲与王茹离婚后,儿子杜帆读大学第一年的大部分费用是由杜仲出的,但当杜帆读大二后,他就再也没出过1分钱。现在王茹下岗了,身体也不好,生活很困难,儿子杜帆的学费、生活费也没了着落。在这种情况下,杜帆将杜仲告上了法院,要求杜仲支付他的抚养教育费用。

我国《民法总则》第17条规定:"十八周岁以上的自然人为成年人。不满十八周岁的自然人为未成年人。"《婚姻法》第21条规定:"父母对子女有抚养教育的义务;子女对父母有赡养扶助的义务。父母不履行抚养义务时,未成年的或不能独立生活的子女,有要求父母付给抚养费的权利。子女不履行赡养义务时,无劳动能力的或生活困难的父母,有要求子女付给赡养费的权利。"《婚姻法》司法解释(一)第20条规定:"《婚姻法》第21条规定的'不能独立生活的子女',是指尚在校接受高中及其以下学历教育,或者丧失或未完全丧失劳动能力等非因主观原因而无法维持正常生活的成年子女。"

根据上述法律条文的规定,在本案中,如果杜帆是未成年人,或者还在读高中,那么杜帆有权请求父亲杜仲负担他的教育抚养费,但是杜帆已满18周岁,而且已经在读大学二年级了,在我国现行法律相关规定中,并没有强行规定父母要承担已成年孩子读大学期间的教育抚养费,只能是遵从父母自己的意愿。因此,尽管杜仲做得非常不对,但是杜帆无权强行要求杜仲给付他教育抚养费。

34.姐姐有义务扶养未成年的弟弟吗?

刘大兵与王燕夫妇生有一儿子刘勇和一女儿刘梅。刘梅成年后,单独成家居住,刘大兵夫妇和儿子刘勇同住。1995年,刘大兵因病去世,王燕也因高血压瘫痪在床,11岁的刘勇失去了主要生活来源,生活日益困难,于是王燕要求刘梅给付赡养费和扶养刘勇的费用。刘梅认为自己已经出嫁,拒绝支付弟弟的扶养费。2006年7月

13日,王燕以儿子刘勇的名义将女儿刘梅告上法院,要求法院判令被告刘梅每月支付扶养费100元。法院在审理过程中查明,王燕确实没有劳动能力和生活来源,刘勇尚在读初中一年级,刘梅夫妇收入颇高,家庭富裕。被告刘梅辩称:对无劳动能力的母亲她有赡养义务,但她现在已出嫁,对原告刘勇没有法定扶养义务,请求法院驳回原告的诉讼请求。最后法院判决支持了原告的诉讼请求。

我国现行《婚姻法》第29条规定:"有负担能力的兄、姐,对于父母已经死亡或父母无力抚养的未成年的弟、妹,有扶养的义务。"兄弟姐妹是最近的旁系血亲,他们之间一般没有扶养义务,但是在特定的条件下,也会发生扶养关系,即如果弟、妹未成年,而父母已经死亡或者无力抚养,而兄、姐有负担能力,在这种情况下,兄、姐对弟、妹就要履行扶养的义务。这样规定更有利于保护未成年人的合法权益。

既然兄、姐对弟、妹在一定条件下有扶养的义务,在本案中,刘勇是没有独立生活能力的未成年人,尚在校就读,而其父已经死亡,母亲又没有抚养能力,其姐有负担能力,符合兄、姐对弟、妹履行扶养义务的条件。因此,根据我国《婚姻法》的规定,刘梅应该对刘勇尽扶养义务。

35.父母离婚后又再婚,子女可以不赡养父母吗?

马艳可,20岁那年与杨三军结婚,婚后育有一儿一女,儿子叫杨海洋,女儿叫杨菊花。1970年双方协议离婚,协议约定11岁的儿子杨海洋和7岁的女儿杨菊花全部归杨三军抚养,马艳可每月给付抚养费10元,夫妻关系存续期间的共有财产全部归杨海洋所有。儿子杨海洋和女儿杨菊花成年后分别于1982、1984年成了家。马艳可在他人的介绍下,与丧偶单身的贺贝子相爱。可儿子、儿媳、女儿、女婿都极力反对,并以拒不赡养相威胁,表示今后再也不认这个妈。不顾儿女们的反对,马艳可与贺贝子办理了结婚登记,老两口生活得和和美美,非常幸福。可是结婚后不久,贺贝子因心脏病医治无效于1995年11月5日去世,治病过程中贺贝子所有的积蓄都花光。马艳可不得不过孤独无依的日子,身体越来越差,因为没有生活来源,就连吃饭都成问题,更不用说治病了。自从她跟贺贝子结婚后,儿女们就再也没有来看过她。2002年她将自己的儿子杨海洋和女儿杨菊花告上了法庭,经法庭调查和辩论后,杨海洋和杨菊花受到了教育和启发,最后相互达成调解协议,同意照顾母亲晚年生活。

我国《老年人权益保障法》第21条规定:"老年人的婚姻自由受法律保护。子女或者其他亲属不得干涉老年人离婚、再婚及婚后的生活。赡养人的赡养义务不因老年人的婚姻关系变化而消除。"为保障老年人的婚姻自由原则的贯彻实行,防止子女借父母再婚为由而不尽赡养扶助的义务,我国《婚姻法》第30条规定:"子女应当尊重父母的婚姻权利,不得干涉父母再婚以及婚后的生活。子女对父母的赡养义务,不因父母的婚姻关系变化而终止。"因此,父母再婚后,子女不得以此为由拒绝承担赡养义务,也不得以拒绝赡养父母为由阻止父母再婚。

本案中马艳可在行使自己的婚姻自由权之后,儿子杨海洋和女儿杨菊花不得以此为由拒绝履行赡养义务,二被告能够认识到自己的错误是件好事,如果他们不能认识到自己的错误,法院也应责令他们履行法定的赡养义务。

36.孙辈对祖辈是否有赡养义务?

孙大海是独子,由母亲王仁娟守寡带大。因家庭经济问题,孙大海和妻子周芳经常吵架。1995年孙大海和妻子周芳协议离婚,离婚后,女儿孙小红随周芳生活,周芳一直未再嫁。孙小红成年后找到一份稳定的工作,有了固定收入。孙大海在其母亲的撮合下,与另一外来妹许英再婚,生育一女孙云。2001年1月孙大海患病身故,许英随后带孙云回了老家。王仁娟一直由孙大海供养,孙大海去世后,王仁娟没有经济来源,这时想起还有一个孙女孙小红,便托邻居老太太向孙小红要钱,孙小红给了王仁娟2 000元。从此,王仁娟就经常向孙小红要钱,要其尽赡养义务,孙小红给了2 000元后就再没有给付王仁娟钱。王仁娟将孙小红告上了法院,要其承担赡养义务。法院最后判决支持了王仁娟的诉讼请求。

我国《婚姻法》规定,有负担能力的孙子女、外孙子女对于子女已经死亡或子女无力赡养的祖父母、外祖父母有赡养义务。由此可见,孙子女、外孙子女对祖父母、外祖父母依法产生了附加条件的赡养义务:(1)孙子女、外孙子女必须有负担能力;(2)祖父母、外祖父母的子女已经死亡,而且需要赡养;(3)祖父母、外祖父母的子女尚在,但已丧失赡养扶助能力的,其孙子女、外孙子女也应该承担赡养义务。

一般而言,子女由父母抚养,父母由子女赡养,祖孙之间不发生权利义务关系。但是,在特定条件下,祖孙之间也有抚养、赡养的义务。本案中,王仁娟一直由孙大海赡养,孙大海病故后,许英又带女儿回了老家,断绝了王仁娟的生活来源,在这种情况下,作为孙女的孙小红有固定收入,尽管与王仁娟之间存在许多"恩恩怨怨",但是基于法定条件下产生的权利、义务关系仍然存在,无论从法律上还是道德上,对老人尽赡养义务都是应该的。

37.继父母有义务抚养教育继子女吗?

柯菲林的母亲桃有英外出打工结识了何定顺,后交往密切,1年后,桃有英与柯菲林的父亲协议离婚,随后桃有英与何定顺结婚,自此不再过问柯菲林的生活。柯父也娶了另一女子李一川为妻,共同抚养柯菲林。共同生活中,李一川对柯菲林经常打骂。桃有英再婚后不久便重病身亡,未留下任何遗产,柯父和李一川婚后也再没有生育子女。柯菲林读初中一年级那年冬天,其父不幸遇车祸死亡。丈夫死后,李一川更加看不起柯菲林,稍不如意就拿柯菲林出气,经常把继子打得身上青一块紫一块的。由于太压抑,柯菲林在学校里经常惹事捣蛋。有一次,柯菲林在放学回家路上将另一名学生谢西西的左眼打伤,谢西西的父母谢某夫妇为此花去医疗费4 000多元。因为柯菲林没有其他任何亲人,谢某夫妇要求李一川承担赔偿责任,李一川拒绝谢某夫妇的要求,认为柯菲林的父亲已死亡,其和柯菲林没有任何关系。谢某夫妇以其儿子名义向人民法院提起诉讼,要求法院判令被告柯菲林的监护人李一川承担赔偿责任。法院在查明有关事实以后,根据双方过错程度判令柯菲林的监护人李一川承担医疗费用3 000元。

我国《婚姻法》第27条规定:"继父母与继子女之间,不处虐待或歧视。继父或继母和受其抚养教育的继子女间的权利和义务,适用本法对父母子女关系的有关规定。"也就是说,如果继父母与继子女之间形成抚育关系,则他们之间产生法律拟制的父母子女关系,如果没有形成抚育关系,则不产生法律拟制的父母子女关系,仅仅是姻亲关系。

本案中,尽管继母李一川对继子瞧不起,甚至有虐待的行为,这当然是法律所不允许的,但是李一川与柯父结婚后,一直共同抚养教育柯菲林,事实上他们之间已经形成了抚育关系的继母子关系。根据我国《婚姻法》的上述规定,他们之间的关系适用亲生母子之间的关系,双方有亲生母子之间的权利和义务。具体到本案,李一川有抚养和教育柯菲林的权利和义务,当柯菲林给他人造成损害时,李一川有承担民事责任的义务,至于法院判决李一川只承担大部分责任,主要是考虑到对方父母谢某夫妇有一定的监护责任。

38.亲生的父母、子女能否脱离关系?

宋飞和赖丽于 1993 年 9 月 25 日结婚,婚后生育一子宋华波。婚后,宋飞和赖丽外出打工,赖丽疑心重,怀疑宋飞变心了,婚外有女人,经常对其唠叨,后与其分居,两人关系越来越恶劣,经常大吵大闹。2007 年宋华波 14 岁了,逐渐懂事了,在了解其父没有婚外情后,建议其母赖丽去看心理医生,却被赖丽臭骂一顿。宋飞和赖丽于 2007 年 12 月离婚,宋华波随其父宋飞生活,这得罪了赖丽,赖丽称白养了宋华波 14 年,要与宋华波断绝母子关系,并写信给所有亲戚朋友称与宋华波已断绝了母子关系。宋华波为此咨询律师:亲生父母与子女可以断绝关系吗?

我国《婚姻法》规定,父母与子女之间的关系,不因父母离婚而消除,离婚后,子女不论是由父还是母直接抚养,仍是父母双方的子女。亲生父母与亲生子女之间的关系是直系血亲关系,这种血亲关系是在任何时候、任何情况下都无法改变的客观事实。因此,我国法律没有允许解除亲生父母与亲生子女关系的规定。

本案中,宋飞和赖丽离婚后,宋华波虽然随父亲宋飞生活,但是其与母亲赖丽之间的这种血亲关系是永远存在的,赖丽声明断绝母子关系是不符合法律规定的,此声明应视为无效。

39.继父母子女关系可以解除吗?

1978 年龙田卫与廖凤仙结婚(双方均为再婚),廖凤仙与前夫生的 2 女 1 子也随其与龙田卫共同生活。当时,长女龙玲(原名牛丽)12 岁,次女龙红(原名牛英)9 岁,子龙翔(原名牛佳)8 岁。龙田卫与廖凤仙靠务农共同抚养这 3 个孩子。到 1987 年,廖凤仙因患精神分裂症,独自离家出走。龙田卫经多方寻找,仍不知其下落。1989年,龙田卫向当地法院起诉,要求与廖凤仙离婚。法院依照法定程序,缺席判决准予龙田卫与廖凤仙离婚,廖凤仙的3个孩子仍由龙田卫抚养。此后,龙翔、龙玲和龙红相继成家立业,龙田卫离婚后一直未再婚。龙田卫与龙翔、龙玲、龙红的关系由不融洽发展到非常紧张,3个孩子经常打骂龙田卫,龙田卫快70岁了,身体又瘦弱,无法维持自己的生活。1996年,龙田卫向人民法院起诉,要求与龙玲、龙红、龙翔解除继父与继子女的关系,并要求他们每人每月给付赡养费100元。法院审理后,查明了相关事实,最终支持了原告的诉讼请求。

我国《婚姻法》第27条规定:“继父或继母和受其抚养教育的继子女间的权利和义务,适用本法对父母子女关系的规定。”由此可见,有抚养教育关系的继父母子女,发生父母子女间的权利义务关系,为拟制血亲关系,属于直系血亲。无抚养教育关系的继父母子女关系,为姻亲关系,相互间无权利义务关系。生父与继母或生母与继父的婚姻关系存续期间,受继父母抚养、教育的继子女已经长大成人,应担负起赡养继父或继母的义务,原则上不能解除。但是如果继父母继子女关系恶化,再继续维持可能危及继母或继父的合法权益,继父母要求解除与继子女的关系,为保障老年人的合法权益,可向人民法院提起诉讼,解除继父母子女关系。

本案中,原、被告之间已经形成抚养关系,原告将三被告抚养成人并成家立业,目前原告生活困难,孤独无依又无生活来源,所以法院判决三被告龙玲、龙红、龙翔给付原告龙田卫赡养费是合理合法的。另外,法院依据法律规定和实际情况也判决解除了原、被告之间的继父子女关系。

40.父母被剥夺监护权后是否还对孩子负有抚养义务?

贾平娟1991年经人介绍与冯军结婚,婚后生有一男孩冯小斌。后来冯军外出打工认识了一女子赵彩丽,两人产生了恋情。贾平娟得知此事后与冯军在 2001 年办理了离婚手续。离婚后,儿子冯小斌随父亲冯军生活。因为冯军工作忙,生活压力大,难以照料儿子的生活,而且冯军的脾气比较暴躁,经常打孩子,在这种情况下,冯小斌缺少大人的监督教育,经常逃学旷课,上网打游戏,并和社会上的一伙不良青年交上了朋友。贾平娟对此十分不安,曾经几次向冯军告知此情况,冯军得知此情后仍是不管不问,听之任之。于是,贾平娟于 2002 年 12 月 22 日向法院提起诉讼要求由自己直接抚养冯小斌。后经法院判决,变更了抚养关系并撤销了冯军的监护权,但是,冯军却以被剥夺了监护权为由,拒不承担孩子的抚养费用。因此,贾平娟再次提起诉讼。

我国《未成年人保护法》第 53 条规定:"父母或者其他监护人不履行监护职责或者侵害被监护的未成年人的合法权益,经教育不改的,人民法院可以根据有关人员或者有关单位的申请,撤销其监护人的资格,依法另行指定监护人。被撤销监护资格的父母应当依法继续负担抚养费用。"我国《婚姻法》第 36 条规定:"父母与子女间的关系,不因父母离婚而消除。离婚后,子女无论由父或母直接抚养,仍是父母双方的子女。离婚后,父母对于子女仍有抚养和教育的权利义务。"也就是说,由于父母和子女之间存在着血缘的亲情关系,不会因父母离婚或监护权的撤销而消除,父母仍有义务承担子女的抚养费用。

本案中,原告和被告离婚后,由被告取得孩子的监护权,后来由于被告没有认真履行监护职责,经过原告起诉,撤销了被告的监护权,但是依照法律规定,被告仍有义务承担儿子的抚养费用。

41.协议离婚有哪些具体条件和要求?

常文与李伟结为夫妻,婚后两人感情很好。常文在家务农,李伟在一家煤矿当井下工人。一次井下事故,李伟受重伤以致高位截瘫终生残疾。常文精心照顾李伟多年,身心疲惫,健康状况越来越不好。李伟深深感谢妻子常文,又实在不愿长期拖累妻子,多次劝常文早日开始新的生活。后常文找到善良、勤劳、能吃苦的张毅,并讲明婚后要共同照料李伟。于是,常文与李伟办理了协议离婚手续,与张毅结婚。

我国《婚姻法》第31条规定:"男女双方自愿离婚的,准予离婚。双方必须到婚姻登记机关申请离婚。婚姻登记机关查明双方确实是自愿并对子女财产问题已有适当处理时,发给离婚证。"在我国依行政程序,可以到婚姻登记机关办理离婚登记,解除夫妻关系。根据法律规定,双方自愿离婚的,必须到婚姻登记机关申请离婚,就像结婚必须履行必要的法律手续一样。通过婚姻登记机关对离婚的确认,发给离婚证解除双方的婚姻法律关系,才能为当事人开始新的生活提供法律依据。当事人请求离婚时,必须双方亲自到一方户口所在地的婚姻登记机关申请。婚姻登记机关要查明双方是否确实是自愿离婚,有无受胁迫、受欺诈的情况,婚姻登记机关还应当对离婚登记当事人出具的证件、证明材料进行审查并询问相关情况。对当事人确属自愿离婚,并已对子女抚养、财产、债务等问题达成一致处理意见的,应当当场予以登记,发给离婚证。

本案中,常文和李伟在自愿协商的前提下,做出离婚的真实意思表示,符合法律对协议离婚的规定,两人办理协议离婚手续符合相关条件和要求。

42.协议离婚后,后悔怎么办?

齐梦和张辉婚后不久张辉就失业了,家里全靠齐梦一个人挣钱,为此,夫妻关系开始变得紧张,最终两人协议离婚。离婚后1年,张辉找到了工作,生活开始有了起色。一次,张辉和齐梦偶遇,两人谈起了各自的生活现状,感觉对对方都还有感情,并且两人离婚后都未再婚,都表示后悔协议离婚。

我国《婚姻法》第 35 条规定:离婚后,男女双方自愿恢复夫妻关系的,必须到婚姻登记机关进行复婚登记。最高人民法院《关于适用〈婚姻法〉若干问题的解释(二)》第 9 条对协议离婚后双方后悔的情况做出了明确的规定:男女双方协议离婚后一年内就财产分割问题反悔,请求变更或者撤销财产分割协议的,人民法院应当受理。人民法院审理后,未发现订立财产分割协议时存在欺诈、胁迫等情形的,应当依法驳回当事人的诉讼请求。

本案中,齐梦和张辉完全可以复婚,两人都对彼此还有感情,并且对协议离婚表示了后悔,符合复婚的条件。

43.夫妻双方自愿离婚,要办理什么法律手续才算有效?

谢红与向华经人介绍于 1998 年 6 月 12 日结婚,婚后两人后悔在缺乏感情基础的情况下就草率结婚,趁还没有孩子,两人打算离婚。两人都以务农为生,没有什么值钱的共同财产,都觉得离婚对彼此今后的生活都好。虽然两人是自愿离婚,但是不知道要办理什么法律手续才算有效。

我国《婚姻法》第 31 条规定:夫妻双方如果不是受任何一方威逼、引诱、欺骗,而是两人自愿要求解除夫妻关系的,双方必须亲自到婚姻登记机关申请离婚。经婚姻登记机关审查,认为确实是双方自愿离婚,并对子女和财产已有适当处理的,应立即发给离婚证。这时,婚姻关系即告解除。为了妥善地解决问题,男女双方必须先就子女由谁抚养、抚养费如何分担、家庭财产如何分割等比较重大的事情达成协议,再到婚姻登记机关填写离婚申请表,申请离婚。婚姻登记机关既要审查离婚是否双方自愿,还要审查有关子女抚养、财物分割等是否都作了适当的安排和处理。如未安排处理好的,婚姻登记机关可以帮助他们按婚姻法的规定进行协商,双方取得一致意见并达成协议后,再发给离婚证。如果离婚虽属双方自愿,但对子女抚养或财产分割无法达成协议时,婚姻登记机关就不能草率处理,可由离婚的双方或一方向人民法院起诉,要求帮助解决。

本案中,谢红和向华属于自愿离婚,两人婚后也没有生育孩子,不存在对子女抚养的协商,另外,两人没有什么值钱的共同财产,但是这不等于就没有夫妻共同财产,因此,两人如果打算协议离婚,就应首先对家庭共同财产的分割达成协议,然后再到婚姻登记机关申请离婚,经过婚姻登记机关审查,发给离婚证,解除双方的婚姻关系。

44.离婚时,用什么方法才能证明我与丈夫已分居5年?

邵敏琴与杨俊结婚后发现杨俊性格暴躁、野蛮无理,经常殴打自己。婚后不久,邵敏琴怀了孕。一天杨俊和朋友在自己家打牌,深夜邵敏琴睡得正香时,杨俊使唤邵敏琴去买香烟,邵敏琴没有去,杨俊当着牌友的面将邵敏琴毒打一顿,致使其小产住院。出院后,邵敏琴直接回了娘家,从此两人分居,至今已有5年。期间,邵敏琴为了逃避杨俊的纠缠,先后3次变动住所,开始住娘家,后来住亲戚家,最后在离新的工作地不远的地方租了1处1室户的房子。邵敏琴以分居5年为由提出与杨俊离婚,杨俊说:"你休想,只要我不同意,分居10年也白搭,我拖死你。"面对这种无赖、痞子,邵敏琴感到束手无策。

我国《民事诉讼法》第64条规定:"当事人对自己提出的主张,有责任提供证据。"民事诉讼上的证据,一般是法院认定待证事实的已知事实材料。哪些证据材料才能证明夫妻分居的事实呢?凡是能反映事情真相的书证、物证、视听资料、证人证言、当事人的陈述、鉴定结论、勘察笔录等都可形成证明材料。

本案中,邵敏琴首先要搜集证明夫妻不和分居的原因,比如,被杨俊殴打致使其流产的病历以及目击证人杨俊的牌友的证言。其次,由邵敏琴母亲居住地、亲戚家居住地居委会出具的有关邵敏琴在这两个地方居住的情况。最后,邵敏琴还应提交自己独立承租房屋的合同和交纳房租费、水电煤费等凭据,以及承租房住地的左邻右舍的书面证言,最好要求证人能出庭作证,这样就形成了一个完整的证据链。有了这些证据,邵敏琴就再也不用怕杨俊胡搅蛮缠了。如果邵敏琴觉得凭个人力量难以搜集证据,可以授权委托律师作为其诉讼代理人,代为取证。

45.结婚证被丈夫撕毁,该怎么离婚?

魏龙对同村的林青早有爱慕之情,一直穷追不舍,两人终于在2002年8月6日结婚了。可婚后魏龙判若两人,一副大男子主义架势,一不顺心就将林青作为出气筒,穷凶极恶。林青在医院做剖宫产手术,魏龙毫不关心。平时,魏龙从不做家务事,并且沉迷于赌博,林青对此稍有干扰,魏龙就暴跳如雷,拳脚相加。因此,林青决定与魏龙离婚,魏龙不同意,而且怀疑林青有了婚外情。协议未果,林青带女儿回娘家居住,两人已分居近1年。一天,林青回家取结婚证等物品,临出门时,魏龙一跃而上夺走了结婚证,并将结婚证撕毁,大声叫嚷:"让你离不成婚。"林青现在想离婚,但结婚证被丈夫撕毁,不知道这婚该怎么离?

我国《婚姻登记条例》第17条规定:结婚证、离婚证遗失或者损毁的,当事人可以持户口簿、身份证向原办理婚姻登记的机关或者一方当事人常住户口所在地的婚姻登记机关申请补领。婚姻登记机关对当事人的婚姻登记档案进行查证,确认属实的,应当为当事人补发结婚证、离婚证。无论是登记离婚还是诉讼离婚,没有结婚证,婚姻登记机关和人民法院都是不会受理的,道理很简单,没有证据证明夫妻关系,谈何离婚呢?

本案中,林青可以持户口簿、身份证向原办理婚姻登记的机关申请补领或委托律师代为取证,通过合法手续查询婚姻登记档案,获取《夫妻关系证明书》。婚姻登记机关出具的《夫妻关系证明书》同《结婚证》具有同等法律效力,有了这个证明书,林青就可以向人民法院起诉请求离婚了。

46.丈夫失踪了,妻子能改嫁吗?

黄丹与沈宗贵是同村村民,两人自由恋爱 1 年后于 1999 年 8 月 24 日结婚,婚后两人生活幸福美满,以务农为生。2001 年 12 月 26 日黄丹生下一女沈晨燕,随着女儿的出生,家庭开支开始增大,两人觉得完全靠务农难以维持家庭基本生活需要,因此,沈宗贵决定外出打工,黄丹在家照顾女儿。沈宗贵到广州一建筑工地上打工,每月按时往家里寄钱,但是从 2002 年 12 月开始,沈宗贵就和家里失去联系。黄丹亲自到广州找寻沈宗贵,但是都没有沈宗贵的消息。至今,沈宗贵已失踪 6 年,这期间邻村的徐江一直无微不至地关心黄丹母女,两人也互生爱慕之情。在丈夫失踪的情况下,黄丹能改嫁吗?

我国《民法总则》第 40 条规定:"自然人下落不明满二年的,利害关系人可以向人民法院申请宣告该自然人为失踪人。"如果夫妻中的一方已经被宣告失踪的,另一方可以向法院提起离婚诉讼请求,法院应当作出离婚判决。在夫妻中的一方下落不明已满 2 年的情况下,如果另一方向人民法院起诉,只要求判决离婚,而不申请宣告该方失踪,法院也应当受理并判决离婚。由于无法知道失踪一方的所在地,法院会采取公告的方式公布判决结果。当一方下落不明已满 4 年,经利害关系人向法院申请,可以宣告其已经死亡。被宣告死亡的人与配偶的婚姻关系,自死亡宣告之日起解除。既然双方婚姻关系已经不存在,生存的一方也就没有必要去办理离婚手续了,自然可以重新选择婚姻。

本案中,沈宗贵已经失踪6年,符合宣告失踪和宣告死亡的时间条件,黄丹可以向人民法院申请宣告沈宗贵失踪,然后向人民法院提起离婚诉讼请求,或者黄丹可以直接向人民法院申请宣告沈宗贵死亡,其与沈宗贵的婚姻关系自死亡宣告之日起解除,之后黄丹就可以重新选择婚姻了。

47.一方被劳动教养,另一方可否提出离婚?

何文与包利华经人介绍于1996年12月22日结婚,婚后未生育。何文在家务农,包利华外出经商,从事服装批发。由于包利华精明能干,生意十分红火,不久成立了服装批发有限责任公司。正值事业有成之时,包利华却被一个朋友拉下水,鬼使神差地染上毒瘾,生意开始滑坡,后来他干脆不问公司经营情况,全权委托他人管理,整天只想到"白粉"。无奈之下,何文在父母的支持下,于1999年3月将包利华送进戒毒所。经过1年戒毒,回来后包利华表现尚好。但半年后,他又吸上了,而且越吸越严重,越来越隐蔽。2001年10月公安机关破获一宗集体吸毒黑点,包利华又再次被抓,强制劳动教养3年。包利华的行为严重损坏了夫妻感情,何文想离婚。请问:一方被劳动教养,另一方可否提出离婚?

我国《婚姻法》第32条规定:"男女一方要求离婚的,可由有关部门进行调解或直接向人民法院提出离婚诉讼。人民法院审理离婚案件,应当进行调解;如感情确已破裂,调解无效,应准予离婚。有下列情形之一调解无效的,应准予离婚:(一)重婚或有配偶者与他人同居的;(二)实施家庭暴力或虐待、遗弃家庭成员的;(三)有赌博、吸毒等恶习屡教不改的;(四)因感情不和分居满两年的;(五)其他导致夫妻感情破裂的情形。"这说明,只要夫妻中有一方有上述情形中的任何一种情形,另一方提出离婚,就具备了法定离婚的条件,经法官调解无效时,应准予离婚。另外,依据《中华人民共和国民事诉讼法》和最高人民法院《关于适用〈中华人民共和国民事诉讼法〉若干问题的意见》的规定,对被劳动教养或者被监禁的人提起的离婚诉讼,由原告住所地人民法院管辖;原告住所地与经常居住地不一致的,由原告经常居住地人民法院管辖。

本案中,包利华染上了毒瘾,屡教不改,严重破坏了夫妻感情,又被劳动教养,可见夫妻感情已经破裂。何文提出与其离婚,是符合离婚的法定理由的,何文到住所地人民法院起诉一定会得到法律支持。

48.丈夫国外"包二奶",妻子到哪里办离婚?

马立本与郭莉都是山东省潍坊赵家村人,两人经人介绍于2003年2月12日结婚,婚后马立本到韩国打起了"洋工",郭莉则在家务农。一开始,马立本按时向家里寄钱,但后来和家里联系越来越少。之后郭莉得知马立本在韩国"包二奶",郭莉决定和马立本离婚,但马立本不同意,郭莉不知道这种情况下该到哪里去办离婚。

根据我国的现行诉讼制度,夫妻提起离婚诉讼的,原则上由被告住所地人民法院管辖。但依据我国《民事诉讼法》和最高人民法院《关于适用〈中华人民共和国民事诉讼法〉若干问题的意见》的规定,中国公民一方居住在国外,一方居住在国内,不论哪一方向人民法院提起诉讼,国内一方住所地的人民法院都有权管辖;如国外一方在居住国法院起诉,国内一方向人民法院起诉的,受诉人民法院有权管辖。

本案中,郭莉针对马立本在国外"包二奶"的情况提出离婚诉讼,依照法律规定,可以在其居住地法院起诉,即赵家村所在县的人民法院起诉。

49.现役军人的配偶可否请求与现役军人离婚?

张洋是现役军人,于1996年与老家村民万小雨结婚,两人结婚时感情尚可,并生有一子张小健。张洋住在部队,万小雨在家务农照顾小孩,非常忙碌,不能常去部队和张洋见面。张洋平时就比较自由放纵,尤其是认识了一些社会上的混混后,受到不良思想的影响,观念产生了很大变化,逐渐对家里的"黄脸婆"失去了兴趣,并开始频繁外出喝酒,常常和许多"坐台"小姐往来,甚至发生不正当的关系。一次偶然的机会,张洋认识了易静,双方相谈甚欢,不久,易静就成为张洋的情人。万小雨得知这一情况后,提出与张洋离婚,张洋说:"我是军人,婚姻受法律特殊保护,我不同意,你休想离婚!"张洋更是无耻地将易静公然带回家,万小雨忍无可忍,向律师咨询可否请求与现役军人离婚。

我国《婚姻法》第33条规定:"现役军人的配偶要求离婚,须得军人同意,但军人一方有重大过错的除外。"由此可见我国法律对现役军人的婚姻是特别保护的。现役军人的配偶起诉离婚,首先要审查的就是现役军人对离婚的态度,如果其不同意离婚,除非军人有重大过错,法院一般不应准予离婚。根据最高人民法院《关于适用〈中华人民共和国婚姻法〉若干问题的解释(一)》第23条的规定,《婚姻法》第33条所称的"军人一方有重大过错",可以依据军人是否重婚或有配偶者与他人同居、是否实施家庭暴力或虐待、遗弃家庭成员,是否有赌博、吸毒等恶习屡教不改等来判断。在现役军人的配偶能证明现役军人有上述过错行为时,无须得到现役军人一方的同意,法院就可以判决离婚。

本案中,张洋虽然是军人,理应受到我国《婚姻法》的保护,但是他不珍惜自己的婚姻,与妻子之外的其他女性发生不正当关系,对家庭造成极大伤害,属于重大过错,万小雨无法再原谅他,可以断定夫妻感情已经破裂,因而万小雨可以请求与张洋离婚。

50.夫妻分居满两年,就可判决离婚吗?

华文珠与潘鹏经人介绍于2003年结婚,婚后生育了一个男孩潘小宇。2005年春节,华文珠与潘鹏因给夫妻双方亲戚小孩压岁钱不均发生争吵,由于冲动,潘鹏扇了华文珠两个耳光,华文珠一气之下带着孩子连夜回了娘家。至今,夫妻俩分居达到两年。期间,华文珠向法院起诉,要求与潘鹏离婚,潘鹏不同意,法官当庭宣判驳回华文珠的诉讼请求。为了拯救这段婚姻,潘鹏托双方亲戚朋友做华文珠的思想工作,要求她回家过日子,并亲自前往道歉,甚至请村委会主任出面调解,但都无济于事。2008年3月,华文珠又起诉至法院提出离婚,理由是夫妻感情不和,已分居两年。潘鹏在庭审中坚持不同意离婚,最后法院宣判准予原、被告离婚。法官说:"夫妻感情不和满两年,调解无效的可准予离婚,若不服判决,有权提出上诉。"潘鹏为此感到很不解,难道夫妻分居满两年,就可判决离婚吗?

最高人民法院《关于人民法院审理离婚案件如何认定夫妻感情破裂的若干具体意见》规定了具有14种情形之一的,可视为夫妻感情确已破裂。其中第7条规定:"因感情不和分居已满3年,确无和好可能的;或者经人民法院判决不准离婚后又分居满1年,互不履行夫妻义务的,可判决离婚。"2001年修订后的《婚姻法》把分居的时间缩短为两年,且分居的原因简明地规定为感情不和。

本案中,潘鹏动手打了华文珠,华文珠为此回娘家,应视为感情不和而分居。当华文珠第一次提出离婚时,理由不是十分充分,而被法院驳回是人民法院给予双方一次和好的机会。而华文珠再次起诉,看来双方已经没有和好的可能。依据我国《婚姻法》第32条的规定可判决准予离婚,这是符合法定离婚理由的正确判决。

51.女方分娩后1年内,男方不得提出离婚的说法对吗?

郝天亮与朱红婚后感情一直不好,夫妻关系紧张。2003年5月,朱红怀孕,因为家庭经济状况不佳,且两人也不愿意抚养孩子,后两人商量将孩子生下来后便送给他人收养。2004年3月,朱红顺利产下一女,便按约送与亲戚收养。2004年4月12日,郝天亮无法忍受3天一小吵5天一大吵的生活,遂向人民法院起诉,要求离婚。朱红辩称,夫妻有矛盾是事实,但这是郝天亮与邻村妇女陈娟关系过于密切造成的,如果郝天亮与其断绝关系,则不会经常吵架,夫妻感情没有破裂,况且自己分娩后不到1年,坚决不同意离婚。

我国《婚姻法》第34条规定:"女方在怀孕期间、分娩后1年内或中止妊娠后6个月内,男方不得提出离婚,女方提出离婚的,或人民法院认为确有必要受理男方离婚请求的,不在此限。"依据本条规定,男方在女方分娩后1年内,不得提出离婚请求。所谓不得提出离婚是指不得向法院提起离婚诉讼,如果双方协议离婚则不在此限。这一规定的立法目的是保护妇女和胎儿、婴儿的合法利益。但是,在特殊情况下,男方提出的离婚诉讼请求也能得到支持,即"人民法院认为确有必要受理男方离婚请求的"。所谓"确有必要"是人民法院从维护妇女和儿童的利益出发,认为男方可能造成妇女和儿童的合法权益受损的情况:一是在此期间,双方确实存在不能继续共同生活的重大而急迫的事由,比如一方对他方或婴儿有危及生命的可能等;二是女方怀孕被确证为与他人通奸所致,为防止矛盾激化,人民法院应予受理。

本案中,朱红处于分娩后1个月的情况,且坚决不同意离婚,同时也没有男方"确有必要"提出离婚的原因,即使本案中婴儿已送人,母亲没有哺育婴儿的义务,但为了女方的身心健康,郝天亮仍不得提出离婚。

52.丈夫因受伤丧失性功能,我可否提出离婚?

姜丹与黎华经人介绍于 2000 年 8 月结婚。婚后夫妻生活和谐。正当两人打算生个孩子,实现当父亲、母亲的梦想时,2002 年 3 月,黎华在一次去县城购买种子的途中出了车祸,同车受伤的人中,从外表看,黎华的伤势最轻,可是他受伤部位在生殖器。医生诊断,黎华从此将丧失性功能。姜丹向律师咨询:"丈夫因受伤丧失性功能,我能否提出离婚? 这在法律上允许吗?"

我国《婚姻法》第 32 条规定:"人民法院审理离婚案件,应当进行调解;如感情确已破裂,调解无效,应准予离婚。"有下列情形之一,调解无效的,应准予离婚。其中(5)为"其他导致夫妻感情破裂的情形",夫妻性生活是衡量夫妻关系的一个重要组成部分,如夫妻间没有性生活或性生活不协调,那就很难有融洽的夫妻感情。最高人民法院《关于人民法院审理离婚案件如何认定夫妻感情确已破裂的若干具体意见》第 1 条规定:"一方患有法定禁止结婚的疾病,或一方有生理缺陷,或其他原因不能发生性行为,且难以治愈的,视为夫妻感情确已破裂。一方坚决要求离婚,经调解无效,可依法判决准予离婚。"

本案中,黎华在车祸中因受伤而丧失性功能,从此不能发生性行为,难以治愈,影响了夫妻感情,导致夫妻感情破裂。依照我国《婚姻法》的规定,其情形属于"其他导致夫妻感情破裂的情形"。因此,姜丹以"丈夫性功能丧失,长期不能发生性行为,且难以治愈"为由提出离婚是符合法定理由的,可以得到人民法院的支持。

53.我不同意离婚,法院为何"偏袒"出轨妻子判决离婚呢?

麦强和舒梅经人介绍于 2003 年 5 月 16 日结婚,婚后生育一男孩麦小刚。婚后不久,麦强到广州打工,舒梅在家照顾孩子。因为麦强常年不在家,舒梅和同村的严波产生了不正当男女关系。麦强得知这一消息后,立即辞掉工作赶回家,要求妻子与严波断绝情人关系,但是舒梅不仅不同意,反而要求与麦强离婚。麦强气愤之极,殴打了舒梅,并对其实施禁闭半个月。2007 年 2 月,舒梅以家庭暴力和限制人身自由为由,诉至法院要求与麦强离婚。在庭审中,麦强承认对妻子有殴打行为,但是这是因为妻子感情出轨,对婚姻不忠,而舒梅也承认有婚外情的事实,但还是坚持要离婚,理由是遭受了家庭暴力。最终法院调解无效,判决两人离婚。麦强对此感到很迷惑:法院为何"偏袒"出轨妻子判决离婚呢?

我国《婚姻法》规定:离婚的唯一法定标准是夫妻感情是否确已破裂,而不是考虑当事人一方有无过错。无论是过错方提出离婚,还是无过错方提出离婚,只要符合离婚的法定情形,经调解无效的,一般应当准予离婚。用不准离婚来惩罚过错方,不符合我国《婚姻法》的基本原则。当然,一方因过错导致离婚的,应当承担相应的法律责任,这也是对无过错方的一种慰藉,显示了公正原则。另外,我国《婚姻法》规定家庭暴力也是法定离婚的理由之一。在现实生活中,夫妻一方偶尔出轨,原因是多种多样的,只要能得到对方宽容,反省自己,不一定非要离婚不可。

本案中,舒梅有外遇,影响到夫妻感情,是有过错,而麦强不想离婚,如果能采取正确的方法使妻子悔过,这段婚姻是可以挽救的,但是麦强采取暴力征服,以错对错,从而使有理变成无理。按照《婚姻法》规定的实施家庭暴力的法定离婚理由,经人民法院调解无效,可准予离婚,因此,法院的判决是正确的。

54.“第三者”逼我离婚,可否告她侵权?

高瑞和卢彩芝经过自由恋爱,结婚10年,生育一子高孟志,现年8岁,夫妻感情尚好。2005年春节,卢彩芝收到一则短信:“限你1个月内与高瑞离婚,一次性补偿你20万元。”署名是“一个爱你的丈夫的小妹”。卢彩芝以为是熟人在开玩笑,当即把短信视为垃圾信息删除了。可没有想到1个月后果真有一个青年女士找上门来,自称是那个发短信的小妹,这时卢彩芝才想起那条短信。来者毫不客气,开门见山与卢彩芝摊牌说,她有的是钞票,自认为遇见高瑞是一种缘分,是找到了真正的爱情,她爱其人才,要卢彩芝让夫,否则让卢彩芝死得不明不白。原来,这个女子是某舞厅老板,很有钱,高瑞在一次应酬中与她相识,在女方勾引下两人曾在宾馆开过房。高瑞只是一时冲动,逢场作戏,可“第三者”是很有心计的,雇人打听卢彩芝家的情况,逼高瑞离婚,而高瑞不敢对卢彩芝提出离婚。于是“第三者”不停打电话、发短信骚扰卢彩芝,且语言低级下流,极尽造谣诽谤、侮辱之能事。卢彩芝想知道“第三者”如此嚣张,法律管不了吗? 可否告她侵权?

我国《婚姻法》第2条规定:“实行婚姻自由。”婚姻自由是指婚姻当事人有权按照法律的规定,决定自己的婚姻问题,不受任何人的强迫或干涉。婚姻自由包括结婚自由和离婚自由。婚姻自由是我国《婚姻法》的基本原则,也是法律赋予每个公民的一项基本权利。我国《民法通则》规定了公民享有婚姻自由权,对买卖、包办和其他干涉婚姻自由的行为列为侵权范围,应承担相应的民事责任。我国《刑法》还规定了以暴力干涉他人婚姻自由的,处2年以下有期徒刑或者拘役。犯前款罪,致使被害人死亡的,处 2 年以上有期徒刑。可见,逼迫他人离婚,就是干涉他人婚姻自由,这种行为构成了对他人权利的侵犯,根据侵犯的轻重程度应承担相应的民事责任和刑事责任。

本案中,"第三者"的行为已经不是"一般干涉",她不仅仅是干涉了卢彩芝的婚姻自由,逼迫其离婚,更严重的是存在暴力干涉的倾向。在这种情况下,卢彩芝应搜集有关证据,把证明材料保存好。为防止进一步侵害,卢彩芝应立即拿起法律武器,维护自己的权利,诉至人民法院,要求法院判令"第三者"停止侵害,并承担相应的民事责任。

55.丈夫提出离婚,妻子受刺激而患精神病,责任应由谁承担?

2000 年 10 月,刘家英与邻村的周永乐确定了恋爱关系,2001 年 12 月两人结婚。从 2005 年 3 月 10 开始,周永乐突然离家不归,不久,刘家英就收到法院传票,周永乐提出离婚,刘家英无法面对这个事实,连日精神恍惚、蓬头垢面,在法官疏导下,她才心情稳定了一些。法院当庭驳回了周永乐的诉请。但这并没有使周永乐回心转意,他反而变本加厉,仍然不回家,并拿走了所有存款。对此刘家英再次想不开,又一次受到刺激,经医院诊断为精神分裂症,而周永乐对此不予理睬,并说患病是刘家英自作自受,他没有责任。刘家英的父母向当地妇联咨询:女婿提出离婚,女儿受到刺激而患精神病,责任应由谁承担?

我国《婚姻法》规定:"夫妻有互相扶养的义务。"一方不履行扶养义务时,需要扶养的一方,有要求对方给付扶养费的权利,夫妻互相扶养作为法定义务,具有法律强制性。法律明确规定,禁止家庭成员间的遗弃,构成犯罪的应追究刑事责任。我国刑法规定的遗弃罪是指对于年老、年幼、患病或者其他没有独立生活的人,负有扶养义务而拒绝扶养、情节恶劣的行为。精神病患者在法律上视为限制民事行为能力的人,按法律规定配偶是第一顺序监护人。

本案中,虽然对于一方提出离婚,另一方因受刺激而患精神病,要追究谁的法律责任,目前法律上还没有明确的规定,但是,因此而产生的医疗护理、扶养等费用,应当由周永乐来承担,这是他应尽的法律义务。现实中,法院判决准予离婚的依据只有一条,即夫妻感情确已破裂,周永乐提出与刘家英离婚,被法院驳回,充分说明他们夫妻感情没有破裂,只要没有依法解除婚姻关系,他们两人就是合法夫妻,应受到法律保护,互相承担义务。所以周永乐有不可推卸的责任,刘家英因患病需要医疗费、生活费等一切费用应由周永乐支付,这是法定义务,如果他不履行扶养义务,刘家英可以求助法律,强制执行。周永乐如果还执迷不悟,遗弃患病的妻子,造成严重后果,还应追究其刑事责任。

56.离婚后,我还能就前夫离婚前的过错要求赔偿吗?

余林和鲁森结婚 7 年,没有生育子女,余林在家务农,鲁森是一个工人。2000 年,鲁森被升为车间主任,他开始嫌弃妻子文化低、不漂亮,处处看余林不顺眼,时常借口有应酬而不回家。余林怀疑鲁森在外有女人,于是对其进行多次跟踪,但没有结果。余林只好在经济上对鲁森卡紧点。2002 年 6 月,鲁森起诉离婚,被法院驳回,事隔半年,他再次起诉,又一次被驳回。2003 年 10 月,他第三次起诉离婚,结果法院判决准予离婚。前不久,鲁森因挪用公款,行政上被撤职。紧接着,曾与他同居的蒋芸告发鲁森欺骗了她的感情,要求赔偿青春损失,同时要求他承担他们俩所生之子的抚育费。法院查明事实后,判令鲁森每月支付 300 元抚育费。余林这才恍然大悟,原来,自己卡住家庭经济后,鲁森没钱,便挪用公款用于"包二奶"。现在余林要讨回公道。请问:离婚后,余林还能就前夫离婚前的过错要求赔偿吗?

我国《婚姻法》规定:有配偶者与他人同居,导致离婚的,无过错方有权请求损害赔偿。最高人民法院《关于适用〈中华人民共和国婚姻法〉若干问题的解释(一)》第30条规定:"人民法院受理离婚案件时,应当将《婚姻法》第46条等规定中当事人的有关权利义务,书面告知当事人。在适用《婚姻法》第46条时,应当区分以下不同情况:(一)符合《婚姻法》第46条规定的无过错方作为原告基于该条规定向人民法院提起损害赔偿请求的,必须在离婚诉讼的同时提出。(二)符合《婚姻法》第46条规定的无过错方作为被告的离婚诉讼案件,如果被告不同意离婚也不基于该条规定提起损害赔偿请求的,可以在离婚后1年就此单独提起诉讼。(三)无过错方作为被告的离婚诉讼案件,一审时被告未基于我国《婚姻法》第46条提出损害赔偿请求,二审期间提出的,人民法院应当进行调解,调解不成的,告知当事人在离婚后一年内另行起诉。"

本案中,余林本来可以在鲁森提出离婚诉讼时就鲁森在婚姻关系存续期间与蒋芸同居的行为要求赔偿,但是由于当时没有证据,只是怀疑鲁森外面有女人,就是提出要求精神损害赔偿,也不会得到法院支持,因为"谁主张,谁举证",拿不出证据也是没用的。现在有了证据,离婚后还可以提出精神损害赔偿。依据上述司法解释第二种情况,余林作为离婚诉讼的被告,在离婚后1年内,可以就鲁森在婚姻关系存续期间与蒋芸同居并生有一子的行为提出精神损害赔偿的诉讼请求。

57.离婚时,养老保险金该不该分割?

梁玉与李伦强于2004年结婚,婚后梁玉在家务农,李伦强外出经商。李伦强有钱后开始喜新厌旧,寻求婚外刺激。对于李伦强的行为,梁玉曾想以离婚来解脱,但考虑到自己身体多病,无工作没经济来源,只好忍气吞声。为了给自己留条后路,梁玉把李伦强给家里的积蓄攒起来,给自己买了养老保险,共计 38 万元,并理直气壮地告诉丈夫自己的用意所在,对此李伦强没有吭声。2007 年,李伦强向梁玉提出离婚,梁玉表示同意,双方对住房等财产已达成一致意见,正准备去办理离婚手续时,李伦强突然提及梁玉的 38 万元养老保险金,要求分割。梁玉认为不应该分割,因为这是自己的养老钱,再说要到 60 岁才能受益,不宜分割。请问:离婚时,养老保险金该不该分割?

我国《婚姻法》第 17 条规定:"夫妻在婚姻关系存续期间所得的下列财产,归夫妻共同所有:(一)工资、奖金;(二)生产经营的收益;(三)知识产权的收益;(四)继承或赠予所得的财产,但本法第十八条第三项规定的除外;(五)其他应当归共同所有的财产。"最高人民法院《关于适用〈中华人民共和国婚姻法〉若干问题的解释(二)》第 11条对"其他应当归共同所有的财产"做了明确规定,其中第 3 款为男女双方实际取得或者应当取得的养老保险金、破产安置补偿费。由此可见,在婚姻关系存续期间,无论是男方还是女方实际取得或者应当取得的养老保险金属夫妻共同所有,离婚时应该依法分割。

本案中,基于梁玉和李伦强协议离婚基本达成一致意见,对住房等财产均协议妥当的事实,就梁玉个人养老保险金 38 万元,究竟采取什么方法分割、各自分多少,建议双方还是再次协议为宜,可以采取梁玉在其他财产上少分、给予李伦强弥补等方法,相信双方是能达成一致意见的。

58.夫妻分居两地,离婚时两地财产应该如何分割?

四川的田丽丽经人介绍与部队一名军官罗旭相恋并登记结婚。婚后夫妻在一起生活的时间很短,1996年丈夫转业被分配到山东青岛工作,长期以来,夫妻两地分居,过着牛郎织女般的生活,双方感到不幸福,为此,罗旭提出离婚。在协议离婚之事上,双方就两地财产分割产生分歧意见。田丽丽现在住的房子是婚后购置,当时罗旭出资10万元,剩余部分由田丽丽支付,一直由田丽丽居住。罗旭转业到青岛后分了1套公房两室1厅,在房改时买下归个人所有,并购买了1套家具、家电,还买了1辆价值上万元的摩托车。田丽丽对分割财产的意见是两地的财产价值差不多,归各自所有。罗旭原则上同意,但要田丽丽支付10万元给他补偿,理由是田丽丽现在居住的房子他出资了10万元,而在青岛的房子田丽丽未出资。田丽丽不同意给他补偿,可又说服不了他。请问:夫妻分居两地,离婚时两地财产应该如何分割?

我国《婚姻法》有关"夫妻在婚姻关系存续期间所得财产归共同所有"的规定,夫妻两地分居,各自使用和管理的婚后所得财产,仍应属于夫妻共同财产。最高人民法院《关于人民法院审理离婚案件处理财产分割问题的若干具体意见》第4条规定:"夫妻分居两地分别管理、使用的婚后所得财产,应认定为夫妻共同财产。在分割财产时,各自分别管理、使用的财产归各自所有。双方所分财产相差悬殊的,差额部分,由多得财产的一方以与差额相当的财产抵偿另一方。"此规定明确了夫妻在分居两地的情况下,离婚时对夫妻共同财产的分割方法,即原则上谁管理、使用的财产归谁所有,只是在两人所处财产悬殊时,才由多得财产的一方以差额相当的财产抵偿另一方。

本案中,田丽丽和罗旭婚后分居两地,但罗旭在青岛所购房子以及摩托车等财产,是在婚姻关系存续期内所得,应属夫妻共同财产。同样,田丽丽在四川的财产也应属夫妻共同财产。那么,在双方财产差距不大的情况下,青岛的财产归罗旭,四川的财产归田丽丽,是合理合法的,不存在补偿的问题。

59.离婚时,对家庭的负债如何分担?

孙刚和焦燕1995年结婚,婚后孙刚花钱大手大脚,家里几乎没有一点积蓄。为此,两人对夫妻财产进行了约定:夫妻双方各自的收入归各自所有;夫妻共同生活的日常用品由双方各自收入共同承担;夫妻双方因个人目的所借债务以自己的收入进行偿还。不久,孙刚就私下借了赵军5 000元钱去炒股,小试牛刀,初战告捷,赚了两倍的红利,他由此认为自己具有炒股天赋,便大胆起来,又向张强借了2万元。不久股市一落千丈,孙刚赔了个精光。期间,焦燕完全不知情,还向自己母亲借了5万元钱买房子。后来,夫妻二人关系不和,协议离婚。同时,张强催孙刚还钱,孙刚实在没钱还,被张强告上了法庭,法官动员焦燕协助孙刚还债,焦燕不肯,还拿出了和孙刚的"书面约定",但法院依旧判焦燕还钱。这时焦燕提出自己向母亲借的5万元钱买房子,这个债务孙刚也应该承担。请问:离婚时,对家庭的负债如何分担?

我国《婚姻法》第19条规定:"夫妻可以约定婚姻关系存续期间所得的财产以及婚前财产归各自所有、共同所有或部分各自所有、部分共同所有。约定应当采用书面形式。"但是《婚姻法》第19条第3款又同时规定:"夫妻对婚姻关系存续期间所得的财产约定归各自所有,夫或妻一方对外所负的债务,第三人知道该约定的,以夫或妻一方的财产清偿。"如果借债的夫或妻一方未告知债权人该项约定的,当然就不能对外产生效力。只有经过公示,第三人知悉后,才对第三人产生约束力。夫妻的共同债务,如夫妻无共同财产,或共同财产不足以清偿时,应由夫妻双方协商分担清偿或由一方清偿。如果协商不成,人民法院应该根据双方经济收入和家庭开支等实际情况加以判决。

本案中,孙刚和焦燕的约定符合法律规定的条件,在夫妻之间相互有约束力,双方应当遵守。孙刚借张强的钱去炒股虽属于个人债务,但由于张强不知道二人对婚后财产的约定,夫妻俩也均未向张强明示。因此孙刚和焦燕之间的"内部约定"对外人张强不发生法律约束力,因此,法院判焦燕先行偿还张强的钱于法有据。另外,对于焦燕向自己母亲借的 5 万元钱用于买房也属于夫妻共同债务,因为这笔钱是用于家庭共同生活开支的,所以离婚时应该由孙刚和焦燕共同承担。

60.寡妇改嫁时,能否把前夫死亡时分得的遗产带到后夫家去?

何芬和周勇于 1999 年 10 月 26 日结婚,婚后未生育。婚后周勇到广州打工,在一次工作中,因为操作不慎造成事故,当场死亡。用人单位补偿了两万元钱,何芬到广州处理完丈夫的后事之后,带着两万元补偿费回到了老家。后来何芬和同村的王沿生谈恋爱,双方决定于 2005 年 3 月 22 日结婚。这时,周勇的母亲对何芬说:"你要再嫁,我管不了,但是你不能带走周家的一分一毫。"何芬想咨询:自己改嫁时,能否把前夫死亡时分得的遗产带到后夫家去?

按照我国《婚姻法》的规定,寡妇改嫁完全属于婚姻自由的范围,任何人不得加以干涉。寡妇改嫁时,把分得的遗产带到后夫家去,这也是她的自由,谁也不能干涉。因为,前夫的遗产,经过合法的继承行为,遗产的所有权已经转归寡妇所有,她再婚时把遗产带走,这是财产所有人行使所有权的合法行为。干涉寡妇带遗产再婚,是封建思想的反映,是违法的,应该坚决反对和制止。

本案中,周勇去世后,何芬作为法定第一继承人,依法继承了丈夫的财产,通过继承何芬拥有了财产的所有权。当其再婚时,其有权将前夫死亡时分得的遗产带到后夫家去,因为这是继承人行使所有权的行为,他人无权干涉。

61.离婚后,一方生活有困难,能否要求对方在经济上给予帮助?

黄英和汤涛是同村人,两人于1985年登记结婚。婚后夫妻感情融洽,但随着时间的流逝,夫妻俩迟迟没有盼到爱情的结晶,为此相互埋怨,产生矛盾,导致夫妻感情频频亮起红灯。1990年,经医生诊断,黄英不能怀孕是汤涛的原因。可是夫妻俩都盼子心切,而汤涛又经治疗仍无效果。两人矛盾不断激化,最终使夫妻感情破裂。1991年,黄英与汤涛协议离婚。黄英离婚后,由于生活不顺,经济拮据。2003年10月,黄英以身体有病,生活困难为由,向法院起诉,要求汤涛每月给她补助500元。汤涛则辩称:“我与黄英离婚多年,没有义务再扶养黄英,何况我已再婚,收入不多,家庭生活也有一定困难。”

我国《婚姻法》第42条规定:“离婚时,如一方生活困难,另一方应从其财产中给予适当帮助。具体办法由双方协议;协议不成时,由人民法院判决。”这是关于离婚时经济帮助的规定,但这种帮助是有条件的:(1)这种帮助限于离婚时达成协议;(2)一方须生活确有困难,这主要指无劳动能力、无生活来源或难以维持基本生活;(3)提供帮助的一方应有负担能力;(4)受助方没有再婚,如再婚,其再婚配偶应依法承担扶养义务。离婚后一方对他方经济帮助的“具体办法由双方协议,协议不成的,由人民法院判决。”在实践中,这种帮助除了考虑帮助方的经济条件外,另须考虑受助方的具体情况和实际需要,受助方如年龄不大且有劳动能力,只是存在暂时性困难的,多采用一次性支付帮助费用的办法;受助方若年老体弱,失去劳动能力而没有生活来源的,往往主要作较为长期的妥善安排。在执行经济帮助期间受助方再婚的,帮助方可停止给付;原定帮助计划执行完毕后,受助方要求继续得到对方帮助的,一般不予支持。

本案中,黄英和汤涛已离婚很久,且黄英并非无劳动能力、无生活来源或难以维持基本生活等情况,而且汤涛已经再婚,不符合夫妻离婚时经济帮助的条件。因此,法院不会判决汤涛提供帮助。

62.离婚后,子女由谁抚养,法律上有哪些规定?

许俊和管凤结婚6年,婚后生育一女,现年5岁。由于婚前缺乏了解,婚后双方性格不合,无共同语言,难以沟通,家庭矛盾日益加深。最后两人决定离婚,并对财产进行了妥当分割。然而对于女儿应由谁抚养的问题,双方发生了争议,都坚持要求女儿随自己生活。管凤的理由是孩子一直由外公、外婆带大,又是个女孩。而许俊的理由是自己的收入比管凤多,可以为女儿提供良好的成长环境。请问:离婚后,子女由谁抚养,法律上有哪些规定?

最高人民法院《关于人民法院审理离婚案件处理子女抚养问题的若干具体意见》对离婚后的子女抚养问题作了明确的规定:两周岁以下的孩子,一般随母方生活。对两周岁以上的未成年的子女,父方和母方均要求随其生活,一方有下列情形之一的,可予优先考虑:(1)已做绝育手术或因其他原因丧失生育能力的;(2)子女随其生活时间较长,改变生活环境对子女健康成长明显不利的;(3)无其他子女,而另一方患有久治不愈的传染性疾病或其他严重疾病,或者有其他不利于子女身心健康的情形,不宜与子女共同生活的。可见,离婚时子女由谁抚养的问题,应本着有利于子女的身心健康、保障子女的合法权益的原则,结合双方具体情况来考虑。

本案中,虽然许俊的经济条件比管凤好些,但是女儿一直跟随管凤父母生活,为了不改变孩子的生活环境,有利于其健康成长,孩子还是跟着管凤生活好一些。但是,父母与子女间的关系,不因父母离婚而消除。无论子女由谁直接抚养,仍是父母双方的子女,父母对子女仍有抚养和教育的权利和义务,不直接抚养子女的父或母,有探望子女的权利,另一方有协助的义务。退一步说,如果今后发生什么变化,许俊还可以请求变更抚养关系。

63.离婚时父母一方下落不明时,子女的抚养费用问题如何解决?

居住在台湾的朱亮于 1998 年 10 月来到湖南长沙,认识了在长沙打工的乡下妹子贺红,两人于 1999 年 3 月登记结婚,婚后两人生有一女朱小利。2001 年 2 月他们以朱亮的名义在长沙购买了一套房子,这是他们在大陆的共同财产。由于双方认识的时间短,双方之间缺乏交流,夫妻之间感情并不深。朱亮于 2002 年 3 月离开长沙后,就没有了音讯,再也没和家里联系过,女儿一直都由贺红抚养。2003 年 8 月,贺红向法院起诉离婚。

婚姻自由制度包含了离婚自由的内容,而在一方下落不明时,另一方随时可以提起离婚诉讼,这正是离婚自由原则的体现。但如果在离婚时,一方下落不明,则子女的抚养费用支付问题相对就比较复杂了。最高人民法院《关于人民法院审理离婚案件处理子女抚养问题的若干具体意见》第 9 条规定:"对一方无经济收入或者下落不明的,可用其财物折抵子女抚育费。"这里的财物,可以是下落不明一方的个人财产,也可以是将夫妻共同财产进行分割之后属于该方应得的那部分财产。只要下落不明的一方有财物,即可用其财物折抵子女的抚养费,不能免除其支付义务。

本案中,朱亮来到大陆后与贺红结婚并生育有一女儿,朱亮自2002年3月离家出走,自此没有了音讯,但其与女儿之间的抚养权利义务关系并没有解除。贺红通过法院判决与朱亮解除婚姻关系,由于朱亮下落不明,其留在长沙市的房产属于夫妻共同财产,其所有的部分房产价值应当折抵作为女儿的抚养费。

64.离婚后人工授精生的子女如何抚养?

程东与孟月于1986年底经人介绍相识,1987年8月登记结婚。婚后因多年不育,经医院检查,程东无生育能力。1993年初,经人介绍,两人找到某医科大学1名教授,实施人工授精手术,不久,孟月怀孕,于1994年2月生育一女程小菊。之后,程东和孟月经常为生活琐事发生争吵,并分居两地达8年之久,致使夫妻关系紧张。孟月于2004年8月向人民法院起诉,要求与程东离婚,孩子由自己抚养,程东承担孩子抚养费。程东辩称:"我同意离婚,孩子由我抚养教育,抚养费全部由我承担,若孟月坚持要抚养孩子,则孩子的抚养费全部由孟月承担,因孩子并非我所亲生,与我无血缘关系。孟月做人工授精手术时,我虽在场,但并非同意,所以我不应承担抚养费。"那么,离婚后因人工授精而生的子女究竟应该如何抚养呢?

我国《婚姻法》没有对这一问题进行规定。从人工授精的目的来看,主要是为不育夫妻生育后代提供了一种现实可行性办法。为了有利于婚姻家庭的稳定和子女的健康成长,法律上完全可以把这种情况下的父母子女关系视为婚生父母子女关系,将该子女认定为夫妻双方的婚生子女,割裂其与供精者的任何法律联系,有利于保护子女、夫妻双方及供精者三方利益。因此,最高人民法院在1991年7

月8日《关于夫妻关系存续期间以人工授精所生子女的法律地位的复函》中就明确指出:"在夫妻关系存续期间,双方一致同意进行人工授精,所生子女应视为夫妻双方的婚生子女,父母子女之间权利义务关系适用《婚姻法》的有关规定。"

本案中,因为程东无生育能力,夫妻双方商定接受人工授精手术,都是通过托关系找人进行的,故双方均未办理书面同意手续。但在做人工授精手术时,程东在现场,当时并未提出反对或不同意见。且孩子出生以后,程东一直把孩子当成自己的亲生子女一样养育,尽管没有明示的书面同意,但从程东的行为完全可以推出其是同意的,符合双方一致同意的条件。按照上述复函的精神,孩子应视为程东和孟月的婚生子女,其与程东、孟月之间的权利义务关系应与亲生父母子女之间的权利义务关系一样得到承认和保护。按照我国《婚姻法》第21条的规定,父母对子女有抚养教育的义务,因此,程东和孟月均应依法承担对孩子的抚养教育义务。而本案中孩子应当随孟月生活比较合适,这是从有利于子女身心健康,保障子女的合法权益出发,结合父母双方的抚养能力和抚养条件等情况,考虑孩子本人的意见,综合得出的一个结论。

65.离婚后,父母可以协商轮流抚养子女吗?

钱娟和武唯席于2000年10月1日结婚。后因武唯席与初恋情人偷偷约会,旧情未灭,双方决定离婚,但就儿子由谁抚养而争执不休。钱娟和武唯席抚养孩子的能力各有各的优势。最后,双方达成协议,离婚后对儿子进行"轮流抚养"。儿子上小学时随母亲生活,寒暑假在父亲家里度假;儿子上中学后随父亲生活,寒暑假在母亲家里度假。请问:离婚后,父母可以协商轮流抚养子女吗?

我国《婚姻法》第37条规定:"离婚后,一方抚养的子女,另一方应负担必要的生活费和教育费的一部分或全部,负担费用的多少和期限的长短,由双方协议;协议不成时,由人民法院判决。"人民法院在审理离婚案件时,对子女抚养问题本着有利于子女身心健康、保障子女的合法权益的原则,结合父母双方的抚养能力和抚养条件等具体情况,进行综合分析依法作出判决。最高人民法院《关于人民法院审理离婚案件处理子女抚养问题若干具体意见》司法解释中第 6 条规定:"在有利于保护子女利益的前提下,父母双方协议轮流抚养子女的,可予准许。"此规定说明在不损害子女利益的前提下允许父母轮流抚养子女。

本案中,钱娟和武唯席达成的协议是在有利于子女身心健康的前提下进行的,采取轮流抚养子女的做法是符合法律规定的,但需经过人民法院确认,一旦确认,就必须自觉履行父母对子女抚养的义务。因此,离婚后,在不损害子女利益的前提下,父母是可以协商轮流抚养子女的。

66.离婚后,一方独自抚育子女,另一方有无探望权?

柔玲与冉华经人介绍于 1999 年 11 月相识恋爱,2000 年 4 月 6 日登记结婚,2001 年 9 月生育一子冉小飞。婚后双方性格不合,于 2003 年 10 月办理了离婚登记手续。当时冉小飞刚满两岁,双方协议,儿子由父亲独自抚育,柔玲不承担抚养费。自离婚后,冉华拒绝柔玲行使探望权。柔玲找到冉华进行交涉,要求定期探望儿子。但冉华辩称,当初是双方约定的,儿子由父亲独自抚育,不要柔玲出抚养费,所以从此儿子就与柔玲毫无关系了。言下之意,独自抚育方可以剥夺另一方的探望权。请问:离婚后,一方独自抚育子女,另一方有无探望权?

我国《婚姻法》第 38 条规定:"离婚后,不直接抚育子女的父或母,有探望子女的权利,另一方有协助的义务。行使探望权的方式、时间由当事人协议;协议不成时,由人民法院判决。父或母探望子女,不利于子女身心健康的,由人民法院依法中止探望的权利;中止的事由消失后,应当恢复探望的权利。"由此可见,法律不但明确规定了非直接抚育方的探望权,而且规定了另一方有协助的义务。此外,法律还规定,对不利于子女身心健康的,法院可中止其探望权。所有这些都体现了保护未成年子女身心健康成长的原则。

本案中,冉华以独自抚育子女、柔玲不出抚养费为由而拒绝柔玲探望子女的做法是错误的,与法有悖。再说,抚养权与探望权是两个不同的法律概念,离婚后,冉华也可以主张要求柔玲承担儿子的抚养费,但不能以独自抚养为由剥夺柔玲的探望权。具体探望的时间和方式,应由双方本着团结有利的精神相互协商。如果协商不成,柔玲可诉至人民法院,主张探望儿子的权利。

67.父母离异,未成年子女致人损害应当由谁赔偿?

王政海与同村的张芳于 1992 年结婚,婚后生下一子王群。1994 年王政海外出务工,有过一次嫖娼行为,之后夫妻感情开始出现裂痕。1997 年 8 月 30 日,王政海和张芳协议离婚,并到当地民政部门办理了离婚手续。王群随母亲张芳生活,其父每月给付抚养费 120 元。1998 年 6 月 15 日,顽皮的王群在邻居郑锋云家玩耍时,将郑锋云家的 1 台价值 1 万多元的进口彩色电视机撞坏,需要修理费 2 500 元,郑锋云于是要求王群的母亲张芳赔偿。此时,正值张芳做了大手术在家休养,生活很困难,无力偿还。郑锋云找到王群的父亲王政海要求他偿还。王政海坚持认为离婚后,小孩不由他照管,每月他给付了抚养费,王群惹是生非不关他的事,所以他拒绝郑锋云的要求,不予赔偿。无奈之下,郑锋云决定上法院讨个说法。

我国《民法通则》第 133 条规定:"无民事行为能力人、限制民事行为能力人造成他人损害的,由监护人承担民事责任。监护人尽了监护责任的,可以适当减轻他的民事责任。"我国《婚姻法》第 23 条规定:"父母有保护和教育未成年子女的权利和义务。未成年子女对国家、集体或他人造成损害时,父母有承担民事责任的义务。"《婚姻法》第 36 条规定:"父母和子女的关系,不因父母离婚而消除。离婚后,子女无论由父或由母抚养,仍是父母双方的子女。离婚后,父母对子女仍有抚养和教育的权利和义务。"最高人民法院《关于贯彻执行〈中华人民共和国民法通则〉若干问题的意见》第 158 条规定:"夫妻离婚后,未成年子女侵害他人权益的,同该子女共同生活的一方应当承担民事责任;如果独立承担民事责任确有困难的,可以责令未与小孩共同生活的一方共同承担民事责任。"

本案中,王群的父母离异,随其母亲张芳生活,那么王群造成他人财产损失时应由其监护人张芳承担赔偿责任,但是张芳此时无力承担,因此依照法律的规定,王政海对王群造成他人财产损害,仍应承担相应的民事责任。

68.前妻能否擅自变更儿子姓氏?

邓旭和张青属于父母包办婚姻,婚后生一子邓小亮,现年 4 岁。由于夫妻双方性格不合,婚后经常发生矛盾。2002 年 8 月,张青在同学会上与初中同学王波相遇,随后张青与王波频繁约会,导致邓旭与张青夫妻间激烈争吵,最后感情破裂。2003 年 4 月,法院在调解和好无望的情况下,依法判决准予双方离婚;婚生子邓小亮随张青生活,邓旭每月负担其抚育费 300 元。2003 年 10 月,张青与王波登记结婚。结婚后张青便单方面将邓小亮改名为王小亮。2004 年 2 月,邓旭得知这一情况后,对其儿子的改姓十分不满,认为张青未经自己同意,擅自更改儿子的姓氏,侵犯了自己的权利,要求张青将儿子的姓氏恢复为原姓氏,但遭到张青的拒绝。请问:前妻能否擅自变更儿子姓氏?

我国《婚姻法》第 22 条规定:"子女可以随父姓,可以随母姓。"此规定体现了社会主义制度下男女平等的原则。子女是父母双方的子女,出生后随父姓还是随母姓,应当由父母双方协商确定。一旦确定子女随一方姓,该方就实际取得了子女随其姓的权利。最高人民法院发布的《关于人民法院审理离婚案件处理子女抚养问题的若干具体意见》第 19 条规定:"父或母一方擅自将子女姓氏改为继母或继父姓氏而引起纠纷的,应责令恢复原姓氏。"

本案中,邓旭和张青的儿子年幼,张青在未经邓旭同意的情况下擅自改变儿子的姓氏,侵犯了邓旭的特定身份权,法院应该要求张青恢复其儿子的姓氏。

二、继承法律问题

1.继承从何时开始?

李云与陈大海于 2000 年 8 月经人介绍相识,相处过程中两人互有好感,经过一年多的进一步了解后,两人于 2002 年 12 月办理了结婚登记,并于同年举行了婚礼。陈大海父母于 1990 年、1994 年相继死亡,陈大海有一兄长陈发友,于 1998 年结婚。在父母去世后,陈大海一直与兄长共同生活,生活方面得到了陈发友夫妇的照料,其婚事也全赖陈发友夫妇得以完成,直到结婚后才分开自组家庭生活。婚后由于经济困难,陈大海于 2003 年 3 月与同村人一同外出务工,在老乡的介绍下,陈大海在一家建筑工地当搬运工人。务工期间,陈大海每月都往家里寄来活费。2005 年 4 月,陈大海在建筑工地搬运建筑材料时,因工受伤,由于伤势严重经抢救无效于 2005 年 4 月 21 日死亡。

陈大海生前继承了房屋两间,从村集体承包经营的土地 3 亩 4 分,务工期间有 1 万元存款,死亡赔偿金 10 万元。陈大海的死令李云悲伤至极,为了摆脱在家这个熟悉的环境下对陈大海思念的烦恼,料理完陈大海的丧事后,李云决定远走他乡,并于 2005 年 8 月对家中的财产进行处分。在李云对家中财产进行处理的过程中,陈发友夫妇极力阻止。他们认为,李云在陈大海尸骨未寒的情况下急于处理财产,没有尽到守孝义务,同时李云未给陈家生育一子女,她没有处理财产的权利。李云在竭尽所能说服陈发友夫妇无果的情况下,决定向法院提起诉讼,维护自己的权益。

我国《继承法》第 2 条规定:"继承从被继承人死亡时开始。"被继承人死亡或者被依法宣告死亡的,其财产就相应转化为遗产,享有继承权的人就有权利实施自己的继承权,取得属于自己份额的财产。可见,死亡是继承开始的要件,继承人不能在被继承人死亡之前主张自己的继承权。

本案中,陈大海于 2005 年 4 月 21 日死亡,其财产无论是婚前个人财产还是婚后家庭共有财产,均依法被享有继承权的合法继承人继承,该继承的合法时间是被继承人死亡的时间。根据本案实际情况,陈大海死后,其财产应由唯一的合法继承人李云继承,李云取得财产继承权的时间从 2005 年 4 月 21 日开始,即被继承人陈大海死亡的时间。该权利除了《继承法》第 7 条有关继承权的丧失情节外,不得被剥夺和干预。显然,李云没有违反我国《继承法》第 7 条的规定,其依照继承权取得了对财产的权利,因而有权利对属于自己的财产进行处分。陈发友夫妇以继承人李云没有尽守孝和为陈家生育孩子为由而剥夺其继承权、阻止其处理继承财产的行为没有法律依据,是得不到支持的。因此,我们认为,本案中,继承人李云继承的时间是 2005 年 4 月 21 日。

2.遗产包括哪些财产?

原告赵林、赵美是赵刚的儿女,均已经独立生活。2003 年赵刚与赵林、赵美的母亲离婚。离婚后,赵刚投资经营一个煤矿。2005 年 8 月,赵刚与被告成佳飞结婚。2006 年 9 月,赵刚因病死亡。赵刚死亡时遗留 20 万元存款,其经营的煤矿交由成佳飞管理。在办理完父亲的丧事之后,2006 年 12 月,赵林和赵美以赵刚亲儿女的身份向人民法院提起诉讼,要求平均分割赵刚遗留的 20 万元财产及煤矿的经营权。在诉讼中,被告成佳飞辩称:该 20 万元是其与赵刚共同经营赚取的,不能平均分配;至于煤矿的经营问题,可以由三方共同经营管理,再进行利益分配。

我国《继承法》第 3 条规定:"遗产是公民死亡时遗留的个人合法财产,包括:(一)公民的收入;(二)公民的房屋、储蓄和生活用品;(三)公民的林木、牲畜和家禽;(四)公民的文物、图书资料;(五)法律允许公民所有的生产资料;(六)公民的著作权、专利权中的财产权利;(七)公民的其他合法财产。"根据最高人民法院《关于贯彻执行〈中华人民共和国继承法〉若干问题的意见》第 3 条的规定:"公民可继承的其他合法财产包括有价证券和履行标的为财物的债权等。"《继承法》第 4 条还规定:"个人承包应得的个人收益,依照本法规定继承。个人承包,依照法律允许由继承人继续承包的,按照承包合同办理。"另外,我国《继承法》第 33 条规定:"继承遗产应当清偿被继承人依法应当缴纳的税款和债务。"结合本案,我们得出,赵刚死后遗留的 20 万元属于个人财产,其依法转为遗产,由享有继承权的人继承,这点毫无争议。但是,对于其生前经营的煤矿,根据我国现行法律的规定,其不属于个人遗产范围,继承人不得对其主张继承权。当然,必须强调的是,被继承人对经营的矿产进行投资并可创造预期利益的,在相关部门收回经营权时,应对其合法继承人给予适当的补偿,也可以经过协商,在继承人具备资格的条件下,将矿产交由继承人继续经营。

至于本案,法院在审理此案时认定:20 万元属于赵刚与成佳飞夫妻共同财产,其分配方法是先把属于成佳飞的个人财产提出来,即先扣除 10 万元,然后再将其中 10 万元进行均分;关于煤矿的经营管理问题,矿产资源属国家所有,不属于个人的遗产范围,继承人不能对其主张继承权。根据我国相关法律的规定,我们认为,法院的判决是合法的。

3."过继子"有没有继承权?

郑富贵与刘青霞系某村村民,两人结婚多年,未生育儿女。1994年,郑富贵夫妇因想子女心切,遂与同姓村民郑成林及其妻郭芬商议,将郑成林夫妇生育的第二子郑加勇过继给郑富贵夫妇当继子,郑加勇当时 14 岁。郑成林夫妇感到郑富贵夫妇值得同情,遂答应了他们的请求,允许郑加勇做郑富贵夫妇的继子,但郑加勇仍随亲生父母生活。2006 年郑富贵去世。2008 年,刘青霞去世,刘青霞死亡时留下混凝土房屋两间,牛一头约值 1 500 元,其他日常用具价值 500 元左右。在办理完丧事后,刘青霞远在外省的亲哥哥刘力兵赶来,全部继承了刘青霞的遗产,而作为继子的郑加勇则未分到分毫财产。为此,郑加勇觉得很委屈(郑加勇时年 28 岁),认为自己白给人当儿子了,况且自己对生前的郑富贵夫妇也尽了一些除经济支持以外的赡养义务,如干农活、做家务、购物等,认为自己应该分得部分遗产。为此,郑加勇向法院提起诉讼请求,以维护自己的合法权益。

根据我国《继承法》的相关规定,被继承人死亡后,其财产有遗嘱继承和遗赠情形的,根据遗嘱和遗赠处理,遗嘱继承人和受遗赠人取得财产,没有遗嘱和遗赠的,根据我国《继承法》第 10 条的规定,由法定继承人继承。根据《继承法》第 10 条规定,下列人员享有法律上的继承权:配偶、子女、父母、兄弟姐妹、祖父母、外祖父母。此条所指的子女,既包括婚生子女,又包括非婚生子女、养子女和有扶养关系的继子女。关于"过继子"是否拥有继承权,法律并没有明确规定。结合此案,是否法律没有明确规定就意味着郑加勇完全丧失分得财产的权利呢?法院审理案件过程中,应当考虑到"过继子"与"过继父母"之间是否享有继承权的关键在于是否形成了扶养关系,如果形成就是收养关系,双方互有继承权,如果未形成,则没有继承权。在现实生活中,一般还有如下几种情况,应区别对待:(1)未办理法定手续,虽立下字据举行仪式,也得到群众的公认,但"过继"后仍与生父母在一起生活,未受到"过继父母"的抚养教育,也未对其尽赡养扶助义务的,事实上未形成扶养关系,相互之间没有继承权。(2)"过继子女"与"过继父母"生前未共同生活、未形成扶养关系,而在"过继父母"去世时又以"过继子女"身份料理丧事,意在争夺遗产的,不享有继承权。对于在丧事中花费财物的,可酌情给予补偿。(3)"过继子女"与"过继父母"生前未共同生活,但在经济上、生活中时常给予帮助和照顾的,因未形成扶养关系而不能以养子女身份继承遗产,但可以生前给予被继承人较多扶助的人的身份,要求分得适当遗产。(4)在某些地区,为剥夺被继承人子女的合法继承权,在被继承人死亡后,为其"立嗣"以儿子身份料理丧事的,应给予严肃的批评教育,不得享有继承权,并应保护被继承人子女的合法继承权。

本案中,被继承人刘青霞的兄长刘力兵依法取得财产的继承权,而作为"过继子"的郑加勇没有遗产继承权,但由于其对被继承人在生前尽了相应的扶养义务,根据我国《继承法》第14条的规定,作为继承人以外的对被继承人扶养较多的人可以分给他们适当的遗产,即继承人刘力兵应酌情给予郑加勇部分遗产。

4. 非婚生子女有没有继承权?

未婚女子张灵与有妇之夫王开举同居期间怀孕,后迫于家庭压力,两人分手。张灵和李科结婚,婚后 5 个月生下女儿李芸芸。现王开举亡故,李芸芸持有关证据材料起诉要求继承王开举的遗产。王开举的家人对李芸芸与王开举之间的血缘关系予以认可,但认为张灵和王开举同居时李芸芸并未出生,李芸芸是张灵和李科结婚后才出生的,李芸芸无权继承王开举的遗产。李芸芸于是向人民法院提起诉讼,要求继承生父王开举的遗产。

我国《继承法》规定,子女不管婚生子女、非婚生子女、养子女或是有扶养关系的继子女都可以作为第一顺序继承人,有同等的继承权。

本案中,虽然李芸芸在张灵和李科结婚时并未出生,其生父王开举和张灵也不是合法夫妻,但非婚生子女享有与婚生子女同样的法律权利,李芸芸实质上是李科的继子女,李芸芸对生父王开举的遗产享有继承权。虽然李芸芸是张灵和王开举同居期间孕育的胎儿,出生在张灵和李科结婚之后,但她和王开举之间的血缘关系没有改变。对于非婚生子女,生父母也有亲权,且该亲权并非需要通过生父母认领才能获得。因王开举没有遗嘱,故对其遗产适用法定继承,李芸芸作为其非婚生子女是其法定继承人,有权继承王开举的遗产。继子女与继父母之间的关系是一种拟制血亲关系,实质是继子女的生母或者生父与他人结婚,而其生父母之间是否为合法夫妻,该婚姻属初婚还是再婚并不影响其继子女地位的取得。王开举与张灵系非法同居关系,张灵与李科是初婚,不影响李芸芸与李科之间继子女关系的成立。继子女不同于养子女,对其生父的遗产享有继承权,李芸芸作为法定继承人有权继承生父王开举的遗产。

5. 死者的堂兄弟姐妹、侄儿、侄女是否享有遗产继承权?

何文贵与黄英系夫妻,婚后生有一子何冲。1984年,何冲因食物中毒死亡,何文贵夫妻从此膝下无子女。2003年,黄英去世,之后何文贵独自居住。在何文贵独居期间,其堂弟何大海经常照顾他,包括为其种植农作物、做家务、购买日常用品等。2008年3月,何文贵不小心摔倒在院子里,引起脑溢血,不治而亡。何文贵的堂兄弟、侄儿、侄女共同出力,将何文贵妥善安葬。何文贵生前留下混凝土房屋两间,银行存款2 000元,耕牛1头约值1 200元,日常用具值500元左右。在料理完何文贵的后事后,何文贵的堂兄弟姐妹、侄儿、侄女都希望继承何文贵留下的遗产(遗产中除了2 000元存款用做安葬费用外,其他保存完整),并为此发生争执,在无法达成协议的情况下,遂闹到法院,希望法院给予解决。

根据我国《继承法》第10条、第16条关于继承人范围的相关规定,被继承人死亡的,以下人员依法享有继承权:配偶、子女、父母、兄弟姐妹、祖父母、外祖父母;通过遗嘱和遗赠取得继承权的人。

本案中,要求继承何文贵遗产的人中没有符合享有继承权条件的,因此,以上人员均无权继承何文贵的遗产。同时,根据《继承法》第14条的规定,继承人以外的对被继承人的扶养较多的人,可以分给他们适当的财产。因此,何大海可以取得部分遗产的继承权,其他剩余财产收归何文贵所在村集体所有。

6.继兄弟姐妹之间互有继承权吗？

易建波 1970 年与陈道敏结婚,于 1971 年、1974 年分别生育一子一女易小明和易青。1985 年,陈道敏患直肠癌不治死亡,易建波带着子女生活。1988 年,易建波认识了丧偶妇女杨兰,之后两人于 1990 年办理结婚登记,正式结为夫妻,杨兰带着与前夫生育的向山（男,出生于 1984 年 3 月）与易建波两子女共同组成一个 5 人家庭。由于易建波的儿子与女儿反对父亲与杨兰的婚事,致使婚后家庭成员之间关系非常紧张。易小明还因此于 1992 年离家出走。1994 年 8 月 4 日,杨兰突然晕倒,在送往医院抢救过程中死亡。杨兰死后,由于向山没有直系亲属抚养,其仍然和易建波及其亲生儿女一起生活。1996 年 7 月,由于生活和思想压力过重,易建波一病不起,拖了近 1 个月后死亡。1998 年,离家出走的易小明患病死亡,据悉,其在离家出走期间通过自己诚实劳动积累了 10 万元存款。易小明死后,其亲妹易青带着 10 万元的遗产远走他乡,留下向山不管不问。由于年龄尚幼,向山成了无人照管的孤儿。鉴于这种情况,向山和易青生活所在村村委会出面找到易青,劝说其从 10 万元遗产中拿出部分作为向山的生活费用,但无论村委会成员怎样苦口婆心劝说,易青坚持说遗产是自己亲兄长留下的,向山与易小明没有任何关系,无权继承易小明的财产。该村村委会在劝说无效的情况下,以向山代理人的身份向法院提起诉讼,希望通过司法程序解决。

根据我国《继承法》第 10 条关于继承主体范围的相关规定,兄弟姐妹之间互有继承权,这里所说的兄弟姐妹,既包括同父同母的兄弟姐妹、同父异母或同母异父的兄弟姐妹,还包括养兄弟姐妹和有扶养关系的继兄弟姐妹。

本案中,向山与被继承人易小明系继兄弟关系,在易小明死亡时,向山才 14 岁,属于未成年人,由于其父母已亡,在没有其他合适扶养人的情况下,易小明居于继兄弟关系应成为其主要的扶养人之一。鉴于此,当易小明死亡后,向山依法享有对其财产的继承权,而本案中被继承人的亲妹易青想独自继承兄长的财产而剥夺向山继承权的做法是不对的,她应该分出部分财产,作为向山的生活费用。但这里必须强调一点,虽然继兄弟姐妹之间享有继承权,但前提必须是有扶养关系,如果没有扶养关系,那么这种继承权很可能就不存在。因此,继兄弟姐妹之间的继承权相对于其他情况下兄弟姐妹之间的继承权而言,其实是受到严格限制的。

7.丈夫"没了",我能继承公婆的遗产吗?

陶容松是民和村的村民,和同村的杨美艳结婚后生有两个儿子。大儿子陶国红和何美玲于 2003 年结婚,婚后和陶容松、杨美艳共同生活,2005 年生下一个男孩,取名叫陶钧。小儿子陶国华,2005 年到外地工作,和当地人邓芸结了婚,并定居在当地。2007 年 4 月份,陶容松、杨美艳和陶国红一同坐车去亲戚家,在途中发生车祸,陶容松和杨美艳在送往医院的途中死亡,陶国红一直住在重症监护室,病情很不稳定。5 月份,陶国红去世。办理完陶容松和杨美艳、陶国红的丧事后,陶国华叫何美玲带着陶钧搬出陶容松的房子,他认为何美玲的丈夫"没了",何美玲也和陶家没有关系了,陶容松和杨美艳的遗产属于他一个人所有。何美玲认为陶容松和杨美艳的遗产应由陶国华和陶国红共同继承,现在陶国红死亡,应由她和孩子来继承陶国红应得的那部分遗产。双方互不相让,何美玲于是向人民法院提起诉讼,要求继承公婆陶容松和杨美艳的遗产。

　　根据我国《继承法》的规定,子女是法定的继承人。《继承法》第25条规定:"继承开始后,继承人放弃继承的,应当在遗产处理前,作出放弃继承的表示。没有表示的,视为接受继承。"最高人民法院《关于贯彻执行〈中华人民共和国继承法〉若干问题的意见》第52条也规定:"继承开始后,继承人没有表示放弃继承,并于遗产分割前死亡的,其继承遗产的权利转移给他的合法继承人。"

　　本案中,陶国红和陶国华是陶容松、杨美艳的子女,都享有同等的继承权。陶容松和杨美艳在2007年4月死亡,生前没有留下遗嘱,他们的遗产应按照法定继承办理。在陶容松和杨美艳死亡后,陶国红并未做出放弃继承权的表示,应视为接受继承。所以,陶国红和陶国华都可以继承陶容松和杨美艳的遗产。之后,陶国红在2007年5月死亡,此时还没有对陶容松和杨美艳的遗产进行分割,根据相关法律规定,陶国红继承遗产的权利转移到他的合法继承人身上,陶国红的第一顺序继承人是何美玲和陶钧,所以,何美玲和陶钧有权取得陶容松和杨美艳的遗产中属于陶国红的那份遗产。因此陶容松和杨美艳的遗产由何美玲、陶钧、陶国华共同继承,由于陶钧年幼,其所继承的那部分遗产由其法定监护人何美玲代为保管。

8. 出嫁的女儿可以继承父母的遗产吗?

　　周良是丰都村的村民,1957年与同村的谢美艳结婚,婚后生有两个儿子和一个女儿。大儿子周科华1980年结婚,婚后搬到镇里居住,不再与父母共同生活。女儿周梅在1983年结婚,嫁到了邻村,周良给了周梅 2 000 元的嫁妆。小儿子周康与周良、谢美艳一起生活。1986 年,周康和同村的刘爱菊结婚,婚后一直和周良、谢美艳一起居住。周科华在镇上做生意,平时很少回家看望父母,也没给父母经济上的资助,主要由周康照顾周良和谢美艳的生活。平时,周梅经常回娘家看望周良和谢美艳,每次都买很多吃的和用的给二老,并帮着做家务。2007 年 5 月,谢美艳去世,同年 12 月周良去世。周良和谢美艳生前都没留下遗嘱。周科华、周梅和周康 3 人共同料理了周良的丧事后,对父母的遗产发生了争执,周科华和周康认为他们两人是父母遗产的继承人,周梅已经出嫁,不再是周家的人了,而且在周梅结婚时周良已经给过她 2 000 元钱,没有权利再分得遗产,遗产应由周科华、周康两人平分。周梅认为,自己是周良和谢美艳的女儿,有权取得遗产。2008 年 2 月,周梅向人们法院提起了诉讼,要求分割周良和谢美艳的遗产。

我国《宪法》第 48 条规定:"中华人民共和国妇女在政治的、经济的、文化的、社会的和家庭的生活等各方面享有同男子平等的权利。国家保护妇女的权利和利益,实行男女同工同酬,培养和选拔妇女干部。"我国《继承法》第 9 条也明确规定:"继承权男女平等。"继承权男女平等具体体现在:不论女子是否已经结婚,都享有与男子同样的继承权;在继承顺序上,处于同一继承顺序的男女平等的享有继承权,不因性别而有所差异;无论是在法定继承或遗嘱继承中,还是在代位继承或转继承上,无论男女都平等地享有继承权;在分配财产的份额上,无论男女都平等的适用我国《继承法》的相关分配条款;在丧失继承权的规定上,无论男女都平等适用相关规定。

本案中,周良、谢美艳都没有留下遗嘱,所以周良和谢美艳的遗产应按照法定继承来处理。周科华、周康和周梅都是周良、谢美艳的子女,是法定继承中的第一顺序继承人,都有权平等取得周康和谢美艳的遗产。周梅结婚时得到的嫁妆只是周良生前的赠予,不是遗产的分割,遗产的分割开始于被继承人死亡之后。所以,在本案中,周梅虽然已经出嫁,但仍然有权取得父母的遗产。另外,周康与周良、谢美艳共同居住,对周良、谢美艳尽了主要扶养义务,可以多分得父母的遗产。周梅对父母的扶养比周科华多,对父母的遗产也可以比周科华适当多分。

9.父亲早亡后,孙子女可以继承祖父母的遗产吗?

杨华是北月村的村民,于 1980 年 5 月与邻村的王凤结婚,两人在黑土镇定居,于 1981 年生下一个男孩杨晓波。王凤和杨华在黑土镇做农产品收购生意,平时很忙,没有时间照顾杨晓波,杨晓波 3 岁时杨华就把他交给住在北月村的父母杨强和李芬照看,每月给父母寄去一些生活费。杨强和李芬还有一个儿子杨建,杨建在 1984 年结婚后就和妻子在外地居住,平时只是逢年过节的时候回家一趟。杨晓波和杨强、李芬的感情很深,长大后也和杨强、李芬在一起共同生活。2005 年,杨华和王凤在家中不幸煤气中毒双双身亡。杨强因伤心过度而病倒。杨晓波料理完父母的丧事后,请人打理父母的生意,自己照顾生病的杨强。2007 年 7 月、9 月,杨强、李芬相继去世。杨建在听到消息后回到家中,和杨强一起料理杨强、李芬的丧事。杨强、李芬生前留下 4 间房子、5 亩土地、3 000 千元人民币和一些家具。杨建声称杨华已经死亡,自己是杨强、李芬唯一的子女,杨强、李芬的遗产应由其一人继承,杨晓波不服,遂起诉到人民法院。

我国《继承法》第11条规定："被继承人的子女先于被继承人死亡的，由被继承人的子女的晚辈直系血亲代位继承。代位继承人一般只能继承他的父亲或者母亲有权继承的遗产份额。"可见：第一，被代位人必须先于被继承人死亡。这是我国代位继承成立的首要条件和唯一原因。第二，先死亡的被代位人，必须是被继承人的子女，其他继承人如被继承人的配偶、父母、兄弟姐妹、祖父母、外祖父母等先于被继承人死亡不发生代位继承。第三，代位继承人必须是被代位人的晚辈直系血亲。最高人民法院在贯彻执行《继承法》的意见中又进一步明确指出，被继承人的孙子女、外孙子女、曾孙子女、曾外孙子女都可以代位继承，代位继承人不受辈分限制。第四，被代位人生前必须享有继承权，如被代位继承人基于法定事由丧失继承权，则连带引起代位继承权的消灭。最高人民法院《关于贯彻执行〈中华人民共和国继承法〉若干问题的意见》第28条指出："继承人丧失继承权的，其晚辈直系血亲不能代位继承。"第五，代位继承只适用于法定继承，在遗嘱继承中不适用。亦即只有被代位继承人的法定继承权才能被代位，如其享有的是遗嘱继承权，则该遗嘱会因先于被继承人死亡而失效，此时不发生代位继承。第六，代位继承人无论人数多少，原则上只能继承被代位继承人有权继承的份额。

本案中，杨晓波的父亲杨华先于杨强、李芬死亡，且杨强并未丧失继承权，杨晓波作为杨华的子女，是杨强、李芬的晚辈直系血亲，在杨强、李芬未留下遗嘱的情况下，有权根据法定继承而享有对其父的代位继承权，有权继承杨强和李芬的遗产。因此，杨强和李芬的财产应该分为两份，杨晓波1份，杨建1份。并且根据我国《继承法》第13条规定："对被继承人尽了主要扶养义务或者与被继承人共同生活的继承人，分配遗产时,可以多分。有扶养能力和有扶养条件的继承人,不尽扶养义务的,分配遗产时,应当不分或者少分。"在本案中,杨晓波一直与杨强和李芬共同生活,对杨强和李芬也尽了主要的扶养义务。在分配杨强和李芬的遗产时,杨晓波可以多分,而杨建结婚后一直没和杨强、李芬一起居住,也未对杨强和李芬尽扶养义务,在分配遗产时可以少分。

10.因犯罪而服刑的人是否可以继承父母遗产?

钱家鸥是清塘村的村民,家中有两个儿子。大儿子钱嘉乐1990年结婚后与钱家鸥一起居住。小儿子钱嘉飞在1992年因入户抢劫,被人民法院依法判处有期徒刑15年,并附加剥夺政治权利,被关押在当地监狱。钱家鸥和钱嘉乐觉得钱嘉飞是"不孝子",都不愿意去看望他。2003年5月,钱家鸥去世,钱嘉乐没有通知正在服刑的钱嘉飞,自己办理了父亲的丧事,之后继续居住在父亲的房子里,继承了父亲的所有遗产。2005年7月,钱嘉飞在监狱遇见同村的夏寿康,得知父亲已经去世,哥哥钱嘉乐继承了父亲的所有遗产。钱嘉飞认为自己也有权继承父亲的遗产,于是在2005年11月向人民法院提起诉讼,要求重新分割父亲钱家鸥的遗产。

我国法律规定公民享有广泛的民事权利,其中包括继承权。我国《继承法》第7条规定了丧失继承权的几种情形:"继承人有下列行为之一的,丧失继承权:(一)故意杀害被继承人的;(二)为争夺遗产而杀害其他继承人的;(三)遗弃被继承人的,或者虐待被继承人情节严重的;(四)伪造、篡改或者销毁遗嘱,情节严重的。"依法被判处刑罚,正在服刑的罪犯如果是因上述行为被判处刑罚,则没有继承权,否则,继承人因犯有其他罪行而被判处有期徒刑、无期徒刑以至死刑并附加剥夺政治权利和被单处剥夺政治权利时,都不丧失继承权。

在本案中,钱嘉飞所犯罪行并非《继承法》第 7 条规定的 4 种情形,他仍然有对父亲钱家鸥遗产的继承权。根据《继承法》第 10 条的规定,钱嘉飞与钱嘉乐同是钱家鸥的第一顺序法定继承人,享有同等的继承权。我国《继承法》第 8 条规定:"继承权纠纷提起诉讼的期限为两年,自继承人知道或者应当知道其权利被侵犯之日起计算。但是,自继承开始之日起超过 20 年的,不得再提起诉讼。"钱家鸥在 2003 年死亡,但钱嘉飞由于在监狱服刑,钱嘉乐也没有通知他,所以无法得知父亲已经去世和钱嘉乐已经继承了父亲的遗产。2005 年 7 月才得知父亲已经去世,并在同年 11 月提起诉讼,并未超过诉讼时效。因此,综上所述,钱嘉飞虽然因犯抢劫罪而被判处有期徒刑正在服刑,并被剥夺政治权利,但仍然可以依法享有合法的民事权利,可以依法继承父亲钱家鸥的遗产。

11.胎儿有继承份额吗?

孙铭是裕民镇的村民,自己有一辆大卡车,在镇上帮人运煤,每月都有不错的收入。一次偶然的机会,孙铭认识了来裕民镇走亲戚的张艳丽。两人互有好感,在相处一段时间后决定结婚。孙铭的父母孙伟中和黄月英觉得张艳丽家庭条件不好,不同意孙铭和张艳丽的婚事。但孙铭不顾父母反对,与张艳丽在 2004 年进行了结婚登记,之后与孙伟中、黄月英住在一起。2005 年,孙铭在拉煤途中发生了车祸,抢救无效而死亡。这时,张艳丽已经怀有 7 个月的身孕。处理孙铭的遗产时,孙伟中和黄月英只同意张艳丽继承孙铭的部分遗产,不同意张艳丽怀的孩子继承遗产。张艳丽则认为应为自己怀的孩子留出一定遗产份额,由她为还没出生的孩子代管。双方争执不下,张艳丽向人民法院提起诉讼,要求依法处理。在诉讼过程中,张艳丽由于过度悲伤和劳累,引起早产,生下一女孩。胎儿生下后身体很虚弱,一直留在医院看护,出生 10 多天后在医院死亡。

我国《继承法》第 28 条规定:"遗产分割时,应当保留胎儿的继承份额。胎儿出生时是死体的,保留的份额按照法定继承办理。"最高人民法院《关于贯彻执行〈中华人民共和国继承法〉若干问题的意见》第 45 条规定:"应当为胎儿保留的遗产份额没有保留的应从继承人所继承的遗产中扣回。为胎儿保留的遗产份额,如胎儿出生后死亡的,由其继承人继承;如胎儿出生时就是死体的,由被继承人的继承人继承。"可见,为胎儿保留的继承份额的处理有 3 种情况:一是胎儿出生后存活的,为其保留的遗产份额归其本人所有;二是胎儿出生时是活体,但不久后死亡的,原来为其保留的遗产份额就应当属于他的遗产,应当按照法定继承由其法定继承人进行继承;三是胎儿出生时已经是死亡状态的,原来为胎儿保留的遗产份额仍视为被继承人尚未分割的遗产,由被继承人的继承人再次分割。

本案中,胎儿依法享有继承份额。胎儿在出生时是存活的,其应当是其父孙铭的第一顺序继承人,与孙伟中、黄月英、张艳丽共同继承孙铭的遗产。胎儿在出生不久后又死亡,胎儿继承到的孙铭的财产,现在变成了胎儿的遗产,由胎儿的法定继承人继承。胎儿的父亲已经死亡,胎儿的法定继承人就只有其母亲张艳丽一人,胎儿分得的这部分遗产就应由张艳丽一人继承。所以,在本案中,孙伟中、黄月英各分得孙铭的遗产的 1/4,张艳丽分得孙铭的遗产的 1/4 和胎儿继承的孙铭的遗产的 1/4,最终一共得到孙铭遗产的 2/4。

12.夫妻一方死亡后另一方再婚的,有无处分所继承的财产的权利?

王凤英是文斗村的村民,在1999年经人介绍与同村的赵广宏认识,两人相处了一年后于2000年登记结婚,2002年生下一个男孩,取名赵志刚。2003年初,赵广宏经人介绍到一煤矿厂打工。2005年3月,赵广宏正在煤矿井下工作时,矿井发生垮塌,赵广宏和其他矿工一起被埋在井下,等救出来时赵广宏已经死亡。矿厂对赵广宏的死亡赔偿了20万元,由王凤英领得。赵广宏还遗留下3间生前夫妻共同居住的房子。王凤英在赵广宏死后仍然和赵志刚居住在以前的房子里。2008年,王凤英经人介绍和离异的唐卫彬登记结婚,王凤英将3间房屋卖出,带着赵志刚搬到唐卫彬家一起生活。2008年底赵广宏的哥哥赵志勇找到王凤英,认为王凤英又嫁给了别人,不再是赵家的人,无权处分赵广宏的房子,要王凤英把卖掉的房子还给赵家,还有20万元的赔偿金也要一起还给赵家。王凤英不答应,赵志勇于是起诉到人民法院,要求王凤英归还房子和20万元赔偿金。

我国《继承法》第30条规定:"夫妻一方死亡后另一方再婚的,有权处分所继承的财产,任何人不得干涉。"夫妻一方死亡后,生存的一方依照法律的规定或合法有效的遗嘱所继承的遗产,就成为自己的财产,对其享有所有权,可在法律许可的范围内占有、使用、处分。如果生存的一方再婚时,有权对这部分财产进行处分。我国《继承法》第10条规定:"遗产按照下列顺序继承:第一顺序:配偶、子女、父母。第二顺序:兄弟姐妹、祖父母、外祖父母。继承开始后,由第一顺序继承人继承,第二顺序继承人不继承。没有第一顺序继承人继承的,由第二顺序继承人继承。"

　　本案中,王凤英是赵广宏的合法妻子,对赵广宏的遗产具有继承权。王凤英和赵志刚是赵广宏遗产的第一顺序继承人,在王凤英、赵志刚还生存的情况下,第二顺序继承人赵广宏的哥哥赵志勇是没有继承权的。王凤英在赵广宏死后,又与唐卫彬结婚,这并不是王凤英丧失法定继承权的法定理由,王凤英有权处分所继承的赵广宏的遗产。

13.丧偶女婿对岳父母的遗产是否有继承权?

　　王勇与同村的张敏在 1994 年结婚,婚后王勇与张敏经常到张敏的父母张浩、陈燕家照顾两人的生活。张浩还有一个儿子张乐,已经成家,并在外地居住,距离张浩家很远,只有过年过节才会回家一趟。1995 年,张敏难产生下一个男孩,取名王军。张浩和陈燕对王军非常喜爱,要王勇和张敏搬过去一起生活,王勇、张敏也觉得这样既可以照顾孩子,也可以更好地照顾张浩和陈燕,便搬过去和张浩、陈燕一起居住。在 2003 年,张敏患病,医治无效死亡,之后,王勇和张浩、陈燕仍然生活在一起,继续照顾两位老人。虽然张浩、陈燕劝王勇再婚,但王勇只想好好把王军抚养成人,不打算再给王军找个后妈。2005 年,陈燕去世,王勇继续照顾张浩的生活。2007 年,张浩病故,王勇和张乐一同料理了张浩的丧事。在处理张浩、陈燕的遗产时,王勇、张乐发生争执,张乐认为应由其一人继承张浩、陈燕的遗产,王勇和王军是外姓人,没有权利继承遗产。王勇则认为,其与张浩、陈燕一直共同生活,并照顾两人的生活,也算半个儿子,有权继承张浩、陈燕的遗产。后来,王勇起诉到人民法院,要求继承张浩、陈燕的遗产。

我国《继承法》第 12 条规定:"丧偶儿媳对公、婆,丧偶女婿对岳父、岳母,尽了主要赡养义务的,作为第一顺序继承人。"可见,儿媳和女婿虽然不是公婆或岳父母的法定继承人,一般不享有继承权,但是如果儿媳和女婿对岳父、岳母尽了主要的赡养义务,就可以享有继承权,并作为第一继承人参与继承。另外,根据最高人民法院《关于贯彻执行〈中华人民共和国继承法〉若干问题的意见》第 29 条的规定:"丧偶儿媳对公婆、丧偶女婿对岳父、岳母,无论其是否再婚,依《继承法》第 12 条规定作为第一顺序继承人时,不影响其子女代位继承。"

本案中,无论在张敏生前还是死后,王勇都一直和张浩、陈燕一起共同生活,并照顾两人的生活,尽了主要的赡养义务,王勇应当作为第一顺序继承人参与继承,享有对岳父母张浩和陈燕遗产的继承权。另外,张敏的儿子王军依法也可以代位继承张浩和陈燕的遗产。所以,在本案中,对于张浩和陈燕的遗产,王勇、王军、张乐都是第一顺序继承人。另外,根据《继承法》相关规定,王勇对张浩、陈燕尽了主要赡养义务,王军年幼,缺乏劳动能力,在分配遗产时王勇和王军可以多分。

14.有继承权的人在什么情况下会丧失继承权?

黄文斌是马堤村的村民,生有 3 个儿子,大儿子黄同进和二儿子黄凯先后结婚后,不再与黄文斌居住。三儿子黄武因小时候生病导致其智力受到影响,长大后一直依靠黄文斌照顾,生活也不能完全自理,一直没有结婚。2004 年 6 月,黄文斌患病,医治好以后身体仍然一天比一天虚弱,二儿子见黄文斌身体越来越差,觉得他活不了多久了,就谋划独吞黄文斌的遗产。并于 2005 年 1 月悄悄模仿黄文斌的笔迹伪造了一份遗嘱,遗嘱中写道,黄文斌认为二儿子最为孝顺,他愿意将自己的遗产全部留给二儿子黄凯,让大儿子和三儿子尊重他的决定,不要与二儿子争遗产。后来,黄凯为了早日得到黄文斌的遗产,悄悄买来毒鼠强准备毒死黄文斌。2005年7月13日,黄凯邀请黄文斌到自己家里吃饭,趁黄文斌不注意,悄悄将毒鼠强放进黄文斌的饭菜里。黄文斌吃下饭后,不久毒性发作,疼得在地上打滚,幸好被来找父亲的黄同进看见,赶紧送到医院抢救。黄凯肯定黄文斌活不了了,便将伪造的遗嘱放进黄文斌家里的抽屉里。由于中毒太深,黄文斌抢救无效死亡。黄文斌死后,黄凯便假装在黄文斌住处发现了其伪造的遗嘱,要求按遗嘱继承黄文斌的遗产。黄同进认出遗嘱是伪造的,并且怀疑是黄凯下毒毒死父亲黄文斌,便到公安局报案,并向人民法院提起诉讼,要求取消黄凯的继承权。

我国《继承法》第7条规定:"继承人有下列行为之一的,丧失继承权:(一)故意杀害被继承人的;(二)为争夺遗产而杀害其他继承人的;(三)遗弃被继承人的,或者虐待被继承人情节严重的;(四)伪造、篡改或者销毁遗嘱,情节严重的。"最高人民法院《关于贯彻执行〈中华人民共和国继承法〉若干问题的意见》的第11条、14条针对《继承法》第7条的第1款、第4款又作了更详细的规定:"继承人故意杀害被继承人的,不论是既遂还是未遂,均应确认其丧失继承权。""继承人伪造、篡改或者销毁遗嘱,侵害了缺乏劳动能力又无生活来源的继承人利益,并造成其生活困难的,应认定其行为情节严重。"

本案中,黄凯故意下毒加害黄文斌,并伪造遗嘱,将黄文斌的遗产据为自己一人所有,而黄武智力低下,生活不能自理,在黄文斌生前完全依靠其抚养和照顾,黄凯伪造的遗嘱侵犯了黄武的继承权,黄凯伪造遗嘱的这种行为应认定为情节严重。黄凯的行为符合《继承法》第7条丧失继承权的两种情形,无论依据《继承法》第7条第1款的规定,还是第4款的规定,黄凯都丧失了对黄文斌遗产的继承权。黄文斌的遗产应由黄武和黄同进共同继承。另外,由于黄武一直与黄文斌居住,依靠黄文斌的抚养和照顾,生活无法自理,今后生活很困难,在分遗产时应该适当多分。

15.继承权可以放弃吗?

马洪刚与刘兰是银湾村的村民,1969年两人结为夫妻,在1972年和1976年分别生下一个女儿马丽娜和一个儿子马利民。马丽娜1994年结婚,嫁到了镇上。马利民在2003年向朋友周光军借了4 000元做生意,后来生意亏损,马利民一直没有归还周光军4 000元。2005年,马洪刚病故,留下了1万元的现金、5间房子和其他的一些财产。马丽娜自愿放弃对马洪刚遗产的继承权,并写了一份书面证明。马利民也想将父亲马洪刚的遗产留给母亲刘兰,也写下了一份书面证明自愿放弃对马洪刚遗产的继承权。周光军知道后,要马利民继承马洪刚的遗产,并从遗产中拿出4 000元还债,马利民不同意,周光军于是向人民法院提起诉讼,要求确认马利民放弃继承权的行为无效,并归还欠周光军的4 000元。

我国《继承法》第25条第1款规定:"继承开始后,继承人放弃继承的,应当在遗产处理前,作出放弃继承的表示。没有表示的,视为接受继承。受遗赠人应当在知道受遗赠后两个月内,作出接受或者放弃受遗赠的表示。到期没有表示的,视为放弃受遗赠。"放弃继承,必须在继承开始后、遗产分割前作出表示。如果遗产已分割,放弃的就不再是继承权,而是所有权。放弃继承必须明示,并应由继承人自己作出决定,而不能由代理人代为作出。无行为能力人的法定代理人一般也不能代为作出放弃继承的决定。放弃继承是无条件的,即对应继承的遗产表示无条件地放弃。放弃继承权的效力,追溯到继承开始的时间。同时,最高人民法院《关于贯彻执行〈中华人民共和国继承法〉若干问题的意见》第46条规定:"继承人因放弃继承权,致其不能履行法定义务的,放弃继承权的行为无效。"

本案中,在马洪刚死亡之后,对马洪刚的遗产进行分割以前,马丽娜和马利民都放弃了对马洪刚的继承权,他们放弃继承权的行为虽都是符合放弃继承权的相关规定,都是自愿、明示放弃继承权,但他们放弃继承权的行为一个有效,一个无效。因为,马丽娜放弃继承权的行为没有发生致其不能履行相关的法定义务的情况,所以,马丽娜放弃继承权的行为是有效的。而马利民欠周光军的债务,由于他放弃继承权,使他没有清偿能力,不能清偿其欠周光军的4 000元,可见马利民放弃继承的行为损害了他人的合法权益,因而他放弃继承的行为无效。他应当继承其父的遗产,并从分得的遗产中拿出4 000元归还周光军。

16.放弃继承权后,后悔了怎么办?

徐国平是樵坞村的村民,1990年与妻子离婚后独自抚养两个儿子。大儿子徐福贵在2001年与同村的李娟结婚,婚后继续与徐国平一起生活。小儿子徐富强2002年外出到广东一工厂打工,2004年与同在广东打工的顾晓倩结婚。2006年底,徐国平突然患病,不能继续劳动,徐福贵和李娟一边给徐国平医治,一边承担起所有的劳动。2007

年底,徐国平死亡,徐福贵打电话给徐富强打工的工厂,转告徐富强父亲去世的消息,让他回来料理徐国平的丧事。但路途遥远,徐富强从广东到樵坞村来回要半个月的时间,徐富强在工厂的工作不能请这么长时间的假,徐富强便寄了 500 元钱给徐福贵料理徐国平的丧事,并打电话请在镇上的亲戚徐庆转告徐福贵,他自愿放弃对徐国平遗产的继承权。丧事完毕后,徐福贵清理徐国平的遗产时,发现徐国平买的一张彩票中了 5 万元,他便用这笔钱偿还了为给徐国平治病向别人借的 7 000 多元,然后用剩下的钱开了一家小店,卖一些日常用品。2008 年徐富强有事回老家,得知徐福贵继承了徐国平的 5 万元遗产,觉得自己也应该分得一份,于是向徐福贵提出重新分割徐国平留下的 5 万元遗产。徐福贵认为徐富强已经打电话请徐庆转告其自愿放弃对徐国平遗产的继承权,现在不能反悔,不同意重新分割徐国平的遗产。徐富强便向人民法院提起诉讼,要求重新分割徐国平的遗产。

我国《继承法》第 25 条规定:"继承开始后,继承人放弃继承的,应当在遗产处理前,作出放弃继承的表示。没有表示的,视为接受继承。"最高人民法院《关于贯彻执行〈中华人民共和国继承法〉若干问题的意见》第 47 条规定:"继承人放弃继承应当以书面形式向其他继承人表示。用口头方式表示放弃继承,本人承认,或有其他充分证据证明的,也应当认定其有效。"第 48 条规定:"在诉讼中,继承人向人民法院以口头方式表示放弃继承的,要制作笔录,由放弃继承的人签名。"第 49 条规定:"继承人放弃继承的意思表示,应当在继承开始后、遗产分割前作出。遗产分割后表示放弃的不再是继承权,而是所有权。"第 50 条规定:"遗产处理前或在诉讼进行中,继承人对放弃继承翻悔的,由人民法院根据其提出的具体理由,决定是否承认。遗产处理后,继承人对放弃继承翻悔的,不予承认。"第51条规定:"放弃继承的效力,追溯到继承开始的时间。"

本案中,徐富强在徐国平死亡以后,分割徐国平的遗产之前自愿放弃了继承权,徐富强以口头的方式放弃继承权,有徐庆证明属实,所以应当认定徐富强放弃继承的行为是有效的。其放弃继承的效力,追溯到继承开始的时间,他无权分割徐国平留下的5万元。在徐国平的遗产被分割之后,徐富强对其放弃继承权表示反悔,要求重新分割,依法是不予承认的。

17.哪种继承方式效力高?

村民向荣有3个女儿,3个女儿先后嫁到其他村,结婚后都不再与向荣共同生活。2004年,向荣生病,同村的张俊杰知道后,前来照顾向荣,并帮他种地、做家务。向荣病好之后,张俊杰得知向荣的女儿都在其他村,平时不能照看向荣,就主动要求今后帮向荣种地、照顾向荣的生活。平时张俊杰对向荣很孝顺,就像儿子一样,向荣心生感激,便与张俊杰签订遗赠扶养协议,协议规定由张俊杰负担向荣的生养死葬,在向荣死后,将自己的4间住房赠予张俊杰。之后,张俊杰便搬到向荣家居住,以便更好地照顾向荣。2007年,向荣去世,张俊杰办理了向荣的丧事,并通知了向荣的3个女儿。向荣的3个女儿回来后,对向荣签订的遗赠扶养协议都不承认,认为自己才是向荣的法定继承人,张俊杰无权取得向荣遗留下的4间房子。张俊杰不服就向人民法院提起诉讼,要求按照遗赠扶养协议继承向荣的遗产。

在我国,继承的方式分为如下4种:(1)遗嘱继承,即被继承人在生前订立遗嘱,指定继承人继承自己的遗产。(2)遗赠,即被继承人

生前订立遗嘱,将遗产赠予国家、集体或者法定继承人以外的人。(3)遗赠扶养协议,即被继承人与扶养人订立协议,由扶养人负担被继承人生养死葬的义务,被继承人的全部或部分财产在其死后转归扶养人所有。该方式主要出现在老人无人赡养的情况下。(4)法定继承,即在上面3种情况都不存在的情况下,法律根据亲属关系的远近确定遗产的分配顺序。我国《继承法》第5条规定:"继承开始后,按照法定继承办理;有遗嘱的,按照遗嘱继承或者遗赠办理;有遗赠扶养协议的,按照协议办理。"最高人民法院《关于贯彻执行〈中华人民共和国继承法〉若干问题的意见》第5条规定:"被继承人生前与他人订有遗赠扶养协议,同时又立有遗嘱,继承开始后,如果遗赠扶养协议与遗嘱没有抵触,遗产分别按协议和遗嘱处理;如果有抵触,按协议处理,与协议抵触的遗嘱全部或部分无效。"可见,如果同时出现两种以上的继承情况,在这4种继承方式中,遗赠扶养协议的效力最高,其次是遗嘱继承和遗赠,效力最低的是法定继承。

本案中,向荣与张俊杰签订的遗赠扶养协议是有效的,张俊杰也履行了相应的义务,有权取得向荣的遗产。向荣的3个女儿虽然是向荣的法定继承人,但是在存在遗赠扶养协议的情况下,遗赠扶养协议的效力是高于法定继承的,所以,向荣的3个女儿无权要求张俊杰归还向荣的4间房子,张俊杰是4间房子的合法继承人。

18.同一顺序继承人继承份额应当均等吗?

杜伟康和李虹于1973年结婚,生有两个女儿和两个儿子,大女儿叫杜林,二儿子叫杜平,三女儿叫杜琴,四儿子叫杜光。4个子女成年后都各自成家。杜光在县里做生意,家里条件较好,想接杜伟康和李虹一起居住,但杜伟康和李虹觉得住在老家已经习惯了,不愿意居住在陌生环境里,杜光也就不再要求他们搬到县里一起生活,只是每月给杜伟康和李虹一些生活费。杜平结婚后仍然住在父亲杜伟康家里。杜林结婚后和丈夫居住在县里,平时很少来看望杜伟康和李虹。1999 年 8 月,杜琴和丈夫、孩子乘车出去时,在路上发生车祸,丈夫、孩子死亡,杜琴也高位瘫痪,生活不能自理。杜伟康和李虹把杜琴接到家里,照顾其生活。2004 年、2006 年杜伟康和李虹先后去世。在处理杜伟康和李虹的遗产时,杜光提出平分杜伟康和李虹的遗产,但杜林、杜平和杜琴意见各不相同,4 人对遗产的处理发生了争执。于是杜光向人民法院提起了诉讼,要求平分杜伟康和李虹的遗产。

我国《继承法》第 13 条规定:"同一顺序继承人继承遗产的份额,一般应当均等。对生活有特殊困难的缺乏劳动能力的继承人,分配遗产时,应当予以照顾。对被继承人尽了主要扶养义务或者与被继承人共同生活的继承人,分配遗产时,可以多分。有扶养能力和有扶养条件的继承人,不尽扶养义务的,分配遗产时,应当不分或者少分。继承人协商同意的,也可以不均等。"

本案中,杜林、杜平、杜琴和杜光是杜伟康和李虹的子女,是法定继承中的同一顺序继承人,对杜伟康和李虹的遗产享有同等的继承权。按照《继承法》相关规定,一般情况下均分继承遗产的份额。但在分割杜伟康和李虹的遗产时应考虑到各自对杜伟康和李虹尽扶养义务的情况,以及继承人自身的生活状况。杜琴身体高位瘫痪,属于生活困难的缺乏劳动能力的继承人,在分配遗产时应适当多分。杜平和杜伟康、李虹一直共同生活,在分配遗产时,也可以适当多分。

19.与老人共同生活的子女就能多分遗产吗?

肖传国是阮东村的村民,中年丧偶,生有两个儿子,大儿子叫肖庆,小儿子叫肖静。妻子死后,肖传国一直没有再婚,每天起早贪黑,辛辛苦苦把肖庆和肖静抚养成人。肖庆在县里工作,2003 年,和住在县里的林丹结婚,并定居在县城。肖庆想把肖传国接到县城一起生活,但肖传国不愿意去。肖庆又提出每月寄给肖传国生活费,但肖传国觉得自己身体很好,能够养活自己,也拒绝了。肖静与肖传国一起生活,肖静成年后一直不思进取,整日游手好闲,虽然和肖传国一起生活,但在家里什么事都不做。2005 年 12 月,肖传国病得很重,肖静却不管不问,也不送肖传国去医院医治。2006 年 4 月,肖传国去世,肖庆和肖静共同料理了父亲肖传国的丧事。在继承肖传国的遗产时,肖静认为自己一直与肖传国共同生活,应该多分得遗产。肖庆则认为,在肖传国在世时,肖静对父亲根本没有尽到一个儿子应尽的责任,在父亲生病时也不管不问,没有权利多分父亲的遗产。2006 年 6 月,肖静向人民法院提起诉讼,要求分割肖传国的遗产,并以自己与肖传国共同生活为由要求多分肖传国的遗产。

我国《继承法》第 13 条规定:"同一顺序继承人继承遗产的份额,一般应当均等。对生活有困难的缺乏劳动能力的继承人,分配遗产时应当予以照顾。对被继承人尽了主要扶养义务或者与被继承人共同生活的继承人,分配遗产时,可以多分。有扶养能力和有扶养条件的继承人,不尽扶养义务的,分配遗产时,应当不分或者少分。继承人协商同意,也可以不均等。"但根据最高人民法院《关于贯彻执行〈中华人民共和国继承法〉若干问题的意见》第 33 条、34 条的规定:

"继承人有扶养能力和扶养条件,愿意尽扶养义务,但被继承人因有固定收入和劳动能力,明确表示不要求其扶养的,分配遗产时,一般不应因此而影响其继承份额。""有扶养能力和扶养条件的继承人虽然与被继承人共同生活,但对需要扶养的被继承人不尽扶养义务,分配遗产时,可以少分或者不分。"可见,如果与被继承人共同生活,有扶养能力和扶养条件,但不尽扶养义务的,在分配遗产时,不但不能多分,还可以少分或不分。

本案中,肖庆虽然没有与肖传国共同生活,但其愿意尽扶养义务,只是肖传国表示不要求其扶养,在分配肖传国的遗产时,不因此对遗产份额少分。肖静虽然与被继承人肖传国共同生活,在肖传国生病需要照顾时却不管不问,其有扶养能力和条件,对肖传国却不尽扶养义务,在分配肖传国的遗产时,则应少分。

20.死者生前负有债务,应由谁清偿？如果负债超过遗产怎么办？

程发轫老家在吾江村,后和妻子李燕萍一起搬到松江镇居住。家里有两个儿子和一个女儿,大儿子程明,小儿子程刚,女儿程晨。1990年程发轫的父亲去世,程发轫继承了其父亲在老家吾江村的4间房子,大概值5 000元。程晨在1998年结婚,嫁到了县城。程明1994年结婚,婚后和父亲程发轫一起居住。程刚在其他县工作,离家较远,平时很少回家。2001年,李燕萍去世。程发轫在2002年写下一份遗嘱,死后将自己在老家吾江村的4间房子留给小儿子程刚,并在公证处对遗嘱进行了公证。2004年4月,程发轫以个人名义向镇上的朋友王杰海借了2万元和徐仁进合伙做生意,7月份,合伙人

徐仁进带着程发轫的 2 万元钱一起失踪了。程发轫因此病倒,于 2005 年 3 月份去世。程发轫死后,留下了 6 间房子,价值 1 万元,以及其他的一些生活用品和家具。程晨自愿放弃了对程发轫财产的继承权。王杰海知道程发轫去世了,就找到程明,要其归还程发轫借的 2 万元,程明答应将父亲的 6 间房子卖了以后还钱给他,王杰海觉得房子值不了 2 万元钱,要程明、程刚和程晨共同还清 2 万元,程明、程刚和程晨不同意,于是王杰海起诉到人民法院,要求程明、程刚和程晨归还其父亲欠王杰海的 2 万元。

我国《继承法》第 33 条规定:"继承遗产应当清偿被继承人依法应当缴纳的税款和债务,缴纳税款和清偿债务以他的遗产实际价值为限。超过遗产实际价值部分,继承人自愿偿还的不在此限。继承人放弃继承的,对被继承人依法应当缴纳的税款和债务可以不负偿还责任。"最高人民法院《关于贯彻执行〈中华人民共和国继承法〉若干问题的意见》第 62 条规定:"遗产已被分割而未清偿债务时,如有法定继承又有遗嘱继承和遗赠的,首先由法定继承人用其所得遗产清偿债务;不足清偿时,剩余的债务由遗嘱继承人和受遗赠人按比例用所得遗产偿还;如果只有遗嘱继承和遗赠的,由遗嘱继承人和受遗赠人按比例用所得偿还。"

本案中,程发轫生前向王杰海借了 2 万元,程发轫去世后,其欠王杰海的 2 万元应该由他的遗产继承人来清偿。程晨虽是程发轫的法定继承人,但其放弃了继承权,按照我国《继承法》相关规定,程晨可以不负偿还王杰海 2 万元的责任,而由程刚和程明来清偿。本案中,程发轫生前还留有遗嘱,所以既有法定继承,又有遗嘱继承。依据我国继承法的相关规定,首先,由法定继承人程刚和程明用其所得遗产来清偿王杰海的债务,程发轫遗留的 6 间房子的实际价值只有 1 万元,不足清偿。然后,遗嘱继承人程刚应用其继承的在吾江村的价值 5 000 元的 4 间房子清偿欠王杰海的债务。法定继承的财产和遗嘱继承的财产总共价值 1.5 万元。虽然程发轫欠王杰海的债务总共 2 万元,但《继承法》规定被继承人清偿债务以他的遗产价值为限,所以,王杰海只能从程刚和程明处得到欠款 1.5 万元。

21.死者生前立下遗嘱的内容,是否绝对自由,不受任何限制?

姜秋坤和丁寒都是石井镇人,两人在 2005 年结婚,婚后修了 6 间房子。2006 年丁寒难产生下一个女儿姜云美。之后,丁寒留下了后遗症,身体很虚弱,不能再继续劳动。2007 年,姜秋坤离家到浙江一个服装厂打工,每月给家里寄回生活费,丁寒和姜云美就靠姜秋坤寄来的生活费维持生活。2008 年,姜秋坤认识了同在一个厂里的老乡林翠,日久生情,两人发生了关系。林翠知道姜秋坤家里有妻子和孩子,但一点不在乎,还搬到姜秋坤住处和其一起居住。丁寒在老家一直不知道姜秋坤在浙江的这些事情,姜秋坤也仍然每月寄钱回家。林翠细心地照顾姜秋坤的饮食起居,并告诉姜秋坤愿意一直和他保持现在的关系,也不打算和别人结婚。姜秋坤心生感激,一时冲动写下一份遗嘱,遗嘱中称林翠是其朋友,帮了他很多忙,决定在自己死后将老家的 6 间房子赠给林翠。2008 年 8 月,姜秋坤中毒死亡。丁寒得到消息后,将女儿托人照看,赶到浙江处理姜秋坤的后事,得知林翠原来一直和姜秋坤有不正当关系。丁寒带着骨灰盒回到了石井镇,林翠也相继赶到石井镇,拿着姜秋坤写的遗嘱要求继承姜秋坤的

6间房子,并让丁寒和姜云美搬出去。丁寒认为,这房子是她和姜秋坤的共同财产,林翠根本没有权利继承姜秋坤的全部遗产,为此和林翠发生了争执。林翠便提起诉讼,要求按遗嘱内容继承姜秋坤的6间房子。

我国《继承法》第16条第1款规定:"公民可以依照本法规定立遗嘱处分个人财产。并可以指定遗嘱执行人。"只要不违反《继承法》的规定,公民可以任意处分自己的财产。我国《继承法》第16条第3款规定:"公民可以立遗嘱将个人财产赠给国家、集体或者法定继承人以外的人。"这一规定表明,公民享有遗嘱自由。但《继承法》对遗嘱继承也做了必要的限制规定,第19条规定:"遗嘱应当对缺乏劳动能力又没有生活来源的继承人保留必要的遗产份额。"最高人民法院《关于贯彻执行〈中华人民共和国继承法〉若干问题的意见》第37条规定:"遗嘱人未保留缺乏劳动能力又没有生活来源的继承人的遗产份额,遗产处理时,应当为该继承人留下必要的遗产,所剩余的部分,才可参照遗嘱确定的分配原则处理。"同时,第38条规定:"遗嘱人以遗嘱处分了属于国家、集体或他人所有的财产,遗嘱的这部分,应认定无效。"

本案中,丁寒和两岁的姜云美都属于姜秋坤缺乏劳动能力又没有生活来源的继承人。姜秋坤将6间房子全部留给林翠,而没有为他两岁的女儿和妻子丁寒保留必要的遗产份额,所以,姜秋坤所立的遗嘱是部分无效的。并且,6间房子是姜秋坤和妻子丁寒的共同财产,姜秋坤只有权处分属于他的那部分财产,没有权利处分属于妻子丁寒的那部分财产。姜秋坤所立的遗嘱的内容不是全部有效的。他的遗产只有其中的3间房子,另外3间是属于丁寒的个人财产。在处分姜秋坤的 3 间房子时,应首先为其女儿姜云美和丁寒保留必要的遗产份额,剩下的部分才由林翠继承。

22.有数份内容相互抵触的遗嘱时,如何处理?

孙宏凯有两个儿子孙克、孙睿和一个女儿孙敏。2001 年,孙宏凯为了防止以后 3 兄妹争遗产,就自己写下了 1 份遗嘱,指定所有的遗产归孙克和孙睿两人平分,并将该份遗嘱进行了公证。后来,由于孙克与孙宏凯经常闹矛盾,孙宏凯觉得是孙克的妻子在旁边唆使,孙克被带坏了,不孝顺自己,心里很气愤,于是不想分财产给孙克,就在 2004 年重新写了 1 份遗嘱,指定所有的遗产归孙睿一个人所有,但这份遗嘱没有经过公证。2007 年,孙宏凯生病住院,孙克和孙敏一直在医院轮流照顾孙宏凯,孙宏凯感触很深,觉得孙克和孙敏也是自己的孩子,也应该分给他们财产,于是在临终前当着全家人和医生的面说:"在我死后,我的财产由孙克、孙睿和孙敏 3 兄妹平分。"孙宏凯死后,在清理他的遗产时,又发现了之前写的两份遗嘱,兄妹 3 人都要求根据对自己有利的那份遗嘱来继承孙宏凯的财产,大家互不相让。后来,孙睿向人民法院提起诉讼,请求法院依法对孙宏凯的遗产进行分割。

我国《继承法》第 20 条规定:"遗嘱人可以撤销、变更自己所立的遗嘱。立有数份遗嘱,内容相抵触的,以最后的遗嘱为准。自书、代书、录音、口头遗嘱,不得撤销、变更公证遗嘱。"最高人民法院《关于贯彻执行〈中华人民共和国继承法〉若干问题的意见》第 42 条又规定:"遗嘱人以不同形式立有数份内容相抵触的遗嘱,其中有公证遗嘱的,以最后所立公证遗嘱为准;没有公证遗嘱的,以最后所立的遗

嘱为准。"可见,公证遗嘱的效力高于其他形式的遗嘱的效力,不能以其他遗嘱形式撤销公证遗嘱。

本案中,孙宏凯生前共立了3份遗嘱:2001年的公证遗嘱,2004年的自书遗嘱和2007年的口头遗嘱。虽然他在临终前重新对他的遗产进行了处分,且是真实的意思表示,但依据相关法律的规定,由于第一份遗嘱是经过公证的遗嘱,临终前的口头遗嘱不能撤销第一份经过公证的遗嘱。所以,孙宏凯的遗产应以公证遗嘱为准来进行分割,由孙克和孙睿两人平分孙宏凯的遗产。

23.精神病人所立遗嘱有无法律效力?

1999年2月,李艳经人介绍与于莉的儿子陈小虎认识,不久,双方订立婚约关系,并于2000年5月登记结婚,婚后夫妻感情较好,2001年生下一个女孩陈美玉。陈小虎和李艳结婚之后和于莉在一起生活,婆媳之间常因家庭琐事发生口角,而且李艳生的是女孩,于莉怪李艳不会生男孩,就经常责怪李艳。李艳心里不高兴,决定出去打工。2005年春节过后,李艳就带着行李出去打工,到了2006年春节的时候才回家,回来时带了很多钱,打扮得花枝招展的。陈小虎觉得奇怪,但也没多问。过完春节,李艳又走了。村里的人在背后议论纷纷,说李艳在外面做的是见不得人的事,所以才赚这么多钱。这些话传到了陈小虎的耳朵里,陈小虎觉得李艳丢尽了陈家的脸,就当着村里很多人的面说李艳不是陈家的媳妇了,跟陈家没有任何关系,还写了一份遗嘱,指明在其死后,他的财产只分给于莉。2006年6月份陈美玉在河边玩耍时,不小心掉进河里淹死了。陈小虎失去女儿,心里很痛苦,一时想不开,精神失常了。李艳得知女儿死了,就赶回家办理了女儿的丧事,之后又走了。在 2006 年 8 月份,陈小虎精神病发作,跳进河里淹死了。2006 年12 月份,李艳回到家中,得知于莉继承了陈小虎的全部遗产。她认为陈小虎生前患精神病,所立遗嘱无效,她也应该有权继承陈小虎的遗产,于是向人民法院提起诉讼,请求继承分割陈小虎的遗产。

我国《继承法》第 22 条规定:"无行为能力人或者限制行为能力人所立的遗嘱无效。"另外,最高人民法院《关于贯彻执行〈中华人民共和国继承法〉若干问题的意见》第 41 条规定:"遗嘱人立遗嘱时必须有行为能力。无行为能力人所立的遗嘱,即使其本人后来有了行为能力,仍属无效遗嘱。遗嘱人立遗嘱时有行为能力,后来丧失了行为能力,不影响遗嘱的效力。"可见,立遗嘱时是否有行为能力是判断该遗嘱是否有效的标准。如果遗嘱人立遗嘱时有行为能力,后来丧失了行为能力,其在有行为能力时定的遗嘱也是有效的。

本案中,陈小虎在立遗嘱时是神志清醒的,是具有完全行为能力的,虽然陈小虎之后精神失常,患了精神病,但并不影响他患病之前所立遗嘱的效力。所以,陈小虎的遗嘱是有效的,他的遗产依照遗嘱应由于莉继承,李艳无权继承陈小虎的遗产。

24.哪些人可以成为遗嘱见证人?

庞口镇的高建斌有两个儿子、一个女儿。大儿子高彬结婚后和妻子在县里做生意,并定居在县城,小儿子高华和高建斌一起居住,女儿高茜和镇上的范柯结婚,婚后也经常回来帮忙做些家务,照顾一下父亲高建斌。2005 年,高建斌突然患病,他在临终前留下口头遗嘱,让与他共同生活的高华继承他的全部遗产。当时有高华、高华的合伙人李培、高茜和范柯在场做见证人。办理完高建斌的丧事后,高华就按照父亲高建斌的口头遗嘱继承其遗产,但高彬认为高茜和范柯不能作为见证

人,父亲高建斌的口头遗嘱是无效的,并起诉到人民法院,要求继承高建斌的遗产。

我国《继承法》第17条规定:"遗嘱人在危急情况下,可以立口头遗嘱。口头遗嘱应当有两个以上见证人在场见证。危急情况解除后,遗嘱人能够用书面或者录音形式立遗嘱的,所立的口头遗嘱无效。"根据《继承法》第18条的规定,有3类人员不能作为遗嘱见证人:一是无行为能力的人,限制行为能力人。二是继承人、受遗赠人。三是与继承人、受遗赠人有利害关系的人。最高人民法院《关于贯彻执行〈中华人民共和国继承法〉若干问题的意见》第36条规定:继承人、受遗赠人的债权人、债务人,共同经营的合伙人,也应当视为与继承人、受遗赠人有利害关系,不能作为遗嘱的见证人。

本案中,高建斌立下口头遗嘱时,由高华、李培、高茜和范柯在场做见证作为见证人。由于高华是口头遗嘱中所立的遗嘱继承人,不能作为遗嘱见证人;高茜是法定继承人,与高华存在利害关系,也不能作为遗嘱见证人;李培与口头继承人高华是合伙人,属于"与继承人存在利害关系的人";范柯是高茜的丈夫,也属于"与继承人存在利害关系的人",同样不能作为遗嘱见证人。本案中的4个见证人都属于继承法规定中不能作为遗嘱见证人的人员,因此,该口头遗嘱不符合法律规定,是无效的,应按照法定继承来分割高建斌的遗产。高彬、高茜和高华作为高建斌的遗产的第一顺序法定继承人,都享有同等的继承权。

25.继承人在国外不能来继承怎么办?

赵俊华是美籍华人,他的生父赵卫和生母黎梅都是四川理县人,赵俊华还有一个哥哥赵俊奇,与赵卫和黎梅一起居住。1988年赵俊华的一个叔叔带着他一起移民到了美国,在美国帮忙做生意,赵俊华在美国取得了国籍。2004 年 5 月,赵俊华的父亲赵卫和母亲黎梅相继去世,赵卫和黎梅在理县留下 1 栋房子和 3 万元存款的遗产,生前没有留下遗嘱。赵俊华由于有事缠身,不能回国来办理父母的丧事和继承父母的遗产。2004 年 6 月,赵俊奇独自一人继承了父母的全部遗产。赵俊华知道后,认为自己也是赵卫和黎梅的儿子,不管自己的国籍是中国还是美国,都有权继承父母的遗产,要求赵俊奇把属于他的那份遗产还给他。而赵俊奇认为赵俊华已经加入美国国籍成为外国人,而且现在身在国外,不能亲自来继承,没有资格再继承父母在国内的遗产了,他自己才是父母遗产的唯一继承人,有权继承父母的全部遗产。双方互不相让,起诉到人民法院,要求依法处理。

根据我国《继承法》及相关法律规定,只要不具备《继承法》第 7 条规定的丧失继承权的 4 种法定情形,外籍华人也可以依法继承其父母在中国境内的合法遗产。如果本人不能亲自来中国,可委托在国内的亲友代为办理。在国内无亲友的,可委托律师代为办理。

本案中,根据我国法律的相关规定,赵俊华并没有具备丧失继承权的情形,有权分得父母的遗产。虽然他不能亲自来中国继承父母的遗产,但并不影响他的继承权。他可以委托理县的律师代为办理,他应出具亲笔签名的委托书,委托书中写明律师的姓名、住址和权限。另外,赵俊华应向美国的公证机关申请公证书,证明他的职业、住址和与赵卫、黎梅的关系,将委托书和公证书在美国外交部和中国驻美国大使馆认证。然后由律师携带赵卫和黎梅的死亡证明书、委托书和公证书向理县的公证机关申请办理《继承权证明书》,凭《继承权证明书》到理县房管局办理具体继承事项。

26.农村"五保户"的遗产应怎样处置?

张思德是高沟村的村民,1960 年与村民代琴结婚,婚后代琴一

直未生育。2000年代琴去世。2005年张思德患病,并丧失了劳动力,经过村委会的一致决定,张思德当上了村里的"五保户"。同住一个村的张思德的弟弟张寿荣与他关系很好,经常去看望他,帮助他料理家务。在张思德患病时,张寿荣细心照顾张思德,为他请医生、买药,逢年过节时,还把张思德接到自己家中一起居住。张思德对张寿荣心生感激,便写了一份遗嘱,将自己的财产全部赠予张寿荣。2008年,张思德病故,村委会将张思德的全部遗产收归集体所有。张寿荣拿着张思德写的遗嘱要求继承遗产,村委会不同意,张寿荣于是起诉到人民法院,要求继承张思德的遗产。

根据我国《继承法》的相关规定,"五保户"是指在农村对缺乏或丧失劳动能力而又没有近亲属扶养的老弱孤寡病残的公民,由集体生产组织实行"五保",即保吃、保住、保穿、保生病治疗和保死后安葬,对于享受五保的公民可以与集体生产组织签订遗赠扶养协议。最高人民法院《关于贯彻执行〈中华人民共和国继承法若干问题的意见〉的有关规定》第55条规定:"集体组织对'五保户'实行'五保'时,双方有扶养协议的,按协议处理;没有扶养协议,死者有遗嘱继承人或法定继承人要求继承的,按遗嘱继承或法定继承处理,但集体组织有权要求扣回'五保'费用。"另外,《农村五保供养工作条例》规定:"要维护农村五保供养对象财产权益,尊重农村五保供养对象合法使用、处分个人财产的自由,禁止将是否把财产交给集体或国家作为批准享受农村五保供养待遇的前提条件。"

本案中,"五保户"张思德并未与村委会签订遗赠扶养协议。张思德虽然是"五保户",但他可以合法处分自己的个人财产,张思德将自己的财产通过遗嘱的形式给了自己的第二顺序继承人张寿荣,这种行为是合法的,他所写的遗嘱也是有效的,所以,张寿荣可以继承张思德的遗产。但是,集体组织有权要求扣回对张思德支付的"五保"费用,张寿荣应该偿还张思德的所有"五保"费用。

27.无人继承的遗产怎么办?

王丽丽是双胜村的村民,丈夫在 2001 年去世,膝下没有子女。丈夫死后给她留下了 3 间房子和 6 亩土地,王丽丽由于年老无劳动力,便将 6 亩土地租给同村的人种庄稼,每月有几百元的收入。王丽丽见同住双胜村的李梦佳也是一人居住且生活困难,便将其接到家中共同生活,用出租土地的钱维持两人的生活。李梦佳很感激王丽丽,平时对王丽丽非常照顾,只要王丽丽一生病,不管大小,都不让她做一点事,自己承担了所有家务。王丽丽有一个表妹陈玉梅也住在双胜村,平时经常来王丽丽家串门,和王丽丽、李梦佳闲聊,但在生活上没有给予王丽丽太多的照顾。2005 年王丽丽突然去世,生前也没有留下遗嘱。陈玉梅和李梦佳都认为应由自己继承王丽丽的遗产,双方争执不下,李梦佳便向人民法院提起诉讼,要求继承王丽丽的遗产。

按照我国《继承法》第 32 条的规定:"无人继承又无人受遗赠的遗产,归国家所有;死者生前是集体所有制组织成员的,归所在集体所有制组织所有。"最高人民法院《关于贯彻执行〈中华人民共和国继承法〉若干问题的意见》第 57 条规定:"遗产因无人继承收归国家或集体组织所有时,按《继承法》第 14 条规定可以分给遗产的人提出取得遗产的要求,人民法院应视情况适当分给遗产。"《继承法》第 14 条规定:"对继承人以外的依靠被继承人扶养的缺乏劳动能力又没有来源的人,或者继承人以外的对被继承人扶养较多的人,可以分给他们适当的遗产。"

本案中,王丽丽既没有第一顺序法定继承人配偶、父母和子女,也没有第二顺序继承人兄弟姐妹、祖父母和外祖父母,其在生前也未

留下任何遗嘱,王丽丽的财产属于无人继承又无人受遗赠的遗产。王丽丽是双胜村村民,她的遗产应归所在集体所有制组织双胜村村委会所有。但依据《继承法》和相关司法解释,李梦佳在王丽丽生前对其扶养较多,可以分到适当的财产。而陈玉梅不属于法定继承人,对王丽丽也没有尽扶养义务,其无权取得王丽丽的遗产。所以,在本案中,王丽丽的遗产应由双胜村村委会和李梦佳来分割,其中李梦佳只能分得适当的遗产,其余的收归双胜村村委会所有。

28.什么条件下可以签订遗赠扶养协议?

梁芳,女,河滨镇文化村村民,生于1920年。1948年,梁芳与文化村村民宋建结婚,婚后生育一女宋惠,1972年,宋惠与邻乡男子高亚军结婚。1988年,宋建去世,梁芳从此过着独居生活,其女宋惠由于家庭事务繁忙,只偶尔来看望梁芳,梁芳的生活基本上靠自理。1989年,梁芳患重病后身体健康状况大不如前,生活自理困难,宋惠对此很少过问。鉴于此,梁芳在村委会3位工作人员的主持下,与邻居张兵的儿媳蒋维签订遗赠扶养协议,约定从1989年11月1日起,蒋维承担生前扶养、死亡后妥善安葬梁芳的义务,梁芳则以遗嘱形式将自己的3间砖混结构房屋、树木若干、日常用具和死亡时的存款让蒋维继承。协议签订后,蒋维依照协议承担起义务,将梁芳照顾得很周到,梁芳对此也很满意。2005年元月,梁芳病故,蒋维在丈夫郭兵的协助下将梁芳妥善安葬。其间,梁芳的女儿宋惠也积极出力,并拿出1000元现金支付安葬梁芳的费用。在安葬梁芳后,其女宋惠以生前常看望梁芳和为安葬出钱、出力为由,要求继承梁芳的部分财产,蒋维则以遗赠扶养协议为由认为自己有权完全继承梁芳的遗产。双方发生争执,在村委会调节无效后,闹到法院,寻求司法途径解决。

我国《继承法》第31条规定:"公民可以与扶养人签订遗赠扶养协

议。按照协议,扶养人承担该公民生养死葬的义务,享有受遗赠的权利。"遗赠扶养协议是根据我国的具体国情,在我国农村"五保"制度的基础上形成和发展起来的,因此,遗赠人一般都是没有劳动能力又缺乏生活来源的鳏寡孤独或者聋哑等疾病者,也包括种种原因不愿将遗产交给法定继承人继承,也不愿将遗产无偿赠予他人的公民。遗赠扶养协议综合了遗赠与扶养两种法律关系的内容,既具有极强的人身性质,又不是商品交换的产物,与遗赠、赠予及一般合同相比,有自己的独创性:(1)达成扶养协议的双方应自愿,协议内容须合法;(2)协议双方须具有完全民事行为能力,扶养一方还须具有扶养能力;(3)协议权利义务明确,即扶养人对被扶养人承担一定的扶养义务,被扶养人死后可以取得其部分或全部遗产的权利,而被扶养人生前有接受扶养人扶养的权利,死后有将自己财产遗赠给扶养人的义务;(4)遗赠扶养协议在 4种遗产继承形式中有最强效力。综上可以得出,只要主体合法、内容合法,任何人都有权利与他人签订遗赠扶养协议,约定双方的权利和义务而不受任何第三方的干涉。

本案中,遗赠人梁芳与受遗赠人蒋维在村委会人员的主持下,自愿达成遗赠扶养协议,协议签订后,扶养人很好地履行了协议义务,因此在被扶养人死亡后,依照协议将无条件取得被扶养人的遗产所有权。

29.受赠人继承遗产后,未履行相关义务,怎么办?

朱贵系高克村村民,1953 年结婚,婚后生有一子朱才朋,1988年,朱贵妻子去世,朱贵与儿子共同生活。1992 年,朱才朋与邻村女青年黄某结婚。婚后,由于儿媳黄某与朱贵不和,朱贵遂提出分开居住。朱贵于 1994 年正式与儿子、儿媳分开,独立生活。分开居住时,朱贵分到房屋 3 间,良田 2 亩,树木若干,铜质挂钟 1 块及一些日常

用具等。由于年龄大和身体欠佳,分开居住后朱贵感到独立生活困难,特别是耕种田地困难,儿子、儿媳又以各种理由不给予帮助,于是,朱贵产生与人签订遗赠扶养协议的念头。1994年11月,在同村几名具有完全民事行为能力人的见证下,朱贵与同村已婚男青年顾某签订遗赠扶养协议,协议内容如下:(1)顾某负责朱贵生前生活事宜,死后负责安葬;(2)朱贵死后,顾某必须每天对其遗像跪拜;(3)顾某继承的遗产中的铜质挂钟不得以任何形式转给他人;(4)朱贵死后一切财产归顾某所有。协议签订后,顾某按协议内容履行义务,其日常照顾行为和态度令朱贵满意。在遗赠扶养协议签订后12年,朱贵病故,顾某也根据协议内容将朱贵妥善安葬,同时顺理成章继承了朱贵的遗产。2007年8月,由于经济困难,顾某将继承得来的铜质挂钟以300元的价格卖给邻村商人褚某,此事被朱贵儿子朱才朋知悉,便以此和顾某没有每天对着朱贵遗像跪拜为由,要求顾某将从其父朱贵处继承的财产给予他,双方争执不下,遂到法院要求给予解决。

我国《继承法》第31条规定:"公民可以与扶养人签订遗赠扶养协议。按照协议,扶养人承担该公民生养死葬的义务,享有受遗赠的权利。"同时《继承法》第21条规定:"遗嘱继承或者遗赠附有义务的,继承人或者受遗赠人应当履行义务。没有正当理由不履行义务的,经有关单位或者个人请求,人民法院可以取消他接受遗产的权利。"该条所指的正当理由,包括以下几种情况:(1)附义务的遗嘱中所设定的义务,违反法律和社会公共利益;(2)附义务遗嘱中所规定的义务,是不可能实现的;(3)附义务的遗嘱中所规定的义务,无任何意义;(4)附义务的遗嘱中所规定的继承人或受遗赠人应当履行的义务,不得超过继承人或受遗赠人所取得的遗产利益。

本案中,朱贵与顾某签订的遗赠扶养协议合法有效,协议签订后,顾某遵照协议履行了对朱贵的生养死葬义务,其取得对朱贵财产继承权是无可厚非的,朱贵的儿子无权要求顾某返还财产。受遗赠人顾某应当按遗赠扶养协议赎回受遗赠财产铜质挂钟,并按协议不得转让给他人。至于朱才朋关于顾某没有每天跪拜朱贵遗像要求返还财产的请求(虽然遗赠扶养协议有该条内容,属于附义务的遗嘱。但根据继承法第21条第3款规定,其中所规定的义务无任何意义),缺乏法律依据,因此没有法律约束力。

30.签订了遗赠扶养协议,但受赠人不履行相关义务,怎么办?

吴洋中年丧偶,没有子女,2002年与同住一个村的离异的黄美玲结婚,黄美玲没有子女,与吴洋结婚后就搬到吴洋家一起居住。黄美玲的侄儿王凯从小经常得到黄美玲的照顾,与黄美玲关系很好,黄美玲再婚后,他也经常到吴洋家帮黄美玲做事情,渐渐地和吴洋的关系变好。2005年黄美玲去世,之后,王凯也经常来照顾吴洋,帮忙做一些家务。2006年,吴洋患病,王凯主动与吴洋签订遗赠扶养协议,协议约定:王凯照顾吴洋的生活,负责吴洋的生养死葬,在吴洋患病时送其去医院看病,并在医院看护;吴洋去世后,将自己的3间房子和其他的生活资料一起赠予王凯。之后,王凯照顾吴洋的生活,并用自己的钱为吴洋看病。2007年,吴洋的病情恶化,经常大小便失禁,生活不能自理,王凯不愿意再照顾吴洋,对吴洋不管不问,也不送吴洋去医院医治,导致吴洋病情更加恶化,皮肤出现腐烂,身心非常痛苦。吴洋对王凯非常失望,要与其解除遗赠扶养协议,王凯则认为自己为吴洋花去很多钱看病,有权继承吴洋的遗产,不同意解除遗赠扶养协议。2008年3月,吴洋向人民法院提起诉讼,要求解除遗赠扶养协议。

我国《继承法》第31条规定:"公民可以与扶养人签订遗赠扶养

协议。按照协议,扶养人承担该公民生养死葬的义务,享有受遗赠的权利。"可见,在遗赠扶养协议中,受赠人享有受遗赠的权利的前提是要履行相应的承担遗赠人的生养死葬的义务。最高人民法院《关于贯彻执行〈中华人民共和国继承法〉若干问题的意见》第 56 条规定:"扶养人或集体组织与公民订有遗赠扶养协议,扶养人或集体组织无正当理由不履行,致协议解除的,不能享有受遗赠的权利,其支付的供养费用一般不予补偿;遗赠人无正当理由不履行,致协议解除的,则应偿还扶养人或集体组织已支付的供养费用。"

本案中,吴洋与王凯签订遗赠扶养协议,协议约定王凯照顾吴洋的生活,在吴洋生病时送其去医院看病,但王凯没有正当理由而不履行协议,对吴洋不管不问,也不送其去医院治疗。要享有遗赠扶养协议中规定的继承权,须先履行协议中规定的相关义务。王凯之前虽然为吴洋看病支付了费用,但这并不是取得继承权的必然条件,王凯没有正当理由不按照协议继续履行义务,导致吴洋的病情更加严重,其也丧失了享有遗赠的权利,王凯支付的为吴洋看病的钱也不予补偿。

三、收养、人口与计划生育法律问题

1. 寄养就是收养吗？

赵晋、赵湘系同胞兄妹，周岚系他俩的亲表妹。新中国成立前，两兄妹之父是某市工商业者，生活比较富裕，其母考虑到自己的弟弟在农村，子女多，生活比较困难，就经常在经济上接济弟弟，还把侄女周岚接到城市居住，与自己一起生活，并送周岚上学读书，直至新中国成立后参加工作。1972 年，两兄妹的父母相继去世。1981 年，国家落实政策，发还其家里被抄财物和银行存款 8 万余元。周岚得悉此事后，就以自己是被继承人的养女为由，要求与赵晋、赵湘共同继承遗产。赵晋、赵湘不同意，于是发生遗产继承纠纷，周岚以原告身份起诉到法院。法院经审理查明：原告周岚自参加工作后，虽然不在赵家居住，但经常看望并照料被继承人的生活。"文化大革命"期间，被继承人受打击，周岚仍一如既往地照料被继承人，并未以"划清界限"为由断绝往来。但是，周岚始终保持着与农村父母的关系，与被继承人仍以姑父、姑母相称，从未办理任何收养手续。据此，法院认为，原告所诉无理，判决驳回其诉讼请求。

寄养与收养比较难以区分，尤其是寄养与事实收养极为相似。但是，二者是可以区别开来的，它们的根本不同点在于：收养是收养人按照一定的条件和程序，将他人的子女收养作为自己的子女，使原来没有父母子女关系的人之间产生法律拟制的父母子女关系；而寄养则是指父母由于某种原因不能或不便直接抚养孩子，将孩子寄托

在他人家中,委托他人代为照管抚养,被寄养人的生父母、寄养人以及被寄养人之间并无收养的合意。虽然寄养人与被寄养人之间可能有着较长的共同生活关系,但是,被寄养人的父母与寄养人之间只是一种委托关系。因此,无论寄养时间多长,都不引起父母子女关系的变化,被寄养人的父母随时可以解除委托关系,领回自己的子女。在司法实践中,区分收养和寄养关系,就注意抓住以下几点:第一,有无建立收养关系的手续;第二,是否存在事实收养,即相互间是否都公开承认养父母子女关系,孩子与生父母之间的称谓、关系有无变化、养子女与生父母在事实上是否已终止了权利义务关系,是否以子女的身份继承了生父母的遗产;第三,在户籍登记、有关当事人的个人档案登记中,身份关系有无变化。

本案中,周岚与赵晋、赵湘的父母是寄养关系,而非收养关系,因此,周岚无权以被继承人的养女为由,要求与赵晋、赵湘共同继承遗产。

2. 到哪里去办理收养手续? 需要哪些材料?

至 2009 年 2 月 12 日,朱惠琴女士抱养了一个女孩有 3 年了,孩子马上要到上幼儿园的年龄了,现还没办理收养手续。朱女士想咨询怎样办理收养手续。

首先,要根据我国《收养法》判断收养人符不符合收养条件。收养条件包括:收养人夫妻双方必须年满 30 周岁,无子女等。如果符合收养条件,还必须说明孩子的来源。比如是捡到的,须至捡到所在地派出所报案,按派出所有关规定进行处理;孩子是有生父母的,须至生父母户口所在地市一级民政部门办理收养手续。如果不符合收养手续应该把孩子送往福利院。

其次,办理收养登记手续一般是县级人民政府的民政部门。根据不同的情况,办理收养登记手续的地点也不同:

(1)收养社会福利机构抚养的查找不到生父母的弃婴、儿童和孤儿的,在社会福利机构所在地的收养登记机关办理收养登记手续;

(2)收养非社会福利机构抚养的查找不到生父母的弃婴和儿童的,在弃婴和儿童发现地的收养登记机关办理收养登记手续;

(3)收养生父母有特殊困难无力抚养的子女或者由监护人监护的孤儿的,在被收养人生父母或者监护人常住户口所在地(组织做监护人的,在该组织所在地)的收养登记机关办理收养登记手续;

(4)收养三代以内同辈旁系血亲的子女,以及继父或者继母收养继子女的,在被收养人生父或者生母常住户口所在地的收养登记机关办理收养登记手续。

收养人在办理登记手续时应当向收养登记机关提交收养申请书和下列证件、证明材料:

(1)收养人的居民户口簿和居民身份证;

(2)由收养人所在单位或者村民委员会、居民委员会出具的本人婚姻状况、有无子女和抚养教育被收养人的能力等情况的证明;

(3)县级以上医疗机构出具的未患有在医学上认为不应当收养子女的疾病的身体健康检查证明。

收养登记机关收到收养申请和有关证件后,30日内进行审查,符合规定的办理收养登记,发给收养登记证,否则不予登记,并对当

事人讲明情况。收养关系成立后,收养人可持登记证到户口登记的派出所办理被收养人的户口或迁移手续。

我国《收养法》第23条规定:"自收养关系成立之日起,养父母与养子女间的权利义务关系,适用法律关于父母子女关系的规定;养子女与养父母的近亲属间的权利义务关系,适用法律关于子女与父母的近亲属关系的规定。养子女与生父母及其他近亲属间的权利义务关系,因收养关系的成立而消除。"

因此,朱惠琴女士按照上述规定去办理收养手续即可。

3.什么人可以被收养? 什么人可以作为送养人?

李某6岁时父母就在一起车祸中双双遇难离开人世,现由其姑姑负责照顾,但是李某的姑姑为下岗工人,一家人生活过得十分艰难。李某一天天长大,考虑到李某日后的学习和生活,李某的姑姑为此咨询像他们这种情况,李某能否被社会上的"好心人"收养。

在这里必须明确的是,只有不满14周岁的未成年人才能被收养,这样有利于被收养人与收养人逐步培养亲情关系。此外,我国《收养法》第4条规定:"下列不满14周岁的未成年人可以被收养:一是丧失父母的孤儿;二是查找不到生父母的弃婴和儿童;三是生父母有特殊困难无力抚养的子女。"所谓"丧失父母的孤儿"是指父母已经死亡或者经人民法院宣告其父母死亡的儿童;"查找不到生父母的弃婴和儿童"是指被其生父母遗弃,经查找未找到其生父母的婴儿和儿童;"生父母有特殊困难无力抚养的子女"是指生父母残疾或患严重疾病,及其他原因造成生活极度困难,没有能力抚养的子女。根据我国《收养法》第5条规定,下列公民、组织可以作送养人:(1)孤儿的监护人;(2)社会福利机构;(3)有特殊困难无力抚养子女的生父母。

在该案中,虽然李某达到了被收养的条件,但是还要查明李某的姑姑是否有监护人资格。《民法总则》第27条规定:"父母是未成年子女的监护人。未成年人的父母已经死亡或者没有监护能力的,由下列有监护能力的人按顺序担任监护人:(一)祖父母、外祖父母;(二)兄、姐;(三)其他愿意担任监护人的个人或者组织,但是须经未成年人住所地的居民委员会、村民委员会或者民政部门同意。"所以在本案中需要查明的是李某是否还有祖父母、外祖父母以及成年兄、姐。如果没有以上两种顺位监护人,李某的姑姑在取得监护人资格后,才可以作为孩子的送养人。

4.收养人需要具备什么条件? 可以收养多名子女吗?

俞某现年13周岁,俞某的母亲李某在生下俞某后,在"坐月子"期间因俞某的父亲离家出走而受到刺激,精神失常。李某未发病时还能做一些简单的农活,种的庄稼还能维持一下生计,多数情况下是由村里的乡邻接济母子俩;李某一旦发病,就完全变了个人,对俞某又打又骂,甚至有一次拿着菜刀追赶俞某,说俞某像其父亲,扬言要将其砍死,后在左邻右舍的阻拦下才将该事平息。当地妇联将该事发表在当地一家报纸上,张某看到该文章后欲收养俞某。张某为某机关干部,有一成年儿子在外地工作。在与妇联取得联系后,张某找到了俞某。张某带着俞某到该地民政机构欲办理收养登记时,被告

之不具有收养人资格。对于这样的情况张某该怎么办？

我国《收养法》第 6 条规定："收养人应当同时具备下列条件：
（一）无子女；（二）有抚养教育被收养人的能力；（三）未患有医学上认
为不应当收养子女的疾病；（四）年满三十周岁。"第 8 条规定：收养人
只能收养 1 名子女。收养孤儿、残疾儿童或者社会福利机构抚养的
查找不到生父母的弃婴和儿童的，可以不受收养人无子女和收养 1
名子女的限制。

本案中，张某已经有子女，所以他不能收养俞某是有法律依据
的。我国对收养人规定了相当严格的责任，收养人在收养未成年人
后，不尽抚养义务的，或者其收养是为了使唤、奴役目的，构成我国
《刑法》第 262 条的拐骗儿童罪；如果收养后又出卖的，构成我国《刑
法》第 240 条的拐卖儿童罪。

5.送养或者收养子女,必须要夫妻双方同意吗?

刘某与余某结婚后一直没有生育。2005 年 2 月 16 日，余某得知
朋友姜某因困难无力抚养其 1 岁的儿子，余某便以个人名义给了姜
某 1 万元后，将姜某的儿子带回家抚养，刘某得知此事后也没有明确
表示反对。2007 年 11 月初，姜某要求领回儿子由自己抚养，余某不
同意。姜某将刘某夫妇诉至法院，请求法院判决余某返还自己的儿
子。法院审理过程中，经法官详细耐心的说情讲法，原、被告双方达
成了协议：被告余某同意确认收养原告姜某儿子小姜的收养关系无
效，并同意归还小姜给原告姜某抚养，原告姜某则愿意补偿被告余某
抚养小姜的抚养费、教育费等计人民币 1.4 万元。

根据我国《收养法》第10条规定:生父母送养子女,须双方共同送养。生父母一方不明或者查找不到的可以单方送养。如果在一方送养子女时,另一方虽然明知但未表示反对,视为默示同意,送养行为有效。有配偶的一方收养子女的,应当征得配偶方同意,如果另一方坚决不同意的,则只承认被收养的子女同收养一方的收养关系有效。但如果不愿意的另一方后来明确表示或者以行动表示愿意共同抚养被收养子女的,则夫妻双方同被收养人的收养关系成立。

本案中,余某之妻刘某对于丈夫收养小孩的行为的默示态度是被法律推定为同意的,应该是符合收养子女必须经夫妻双方同意的规定的。我国《收养法》规定收养应当向县级以上人民政府民政部门登记,收养关系自登记之日起成立。收养查找不到生父母的弃婴和儿童的,办理登记的民政部门应当在登记前予以公告。收养关系当事人愿意订立收养协议的,可以订立收养协议。收养关系当事人各方或者一方要求办理收养公证的,应当办理收养公证。收养人有配偶者须夫妻双方共同收养,因为这样才有利于建立和睦的家庭关系,保障养子女身心健康成长。因此,我国收养法确立了夫妻共同收养原则。本案中余某和刘某收养时没有在县级以上人民政府民政部门登记,导致该收养关系无效。

6.独身男子收养女孩有什么特殊规定?

杨某是一个独身老人,出生于1941年,今年68岁,老伴在前年已经离开人世,生有两子一女,儿女都在外地工作。杨某身体有残疾,随着年龄的增大,身体也不如从前,为了今后生活起居能有个照

应,他想收养 1 名 17 岁的女孩做伴。可是他不懂得收养的法律规定,所以,杨某想咨询自己能否收养这名女孩。

关于收养问题,我国《收养法》对收养关系的成立、收养的效力和法律责任等方面做了规定,1999 年 5 月 25 日民政部发布的《中国公民收养子女登记办法》对办理收养手续也做了具体规定。我国《收养法》对收养人是这样规定的:"收养人应当同时具备下列条件:一是无子女;二是有抚养教育被收养人的能力;三是未患有在医学上认为不应当收养子女的疾病;四是年满 30 周岁。"一般情况下,收养人只能收养 1 名不满 14 岁的未成年人做子女。根据该法第 9 条的规定,如果是无配偶的男性收养女性,收养人与被收养人的年龄应当相差 40 周岁以上。法律之所以做此特别规定,是从社会公德角度出发,防止乱伦行为发生。那么,杨某能否收养 17 岁的女孩呢? 按照《收养法》第 7 条的规定,年满 30 周岁的无子女的公民收养三代以内同辈旁系血亲的子女,可以不受该法对被收养人不满 14 岁的限制。这样看来,杨某能否收养这名女孩,取决于女孩是不是杨某三代以内同辈旁系血亲的子女,如果是,就可以收养,不是,就不能收养了。而且我国《收养法》还规定,收养人应当有抚养教育被收养人的能力,如果杨某残疾程度严重,影响对被收养人的抚养和教育,也不具备收养人的条件。

7.收养子女需要被收养人同意吗?

小英 1997 年出生在一个农村家庭,在她 12 岁时,由于家庭贫困,再加上家里孩子多,父母为了她的未来,决定把她送给别人收养。

小英的父母找到一对在县城工作的夫妻,该夫妻结婚多年一直没有生育,而且看到小英后也是打心底喜欢这个聪明伶俐的小女孩。虽然要收养的那家人很富裕,看起来人也很好,但小英还是不愿意离开父母和兄弟姐妹到别人家生活。在小英不同意被人收养的情况下,父母能否将她送人收养?

根据我国《收养法》的规定,收养应当有利于被收养的未成年人的抚养、成长,保障被收养人和收养人的合法权益,遵循平等自愿的原则,并不得违背社会公德。我国《收养法》规定,下列不满14周岁的未成年人可以被收养:(1)丧失父母的孤儿;(2)查找不到生父母的弃婴和儿童;(3)生父母有特殊困难无力抚养的子女。一般来说,只要收养人与送养人双方自愿,不必征求孩子的同意就可以成立收养关系,但是,我国《收养法》规定,收养年满10周岁以上未成年人的,应当征得被收养人的同意。因为按照我国《民法通则》的规定,10周岁以上的自然人就是限制民事行为能力人了,能自由地表达自己的意思,在从事某些民事活动时能以自己的名义从事法律行为。

本案中,小英已经12岁,父母送养小英应该征求她的意见,如果小英不同意,父母就不能将小英送养。我国《收养法》这样规定也是为了让未成年人更好地适应收养人的家庭环境,这样有利于被收养人的身心健康和发展,从而最终达到收养的目的。

8.收养弃婴是做好事,政府还要限制吗?

叶长秀于1987年与当地人何某拜堂成了亲,1989年喜得一子,1990年离家到绵阳市打工。1995年的一天,老乡王福秀捡到1名女弃

婴,将其抱到了叶长秀的出租屋内,当时孩子脐带都还没有剪断,已奄奄一息,叶长秀决定收养这个可怜的弃婴,并为其取名叶佳,母女俩从此相依为命。2002年因叶佳已到入学年龄,叶长秀到当地政府部门要求给孩子上户口,被有关部门告知,她的条件不符合收养的相关规定,因此拒绝为叶佳出具上户证明。叶长秀向律师咨询:收养弃婴是做好事,政府还要限制吗?

根据我国《收养法》第6条、第8条的规定,收养人欲收养子女,应当同时具备下列条件:(1)无子女。收养人无子女是指收养人因各种原因不能生育子女,或者能够生育而不愿生育子女,或者生育子女已死亡。但是,如果收养人自愿收养查找不到亲生父母的弃婴、弃童的,不受"无子女才能收养子女"的条件限制。(2)有抚养教育被收养人的能力。收养人具备抚养被收养人的经济条件、身体能力条件、教育能力条件,也就是说收养人有实际履行作为被收养人父母的义务与责任的能力,能满足被收养人健康成长的实际需要。(3)未患有医学上认为不应当收养子女的疾病。收养人本身患有能危害儿童身心健康或影响儿童健康成长的精神病或者传染病,如果这种病传染到儿童,被收养人的健康肯定会受到影响,不利于被收养人的成长,因此,患有医学上认为不应当收养子女疾病的人,是不准许收养子女的。(4)年满30周岁。这是一种年龄上的限制,这种限制使收养人和被收养人之间的年龄差距接近于被收养人的亲生父母的年龄差距,有利于培养收养人与被收养人的感情,稳定家庭关系。而且我国《收养法》第9条还规定:"无配偶的男性收养女性的,收养人与被收养人的年龄应当相差40周岁以上。"

本案中,叶长秀的收养行为必须依法进行,即收养时应当向县级以上人民政府民政部门登记,收养关系自登记之日起成立。收养查找不到生父母的弃婴和儿童的,办理登记的民政部门应当在登记前予以公告。收养关系成立后,收养人持登记证到户口登记的派出所办理被收养人的户口或迁移手续就可以了。

9.夫妻离异后,一方单独送养子女有效吗?

2008年,张铭与丈夫樊强因为感情破裂,双方协商后办理了离婚手续,并订下协议:4岁的女儿随张铭一起生活,樊强每月付给张铭150元作为孩子的抚养费。可是,樊强支付了3个月的抚养费后,在没有说明任何理由的情况下就不再付抚养费了,张铭多次上门向其索要但分文未得,至今已近1年。如今,作为自由职业者的张铭独自抚养孩子,收入不稳定,生活过得比较困难。张铭的邻居赵女士因不能生育,想收养1个孩子,张铭也经常带小孩去赵女士处,于是小孩习惯了与赵女士相处。为此,张铭和赵女士达成了协议,准备将女儿送养给她,可是樊强坚决不同意。在双方协商未果的情况下樊强便向法院提起了诉讼,要求确认该送养协议无效,并将孩子的抚养权判归自己。

关于离异夫妻与孩子的关系及抚养权问题,从我国《婚姻法》第36条的规定可以看出,父母与子女之间关系,不因父母离婚而消除。离婚后,子女无论由父或母直接抚养,仍是父母双方的子女。离婚后,父母对于子女仍有抚养和教育的权利和义务。从法律上讲,父母对子女的抚养既是权利也是义务,因此本案中离异夫妻无权随意将

女儿交由他人抚养,必须符合一定的条件才可以送养。我国《收养法》第10条规定:"生父母送养子女,须双方共同送养。生父母一方不明或者查找不到的可以单方送养。"根据以上规定,夫妻离异以后,父母与子女之间的法律关系依然存在,与夫妻离异之前并无实质性的区别,在孩子的监护一方将孩子送养他人时,除非另一方下落不明,否则,送养行为不具有法律效力。法院可以据以上两点将孩子判归樊强抚养,并同时确认该送养协议无效。

10.继父母可以收养继子女吗?

1990年,孙莉和万意登记结婚,结婚1年后生育一子万山。由于万意在外做生意经常不在家,而且在外包养情人,1996年4月份,孙莉和丈夫万意协议离婚,儿子万山归孙莉抚养。后经家人介绍,孙莉与刘佳相识并想重新组建家庭。刘佳从心底十分喜欢万山,而且也想收养万山为儿子,但考虑到孩子万山能否接受刘佳等问题,孙莉和刘佳迟迟没有到民政局办理结婚登记手续,也没有在一起居住。如果现在刘佳想收养万山做儿子应该怎么做?

如果刘佳想收养万山的话,应该与孙莉结婚并与万山形成继子女的关系,继父母收养继子女,是将继父母子女关系转变为养父母子女关系的法律行为。我国《收养法》第14条规定:"继父或者继母经继子女的生父母同意,可以收养继子女,并可以不受本法第4条第3项、第5条第3项、第6条和被收养人不满14周岁以及收养1名的限制。"这样规定,对稳定继父母和继子女间的家庭关系,避免继子女和生父母之间的权利义务关系以及有利于被收养的继子女的健康成长具有积极意义。

由于继父母收养继子女不同于一般的收养情况,双方实际上已经共同生活,因此,我国《收养法》除了规定"继父或者继母经继子女的生父母同意,可以收养继子女"外,对继父母收养继子女几乎没有规定任何限制条件,被收养的继子女既不受"不满14周岁"的限制,也不受"生父母有特殊困难无力抚养"这一规定的限制;作为送养人的生父或生母一方也不受"有特殊困难无力抚养子女"这一规定的限制;作为收养人的继父或继母不受"无子女"、"有抚养教育被收养人的能力"和"未患有在医学上认为不应当收养子女的疾病"以及"年满30周岁"这4项一般收养人应同时具备的条件的限制。继父母和继子女是有半血缘关系的,收养的条件有所放宽也是合于情理和法理的。

11.被他人收养的子女,与生父母还有权利与义务关系吗?

潘祥与潘富、潘贵是同胞兄弟,潘祥最小。1995年,潘祥10岁的时候,因父母车祸身亡,潘祥被一位远亲收养,另住他处。而潘富、潘贵则住在父母留下的房屋内。前不久,远亲去世,潘祥提出回父母原房屋居住,但遭到潘富、潘贵的反对,他们认为潘祥已被他人收养,无权继承父母的遗产。那么,潘祥到底有没有继承生父母遗产的权利呢?

我国《收养法》第23条规定:"养子女与生父母及其他近亲属间的权利义务关系,因收养关系的成立而消除。"也就是说,一旦收养关

系成立,养子女就无权继承生父母的任何遗产。以上规定,对潘氏兄弟的纠纷却不适用,潘祥可以享有继承生父母遗产的权利。因为潘家兄弟是在父母同时死亡且无祖父母、外祖父母的情况下继承父母遗产的。当时,潘祥还未被收养,也就是说继承关系在先,收养关系在后。所以,在潘家兄弟的纠纷中,收养关系的成立并不影响其继承遗产的权利,这样,潘祥生父母死亡时留下的 4 间房应由 3 兄弟共同继承。还有,由于当时潘祥的年龄较小,且没有独立生活能力,根据《继承法》13 条有关规定:"对生活有特殊困难的缺乏劳动能力的继承人分配遗产时,应当予以照顾。"潘祥还应多分得父母的遗产。可以肯定一点,潘祥被他人收养的事实并不影响其在被收养之前就享有的继承生父母的遗产的权利。至于"潘祥提出到生父母的房屋居住"的问题,不属于继承范畴,而是对 3 人共同财产的分割问题。

12.收养关系可以解除吗? 如何解除收养关系?

2005 年 3 月,李敏与张林达成协议,由张林收养李敏 6 岁的孩子李刚,李敏为此向张林一次性支付被收养人生活费 3 万元。协议中还规定:任何一方违反约定,应当承担违约金 20 万元。该收养协议成立以后,在当地民政部门办理了登记手续。两年后李刚上学,李刚在校期间比较顽皮,经常与同学打架,并将一同班同学眼睛打伤,张林为此向受害人支付了医药费等赔偿金共计 5 万余元。张林遂以孩子顽皮为由提出解除收养协议。李敏拒不接受,后考虑到孩子已无法与张林共同生活,故同意解除收养协议,但要求张林退还 3 万元费用,并承担违约金 20 万元。张林提出,其已经为小孩殴打他人支付了5万余元赔偿金,不能再向李敏返还财产。

所谓收养,是指公民领养他人的子女为自己的子女,依法创设拟制血亲的亲子关系的民事法律行为。我国《收养法》第15条明确规定:"收养关系当事人愿意订立收养协议的,可以订立收养协议。"当事人就有关收养的事项通过收养协议加以约定。我国《收养法》第26条规定:"收养人在被收养人成年以前,不得解除收养关系,但收养人、送养人双方协议解除的除外,养子女年满10周岁以上的,应当征得本人同意。"

本案是一个有关收养关系的纠纷,就本案而言,收养协议成立以后,也在当地民政部门办理了登记手续,被收养人、收养人以及送养人都符合有关法定条件。送养人与收养人之间就收养一事达成了一个书面协议,据此,在本案中由于原告已经同意解除收养关系,因此收养关系可以解除,但是应当到民政部门办理解除收养关系的登记。

13.收养关系解除后,谁能得到经济补偿?

李小天系治水县化龙镇永迦庙村九社村民,现年46岁,与李小昌属同胞兄弟。1999年,李小昌与李小天口头商定将自己10岁的儿子李可抱养给李小天,商定李可仍随李小昌生活居住,但由李小天给付李可上学所缴纳的各种教育费用。李小天抱养李小昌儿子的原因是李小昌共育有5个子女,他们已无力抚养太多子女,而李小天仅有一女儿,按农村风俗,女儿长大成人要外嫁,李小天怕老了无人照顾,故收养李可。尔后,李小天按协议给付李可从小学开始的各种教育费用,直到李可初中毕业。2006年,李小天、李小昌因故发生矛盾,

双方关系恶化,在李小昌劝说下李可与李小天解除了收养关系。李小天以补偿收养期间支出的生活教育等费为由诉讼到法院。

我国《收养法》第30条规定:"收养关系解除后,经养父母抚养的成年养子女,对缺乏劳动能力又缺乏生活来源的养父母,应当给付生活费。因养子女成年后虐待、遗弃养父母而解除收养关系的,养父母可以要求养子女补偿收养期间支出的生活费和教育费。生父母要求解除收养关系的,养父母可以要求生父母适当补偿收养期间支出的生活费和教育费,但因养父母虐待、遗弃养子女而解除收养关系的除外。"

本案中李小天与李可收养关系的解除是因李可生父李小昌要求而解除的,解除的原因也不是李小天虐待、遗弃李可,而是兄弟反目,所以李小天提出被告补偿其收养期间支出的生活费和教育费的请求应予以支持,李小昌应给予李小天相应数额的费用。

14.已解除收养关系的养子女,还要承担对养父母的赡养义务吗?

王锦怀与妻子高水兰婚后未生育,1961年,王锦怀夫妻收养了未满周岁的葛宏霞,并将其抚育成人。1982年葛宏霞与同村的王智结婚也是老两口牵的线,搭的桥,小两口结婚后仍然和王锦怀夫妇住在一起。1983年,葛宏霞因家庭琐事与王锦怀夫妇产生了矛盾,并搬出了王家。经同村人几次做工作协调无果的情况下,王锦怀提起诉讼,要求解除与葛宏霞的收养关系。经法院调解,双方于1983年解除了收养关系,当时未言及经济帮助问题。1996年,高水兰因心脏病去世。1年后,王锦怀由于疾病缠身,丧失了劳动能力和生活来源,遂又起诉至人民法院,要求葛宏霞给予经济帮助。葛宏霞认为与王锦怀的收养关系已解除,双方间不存在权利义务关系,不同意给王锦怀经济帮助。

我国《收养法》第30条规定:"收养关系解除后,经养父母抚养的成年养子女,对缺乏劳动能力又缺乏生活来源的养父母,应当给付生活费,因养子女成年后虐待、遗弃养父母而解除收养关系的,养父母可以要求养子女补偿收养期间支出的生活费和教育费。生父母要求解除收养关系的,养父母可以要求生父母适当补偿收养期间支出的生活费和教育费,但因养父母虐待、遗弃养子女而解除收养关系的除外。"

王锦怀在与葛宏霞解除收养关系时尚未缺乏劳动能力,但现在年老多病,丧失劳动能力,且孤身一人,无其他经济来源,其要求葛宏霞给付生活费符合我国《收养法》第30条规定的情形。而且,从本案可以看出王锦怀与葛宏霞在1983年解除收养关系时,是因为两人之间发生了矛盾,而且从两人的生活过程看出,王锦怀是尽了抚养义务的,把葛宏霞抚养成人并为其找了婆家,收养人王锦怀没有虐待过葛宏霞。所以葛宏霞不能因收养关系解除而不履行对王锦怀的赡养义务。

15.养父母离婚后,养子女与未在一起生活的另一方还有收养关系吗?

胡焕与妻子陈秋于1995年6月从当地民政局收养了1名弃婴,

取名为胡萍(后陈秋与胡焕离婚后将其改名为陈萍),并一直和陈秋的父母亲共同生活,由陈秋每月付给一定的抚养费。后胡焕与陈秋因性格不合,于 1998 年 6 月协议离婚,双方协议胡萍由陈秋抚养。同年 12 月,陈秋和唐双结婚,陈萍仍同其外祖父、外祖母共同生活,陈秋仍然每月付 200 元生活费。2001 年 8 月,陈秋因患重病死亡,陈萍来自陈秋处的生活费从此断绝,而其养外祖父母是依靠当地低保生活的居民。为此,陈萍的外祖父陈东多次向陈萍的养父胡焕要求每月支付陈萍抚养费 200 元,而胡焕称其与陈秋离婚后,对陈萍已无收养关系,且陈萍一直在其外祖父处生活,她的抚养费一直由养母陈秋支付,因此拒绝支付陈萍的抚养费。因陈萍尚且年幼,又无生活来源,其外祖父陈东作为其法定代理人于 2002 年 2 月向当地人民法院起诉,要求被告胡某给付抚养费。

收养关系是一种法律拟制血亲,作为收养关系主体的养父母和养子女,他们之间本来没有父母子女的血缘关系,但法律确认他们之间具有与这种自然血亲相同的权利和义务。我国《婚姻法》第 26 条第 1 款规定:"国家保护合法的收养关系。养父母和养子女间的权利和义务,适用本法对父母子女关系的有关规定。"而《婚姻法》第 36 条第 1 款、2 款则规定:"父母与子女间的关系,不因父母离婚而消除。离婚后,子女无论由父或母直接抚养,仍是父母双方的子女。离婚后,父母对于子女仍有抚养和教育的权利和义务。"因此,养父母之间离婚后,不与养子女共同生活的一方仍然负有抚养义务。这是立法充分保护养子女的健康成长。作为养子女,他们大多丧失亲生父母,或亲生父母不能尽到抚养责任,作为收养方,既然表示愿意承担抚养义务,就应有始有终,保障养子女健康成长直至能够独立生活,而不应因离婚或其他理由推卸责任,使养子女重新陷入无人抚养的境地。这也是社会制度对这些特殊公民基本权益的保障。

本案中,胡焕与陈秋共同收养了陈萍,因此形成了他与陈萍的养父女关系,同时也就承担了对陈萍的抚养义务。这种抚养关系不因他与陈秋离婚这一事实而改变,也不能因为他一直未支付陈萍的抚养费而否定他在以后支付此项费用的义务。事实上,我国《收养法》第26条第1款也规定:"收养人在被收养人成年以前,不得解除收养关系,但收养人、送养人双方协议解除的除外,养子女年满10周岁以上的,应当征得本人同意。"诉讼发生时,养女陈萍尚未成年,也没有送养人提出收养关系的解除,只能根据《婚姻法》第36条规定,确认二人之间养父女关系的存续,也就因此确定了胡某对陈萍抚养义务的存续。所以,胡焕认为他与陈萍之间已无收养关系,不应承担抚养义务是不对的,他应当按有关规定支付陈萍的抚养费至陈萍成年或具有独立生活能力。所以根据我国《婚姻法》、《收养法》以及最高人民法院《关于人民法院审理离婚案件处理子女抚养问题的若干具体意见》的有关规定,要求胡焕履行对陈萍的抚养义务,每月支付陈萍200元抚养费是合理而且合法的。

16.对实行计划生育的夫妻有什么奖励?

国家的计划生育政策已经实行了十几年,但是很多新婚夫妇都没有把这个政策当一回事。整个张村,哪家没有两三个小孩的都会被别人看作不正常。农村新婚夫妇一般结了婚很快就生小孩了,同村也没有人觉得不妥。张宇强20出头就结了婚,还是一副毛头小子

的样儿。他的媳妇范春是在镇上玩耍的时候认识的,年龄和他差不多。小夫俩觉得自己年龄还小,太早要孩子害怕照顾不来,就商量着到有关部门询问计生奖励的事。

2001 年 12 月 29 日第九届全国人民代表大会常务委员会第 25 次会议通过,并公布于 2002 年 9 月 1 日施行的我国《人口与计划生育法》中明确规定:"国家对实行计划生育的夫妻按照规定给予奖励。"具体内容如下:(1)公民晚婚晚育,可以获得延长婚假、生育假和其他福利待遇的奖励;(2)妇女怀孕、生育和哺乳期间,按照国家有关规定享受特殊劳动保护并可以获得帮助和补偿公民实行计划生育手术,享受国家规定的休假;地方人民政府可以给予奖励;(3)自愿终身只生育一个子女的夫妻,国家发给《独生子女父母光荣证》,获得《独生子女父母光荣证》的夫妻,按照国家、省、自治区、直辖市有关规定享受独生子女父母奖励,法律、法规或者规章规定给予终身只生育一个子女的夫妻的奖励的措施中由其所在单位落实的,有关单位应当执行。独生子女发生意外伤残、死亡,其父母不再生育和收养子女的,地方人民政府应当给予必要的帮助。

我国《人口与计划生育法》还规定了不符合《人口与计划生育法》规定生育子女的夫妻,应当依法缴纳社会抚养费,拖欠社会抚养费的,应征收滞纳金,拒不缴纳的,申请人民法院强制执行,对拒绝、阻碍计划生育工作的,给予批评、教育、制止,造成违法的,依法处理直至追究刑事责任。

17.违反计划生育政策会受到什么惩罚?

五月桥街道办事处的王民 1995 年"下海"做生意。事业逐步走上了正轨之后,老王一直惦记着要生一个儿子。虽然老王的女儿已经上了初中,但是自己生意越做越大之后就越来越想有个儿子,希望后继有人。女儿,用老王的话说是"嫁出去的人泼出去的水"。老王的爱人刘雅萍在市图书馆工作,她头胎生的是女儿,1994 年又偷偷生了第二胎还是女儿。也就是因为这二胎的事情,老王才离开了街道办事处。这两年生意慢慢淡下来了,老王稍微闲了点又想起了要儿子的事,就叫刘雅萍把节育环取了,刘雅萍很快又怀上了。但是,生孩子要到街道办事处办准生证,于是,老王就找到街道办事处的老同事李主任,送他 1 万元钱,托他办一个准生证,结果钱被原封不动地退了回来,准生证也没办成。老王犯愁了,最后他决定到街头违法、违规办证的无牌无照的小摊点去办一个准生证。

我国《人口与计划生育法》第 37 条规定:"伪造、变造、买卖计划生育证明,由计划生育行政部门没收违法所得,违法所得五千元以上的,处违法所得两倍以上十倍以下的罚款;没有违法所得或者违法所得不足五千元的,处五千元以上二万元以下的罚款;构成犯罪的,依法追究刑事责任。以不正当手段取得计划生育证明的,由计划生育行政部门取消其计划生育证明;出具证明的单位有过错的,对直接负责的主管人员和其他直接责任人员依法给予行政处分。"第 39 条规定:"国家机关工作人员在计划生育工作中,有下列行为之一,构成犯罪的,依法追究刑事责任;尚不构成犯罪的,依法给予行政处分;有违法所得的,没收违法所得:(一)侵犯公民人身权、财产权和其他合法权益的;(二)滥用职权、玩忽职守、徇私舞弊的;(三)索取、收受贿赂的;(四)截留、克扣、挪用、贪污计划生育经费或者社会抚养费的;(五)虚报、瞒报、伪造、篡改或者拒报人口与计划生育统计数据的。"第 40 条规定:"违反本法规定,不履行协助计划生育管理义务的,由有关地方人民政府责令改正,并给予通报批评;对直接负责的主管人员和其他直接责任人员依法给予行政处分。"

本案中,王民的行为显然违反了我国《人口与计划生育法》的规

定,同时王民向国家机关工作人员行贿的行为触犯了我国《刑法》第
389条的规定:"为谋取不正当利益,给予国家工作人员财物的,是行
贿罪。"虽然老李把钱退了回来,但是王民的行为仍然构成了行贿罪
(未遂)。

18.一对夫妇只能生一个孩子吗?

黄力和刘佳均是重庆某县人,都是家里的独苗。他们结婚后头
胎生了一个男孩,但是由于刘佳体弱,怀孕时发高烧,吃了过敏药物
使得胎儿大脑受到了一定影响,孩子长到两岁的时候,已经明显比正
常孩子要迟钝很多,这成为两人的心结。他们一方面担心儿子未来
的生活,另一方面两人迫切地想要第二个孩子。于是两人一同前往
当地民政局询问了国家关于计划生育的有关政策。

我国《人口与计划生育法》第18条规定:"国家提倡一对夫妻生
育两个子女。符合法律、法规规定条件的,可以要求安排再生育子
女。具体办法由省、自治区、直辖市人民代表大会或者其常务委员会
规定。"《重庆市人口与计划生育条例》第20条规定:"提倡一对夫妻
生育两个子女。"

本案中,依据《重庆市人口与计划生育条例》的规定,黄力夫妇符
合条件,如果还想要小孩的话是可以批准的。

19.未缴清的社会抚养费能否作为夫妻共同债务分割?

李江(男)、刘丽丽(女)是夫妻,均为某省人。两人因计划外超生
一男孩,受到计划生育行政主管部门按规定给予的处罚,即缴纳社会
抚养费。处罚决定生效后,大部分款已交,至李某向人民法院起诉与
刘某离婚时,尚有4 000元未交。法院认定其夫妻感情确已破裂,判
决准予离婚,并对两人的共同债务按规定进行了分割,但对尚未交清

的 4 000 元社会抚养费未作认定和处理。两人离婚后,行政机关向法院申请执行尚未交清的 4 000 元社会抚养费,要求对李某强制执行,但李某认为应按与刘某夫妻关系存续期间共同债务对待,与刘某分担。对本案尚未交清的 4 000 元社会抚养费应怎样认定和处理,研讨中我们产生如下意见。

对李、刘二人未履行完的社会抚养费,应予以分担。因违反计划生育法规而受到的行政处罚所确定的社会抚养费给付义务,和民事法律关系中的债所确定的给付义务产生的原因虽有不同,但在义务的履行上都有相同之处,即一经合法的程序所确定,应具有必须给付的性质。所以,对已依法确定而又尚未执行完毕的社会抚养费,在离婚时应作为夫妻共同债务分割。没有分割的,行政机关申请人民法院执行时,不能按一般民事法律关系中的债要求以夫妻共同债务而承担连带清偿责任,而应以原夫妻二人作为共同被执行人,对未执行完毕的社会抚养费予以分担。其理由是:我国《婚姻法》第 16 条规定:"夫妻双方都有实行计划生育的义务。"某省有关计划生育法规规定:"计划外怀孕的,每月分别征收男女双方 20 元至 50 元的计划外怀孕费,逐月征收……""计划外怀孕费,并从孩子出生之日起,分别按夫妻双方当年工资总额或年总收入的 20% 至 30% 一次性计征 7 年计划外生育费……"李某、刘某二人受到处罚,是夫妻双方共同不实行计划生育义务的违法行为的结果,不是某一方的责任。社会抚养费计算的依据为法规规定的双方各自收入之和或双方的共同收入。

本案中,李某、刘某因违法超生受到缴纳社会抚养费的处罚,且尚有 4 000 元社会抚养费未交的客观事实存在,未交清的社会抚养费对两人来说,是不得任意撤销或变更的给付义务。从另一种意义上讲,也可以说是两人还应向代表国家作出处罚决定的行政机关支

付欠款。在这里,缴纳社会抚养费和民事法律关系上的债既非同一,又是一体。实质上都是两人应以共同的财产向外付出,不因离婚而免除或加重任何一方的给付义务。法院在审理离婚案件中,对已确定的社会抚养费当做夫妻共同债务予以分割和法院对缴纳社会抚养费的执行,不是同一概念,不能混为一谈。债务的分割,只是根据生效的行政处罚所确定的相对人和在确定后尚未执行完毕的社会抚养费数额内,依照有关法律规定和双方实际情况,结合其他共同债务,明确离婚后双方或一方应向作出处罚的行政机关履行义务的数额。不是对双方过错责任的划分,更不是对处罚的变更。对明确双方或一方履行的数额是否执行及怎样执行,仍应按照我国《行政处罚法》的规定办理。行政机关申请人民法院执行的,人民法院仍应对合法性及被执行主体等方面进行审查。李某、刘某离婚时,人民法院对双方其他共同债务已进行了明确分割,而未对尚未交清的 4 000 元社会抚养费进行处理,行政机关申请人民法院及时对其作出的行政处罚决定的执行,非民事法律关系的一般债务的执行,所以,行政机关仍应以李某、刘某二人作为共同被执行主体,对两人尚欠的 4 000 元社会抚养费进行分担执行,这是执行的方法问题。另外,将未执行完毕的社会抚养费作为夫妻共同债务,有利于行政机关作出的生效决定及时执行,提高工作效率,维护行政机关的执法权威,防止因相对人离婚而产生受罚义务主体"消失"及执行对象不确定的现象。

20.没有及时给孩子申报户口有什么后果?

艾小米从小就是娇娇女,读最好的学校,穿最贵的衣服,吃最高档的餐厅,在还没有明白爱情是什么的时候小艾就按照自己的物质标准找到了现在的丈夫方良。方良个性内敛。两人从相恋到结婚,方良只是在物质上给了小艾的全部,但是感情上,两人从没真正有过内心上的交流。方良给了小艾豪华的婚礼,小艾以为自己找到了幸福。小艾很快怀孕了,但是她发现方良对她的平淡的态度没有丝毫的改变。很快孩子出生了,方良一如既往按部就班地工作、开会、加班。小艾很不开心,孩子出生 3 个月了都还没有名字,也没有办理其他的手续,方良对此也不关心。小艾固执地等着方良作为丈夫和父亲的关切。

按照我国《婚姻法》的规定,孩子可以跟父姓也可以跟母姓。如果方良对孩子的姓名并没有作出积极的表示,艾小米就可以以自己的姓为孩子取名,并及时到有关机关办理相关手续;艾小米在孩子出生后还没有办理户口,所以她应凭交费收据和婴儿《出生医学证明》等到派出所为孩子申报户口,否则在小孩长大后需要缴纳社会抚养费。没有户口以后会有许多麻烦的,入学、结婚、工作等都是需要户口和身份证的。

本案中,艾小米和方良应该尽快到相关部门为孩子办理户口。

21.对不符合法定再生育条件,多生育一个子女的夫妻,如何处理?

重庆某地杨前进刚结婚 2 年就离婚了,十几年了他带着儿子杨小海过日子。徐洁是街道办事处的副主任,离婚后一直没有再婚,有一个女儿中学念完后就到深圳打工去了。平时徐洁偶尔因为工作的原因会到老杨家里做一些搜集信息之类的工作。去的次数多了,对老杨家的情况也慢慢有了了解,两人也慢慢地产生了感情,在街坊邻居的撮合下,他们操办了简单的婚礼就住在一起了。婚后 1 年,两人按照《重庆市人口与计划生育条例》生了 1 个孩子。2 年后,没想到两人都年过 40,老徐竟然又怀上了孩子。由于发现得晚,已经不能再做人工流产手术了。老徐作为高龄产妇,被重点观察,几个月后生下了

孩子。

　　根据我国《人口与计划生育法》第18条规定："国家提倡一对夫妻生育两个子女。符合法律、法规规定条件的，可以要求安排再生育子女。具体办法由省、自治区、直辖市人民代表大会或者其常务委员会规定。"第41条规定："不符合本法第18条规定生育子女的公民，应当依法缴纳社会抚养费。未在规定的期限内足额缴纳应当缴纳的社会抚养费的，自欠缴之日起，按照国家有关规定加收滞纳金；仍不缴纳的，由作出征收决定的计划生育行政部门依法向人民法院申请强制执行。"第42条规定："按照本法第41条规定缴纳社会抚养费的人员，是国家工作人员的，还应当依法给予行政处分；其他人员还应当由其所在单位或者组织给予纪律处分。"

　　本案中，徐洁作为街道办事处副主任，身为国家工作人员，其在缴纳社会抚养费的同时还要根据我国《公务员法》的相关规定受到警告、记过、记大过、降级、撤职的行政处分。

22.对未到法定年龄生育的该如何处罚？

　　在重庆某电台工作的钟明近来的工作状态十分糟糕。电台频道总监郭建见小钟成天心神不定，于是，再三询问小钟的好友，才得知，原来小钟做的夜间情感节目很受欢迎，有女听友对他产生了感情，经常约小钟下了班去喝酒、吃夜宵。一次小钟酒喝多了就带这位女听友回了家，两个年轻人酒后发生了关系，那位女生怀了小钟的孩子，坚持说要生下来，否则就以死相逼，要把事情闹大。小钟没有办法，想娶这位女孩，可是发现这个女孩才18岁，而且才刚刚中专毕业。

　　根据我国《婚姻法》的相关规定，男女双方缔结婚姻需要双方达到法定婚龄，男方不小于22岁，女方不小于20岁，否则双方缔结的婚姻关系无效。所以，即使钟明想娶那个女孩子，也必须要那女孩子达到 20 岁。虽然按照我国《人口与计划生育法》第 17 条规定:"公民有生育的权利,也有依法实行计划生育的义务,夫妻双方在实行计划生育中负有共同的责任。"但在我国不承认事实婚姻的前提下,一个被认定无效的婚姻,根本不存在法律上夫妻义务关系,也就没有生育的权利。当然,如果该女孩子坚持要生下孩子,该孩子只能认定为非婚生子,不过该孩子与婚生子女享有同等的权利。

《重庆市人口与计划生育条例》第 43 条规定:"不符合再生育条件,违反计划生育法律法规生育子女的,应当按照以下规定对男女双方分别征收社会抚养费:(一)按照当事人生育行为发生时,政府统计机构公布的其户籍地所在区县(自治县)上年居民人均可支配收入的二至三倍征收社会抚养费;(二)违法生育两个以上子女的,依照第一项规定的计算基数(以下简称规定的计算基数),按照违法生育子女的人数为倍数,征收社会抚养费;(三)一胎生育两个以上子女的,按照生育一个子女计算征收社会抚养费;男女一方无能力缴纳社会抚养费的,其社会抚养费由另一方缴纳。"

23. 妻子有权拒绝丈夫的生育要求吗?

迟军与卢秀结婚都快 4 年了,还没有要孩子。最初迟军觉得生孩子还早,事业才是最重要的,可在一次同学聚会上,他发现他的同学几乎都有孩子了,这让他很失落。回到家后,他与卢秀商量,打算要个孩子,可是卢秀不同意。为此,他与卢秀为生孩子的事吵了一架,而卢秀认为,迟军无权逼迫她生育,两人一直僵持不下。

按照我国《人口与计划生育法》第 17 条的规定:"公民有生育的权利,也有依法实行计划生育的义务,夫妻双方在实行计划生育中负有共同的责任。"以及我国《妇女权益保障法》第 51 条的规定:"妇女有按照国家有关规定生育子女的权利,也有不生育的自由。"这两条法律规

定,一般认为是对公民生育权的概括规定。生育权是公民的基本人权之一,是指已婚男女双方有依照国家相关法律规定自主决定生育孩子的权利。具体又体现为,男女双方享有平等的生育权,均受国家法律的保护。另外,在国家计划生育政策允许范围内,夫妻双方享有是否生子女、何时生子女等权利。对于生育权的行使,任何一方均无权强迫另一方,如果双方有分歧应以沟通来解决,不应以法律手段来解决,如果必须通过法律手段解决,那么只能成为离婚的理由。

本案中,卢秀出于自己的考虑,不想这么早就要孩子,应该说她是在行使自己的生育权,一般情况下,他人是无权干涉的。但生育权是属于夫妻双方共有的,一方权利的行使是不能侵犯另一方的权利与利益的。显然,卢秀在行使自己生育权的同时,侵犯了迟军的生育权。因此,从长远角度出发,为了整个家庭,案件中争议解决的最好办法是,卢秀应该和迟军共同协商生育孩子的问题,而不是一方强迫另一方。

附：本书参考法律法规一览表及主要参考文献

（一）法律法规

1.《中华人民共和国宪法》

2.《中华人民共和国土地管理法》

3.《中华人民共和国城市房地产管理法》

4.《中华人民共和国建筑法》

5.《中华人民共和国农村土地承包法》

6.《中华人民共和国农业法》

7.《中华人民共和国森林法》

8.《中华人民共和国草原法》

9.《中华人民共和国渔业法》

10.《中华人民共和国物权法》

11.《中华人民共和国担保法》

12.《中华人民共和国公证法》

13.《中华人民共和国合同法》

14.《中华人民共和国婚姻法》

15.《中华人民共和国继承法》

16.《中华人民共和国行政诉讼法》

17.《中华人民共和国民法通则》

18.《中华人民共和国民事诉讼法》

19.《中华人民共和国刑法》

20《中华人民共和国行政复议法》

21《中华人民共和国建筑工程质量管理条例》

22.《中华人民共和国森林法实施条例》

23.《中华人民共和国土地管理法实施条例》

24.《城镇国有土地使用权出让和转让暂行条例》

25.《基本农田保护条例》

26.《中华人民共和国渔业法实施细则》

27.《国务院关于深化改革严格土地管理的决定》

28.国土资源部《确定土地所有权和使用权的若干规定》

29.国土资源部《土地登记规则》

30.国土资源部《关于加强农村宅基地管理的意见》

31.国土资源部《关于完善征地补偿安置制度的指导意见》

32.国土资源部《征用土地公告办法》

33.建设部《城市房屋拆迁行政裁决工作规程》

34.建设部《房屋登记办法》

35.农业部《农村土地承包经营权证管理办法》

36.《最高人民法院关于审理涉及农村土地承包纠纷案件适用法律问题的解释》

37.《中华人民共和国收养法》

38.《中华人民共和国人口与计划生育法》

39《中共中央国务院关于全面加强人口和计划生育工作统筹解决人口问题的决定》

40.《流动人口计划生育工作管理办法》

41.《社会抚养费征收管理办法》

42.《重庆市人口与计划生育条例》

43.《最高人民法院关于适用〈中华人民共和国婚姻法〉若干问题的解释（一）》

44.《最高人民法院关于适用〈中华人民共和国婚姻法〉若干问题的解释（二）》

45.《最高人民法院关于人民法院审理离婚案件如何认定夫妻感情确已破裂的若干具体意见》

46.《最高人民法院关于人民法院审理离婚案件处理子女抚养问题的若干具体意见》

47.《最高人民法院关于人民法院审理离婚案件处理财产分割问题的若干具体意见》

48.《最高人民法院关于贯彻执行〈中华人民共和国继承法〉若干问题的意见》

（二）参考文献

1.孙翠兰.土地与房地产管理法案例解析[M].北京:中国检察出版社,2005:129.

2. http://www. yxgtj. gov. cn/Article/ShowArticle. asp? ArticleID＝222

3.参见 http://www.sqrb.com.cn/gb/wbbm/2005－05/02/content_326219.htm,2009 年 6 月 2 日浏览。

4.参见 http://www.66law.cn/channel/forum_thread_id103433_p1.aspx,2009 年 5 月 25 日浏览。

5.黄松有主编.《中华人民共和国物权法》条文理解和适用[M].北京:人民法院出版社,2007.